高等职业教育“十三五”创新型规划教材·创新创业系列

大学生创新创业基础

主　编　李　贺　王　畅
副主编　罗刚毅
参　编　张金锁　徐　振　朱　涛　宋　娜　刘　硕

北京理工大学出版社
BEIJING INSTITUTE OF TECHNOLOGY PRESS

图书在版编目（CIP）数据

大学生创新创业基础/李贺，王畅主编．—北京：北京理工大学出版社，2019.2（2019.3 重印）

ISBN 978－7－5682－6727－4

Ⅰ.①大…　Ⅱ.①李…　②王…　Ⅲ.①大学生－创业－高等学校－教材　Ⅳ.①G647.38

中国版本图书馆 CIP 数据核字（2019）第 028516 号

出版发行／北京理工大学出版社有限责任公司
社　　址／北京市海淀区中关村南大街 5 号
邮　　编／100081
电　　话／（010）68914775（总编室）
　　　　　（010）82562903（教材售后服务热线）
　　　　　（010）68948351（其他图书服务热线）
网　　址／http：//www.bitpress.com.cn
经　　销／全国各地新华书店
印　　刷／涿州市新华印刷有限公司
开　　本／787 毫米×1092 毫米　1/16
印　　张／17.25
字　　数／428 千字
版　　次／2019 年 2 月第 1 版　2019 年 3 月第 2 次印刷
定　　价／49.80 元

责任编辑／徐艳君
文案编辑／徐艳君
责任校对／周瑞红
责任印制／李　洋

图书出现印装质量问题，请拨打售后服务热线，本社负责调换

前　言

2015 年 5 月国务院办公厅印发《关于深化高等学校创新创业教育改革的实施意见》，明确提出了“健全创新创业教育课程体系”的改革任务。创新创业教育包含了“创新”与“创业”两个方面。在高校大力开展创新创业教育，推动创新创业，激发全社会的创新动力，有助于为社会培养创新创业人才。高校在创新的基础上进行创业教育，创新与创业结合，创业融合创新，为大学生构建良好的创新创业平台，鼓励大学生结合自己所学专业，开拓创新，积极实现创新创业。

为了更好地培养大学生创新创业能力，我们组织编写了面向高职高专院校的创新创业教材。本书结合高职高专院校教学实际，以项目导向、任务驱动模式为编写主线，努力打造理论为基础、技能为主线、实践为目标的精品教材。本书在任务实施、案例分析、项目实训等环节上力求紧密结合高职高专学生的特点，有较强的实用性，有助于提高学生的创业实践能力。

本书的编写遵循以下几个特点：

1. 内容丰富，案例灵活

本书在案例的选择上侧重身边的大学生创业案例。创新创业理论介绍都旨在通过案例引发学生创新创业思考，增强他们的创新创业意识，让他们认识和掌握创新创业的相关内容，充分提升他们创新创业的综合素质。

2. 环节设计多样，选材实用

本书在编排上注重理论与实践相结合，分别设置了创业者格言、创业者故事等内容，通过任务导入、任务分析引出相关知识，丰富鲜活的教学案例可以供学生自学，案例与理论结合更有利于学生掌握创业相关理论。每个任务后有复习思考、情景模拟以及项目实训环节，构成了完整的知识和实践体系。

3. 注重实践指导，应用性强

本书在实践指导方面，除了培养学生的创新创业意识外，更重要的是指导学生如何进行创业，在关于创业的前期准备、日常管理、运营指导等方面具体指导学生了解创业、模拟实践创业，以便学生能够从思想及行动中提升创业能力。

全书共有九个项目，模拟创业步骤与教学相融。具体编写分工为：项目一中的任务一由王畅（鞍山师范学院）编写；项目一中的任务二、项目二由李贺（鞍山师范学院）编写；项目三、项目四、项目五由朱涛（鞍山师范学院）编写；项目六由罗刚毅（鞍山师范学院）编写；项目七由张金锁（鞍山师范学院）编写；项目八中的任务一由刘硕（鞍山师范学院）编写；项目八中的任务二、任务三由宋娜（鞍山师范学院）编写；项目九由徐振（鞍山师范学院）编写。全书由李贺、罗刚毅统稿。

在本书编写过程中借鉴、参考了大量的创新创业方面的文献资料以及相关的大学生创新创业方面出版的教材。由于编者水平有限，书中难免存在疏漏与不妥之处，敬请广大读者批评指正，以便更好地完善此书。

编　者

目 录

项目一　如何认识创新创业 ……………………………………………………（1）
任务一　认识创新 …………………………………………………………（3）
任务二　理解创业与创业精神 ……………………………………………（11）
项目二　创业需要哪些能力 ………………………………………………（22）
任务一　创业者的基本素质 ………………………………………………（23）
任务二　创业者的基本能力 ………………………………………………（28）
任务三　创业团队 …………………………………………………………（36）
项目三　如何把握与识别创业机会 ………………………………………（44）
任务一　寻找创业机会 ……………………………………………………（45）
任务二　筛选创业项目 ……………………………………………………（58）
项目四　企业如何进行市场营销 …………………………………………（72）
任务一　寻找市场 …………………………………………………………（73）
任务二　选择营销策略 ……………………………………………………（89）
项目五　如何构建企业结构和企业文化 …………………………………（107）
任务一　设计企业的组织结构 ……………………………………………（108）
任务二　塑造企业文化 ……………………………………………………（116）
项目六　如何设计与创新商业模式 ………………………………………（133）
任务一　设计商业模式 ……………………………………………………（134）
任务二　创新商业模式 ……………………………………………………（157）
项目七　如何进行创业财务管理与创业融资 ……………………………（166）
任务一　预测启动资金需求 ………………………………………………（167）
任务二　制订利润计划 ……………………………………………………（173）
任务三　创业融资 …………………………………………………………（189）
项目八　如何创办与管理企业 ……………………………………………（203）
任务一　选择企业的法律形态 ……………………………………………（205）

任务二 新创企业的日常管理 …… (212)
任务三 新创企业的风险防范与管理 …… (227)
项目九 如何撰写创业计划书 …… (240)
任务一 认识创业计划书 …… (241)
任务二 撰写创业计划书 …… (256)
参考文献 …… (266)

项目一

如何认识创新创业

课前热身

创业者格言

这个时代给了我们这一代人前所未有的机会。我们要抓住这个机会，要有梦想。但是，这个梦想要从做开始。

——张朝阳

创业者故事

“90后”大学生刘永杰创业 两年公司估值5 000万元

2014年，华南理工大学大三学生刘永杰同7个小伙伴通过校园众筹招股的方式，募集100万元，开始了创业之路。如今，他们所创办的比逗餐厅，已有11家门店，遍及北京、上海、广州、山东等地。2015年5月，当公司拿到风险投资的天使轮融资时，估值已超5 000万元。

读书不安分的“学霸”

16岁时，刘永杰考入了海南省最好的高中，学习成绩一直名列前茅。只是，读书以外，刘永杰并没有安分下来的意思，他迷恋网络游戏《星际争霸》，几乎每周都到校外网吧“厮混”。

2011年，刘永杰考上了华南理工大学土木工程学院。刚开始，他也希望延续自己的“学霸”生涯，每天上课都坐在第一排，积极回答老师提出的问题。为了出国深造，他不分昼夜地学习英语，“应该说，大三以前，我的成绩确实还算是‘学霸’”。

渐渐地，刘永杰发现自己对商业产生了浓厚的兴趣。促使他转变的，是大一时他偶然进入的海南商会；另外，加入华南理工大学的社团联合会（简称社联）形象设计部，也为他打开了从象牙塔通往世界的大门。

创业小屁孩进入成人“斗兽场”

2014年3月，刘永杰决定在换届选举离开社联前，组织玩得最好的一帮人，干成一件大学里最难忘的事情。

这件难忘的事就是集资创业。刘永杰的核心团队一共有7人，其中5人来自社联，他们大多是大二、大三的学生。刘永杰的想法是，在学校五山附近经营一家以咖啡为主的餐饮店，通过众筹招募华南理工大学、华南农业大学的学生成为咖啡店股东。

2014年5月，刘永杰创办了公司的公众号，并开始在线上募股。在募股的同时，刘永杰开始紧锣密鼓地挑店址。他在五山附近反复寻觅，最终选择了一个心仪的地方。之后的3个月，对于刘永杰的团队几乎可以用"忙碌到崩溃"来形容："吃饭、睡觉，每时每刻都在想这些事情，完全没一刻清闲。"

刘永杰永远无法忘记，他是如何去各个"衙门"办证的。无论是街道办阿姨惊诧的眼神，还是工商局里同来办证老板们的不屑目光，都让他深感自己像是一个突然闯入成人"斗兽场"里的小屁孩。

走红：所有的股东都是推手

2014年9月，度过了令人崩溃的4个月后，刘永杰团队的第一家咖啡店在五山正式营业，店名"比逗"。刘永杰说，新店试营业时反响一般，为此他们很快改良了餐厅产品。而真正让餐厅爆红的原因，是100多位学生股东的疯狂转发推广。由此可见通过朋友圈转发所造成的精准广告效应之强大。另外，学生都是股东，为了创业能得到回报，他们转发和推广的热情尤为高涨。很快，餐厅的公众号在一周之内暴涨15万粉丝，而餐厅的营业额也比前一周增长了100%。

在创业一开始，刘永杰成立了比逗网络科技有限公司及比逗餐饮管理有限公司，并担任两家公司的CEO（首席执行官），前者关注的是大学生网络众筹平台的建设，后者则负责为比逗的分店提供餐品，培训全职店长、服务员、厨师等。

2015年5月，刘永杰寻找到天使投资人，并很快通过了天使轮融资的审核，得到了600万元的融资。在天使投资人评估公司时，他们给出的公司估值是5 000万元。如今，公司在全国已有11家分店，这些分店大多扎根在学校附近。

忠告：自称"无知者无畏"

有时，刘永杰也想，如果当初不创业，自己现在的生活会怎样，"创业也让我在大学里舍弃了很多宝贵的东西，选择什么职业并没有好坏之分，我很尊重人的多样性。"

尚在象牙塔中的大学生，社会经验犹如一张白纸，要想创业成功，必然不可能如那些世故老成的大Boss一般，按套路出牌。真诚、谦卑和努力才是大学生创业者接触社会并取得成功的关键武器。值得庆幸的是，如今的创业大学生正处在移动互联网蓬勃兴起的"互联网+"时代，它蕴含着无限的创业机会！

同时，各种新的筹资模式也给一穷二白的大学生提供了创业可能，社会也渐渐以宽容的态度对待这些创业的"非常"大学生。

只是在创业前，大学生更应该认清自己，了解自己的风险承受能力，自己的个性与弱点，自己的点子是否靠谱，一旦创业开始，就应该勇往直前，努力将事业做大、做强，绝不轻言放弃。

（资料来源：摘选修改自 http://www.cyegushi.com/3416.html）

目标规划

一、知识目标

- 了解创新与创业的含义，理解创新的实质与特征。

- 创新与创业的关系。

二、能力目标

- 能够合理地运用创新理念理解创业。
- 能够运用创新意识开展创业活动。

三、素质目标

- 培养学生的创新意识。
- 使学生获得创新创业的基本技能。

任务一　认识创新

【任务导入】

华为式创新实践

华为的创新实践之一：技术创新

从1992年开始，华为就坚持至少将每年销售额的10%用于研发。2013年，华为在研发上的投入达到53亿美元，过去10年的研发投入累计超过200亿美元。华为在全球有16个研发中心，2011年又成立了面向基础科学研究为主的实验室，这可以说是华为的秘密武器。

华为在欧洲等发达国家市场的成功，得益于两大架构式的颠覆性产品创新，华为的竞争对手们也企图对其进行模仿创新，但至今未有实质性突破，因为这种多制式的技术融合，背后有着复杂无比的数学运算，并非简单的积木拼装。

华为的创新实践之二："工者有其股"的制度创新

这应该是华为最大的颠覆性创新，是华为创造奇迹的根本所在，也是任正非对当代管理学研究带有填补空白性质的重大贡献——如何在互联网、全球化的时代对知识劳动者进行管理，在过去一百年一直是管理学研究的薄弱环节。从常理上讲，任正非完全可以拥有华为的控股权，但创新一定是反常理的。从华为创立的第一天起，任正非就给知识劳动者的智慧——这些非货币、非实物的无形资产进行定价，让"知本家"作为核心资产，成为华为的股东和大大小小的老板。

到2016年，华为有将近8万名股东。最新的股权创新方案是，外籍员工也将大批量地成为公司股东，从而实现完全意义上的"工者有其股"。这无疑是人类有商业史以来未上市公司中员工持股人数最多的企业，也无疑是一种创举，既体现着创始领袖的奉献精神，也考验着管理者的把控能力：如何在如此分散的股权结构下，实现企业的长期使命和中长期战略，满足股东阶层、劳动者阶层、管理阶层的不同利益，从而达成多种不同诉求的内外部平衡，其实是极富挑战的。从这一意义上看，这种颠覆性创新具有独特的标本性质。

华为的创新实践之三：市场与研发的组织创新

市场组织创新，即所谓的"一点两面三三制"。什么叫"一点两面"呢？尖刀队先在"华尔街的城墙"（任正非语）撕开口子，两翼的部队蜂拥而上，把这个口子从两边快速拉开，然后"华尔街就是你的了"。"三三制"指的是组织形态。"一点两面三三制"作为华为公司的一种市场作战方式、一线组织的组织建设原则在全公司广泛推开，这是受中国军队的启示，华为在市场组织建设上的一种模仿式创新，对其20多年的市场成功助益甚多，至今仍然被市场一线的指挥官们奉为经典。

研发体制创新。比如固定网络部门用工业的流程搞研发，创造了一种模块式组织——把一个研发产品分解成不同的功能模块，在此基础上成立不同的模块组织，每个组织由四五个精干的专家组成，分头进行技术攻关，各自实现突破后再进行模块集成。这种研发体制的优势在于：第一，大大提高了研发速度；第二，每一模块的人员都由精英构成，所以每个功能模块的错误率很低，集成的时候相对来说失误率也低。华为的400G路由器的研发就是以这样的组织方式进行的，领先思科公司12个月以上，已在全球多个国家布局并进入成熟应用。

华为的创新实践之四：决策体制的创新

轮值首席运营官（COO）是华为独特的决策体制创新，即7位常务副总裁轮流担任COO，每半年轮值一次。轮值COO制度进行了8年，结果是什么呢？

首先，任正非远离经营，甚至远离管理，变成一个头脑越来越发达，“四肢越来越萎缩”的领袖。真正的大企业领袖在企业进入相对成熟阶段时一定是“畸形”的人，头脑极其发达，聚焦于思想和文化，以及企业观念层面的建设；“四肢要萎缩”，四肢不萎缩，就会时常指手画脚，下面的人就会无所适从。

其次，避免了山头问题。华为的轮值COO制度及由它促成的轮值CEO制度，从体制上制约了山头文化的做大，为公司包容、积淀了很多来自五湖四海的杰出人才。同时，这种创新体制也使整个公司的决策过程越来越科学化和民主化。华为已经从早年的高度集权演变到今天的适度民主加适度集权这么一个组织决策体制。

（资料来源：摘选修改自http://www.201980.com）

【任务分析】

创业是一个充满诱惑的字眼，因为它意味着成功、财富、地位和名望；创业也是一个让人恐惧的字眼，因为它也意味着失败、艰辛、落魄和名誉扫地。这个让人充满期待又犹豫不决的字眼，吸引着越来越多的人义无反顾地走上创业之路，收获着披荆斩棘后令人羡慕的果实。

杰弗里·蒂蒙斯曾说：“我们正处在一场静悄悄的大变革中——它是人类创造力和创业精神的胜利。我相信它对21世纪的影响将超过19世纪和20世纪的工业革命。”21世纪，人类进入了全球化时代，我们的企业开始走出国门，走向世界，我们的市场开始让世界瞩目。面对着前所未有的机遇和挑战，中国的创业革命已经到来。

【相关知识】

一、创新是什么

创新是以在现有的思维模式下提出有别于常规或常人思路的见解为导向，利用现有的知识和物质，在特定的环境中，本着理想化需要或为满足社会需求，而改进或创造新的事物、方法、元素、路径、环境，并能获得一定有益效果的行为。它是以新思维、新发明和新描述为特征的一种概念化过程。创新一词起源于拉丁语，有三层含义：第一，更新；第二，创造新的东西；第三，改变。作为人类特有的主观能动性的高级表现，创新是推动民族进步和社会发展的不竭动力：一个民族要想走在时代前列，就一刻也不能没有创新思维，一刻也不能停止各种创新。

过去，人们一提起创新，总认为它指创造发明之类的较大的新思想与结果的产生。为此，直到20世纪前半叶，创新思维还被认为是天才专有的神秘天赋。到20世纪60年代以后，人们才逐渐形成一种较为实际的观点，才认识到创新思维是每个正常人都拥有的思维形式，一个人只要会选择不同寻常的行走路线，就已经会创新了。

创新的定义包括狭义和广义的两种。

狭义的创新是，相对于其他人或全人类而言，你是第一，是首创。狭义的创新是真正具有推动社会进步意义的，比如爱因斯坦发现相对论，爱迪生发明电灯，等等。

广义的创新是，虽然相对于其他人我们不是第一个，但相对于我们个人而言，是第一，是首创。广义的创新比较简单，容易学习和掌握，比如单位搞了一场与往年不同的新年联欢会、推行了新的工作方法、进行了某些方面的改进等。

一个成功的创新始于对机遇有目标、有系统的分析，而不仅是一个又一个聪明的创意；成功的创新都是从小事做起，围绕某一特定事物展开，而不是一开始就规模庞大，或一次开始多种创新；成功的创新是为现在而创新，目的在于取得市场的领导地位，而不是为未来而创新。除此之外，成功的创新还需要勤奋、毅力和奉献；创新必须接近市场，以市场为中心展开；为赢得创新的成功，创新者必须充分发挥自身的长处。

案例学习 1-1　米老鼠的诞生

美国的迪士尼曾一度从事美术设计，后来他失业了。原本他和妻子住在一间老鼠横行的公寓里，但失业后，因付不起房租，夫妇俩被迫搬出了公寓。这真是连遭不测，他们不知该去哪里。

一天，两人呆坐在公园的长椅上，正当他们一筹莫展时，突然从迪士尼的行李包中钻出一只小老鼠。望着小老鼠机灵滑稽的面孔，夫妻俩感到非常有趣，心情一下子就变得愉快了，忘记了烦恼和苦闷。

这时，迪士尼头脑中突然闪过一个念头，他对妻子惊喜地大声说道："好了！我想到好主意了！世界上有很多人像我们一样穷困潦倒，他们肯定都很苦闷。我要把小老鼠可爱的面孔画成漫画，让千千万万的人从小老鼠的形象中得到安慰和愉快。"风行世界数十年之久的"米老鼠"就这样诞生了。

在失业前，迪士尼一直住在公寓里，每天从早到晚都同老鼠生活在一起，却并没有产生这样的设想，而在穷途末路、面临绝境的时候出现了这样的灵感，原因何在？其实，米老鼠就是触发了灵感的产物。他说："米老鼠带给我的最大礼物，并非金钱和名誉，而是启示我陷入穷途末路时的构想是多么伟大！还有，它告诉我倒霉到极点时，正是捕捉灵感的绝好机会。"

发现灵感思考法，指在对问题已进行较长时间思考的执着探索过程中，需随时留心和警觉，在同某些相关与不相关的事物接触时，有可能在头脑中突然闪现所思考问题的某种答案或启示。就像迪士尼因小老鼠触发灵感一样，许多意想不到的事物都可以成为触发灵感的媒介物。

分析：由此可见，创新思维是在常规思维的基础上发展起来的，是思维活动中最积极、最有价值的形式，是思维的高级形式，是人类探索事物的本质，获得新知识、新能力的有效手段。德国物理学家普朗克说："思考可以构成一座桥，让我们通向新知识。"他这里的思考，特指创新思维。

二、创新的内涵

1. 创新是一种实践

创新是一种创造性实践行为，这种实践为的是增加利益总量，需要对事物和已有的发现进行利用和再创造，特别是对物质世界矛盾的利用和再创造。人类通过对物质世界的利用和再创造，制造出新的矛盾关系，形成新的物质形态。创新活动是个体在实践层面的新颖、独特、灵活的问题解决方式，创新活动是创新思维的发展与归宿，经不起实践检验的思维是无价值的。经验性的研究也表明：具有创新活动能力的人常常通过实践活动经历了丰富的人生，也经受过大量实践问题的考验；他们乐于动手设计与制作，有把想法或理论变成现实的强烈愿望；不受现实的束缚，不断尝试错误、不断反思、不断纠正；愿意参加形式多样的活动，乐于求新、求奇，乐于创造新鲜事物等。这些都是创新思维的外显行为。

2. 创新是一种思维状态

创新精神是主体创新的人格特征，是主体创新的内部态度，它包括创新意识、创新情感和创新意志三大方面。

创新意识是个体追求新知的内部心理倾向，这种倾向一旦稳定化，就成为个体的精神与文化。经验性的研究表明：具有创新意识的人常常是不满足于现实的，有强烈的批判态度；不满足于自己，有持续的超越精神；不满足于以往，有积极的反思能力；不满足于成绩，有旺盛的开拓进取精神；不怕困难，有冒险献身的精神；不怕变化，有探索求真的精神；不怕挑战，有竞争合作的精神；有强烈的好奇心、旺盛的求知欲、丰富的想象力和广泛的兴趣等。

创新情感是个体追求新知的内部心理体验，这种体验的不断强化，就会转化为个体的动机与理想。经验性研究也表明：有创新情感的人常常情感细腻丰富，外界微小的变化都能引起强烈的内心体验；人生态度乐观、豁达、宽容，能比较长时间地保持平和、松弛的心态；学习和工作态度认真、严肃、一丝不苟，有强烈的成就感，工作的条理性强；对所有的生命形态都具有同情心和责任感，愿意为改善他们的生存状态而尽心尽力。

创新意志是个体追求新知的自觉能动状态，这种状态的持久保持，就会成为个体的习惯与性格。经验性的研究表明：有创新意志的人常常能排除外界的各种干扰，长时间专注于自己的活动；工作勤奋，行为果断，对自我要求较高，对工作要求较严；善于沟通与协调，组织能力强，有较强的灵活性，为达到目的愿意变换工作的途径和方法；有较强的独立性和自制力，在没有充分的证据和理由之前，不轻易放弃自己的主张，能容忍别人的观点甚至错误。

创新思维是个体在观念层面新颖、独特、灵活的问题解决方式，是创新实践的前提与基础，如果想不到是不可能做得到的。研究表明：具有创新思维的人常常感觉敏锐，思维灵活，能发现常人视而不见的问题并能多角度地考虑解决办法；理解深刻，认识新颖，能洞察事物本质并能进行开创性的思考；思维辩证，实事求是，能合理运用发散与辐合、逻辑与直觉、正向与逆向等思维方式，不走极端，能把握事物的中间状态等。

案例学习 1-2

苹果的创新模式

2010年5月26日，美国发生了一件大事。那一天，苹果公司以2 213.6亿美元的市值，超越微软公司，成为全球最具价值的科技公司。截止到当年7月30日，苹果公司的市值又上涨了5%，达到2 350亿美元，和微软公司的市值差距进一步拉大。而以过去5年的市值增长趋势来看，苹果公司在一年内成为全球市值最大的公司，并非不可能，当时，全球市值最高的公司是埃克森美孚公司，市值2 800亿美元，而且它在过去一年中的市值持续下跌。

实际上，仅仅在2003年年初，苹果公司的市值也不过60亿美元左右。一家大公司，在短短7年之内，市值增加了近40倍，如果说这是一个企业史上的奇迹，估计没人会反对这一观点。或许正是由于这一原因，全球顶尖的财经媒体都不约而同地为苹果公司和苹果公司的CEO乔布斯高唱赞歌。而在《哈佛商业周刊》第一次推出的全球最伟大的CEO排行榜中，乔布斯当仁不让地排名第一。

为什么苹果公司的市值会猛增？

1. 设计创新

手机的外观是给消费者的第一感觉，如果消费者的第一感觉就不是很好，那么可以确定他们对这款手机的兴趣度就会大打折扣。而苹果手机的外观就让人不能不提：流畅的线条，轻薄的手感，华丽的外观，一眼就令人产生“高大上”的感觉。可以说，苹果手机有着圆角矩形的专利设计，外形大小适中，四角圆润流畅，简约舒适的商标，无不给顾客以最大的舒适感。

2. 技术创新

华丽的外观只会暂时性地吸引顾客的眼球，接下来就要看手机的配置。事实上，如果没有技术作为支持，那么再好看的外观也不过是徒有其表，理性的消费者并不会因此买账。苹果手机的技术创新使之成为现代智能手机的引领者，它率先应用了多点触屏、重力感应器、光线传感器、三轴陀螺等200多项技术，并把这些技术的作用发挥到了极致。

3. 营销创新

创新的最根本在营销，在获得市场的认可上。一个完美的创新要经得起市场的检验，获得消费者的青睐，与营销密不可分。在这一点上，苹果的营销策略尤其值得借鉴：①绝对性的保密消息。在产品发布之前，苹果公司将新产品的最新消息保守如瓶，使得外界对产品充满了期待，在发布之前选择性地将消息一点一点地透露出来的策略，着实吊足了消费者的胃口。②产品价格随时间递减策略。完美的手机总会令人不惜金钱获得，手机作为一种快速消费品，再好也有其保质期，所以就需要不停地更新换代，于是在下一款产品出来后，之前的版本总会降价，这就使得普通消费者持续买入。一代代的使用再加上产品本身的完美设计使得手机获得了良好的口碑，从而打响了品牌，这就是苹果手机能够连续不衰的源泉。

4. 商业模式的创新

苹果不仅在设计、多媒体功能应用等方面开创了智能手机的新潮流，更重要的是它开创了一种新型的商业模式——iTunes Store。iTunes Store是一个出售手机各种软件的应用商店。软件是手机的灵魂，华丽的外观，良好的配置，再加上各式各样的应用软件，这才是一款令人满意的手机标配。苹果手机上的网上商城有着各式各样的软件，种类多，下载量大，为苹果公司创造巨额的利润的同时，也吸引了相当多的消费者。

分析：手机行业是一个高竞争、高淘汰的行业，只有不断地创新、不断地鞭策，才能获得持久生存下去的动力。而创新就要立足消费者的角度，以消费者的眼光看待自己的产品。只有树立这样的创新意识才能引领消费者。也许消费者也不清楚自己到底需要一种什么样的产品，那么就需要以创新意识去引导市场的需求。不仅如此，还需要以开放式的创新来管理，不断汲取外部的力量充实自己，获得新的血液。如此一来，一种产品、一个企业才能获得源源不断的动力。

三、大学生创新意识和创新能力的重要性

1. 创新意识和创新能力是大学生素质教育的核心

创新意识和创新能力是人的综合能力的外在表现，它是以深厚的文化底蕴、高度综合化的知识、个性化的思想和崇高的精神境界为基础的。心理学领域的最新研究表明，创新意识和创新能力是一种认知、人格、社会层面的综合体，涉及人的心理、生理、智力、思想、人格等诸多方面，并且和这些方面相辅相成。创新意识和创新能力能巩固和丰富人的综合素质。

2. 创新意识和创新能力是大学生获取知识的关键

在知识经济时代，知识的增长率加快，知识的陈旧周期不断缩短，知识转化的速度猛增。在这种情形下，知识的接受变得并不重要，重要的是知识的选择、整合、转换和操作。大学生最需要掌握的是那些涉及面广、迁移性强、概括程度高的“核心”知识，而这些知识并非靠言语所能“传授”的，它只能通过大学生主动地“构建”和“再创造”而获得。这就需要大学生的创新意识和创新能力在其中主动发挥作用。

3. 创新意识和创新能力是大学生终身学习的保证

随着高等教育规模的不断扩大，高等教育职能正在由精英教育向素质教育转化，学习也正由阶段教育向终身教育转化，学习将成为个人生存、竞争、发展和完善的第一需要。在知识无限膨胀，陈旧周期迅速缩短的情况下，大学生的社会职业将变得更加不稳定。在创新意识和创新能力的指引下，大学生有能力在毕业之后，利用各种有利条件，根据所从事的工作不断完善自身的知识和能力结构，更好地达到完善自我和适应社会的目的，从而为终身教育打下坚实的基础。

案例学习 1－3

杨远峰“点叶成金”

让一张张树叶变成一幅画、一张照片、一件叶产品或者一张树叶书签工艺品，这是杨远峰用了6年时间才摸索出来的。

杨远峰是地地道道的农家子弟，父亲因病去世后，家徒四壁的他只好向亲戚借来200元钱开始创业。1996年，杨远峰偶然在杂志上看到将树叶制成叶脉书签的方法，于是在上山砍柴时找了几百张漂亮的叶子制成叶脉书签，拿到附近的学校去卖，没想到很快就被学生们抢购一空。一位学生还说，要是在书签上能看到图画就更好了。这句话给杨远锋带来了灵感，他从此开始钻研制作叶画的技术，并将其当成了自己的事业。经历了无数次失败和挫折，2002年，他终于成功地把画绘制到了树叶上。之后，又经过不断摸索，他发明了利用树叶制作树叶照片、叶脉仿真花、植物叶标本、叶艺广告礼品等十多种树叶产品，并注册了“叶之语”商标。

就这样，杨远峰将树叶产品加工做成了一项文化创意产业。与此同时，与树叶结下不解之缘的杨远峰，也因树叶成名、成功，先后获得国家专利近30项。2010年，他的“传统叶画技艺”入选浙江省衢州市衢江区第四批非物质文化遗产。2011年，“一种植物彩叶数码艺术相片的制作方法”荣获“衢州市115人才专利发明奖”。

在某一行业的某一类别里，选择某一个自己最感兴趣和最擅长的“点”，“孜孜以求，深化创新”，正是杨远峰追求的“狭中求狭创新法”。

(资料来源: 摘选修改自 http://news.xinhuanet.com/hr/2013-03/25/c_124498336.htm)

【知识链接】国务院关于大力推进大众创业万众创新若干政策措施的意见

复习思考

1. 创新的内涵是什么？
2. 如何将一个5元钱的苹果卖到50万元甚至500万元的价格？

情景模拟

一个食品店一次接到一个刁钻古怪的顾客的订货单，订货单上面写道：“定做9块蛋糕，但要装在4个盒子里，而且每个盒子里至少要装3块蛋糕。”这位顾客傲慢地说：“贵店不是以讲信誉闻名远近吗？如果连这点小事都办不了，今后还是把招牌砸掉算了！”

如果你是食品店的店员，你能想出办法来吗？

项目实训

一分钟自我推销

1. 演练内容

(1) 问候。

(2) 我是谁（包括姓名、来自哪里、个人兴趣特长、对专业的理解、对课程学习的认识和期望、介绍家乡特产或旅游风景名胜等）。

(3) 目的：一是便于教师尽快掌握全班学生情况，以便于以后有针对性地上课提问和组织开展实训活动；二是加深学生的相互了解；三是锻炼学生上台发言的胆量和口头表达能力。

2. 实训要求和步骤

(1) 每位同学精心写一份一分钟自我推销介绍词，利用课余时间反复演练，达到内容熟练、神态自然。

(2) 地点、参加人员：本班教室，全班同学。

(3) 具体步骤：

第一步，上台问候。跑步上台，站稳后向所有人问好。注意要面带微笑，展现热情。

第二步，正式内容演练。自我推销介绍，注意音量、站姿、介绍顺序、肢体动作等。

第三步，致谢回座。对全体同学说“谢谢”以后，按照教师的示意回到座位。

3. 评分基本标准

（1）由班委组成评委，对每个同学进行评分，最后取平均分。

（2）评分具体要求：

①上讲台自我推销的神态、举止（55 分），其中声音大小 10 分，热情展现 7 分，面带微笑 10 分，站姿 8 分，肢体语言 5 分，语言表达 10 分，服装得体 5 分。

②自我介绍词内容新颖、独特、顺序自然（35 分）。

③时间掌控（10 分）。每位同学自我介绍时间控制在 60～90 秒，少于 45 秒或超过 100 秒此项不得分。

4. 注意事项

（1）每位同学要精心准备，反复演练。特别是学生干部要带头上台。

（2）带头学生演练完成后，按学号顺序上台演练，一个接一个进行。第一位同学上台后，后一位同学在指定位置等候。

（3）上台前要向教师举手示意，并喊话报告："× ×号学生准备完毕，请指示。"听到教师"开始"的指令后跑步上台。听到教师"时间到，停"的指令后，要向所有同学说"谢谢"，然后按照教师的示意，回到座位。

（4）注意课堂纪律，控制笑声，确保自我推销能自然顺利地进行。一位同学介绍完毕致谢后，所有同学应鼓掌回应。

（5）实训过程中，教师准备好以下话语：

自我介绍开始！

停，未跑步上台，重来一次！

停，激情不够，重新开始！

不要紧张，重新开始。

时间到，掌声鼓励。

案例分析

张瑞敏：时代变迁，非创客难以生存

2015 年，海尔集团的发展主题是"引爆引领"。"引爆是质的突破，而非对原结构的修补。引爆的目标是引领，即实现从 0 到 1，而非原有的从 1 到 N。引爆创造的是用户流量，而非无法交互的顾客销量。"张瑞敏说。

2013 年、2014 年海尔连续两年裁员，同时启动了鼓励员工内部创业的小微公司模式，喊出了"人人都是创客"的口号。在张瑞敏看来，人人创客，是引爆引领的必要条件，也是海尔集团变革的一个重要方向。整个企业要从管控型组织变成投资平台，每个人都不再是执行者，而是创业者，整个组织要从原来的传统组织变成互联网组织。

引爆的前提是人人创客，人人创客的前提是搭建起两个平台，即投资驱动平台和用户付薪平台。投资驱动，也就是所有的创客创造出的价值由谁来认可，有没有风投，风投进来后一定要求人的市场化。如果人根本不行，就必须换人，人才市场化就意味着薪酬市场化。这个投资者和市场的投资者结合在一起来驱动人创造价值。而用户付薪平台使创客必须永远和用户连接在一起，因为创客的薪酬是用户给的，如果能创造价值，用户就付酬，创造不了价值就没有薪酬。

张瑞敏说，海尔集团原来的考核很简单，就是销量是多少，利润是多少，增长率是多少，根据这些数字来拿工资；现在不行了，海尔的导向是，从顾客销量到用户流量，现在要根据用户的流量来考核。

关于用户流量，张瑞敏举出海尔集团近期制造创客取得成效的一个例子。比如雷神，2013 年 12 月，它的粉丝量只有 3 万，到 2014 年 6 月，半年的时间粉丝量飙升至 49 万。当粉丝量在 3 万的时候，其销售游戏本 500 台，在网上销售了 4 天；而当它拥有 49 万粉丝的时候，同样是 500 台的游戏本，在网上 1 秒钟即刻被抢光。4 天和 1 秒，4 天对应的是 3 万粉丝，1 秒对应的是 49 万粉丝。“引爆”改变了过去新产品上市的做法，将要引爆的是用户流量，是从产品的销量转变为用户的流量。张瑞敏说，用户流量还不是最终目的，最后要变成“引领”。比如，电商就把原来传统的销售完全颠覆了，互联网金融把传统的银行也颠覆了，这才是真正的引领。

在张瑞敏看来，互联网时代并不是“我做什么、怎么让顾客来了解和接受”，而是用户和企业必须融为一体，互联网最重要的是零距离、去中心化、分布式。企业必须和用户融为一体，满足用户最佳体验。张瑞敏说：“自主创业主要是两点：第一，从集团的角度，把管控组织变成投资平台后，决策权、分配权、用人权‘三权’要彻底让渡。一个企业如果有了这三项权力，就一定是一个独立的企业。第二，从员工的角度，要自我突破，每个人都是独一无二的，都有不可限量的潜力。”

（资料来源：庞丽静，《张瑞敏：时代变迁，非创客难以生存》，《经济观察报》2015 年 3 月 1 日）

问题：海尔集团在哪些方面体现了创新？

任务二　理解创业与创业精神

【任务导入】

美图秀秀蔡文胜的创业励志故事

他摆过地摊，还跑到东南亚卖衣服、卖水泥，最后因为投资域名生意，抢注十多万个互联网域名赚得盆满钵满，之后进入投资领域，相继投资美图秀秀、58 同城，暴风集团等重量级公司，在 2016 胡润 IT 富豪榜中，他以 105 亿元排名第 35 位。

2013 年，蔡文胜出任美图秀秀董事长，2016 年 12 月 15 日，美图秀秀正式登陆港交所，整体市值近 46 亿美元，成为继 2004 年腾讯上市后 10 年来香港股市最大规模的科技 IPO。蔡文胜持有美图公司 38.32% 的股份，价值约 120 亿元人民币。此外，蔡文胜共投资了 58 同城、暴风集团等数十家企业，综合计算，美图公司上市后，蔡文胜本人或将成为厦门新首富。

蔡文胜于 1970 年出生于泉州。1985 年，15 岁的蔡文胜弃学，在素有商业历史气息的泉州和几个同学摆起了地摊。若不算八九岁时卖冰棒的经历，这是他人生第一次正式下海。

蔡文胜的地摊生意从兜售一些小物件开始，如计算器，以 8 元钱进货，10 元钱卖出。

“我总是会看到跟别人不一样的东西，我个人觉得，自己老是跳跃性的——总会看到更新的机会。”蔡文胜说，传统生意让他知道两件事：一是有用户就有价值；二是一定要有商业的敏感度和决策速度，做生意的道理总是相通的：先从某个点切入，然后逐步往上切入更宽广的角度。他始终相信，有了用户就早晚一定会有商业模式，而绝不是先有了商业模式再找用户。

2004 年，一个叫作 hao123 的网站进入了蔡文胜的视线，他发现很多人都知道网易、新浪、搜狐这些门户网站，但很少有人知道怎么进入，而 hao123 正好提供了这样一个入口，于是 265.com 就这样被蔡文胜建了起来。2008 年，265.com 以 2 000 万美元的价格卖给了谷歌。

2008 年，蔡文胜和吴欣鸿讨论互联网还存在着哪些没被开发出来的商机，Windows 里面还有什么是最常用的？当时有两个几乎所有人在装机时必备的软件，一个是图片工具 Photoshop（PS），一个是压缩软件 WinZip。吴欣鸿认为 PS 对于普通人来说，处理图片的技术难度比较高，加上自己对图片非常感兴趣，于是将目标锁定在做一款“傻瓜型 PS”工具上。

于是，蔡文胜让吴欣鸿从 38 人的团队里找出自己认为最合适的、最谈得来的 18 个员工，成立了美图公司。之后，一款名为“美图大师”的修图软件开始在包括高校学生在内的年轻人里流行起来，后来它换了一个今天更为人熟知的名字——美图秀秀。

【任务分析】

创业的价值在于实现自己。有想法而又把自己的想法变成现实，是一件奇妙而伟大的事情。乔布斯重新定义了手机（iPhone），马斯克重新定义了汽车（特斯拉），慕课（MOOC）重新定义了教育（MOOC 学院），扎克伯格重新定义了社交（FaceBook），马云重新定义了商业模式（淘宝）。当前，大数据、云计算、物联网、移动化等前沿技术正深刻地改变着企业，改变着我们的生产和生活方式，并给当今中国经济社会的发展带来无限的机遇。

【相关知识】

一、创业的含义

（一）什么是创业

创业在《新华字典》里定义为创办“事业”。“创”，篆文从刀，仓声，是形声字。“业”，篆文像古代乐器架子横木上的大板，上面刻有锯齿，以便悬挂钟、鼓等乐器，后引申为所从事的学业、事业、职业、行业、就业、产业、创业、工作等。由此可见，创业是创字当头，业为基础，这就意味着任何一项事业都是一个由无到有、由小到大、由简到繁、由旧到新的创造过程。

创业是一种创新性活动，它的本质是独立地开创并经营一种事业，并使该事业稳健发展、快速成长的思维和行为的活动。走上创业之路，是人生的一个大转折，它是成就个人事业的过程，是自我价值和能力的体现。创业，要直接面向社会，直接对顾客负责，个人的收入直接与经营利润连在一起。其实，创业的过程就是解决一个接一个矛盾的过程，正如一位作者指出，“创业最大的好处，就是可以当自己的主人”。

创业被学者们从不同的方面进行了定义：

创业是新颖的、创新的、灵活的、有活力的、有创造性的，以及能承担风险的过程。许多学者说，发现并把握机遇是创业的一个重要部分。

创业是包括创造价值在内的、创建并经营一家新的营利性企业的过程。它是通过个人或一个群体投资组建公司，提供新产品或服务，以及有意识地创造价值的过程。

创业是创造不同的价值的过程，这种价值的创造需要投入必要的时间和付出一定的努力，承担相应的金融、心理和社会风险，并能在金钱和个人成就感方面得到回报。

综上所述，创业是这样一种过程：在这个过程中，某一个人或一个团队，使用组织力量去寻求机遇，去创造价值和谋求发展，并通过创新和特立独行来满足愿望和需求，而不管企业家们手中此时有什么样的资源。

该定义包括以下重要主题：

1. 企业家

毫无疑问，如果没有一位愿意去做企业家要做的事情的人，就不会有创业，因为企业家是创业行动中的关键要素，没有企业家就不会有创业。

2. 创新

创新包括变化、改革、改造以及新方法的引进。

3. 组织创建

为了寻求已感知到的创新机遇，为了去创造价值，就必须具备有组织的努力和行动，必须有人挑头来做一些事情——采取行动让创业型企业建立并运行起来。

4. 成长

创业型企业区别于其他小型企业的主要一点，就是创业型企业侧重于企业的成长。创业是创建一家企业，并在其成长过程中把握住发展机会。它不是静止不前，或满足于一个市场或一种产品的，创业包含着成长。

5. 过程

创业是一系列进行中的决策和行动。创业不是昙花一现，而是一个需要时间的过程。它包括从创业伊始，到企业的经营管理，甚至到某一时间的退出之间的所有各类决策和行动。

（二）创新与创业的关系

创新与创业是相互促进又相互制约、密不可分的辩证统一体，二者目标同向、内容同质、功能同效、殊途同归。一方面，创新是创业的基础。创新是对人的发展总体的把握，为创业成功提供了可能性和必要的准备。另一方面，创业是创新的载体和表现形式，创新只有作用于创业实践活动才能有所体现，才有可能最终获得成功。创新的成效，只有通过创业实践来检验。

1. 创新是创业的源泉

创新是创业的源泉，是创业的本质，创业通过创新拓宽商业视野、获取市场机遇、整合独特资源、促进企业成长。要进行创业必须具备一定的条件，创新能力、技术、资金、创业团队、知识和社会关系等都是重要的创业资本，但其中创新能力可以说是最重要的创业资本，创业者在创业过程中需要具有持续旺盛的创新精神、创新意识，需要独特、活跃、科学的思维方式，这样才可能产生富有创意的想法或方案，才可能不断寻求新的思路、新的方法、新的模式、新的出路，最终获得创业成功。创业型企业的不断发展壮大更是必须依靠持续创新。纵览世界，绝大多数今天的工业巨擘在四五十年前都是名不见经传的小公司，有的甚至尚未创建，它们之所以能够获得今天的辉煌，根本原因在于以创新开始创业，以不断的创新追求卓越，从而推进了企业持续快速发展。

2. 创新的价值在于创业

从某种程度上讲，创新的价值就在于将潜在的知识、技术和市场机会转化为现实生产力，实现社会财富增长，造福人类社会，否则，创新也就失去了意义。实现这种转化的根本途径就是创业。通过创业实现创新成果的商品化和产业化，将创新的价值转化为具体、现实的社会财富。创业者可能不是创新者或发明家，但必须具有能发现潜在商业机会并敢于冒险的特质；创新者也并不一定是创业者或企业家，但科技创新成果必须经由创业者推向市场，使其潜在价值市场化，只有这样创新成果才能转化为现实生产力。

3. 创业必然蕴含着创新

很多创业者依仗创新的产品或服务而创业，并努力将创新产品或服务推向市场，创造财富，造福社会。从这点看，创业实际上是一种不断挑战自我的创新过程，正如德鲁克所说：创业精神是一个创新过程，在这个过程中，新产品或服务机会被确认、被创造，最后被开发出产品并创造新的财富。

4. 创业推动并深化创新

创业可以推动新发明、新产品或新服务的不断涌现，创造出新的市场需求，从而进一步推动和深化科技创新，提高企业或整个国家的创新能力，推动经济增长。美国国家科学基金会和美国商业部等机构在20世纪80年代和90年代发表的报告表明，第二次世界大战结束以后，美国创业型企业的创新占美国全部创新的一半以上，占美国重大创新的95%。在20世纪末，国际教育界曾有人做过这样的预测：就世界范围而言，21世纪有50%的中专生和大学生要走自主创业之路。

案例学习 1-4　**他卖的不是水，是创意！**

免费送水给别人喝，还能赚到钱，这样的稀奇事儿就发生在“90后”小伙子张健的身上。

半年来，张健将自家工厂生产的矿泉水，利用互联网销售途径进行推广，然后在瓶身四面贴上为客户量身定制的广告，最后以免费喝水等方式将印有宣传广告的定制水送给人们。

卖矿泉水瓶身的“广告位”比卖水更赚钱

在温州大学读书的时候，张健就尝试过很多创业项目。半年前，他想到了一条新的生财之路，就是在自家生产的矿泉水上做“文章”。

张健算了一笔账：现在市面上一瓶普通的矿泉水售价为1~2元，而自家的矿泉水可以卖得便宜一点，根据成品率的不同，定价为0.8~1.4元不等。低价销售确实有利于打开市场，但如何实现盈利呢？他想到了一招，在矿泉水的包装页面上做广告，可以4个页面打包卖，也可以每个页面单独卖，每瓶矿泉水的单个页面售价0.6元。

通过微信朋友圈推广、淘宝线上销售等途径，张健的生意很快开张了。“客户可以从我这里买到比普通矿泉水更便宜，而且印有自己宣传广告的定制水，所以大部分人在了解后表示出合作意愿，很多客户听完直接就下单了。”张健说，他的最高纪录是一个星期内“卖”出了5万多瓶矿泉水。

通过免费赠水为广告客户推广宣传

下单、广告设计以及矿泉水瓶身的定制，都可以通过微信等线上途径来完成，等到定制水生产出来后，张健还可以根据客户的需求以及广告受众人群的不同，有针对性地投放。

他介绍说，他们会在线上寻找单位、企业或者个人进行活动合作，在活动中将印有广告的定制水免费送给人们喝，以达到宣传的效果。如果有的单位活动本身就需要宣传，那么只支付“广告费”就可以拿到活动时的水。

“3月8日妇女节那天，我把与车企合作的定制水送到了温州二手车交易市场进行免费发放，结果搬来的1 000瓶矿泉水仅仅不到1小时就被抢光了。”在大家对免费喝水纷纷点赞的同时，也有人对这种定制水的饮用安全提出了疑问。张健坦言，开始时大家确实存在疑问，但只要通过了解，知道这些定制的矿泉水是由正规厂家生产，并且拥有相关的生产许可时，这种顾虑就被打消了。

在“方寸之间”做公益

张健说，定制水发放之后，不但可以直接增加相关品牌的曝光率，还可以通过微信后台数据的支持，对扫描了二维码定制广告的人数进行统计，从而得出矿泉水实际吸引到的潜在客户人数。

现在，张健还专门成立了温州仁翔网络科技有限公司，并准备开发专门的定制水网站，全方位宣传他的创业项目。接下来，除为客户设计定制水以外，张健还打算好好地利用矿泉水瓶上的小小天地，推广公益活动。他想以自己或者他人的名义进行慈善公益，免费向饮水困难地区捐赠优质矿泉水；他还想与政府部门合作，通过矿泉水瓶上的内容，宣传优秀文化和传统知识，或者宣传绿色环保等理念。

问题：以上这个故事告诉我们，创意会带来更好的经济效益。你认为张健的创业项目最大的创意是什么？如果你来运营他的项目，你有更好的创意吗？

二、创业的常见模式

创业是复杂而灵活的，创业者必备的基本素质就是把握创业的机遇，既能承担风险，又要具有创造性。创业是自身价值的实现，同时需要投入必要的时间和精力。在当今的环境之中，都有哪些常见的创业模式呢？

1. 网络创业

网络创业指有效利用网络资源的创业。网络创业主要有两种形式：网上开店，即在淘宝网等商城注册成立网络商店；二是网上加盟，以某个电子商务网站门店的形式经营，利用母体网站的货源和销售渠道。

2. 兼职创业

兼职创业即在工作之余再创业。如教师、培训师可选择作为兼职培训顾问；业务员可兼职代理销售其他产品；设计师可自己开设工作室；编辑、撰稿人可以向媒体、创作方面发展；会计、财务顾问可代理做账、理财；翻译可兼职口译、笔译；律师可兼职法律顾问和事务所；策划师可兼职广告、品牌、营销、公关等咨询工作。当然，还可以选择特许经营加盟、顾客奖励计划等。

3. 团队创业

团队创业指具有互补性或者有共同兴趣的成员组成团队进行创业。事实证明，如今社会发展飞速，创业环境也在不断变化，在这种情况下团队创业成功的概率要远高于个人独自创业。一个由研发、技术、市场融资等各方面组成的优势互补的创业团队，是创业成功的法宝，对于高科技创业型企业来说更是如此。

4. 大赛创业

大赛创业即利用各种商业创业大赛，获得资金提供平台，如雅虎（Yahoo）、网景（Netscape）等企业都是从商业竞赛中脱颖而出的，因此大赛创业也被形象地称为“创业孵化器”。如清华大学王科、邱虹云等组建的视美乐；上海交通大学罗水权、王虎等创建的上海捷鹏等。表1-1列出了国内具有一定规模的、常见的创业大赛。

表1-1 国内常见的创业大赛

序号	名称	主办方
1	“挑战杯”全国大学生系列科技学术竞赛	共青团中央、中国科协、教育部等和全国学联
2	中国“互联网+”大学生创新创业大赛	教育部
3	全国大学生电子商务“创新、创意及创业”挑战赛	教育部高等学校电子商务专业教学指导委员会
4	全国大学生网络商务创新应用大赛	中国互联网协会
5	中国创新创业大赛	科技部、教育部、财政部、国家网信办、中华全国工商业联合会

5. 概念创业

概念创业即凭借创意、点子、想法进行创业。当然，这些创业概念必须标新立异，至少在打算进入的行业或领域中是一个创新，只有这样，才能抢占市场先机，吸引风险投资商的眼球。同时，这些超常规的想法还必须具有可操作性。

6. 内部创业

内部创业指在企业的支持下，有创业想法的员工承担公司内部的部分项目或业务，并且和企业共同分享劳动成果的过程。这种创业模式的优势就是创业者无须投资就可获得充足的资源，这种“大树底下好乘凉”的创业模式优势明显，受到很多创业者的青睐。

案例学习1-5 “出身”于高职院校，花四年成功转型公司总裁

唐封龙，2005年毕业于广东轻工职业技术学院，仅仅4年多的时间他就成功从大专毕业生转变为东莞一家装饰设计公司总裁，并掌管两家分公司。

唐封龙还在读大二的时候就已经开始打工；大三下学期，他尝试人生的第一次创业，一直延续到现在，当上了总裁，异地开分公司，口头禅成了“工程”“客户”，每天总少不了谈生意、跟单……

大专生向总裁的身份转换

唐封龙：我是2002年参加高考的，艺术生。那一年我没能考上本科，无缘广州美术学院，就去了第三批高职院校里学艺术设计最好的学校——广东轻工职业技术学院，读环境艺术设计专业。我大二就出来打工，去了一家室内设计公司打杂。这可真是“打杂”，除一般的工作以外，我还得陪老板爬山、打球。但老板恰恰看上了我从底层做起，耐心做事的性格。大三下学期时，他开了另一家同类型的公司，分了股给我，让我打理公司事务，我也就成为公司的经营者之一，我的创业就从这里开始。

到了毕业那年的9月份，父母给我在东莞联系了公路局实习，我只能离开原来的公司，

来到东莞。但一个月后我就不干了，因为我又想到了创业，毕竟自己是有底气的，已经在室内设计公司实习、从业了一段时间，于是我和搭档也成立了一家室内设计公司。这就是我的第二次创业，一直延续到现在。

大学创业经历对现在的积极指导意义

唐封龙：其实我刚入大学时，很不习惯，一度情绪低落。每个人都为日后找工作而努力着，我的朋友也很少。但后来，我决定要追求一种精彩的大学生活，就开始参加社团活动，如参加竞技比赛、院系足球队、舞蹈社、演讲比赛、演小品……我开始有了追求，有了目标，并不断努力着，争取把每样事情都做好。回想近四年的创业史，不断追求成功的品质是从大学就开始培养的。从低处向高处走，熬过苦楚再有所求，这样的创业经历最让人开心。未来还有梦，我会一直努力追寻。

公司靠什么度过每一次逆境

唐封龙：待人待事，坦率真诚、认真负责。开门做生意的，实在来不得半点弄虚作假、坑蒙拐骗。我要求全公司的员工都要对客户忠诚，即要把每个设计方案的理念源由、执行利弊、细节控制等都与客户坦诚交流，让设计师独特的品位概念与客户的需求交汇出更多的共同点。事实上，每个人都在看着，你到底有没有用心把事情办好，有没有能力做好。我们只能严厉要求自己。另外，待人真诚也是对公司内部人员而言的。在公司里，我请了好几位大学时的同学做设计师，其中还有我的好兄弟。我看重的不仅是个人的才气，还看重彼此之间的道义。一群志同道合又能奋力打拼的人聚在一起，就能生成一种无形的凝聚力。

(资料来源：摘选修改自 http://www.1633.com/news/html/200906/news_117356_1.html)

三、创业精神

创业精神，是创业者在创业过程中重要行为特征的高度凝练，是自主精神、创新精神和务实精神等的综合体现，表现为勇于创新、敢当风险、团结合作、坚持不懈等。创业精神主要来源于两点：一是创业者主观上强烈的创业意愿与兴趣，二是创业者的客观实践。

创业精神的内涵包含三个层次：哲学层次，即创业思想和创业观念，是人们对于创业的理性认识；心理学层次，即创业个性和创业意志，是人们创业的心理基础；行为学层次，即创业作风和创业品质，是人们创业的行为模式。

创业者必须具备的创业精神一：具有理想主义情怀和精神。一个没有理想、没有梦想、没有抱负的人是不可能成为创业者的。要想成为一个真正的创业者，一定要有理想、有抱负、有属于自己的伟大梦想。

创业者必须具备的创业精神二：坚定的信念和坚持的精神。创业，不是一时半会儿的事情，想成功就得有坚定的信念和坚持的精神，不坚持不会成功，甚至有时候一直坚持也有可能不成功。

创业者必须具备的创业精神三：笃定执着的精神。英特尔前首席执行官葛洛夫有句名言："只有偏执狂才能生存。"一个创业者一定要笃定，要知道自己的方向和努力的目标都是什么，没有这种精神，就会像无头苍蝇一样乱撞，到时候一事无成。

创业者必须具备的创业精神四：胆识与冒险精神。如果你是一个创业者，一定要具有胆识，因为胆识让创业者更有气魄，才可能更好地抓住机会，获得创业成功的可能性就更大了一些。美国3M公司有一个很有价值的口号："为了发现王子，你必须和无数个青蛙接吻。"

“接吻青蛙”常常意味着冒险与失败，但是如果你不想犯错误，那么什么也别干。当然，这里的冒险不是指盲目的冒险，而是指理性的冒险精神。

创业者必须具备的创业精神五：创新精神。熊彼特关于企业家是从事“创造性破坏”的创新者观点，凸显了企业家精神的实质和特征。一个企业最大的隐患，就是创新精神的消亡。创新必须成为创业者的本能。

创业者必须具备的创业精神六：契约精神。市场经济是法治经济，更是信用经济、诚信经济、契约经济。没有诚信的商业社会将充满极大的道德风险，显著抬高交易成本，造成社会资源的巨大浪费。不管你做的是小生意还是大买卖，都要讲诚信，具备契约精神，尤其对一个创业者而言，没有诚信就无法立足于这个社会，更何况是竞争残酷的市场。

创业者必须具备的创业精神七：合作精神。这是一个团队合作、抱团取暖的时代，没有合作精神，就不会有团队，没有团队，单纯靠个人是无法完成创业的，必须具备合作精神才能更好地创业。创业者既不可能也没有必要成为一个超人，但创业者应努力成为“蜘蛛人”，要有非常强的“结网”能力和意识。

案例学习 1-6 史玉柱：创业精神缔造财富神话

创业精神之一：才思敏锐，精细过人

创业家的成功，很大程度上取决于他们对机会具备天生的敏锐感和判断力。正如经济学家柯兹纳所言：“机会源于信息不对称”。正是这种精细和敏锐使创业家能够抓住眼前稍纵即逝的机会，并且常常先于平常人看到这些机会的苗头，从而为采取行动赢得先机。在史玉柱身上，我们看到了很多这样的“敏锐”：20 世纪 80 年代末创业初期看准汉字桌面系统软件开发，90 年代初期开发保健品市场，2003 年出售公司拳头保健产品的知识产权及其营销网络 75% 的股权转而投资股票市场，2004 年进军网络游戏……尽管在这个过程中，史玉柱也有过失误和沉痛的教训，但是，在每一个经济发展时期，他似乎都抓住了熊彼特所说的“具有吸引力”的产业，而且善于将这些机会与企业资源有效地匹配起来，从而为他未来的财富帝国找到立足的根基。

创业精神之二：首创精神和冒险精神

创业家怀揣着一种梦想和意志，企图建立起一个属于自己的“王国”，他们不甘人后，思想和行动常常先于天下，这为创业家们创造财富提供了“先动”优势。冒险精神是创业家身上表现出的突出特质之一，创业家的血液中流淌着对生意的激情，他们具有创造的激情，追求成功的激情，施展个人能力和智谋的激情，他们喜欢挑战，迎接变革，敢于冒险去追求成功。在史玉柱的传奇经历中，从他创业之初倾其所有为自己的产品做广告，到后来在其产品营销中惯用的高强度广告攻势，以及不断探索新的业务领域和经营模式，都充分地体现了这种冒险精神。创业家的冒险是在精心“计算”基础之上的理性决策，他们胆大心细又才智过人。对于这一点，我们在经历了从成功到失败，再从失败到成功的史玉柱身上看到了明显的表现。

创业精神之三：不断创新，不断变革

经济学家威廉·鲍莫尔提出，资本主义的独特之处在于创新而非发明。熊彼特认为，创新是发现一种有利可图的机会，并且不断地追寻这种机会直到使它们在实践中得到运用。创新就是实现资源的“新组合”，这是创业精神最重要的特征，即以新的形式和方法，把资本、技术等要素有效地组合起来，创造性地应用到企业生产和管理过程中去。史玉柱的创业成功历程就是一个个不断创新行动的联结，也是他传奇式成功最重要的原因。例如，“脑黄金”“脑白金”“黄金搭档”准确的产品市场定位；极富创意和人气响应的广告设计；《征途》网络游戏产品设计和销售模式中的诸多创新点；企业不断根据外部环境变化调整、开辟新业务领域，从最早的软件行业到保健品行业，再到资本市场投资，以及现在的网络游戏行业，都体现出一种极强的应变能力、学习能力和遗忘能力。一个企业如果具备核心能力但缺乏应变和遗忘能力，则可能陷入核心能力僵化陷阱而丧失竞争优势，这正是时下许多大型公司面临的创业难题。

创业精神之四：渴望成功，百折不屈

熊彼特认为，只有不甘平庸，而且具有强烈成功欲的人，才有成为企业家的资格。创业家具有征服的意志和证明自己比别人优越的冲动，他求得成功不是为了成功的结果，而是为了取得成功的过程。从史玉柱的创业经历中，我们看到，正是在成功和理想驱动下的百折不屈的创业精神和永无止境的探索与奋斗，使他从平庸中崛起，从失利与逆境中重新奋起。

（资料来源：张映红，《史玉柱创业精神缔造财富神话》，创业网，摘选时有改动）

四、国家鼓励大学生创业的政策

2015 年《国务院关于大力发展电子商务加快培育经济新动力的意见》提出一系列利好措施，鼓励电子商务领域的创业；国务院办公厅印发的《关于深化高等学校创新创业教育改革的实施意见》，全面部署深化高校创新创业教育改革工作。

国家多个部门共同出台创业新规，鼓励劳动者自主创业，通过创业带动整体就业。

从就业政策上来讲，国家对大学生自主创业还是很支持的，目前主要以减免一些行政费用为主，比如，国家工商行政管理总局规定，高校毕业生从事个体经营的，1 年内免交 5 种行政费用。具体规定如下：

（1）大学毕业生在毕业后 2 年内自主创业，到创业实体所在地的工商部门办理营业执照，注册资金（本）在 50 万元以下的，允许分期到位，首期到位资金不低于注册资本的 10%（出资额不低于 3 万元），1 年内实缴注册资本追加到 50% 以上，余款可在 3 年内分期到位。

（2）大学毕业生新办从事咨询业、信息业、技术服务业的企业或经营单位，经税务部门批准，免征企业所得税 2 年。新办从事交通运输、邮电通信的企业或经营单位，经税务部门批准，第 1 年免征企业所得税，第 2 年减半征收企业所得税。新办从事公用事业、商业、物资业、对外贸易业、旅游业、仓储业、居民服务业、饮食业、教育文化事业、卫生事业的企业或经营单位，经税务部门批准，免征企业所得税 1 年。

（3）各国有商业银行、股份制银行、城市商业银行要为自主创业的毕业生提供小额贷款，并简化程序，提供开户和结算便利，贷款额度在 2 万元左右。贷款期限最长为 2 年，到期确定需延长的，可申请延期一次。贷款利息按照中国人民银行公布的贷款利率确定，担保最高限额为担保基金的 5 倍，期限与贷款期限相同。

（4）政府人事行政部门所属的人才中介服务机构，免费为自主创业毕业生保管人事档案（包括代办社保、职称、档案工资等有关手续）2 年；提供免费查询人才、劳动力供求信息，免费发布招聘广告等服务；适当减免参加人才集市或人才劳务交流活动收费；优惠为创办企业的员工提供一次培训、测评服务。

注意：以上政府鼓励政策的具体内容可以在当地政府部门及网站咨询获得最新资料。

【知识链接】1. 关于大学生创业的扶持政策介绍

2. 辽宁：大学生创业可申请担保贷款

复习思考

1. 什么是创新？
2. 创业与创新的关系是什么？
3. 创业精神包含哪些内容？

情景模拟

同学甲有创业想法，想在学校周边开一个火锅店。请小组列出创业成功可能需要哪些准备，需要具备哪些能力。

项目实训

每个小组成员分别想出一个创业点子，然后与小组同学分享，大家一起讨论并选出一个最可行的创业点子进行小组汇报。

案例分析

肯德基的创始人

有一个人，一生中经历了 1 009 次失败，但他却说："一次成功就够了。"

5 岁时，他的父亲突然病逝，没有留下任何财产。母亲外出做工。年幼的他在家里照顾弟妹，并学会自己做饭。

12 岁时，母亲改嫁，继父对他十分严厉，常在母亲外出时痛打他。

14 岁时，他辍学离家，开始了流浪生活。

16 岁时，他谎报年龄参加了远征军，因航行途中晕船厉害，被提前遣送回乡。

18 岁时，他娶了媳妇，但只过了几个月，媳妇就变卖了他所有的财产逃回娘家。

20 岁时，他当电工、开轮渡，后来又当铁路工人，没有一样工作顺利。

30 岁时，他在保险公司从事推销工作，后因奖金问题与老板闹翻而辞职。

31 岁时，他自学法律，并在朋友的鼓动下干起了律师行当，一次审案时，竟在法庭上与当事人大打出手。

32 岁时，他失业了，生活非常艰难。

35 岁时，不幸又一次降临到他的头上，当他开车路过一座大桥时，大桥钢绳断裂，他连人带车跌到河中，身受重伤，无法再干轮胎推销员的工作。

40 岁时，他在一个镇上开了一家加油站，因挂广告牌把竞争对手打伤，引来一场纠纷。

47 岁时，他与第二任妻子离婚，三个孩子深受打击。

61 岁时，他竞选参议员，但最后落败。

65 岁时，政府修路拆了他刚刚红火的快餐馆，他不得不低价出售了所有设备。

66 岁时，为了维持生活，他到各地的小餐馆推销自己掌握的炸鸡技术。

75 岁时，他感到力不从心，因此转让了自己创立的品牌和专利，新主人提议给他 1 万股，作为购买价的一部分，他拒绝了，后来公司股票大涨，他因此失去了成为亿万富翁的机会。

83 岁时，他又开了一家快餐店，却因商标专利与人打起了官司。

88 岁时，他终于大获成功，全世界都知道了他的名字。

他，就是肯德基的创始人——哈兰·山德士。他说："人们经常抱怨天气不好，实际上并不是天气不好，只要自己有乐观自信的心情，天天都是好天气。"

（资料来源：https：//m. cy1990. com/lizhigushi/gushi/10709. htm）

问题：我们从肯德基创始人的创业案例中能够得到什么启示？

项目二

创业需要哪些能力

课前热身

创业者格言

创业的过程，实际上就是恒心和毅力坚持不懈的发展过程，这其中并没有什么秘密，要真正做到中国古老的格言所说的勤和俭也不太容易。

——李嘉诚

创业者故事

马云的创业精神

2007 年金秋，阿里巴巴网络有限公司在香港地区的香港联合交易所正式挂牌上市，到收盘时，阿里巴巴市值飙升至 1 980 亿港元（约 260 亿美元），打破了百度创下的纪录，成为市值最大的中国互联网公司，创造了中国互联网最大的上市奇迹。

1995 年 9 月，而立之年的马云因精通英语被邀请赴美做商业谈判的翻译，一次偶然的机会接触了互联网。当时在美国互联网较为普及，而在中国“触网”的人还寥寥无几，他看到了网络改变世界的巨大能量，从美国带回了创业梦想。回国后，马云便决定辞职创办中国第一家互联网商业网站——中国黄页。在辞职前的一个晚上，马云邀请 24 个朋友一起来“共议大事”。朋友们的反应出奇地一致，23 个人说不行，只有一个人说可以试试。但马云没有听进朋友们的“逆耳忠言”，反而坚定了自己的行动决心。

为了梦想，马云义无反顾，一头扎进了互联网这个“汪洋大海”。那时，大家还不懂互联网，打开一个网页也需要很长的时间，马云到处推销他的“中国黄页”，被人当作骗子。

1999 年 2 月 21 日，阿里巴巴第一次员工大会在马云位于湖畔花园的家中召开。马云为自己的梦想而激动，用美好的梦想激励大家：在未来的三五年内，阿里巴巴一旦成为上市公司，他们每一个人的所有付出都会得到回报。当时有人问马云阿里巴巴的前景，马云说，以 50 万元起步的阿里巴巴将来市值将达 50 亿美元。这一回答几乎无人相信。

2002 年年底，互联网的冬天刚过，马云提出，阿里巴巴 2003 年将实现盈利 1 亿元，这在当时是不可思议的，但阿里巴巴最终实现了这个目标。在2003年年终会议上，马云又开始梦想，他提出，2004年实现每天利润100万元，2005年实现每天缴税100万元。

每一个目标的提出，都会招致诸多的怀疑和反对，但马云就像一个神奇的造梦者，每一个当初看似不可能实现的梦想都一一变成了现实。后来，当马云提出打造能活102年的企业，创造100万个就业机会，10年内把阿里巴巴打造成世界三大互联网公司之一和世界500强企业之一，淘宝网交易总额超过沃尔玛等梦想时，已很少有人感到吃惊或者怀疑了。

梦想会成为成功的动力，"心有多大，舞台就有多大"。

目标规划

一、知识目标

- 创业者应具备什么样的基本素质。
- 正确认识并理性对待创业。

二、能力目标

- 正确分析自己的优势与劣势。
- 掌握如何运营管理团队。

三、素质目标

- 培养学生的创业素质及能力。

任务一　创业者的基本素质

【任务导入】

创业点亮人生

每天一早，农十三师红星二场的大学毕业生刘文就会像往常一样早早来到养殖场，在晨曦中开始一天的辛勤劳作——收拾温棚、清理猪舍、配制饲料。这个2002年放弃固定工作自主创业的大学生，现在已拥有一个年出栏900头猪的现代化养猪场和两个四位一体的塑料大棚。七年艰辛创业，刘文在农十三师养殖行业中脱颖而出，实现着自己的人生价值。

1997年，刘文从塔里木大学畜牧专业毕业后，来到新疆家禽畜种总场从事鸡苗销售和技术服务工作。由于妻子在农十三师红星二场教书，1999年，他通过人才交流来到哈密市鸵鸟有限责任公司任技术科科长。2002年，29岁的刘文不顾家人反对，毅然辞去工作，来到红星二场六连创业。

凭借五年在畜牧行业销售与服务的经验，刘文选择了门槛较高、投资大、市场风险较低的养猪业。他贷款8万元建起第一栋猪舍，从乌鲁木齐市一公司引入16头当时最好的品种——法系长白、大白、新美系杜洛克种猪和50头三元杂优仔猪。经过精心饲喂，这50头育肥猪个个膘肥体壮。眼看着就要投入市场销售时，哈密市生猪市场突变，猪肉价格猛跌，50头肥猪净赔6 000多元。这对事业刚起步又债务缠身的刘文来说是个不小的打击。看着亲手建起的猪舍和圈里的15头怀胎的母猪，回想自己的人生目标，刘文义无反顾地选择了继续干下去。

放弃收入优厚的稳定工作，借钱养猪，这个举动不仅社会上很多人不理解，他的家人也想不通。刘文的父母觉得儿子上了这么多年学，去当猪倌太可惜了。不过，家里人虽说不理解，可对刘文办养猪场还是给予了最大支持。家人无私的关爱和妻子的鼓励给了他无穷的动力。在创业过程中，刘文付出了极大的艰辛，七年中，他没有真正休息过一天，寒来暑往，他在猪舍里度过了无数个不眠之夜。

刘文最终能在众多的养猪户中脱颖而出，靠的就是科技。他在种群选择上舍得投入，引进料肉比高、生产性能好的优秀种猪群，同时紧盯市场，在行业低谷时整顿猪群、建设圈舍，在行业高峰时全力以赴经营。在生产中，他精细养殖，饲料自制，猪舍保持清洁干净、消毒彻底，投料定时定量。为了不断提高养殖水平，他结识了许多业内人士，不断向他人学习。对于自己的养殖技术，他从不保密，团场和周边乡村许多养殖同行到他这里学习、引种，他都尽心教授。

刘文经营的养猪场像滚雪球似的壮大起来，由最初的一栋猪舍发展到现在的四栋，为他每年带来可观的收益。2007年，他赢利20余万元，2008年，遭遇金融危机，他的养猪场仍出栏600多头猪。2008年，刘文被农十三师授予“青年创业致富带头人”称号，他的创业事迹在青年中引起强烈反响。

【任务分析】

创业的主体是创业者，创业者可以是个体，也可以是团队。经济发展依赖于企业发展，而企业发展的关键在于有一大批具有创业精神的企业家。创业者也被称为创业家、企业家和老板，企业家对生产要素的重新组合是经济增长的基本动力，是经济增长的内在因素，所以现代经济在某种意义上说就是企业家经济。

创业者认为自己的创业行动可以创造出有价值的新事物。这种新事物不仅对创业者自身有价值，而且对实际受惠对象也是有价值的。创业者已经准备好为自己的创业行动投入大量的时间，付出极大的努力，同时也愿意承担可能存在的风险。

创业者不是神话人物。创业者之所以成功，不是因为他们走运，而是因为他们足够努力，并且具备了一些有助于其成功创业的独特技能和素质。

【相关知识】

创业是极具挑战性的社会活动，是对创业者自身智慧、能力、气魄、胆识的全方位考验。创业者的基本素质包括身体素质、心理素质、精神素质、技能素质四个方面。

（一）强健的身体素质

创业者应该具有健康的体魄和充沛的精力，能够适应新创企业外部协调和内部管理的繁重工作。创业初期是艰难的，“不劳筋骨者，不足承大任”，创业者不仅需要大量的脑力劳动，而且体力付出比常人更多。只有具备良好的身体素质、足够的身体耐力，才能长期担当重任。

（二）良好的心理素质

创业之路，是充满艰险和曲折的。创业过程中需要面对变幻莫测的激烈竞争及随时出现的需要迅速、正确解决的问题和矛盾，这就需要创业者具有非常强的心理调控能力，能够持续保持一种积极、沉稳的心态。否则，一旦遇到挫折就会垂头丧气、一蹶不振，那么在创业的道路上是走不远的。创业者只有具有处变不惊的良好心理素质和越挫越勇的顽强意志，才能在创业的道路上自强不息、竞争进取、顽强拼搏，才能从小到大，从无到有，闯出属于自己的一番事业。因此创业的成功在很大程度上取决于创业者的创业心理素质。

（三）优秀的精神素质

1. 强烈的创业意识

要想取得创业的成功，创业者必须具备自我实现、追求成功的强烈的创业意识。强烈的创业意识，可以帮助创业者克服创业道路上的各种艰难险阻，将创业目标作为自己的人生奋斗目标。创业意识包括创业动机、创业兴趣和创业理想等。

（1）创业动机。创业动机是推动创业者从事创业实践活动的内部动因，是一种成就动机，是竭力追求获得最佳效果和优异成绩的心理动力。有了创业动机，才会有创业行为。

（2）创业兴趣。创业兴趣指创业者对从事创业实践活动的情绪和态度的认识指向性。它能激发创业者的深厚情感和坚强意志，使创业意识得到进一步升华。

（3）创业理想。创业理想是创业者对从事创业实践活动的未来奋斗目标有较为稳定和持久的向往及追求的心理品质。

2. 自信、自强、自主、自立的创业品质

自信能赋予人主动积极的人生态度和进取精神。创业者要相信自己有能力、有条件去开创自己未来的事业，相信自己能够主宰自己的命运，成为创业的成功者。

自强就是在自信的基础上，不贪图眼前的利益，不依恋平淡的生活，敢于实践，不断增强自己各方面的能力与才干，勇于使自己成为生活与事业的强者。

自主就是具有独立的人格、独立性思维能力，能自己选择自己的道路，善于设计和规划自己的未来，并采取相应的行动。自主还要有远见，有敢为人先的胆略和实事求是的科学态度，能把握住自己的航向，直至成功的彼岸。

自立就是凭借自己的头脑和双手，凭借自己的智慧和才能，凭借自己的努力和奋斗，建立起自己的生活和事业的基础。

3. 激烈的竞争意识

竞争是市场经济最重要的特征之一，是企业赖以生存和发展的基础，也是立足社会不可或缺的一种精神。人生即竞争，竞争本身就是提高，竞争的目的只有一个——取胜。因此，创业者如果缺乏竞争意识，实际上就等于放弃了自己的生存权利。创业者只有敢于竞争，善于竞争，才能取得成功。创业者创业之初面临的是一个充满压力的市场，如果创业者缺乏竞争的心理准备，甚至害怕竞争，就只能是一事无成。

（四）全面的技能素质

创业技能指发现或创造一个新的领域，致力于理解创造新事物（新产品、新市场、新生产过程或原材料，组织现有技术的新方法）的能力，能运用各种方法去利用和开发它们，然后产生各种新的结果。创业技能是一种特殊的能力，往往能够影响创业活动的效率和创业的成功与否，是创业者整体素质体系中的核心要素。

案例学习 2－1

童烽烽，宁波市职教中心学校2000届毕业生，现任宁海县跃龙街道炎风电脑公司经理。由于中考失利，童烽烽没有如愿考上普高，而是来到职业学校继续学业。在校期间，童烽烽成绩优秀，还是班里的团支书，并考取了计算机中级证书。尽管如此，毕业那年，童烽烽四处寻找合适的工作，却都不尽如人意。"给别人打工，不如自己当老板"，家人的一句玩笑话，惊醒梦中人。但是，一个刚刚毕业的中专生，没有社会经验，没有足够的资金，拿什么去创业呢？

正在童烽烽心灰意冷的时候，一天，亲戚家的电脑坏了，请他上门维修。凭着过硬的专业技术，不到一个小时，问题就查出来了，是零件出了问题，需要更换。亲戚对电脑一窍不通，只能请童烽烽再跑一趟电脑市场，买来零件更换上去。就是这一来二去，激发了他创业的灵感。

为了实现自己的创业梦想，童烽烽放弃了安逸的生活，开始四处奔走。当地的电脑公司大多没有上门维修服务，这个市场空缺让他看到了希望。他找人到住宅区和大街上分发传单，自己也在网上发布消息，凭借良好的技术和信誉，找他修电脑的人越来越多。

没过多久，童烽烽筹集了5万元左右的资金，开了一家公司——宁海县跃龙街道炎风电脑公司，主要采用的是分店合作模式，一般一个区域或乡镇开设一个或两个服务点。以前上门服务过的客户都成为他的老客户，他的事业蒸蒸日上。

分析：你觉得童烽烽能创业成功，首要的前提是什么呢？对，就是他渴望创业。想创业、敢创业，是创业成功的必要前提。创业艰苦而且磨难很多，除了渴望创业外，我们还要破除依赖心理和胆怯心理；要提高创业的能力，富于创新，善于学习。只有苦过、累过、奋斗过的收获才是最宝贵的。

延伸阅读

创业宣言

我怎会甘于庸碌，打破常规的束缚是我神圣的权利。
只要我能做到，赐予我机会和挑战吧，安稳与舒适并不使我心驰神往。
不愿做个循规蹈矩的人，不愿唯唯诺诺麻木不仁。
我渴望遭遇惊涛骇浪，去实现我的梦想，
历经千难万险，哪怕折戟沉沙，也要为争取成功的欢乐而冲浪。
一点小钱，怎能买动我高贵的意志。
面对生活的挑战，我将大步向前，
安逸的生活怎值得留恋，乌托邦似的宁静只能使我昏昏欲睡。
我更向往成功，向往振奋和激动。
舒适的生活，怎能让我出卖自由，
怜悯的施舍更买不走我的尊严。
我已学会独立思考，自由地行动，
面对这个世界，我要大声宣布，
这，是我的杰作。

【德】阿尔贝特·施威茨尔

复习思考

1. 结合自身实际，请谈谈如何提高自己的创业素质。
2. 以一个成功的创业案例说明其体现了创业者的哪些创业素质。

情景模拟

假设你要在学校周围创办一个关于地方特色小吃方面的小店，分组讨论创业素质如何在创办小店中体现。

项目实训

创业者素质自评

你具备创业者的素质吗？要想知道自己是否具备创业者的素质，请对以下问题加以了解。你不可能是完美的，因为没有人是完美的，完美根本就不存在，否则世界将不再进步。如果你确实具备创业者的素质，就应该能够轻易理解以下每个题目。

1. 郁闷时，你能够处理问题，并回到积极的状态中吗？
2. 你时常喜欢引人注目，推销自己和你的卓识吗？
3. 你比较擅长经营组织工作吗？
4. 你会运用和控制自己的生活，并做到自律吗？
5. 你敢于承担风险吗？
6. 你的思维想象力丰富吗？你知道如何表达自己的理念吗？
7. 你能够把“危”的事情转化为“机”吗？
8. 你有耐力和耐心吗？
9. 当你开始创业时，能够处理你的不自由状态吗？
10. 你知道如何为自己的信念做出抉择吗？
11. 你愿意和陌生人打交道吗？
12. 你有过什么样的管理经验？
13. 你厌烦日常工作吗？
14. 你详细地了解自己吗？你对自己有信心吗？
15. 当你真正相信人、物、事时，你能够和别人的判断融合吗？
16. 你向往拥有影响他人的能力吗？
17. 别人认为你是一个充满活力、积极向上的人，你会感到非常高兴吗？
18. 你喜欢单独一人工作吗？
19. 你愿意在电话中和陌生人交谈很长时间吗？
20. 每天早晨醒来的时候，你心里有什么念头吗？
21. 你的资金情况稳定吗？（在创业前，你有足够生活一年的储蓄吗？）
22. 你做完手上准备的工作，还要研究与所要创建公司相关的一切资料吗？
23. 你知道如何自我发泄吗？
24. 你能轻易地控制自己的个性吗？
25. 你很快就会对某一件事感到厌倦吗？

案例分析

三则小故事认清“创业者本质”

第一则故事

在教堂外有三个砌砖工人辛勤工作着，牧师以同一个问题，请教三个工人。他问道：你现在在做什么？

第一个工人回答：我现在在砌砖。

第二个工人回答：我现在在盖教堂。

第三个工人自豪地回答：我现在在盖加利福尼亚州最大、最美丽的教堂。

第二则故事

有两位奉命被派到贫穷的非洲地区推广皮鞋的业务员，第一位业务员一出飞机场就想掉头回家，他想：非洲人不穿鞋子，怎么会有市场？

第二位业务员到旅馆，打电报回公司。他说：非洲人不穿鞋子，一人一双，多大市场！值得全力开展。

加拿大贝达制鞋公司的贝达先生秉持后者的信念经营事业，今天他的公司分支机构遍布全球，每年销售约45 000万双鞋子。

第三则故事

阿拉斯加是一个终年冰雪之地，到这个地方能推销电冰箱吗？当推销员将构想推销给销售经理时，该经理大吃一惊。推销员将构想叙说如下：因纽特人将猎取的食物储藏在冰窖里，每天为了三餐，必须花费很长时间来解冻，把电冰箱卖给因纽特人，告诉他们如果使用我们的电冰箱，就可以免除这个麻烦。

由以上三则故事，我们知晓：创业者都以“杯子是半空观念”去思考问题，全心寻求消费者未被满足的需求，去为其提供满足需求的服务。创业者必须有目标、有创意、有雄心、有毅力地从事创业，从小到大，积少成多，以成就事业。因此，成功的创业者必是梦想家，更是实行家，能将创意构想变成创业观念是创业者日常例行工作。

（资料来源：摘选修改自 http://51xue.org.cn/log/u409/archives/2007/551.html）

问题：从这几个故事中你读懂了什么？

任务二　创业者的基本能力

【任务导入】

饿了么CEO张旭豪白手起家的创业故事

2008年开始在宿舍创业，到2015年，获得E轮融资，拥有几千名员工，服务范围也从上海交通大学周边快速扩展到全国250个城市。这便是中国最大的在线外卖订餐平台“饿了么”的快速发展轨迹。

已经广为熟知的初心 叫外卖未果激发创业梦

2008年，还在上海交通大学机械与动力工程学院读硕士一年级的张旭豪认为，只要自己做的东西被市场认可，个体就是有价值的。一天晚上，他和室友一边打游戏一边聊天，突然感到饿了，打电话到餐馆叫外卖，要么打不通，要么不送。创业就这样从不起眼的送外卖服务开始了。张旭豪和康嘉等同学一起，将交大闵行校区附近的餐馆信息搜罗齐备，印成一本“饿了么”的外送广告小册子在校园分发，然后在宿舍接听订餐电话。接到订单后，他们先到餐馆取快餐，再送给顾客。这一模式完全依靠体力维持业务运转，没有太大的扩张余地。唯一的好处是现金流充沛：餐费由他们代收，餐馆一周结一次款。

只有互联网能够大规模复制并且令边际成本递减。2008 年 9 月，饿了么团队开始研发订餐网络平台，张旭豪先通过校园 BBS（电子公告牌系统）招来软件学院的同学入伙。用了半年左右，他们开发出首个订餐网络平台。在网址注册时，他们用了“ele. me”（“饿了么”的汉语拼音）。网站订餐可按需实现个性化功能，比如顾客输入所在地址，平台便自动测算周边饭店的地理信息及外送范围，并给出饭店列表和可选菜单。

网络订餐系统初运营时，已有 30 家加盟店支持，日订单量达 500～600 单。可那段时间，张旭豪和康嘉却因为过于奔忙劳碌而“后院起火”：先是窃贼光顾宿舍将电脑等财物一掠而空；接着，一位送餐员工在送外卖途中出车祸；随后，又有一辆配送外卖的电动车被偷……重重压力下，张旭豪不得不撤销热线电话和代店外送，让顾客与店家在网上自动下单和接单。

不停参赛给网站造势　饿了么引来风投青睐

为了给网站造势，张旭豪不停地参加各种创业大赛，以扩充创业本金。2009 年 10 月，饿了么网站在上海慈善基金会和觉群大学生创业基金联合主办的创业大赛中获得最高额度——资助 10 万元全额贴息贷款。12 月，网站在欧莱雅大学生就业创业大赛上获得 10 万元冠军奖金……通过创业竞赛，团队总共赢得了 45 万元创业奖金。获得资金的饿了么网站如鱼得水，到 2009 年年底，订餐平台已拥有 50 家餐厅进驻，日均订餐交易额突破 1 万元。

为了网站的发展，张旭豪招来了网站技术总监汪渊，汪渊专门编写了一个小软件，可在校内 BBS 上给每个会员用户自动群发站内消息，其中规模最大的一次发了 6 万条。饿了么网站因此访问量大增。

靠线上和线下广告吸引学生订餐容易，但吸引更多饭店加盟绝非易事。多数店家持半信半疑的态度：“我在你的网上开个页面，放几份菜单，你凭什么就要抽走 8% 的收入?”对此，张旭豪的策略是：“谈，不停地谈。”他们每天出门“扫街”，最忙时一天要“扫”100 多家饭店，最难谈的饭店，谈了 40 多个回合才拿下。

2010 年 5 月，网站 2.0 版本成功上线。饿了么不仅攻下华东师范大学，连附近紫竹科学园区也被纳入自己的势力范围，顾客群从大学生拓展到企业白领。仅隔一个月，饿了么就推出了超时赔付体系和行业新标准。9 月，饿了么全上海版上线，合作餐厅超过 1 000 家，单月最高交易额达到了 100 万元。

2010 年 11 月，手机网页订餐平台上线，订餐业务不仅覆盖了全上海，目标还直指杭州、北京等大城市。2011 年 3 月，饿了么注册会员已超过 2 万人，日均订单 3 000 份。这一战绩很快引起了美国硅谷一家顶级投资公司的高度关注，接洽数次后，饿了么成功融得风险投资 100 万美元。

E 轮融资后钱怎么花　专注“高校、白领、物流”

2011 年 7 月，饿了么相继成立北京和杭州两大城市分公司，风投紧随而来，2013 年完成 B 轮和 C 轮融资，2014 年完成 D 轮 8 000 万美元融资。张旭豪称，融资后的三大任务是：

持续完善高校的外送服务；继续大规模地开拓白领住宅市场；搭建以自有物流为中心，社会化物流为辅的物流配送平台，使之成为广泛覆盖中国的最后一千米物流网络。

过去几年来，高校的学生群体是饿了么的主力消费群体，从曾经的扩张轨迹中，可以看到饿了么仍然在延续这种从高校开战的打法，新增的100多个城市基本都是从高校"扫街"开始。但学生群体的消费能力和忠诚度都很难令人满意。除了在三、四线城市的快速铺开，饿了么也筹谋在几个比较成熟的市场中，实现从高校到办公楼、从学生到白领的另一种扩张。

2014年8月，饿了么在上海10万块分众楼宇显示屏投放免费午餐广告，共送出了20万份20元代金券。从学生宿舍楼的传单到楼宇广告的投放，获取白领用户的成本显然更加昂贵，但对饿了么来说，白领及住宅市场是不得不攻下的一城。

这轮融资除了资本层面的合作，饿了么也与腾讯、京东、大众点评等合作伙伴达成资源方面的深度合作。通过集合合作伙伴在不同领域的优势资源，饿了么将逐步搭建一个全新的在线外卖领域的生态系统。

（资料来源：http://www.cnrencai.com/go1djob/story）

【任务分析】

大部分年轻人都有自己的创业梦，但很多人并没有付诸行动，只停留在对创业者的羡慕或是崇拜中，望洋兴叹。其实，创业并不神秘，每一个创业者都在追求成功，而成功往往就在不经意的转角处。没有创业者是一帆风顺的，创业会面临一些难题，啃啃硬骨头，拿下这些难题，就上了一个新的台阶，也就又成长了一步，离成功也就更近一步。创业就是在一次次困难中坚持梦想，创造价值！

【相关知识】

在实践过程中，创业能力表现为创业者把知识和经验有机结合起来并运用于创业管理的过程，通过自身的素质、能力带动整个创业团队，使所创立的企业逐步走向成功。创业者的基本能力包括以下几个：

1. 专业能力

如果你对一个专业不懂就去创业，失败的可能性就很大。就像你开一个饭店，假如你自己不是厨师，又没有太雄厚的资金一下子请很多大厨师，就很难把控这个饭店的质量，而且很容易被大厨师"炒鱿鱼"。所以当你白手起家、身无分文，或者资金有限的时候，有一个重要前提就是你必须是你所在创业领域的专家，是一个能控制住专业局面的人。

2. 营销能力

一旦开始创业后，你该怎么做？如果你的公司创办了，产品也制造出来了，下一步怎么办？有无数的公司都是创办起来了但最后却关门了，其根本原因之一就是它们不懂如何推销自己的产品，推销自己的公司品牌。因此，我们要做的是把公司"卖"出去，一个是"卖"公司的产品；另一个更重要的是随着产品的销售，"卖"公司的品牌，就是让大众认可你的公司品牌，让大家都知道这个产品是从你的公司卖出来的。

一个公司要成功，品牌营销有时候甚至比产品营销重要，品牌营销的价值是无限的。这就是为什么我们国产品牌的包最昂贵的也只能卖几千元人民币，同样材质的包印上"LV"

的标志之后就能卖10万元人民币，背后都是品牌价值在起作用。所以，利用营销能力把产品推销出去、把品牌推销出去，便成了企业发展的一个重要手段，也是创业者必须具备的能力。

3. 社交能力

进入社会，首先要理解社会，要理解别人为什么要这么做。慢慢学会把自己的心态放得平和，去理解社会上的人，最后开始融入这个社会。当你的思想和境界超越这个社会的时候，大概就能干出点事情来了。

4. 用人能力

任何创业项目都很难一个人独立完成，所以需要找一帮人组成团队，发挥每个人的主观能动性。对于合作伙伴、同事、下属，从一开始就得用对了。挑了没有能力的人最后做不出事情来，挑了过于有能力的人最后跟你"造反"，老是跟你过不去，你也做不出事情来。把人招进来了就得让人服你，因此就得展示你的个人魅力，还得展示你的判断能力、设计能力，让大家觉得跟着你走是有前途的，哪怕在最艰难的时候大家也愿意跟着你。

5. 革新能力

革新能力就是需要你不断把旧的东西去掉，把新的东西引进来，进行体制上的革新、制度上的革新、技术上的革新及思想上的革新。一个人或者一个企业家成长的过程，就是不断否定自己的过去、承认自己的现在、追求自己的未来的过程。一旦你觉得现在这样就已经挺好，做成这样已经不错，就不会有更大的发展空间。对创业的改革也非常重要，如在技术方面不更新，最后就会失去市场，也会失去机会。

案例学习 2－2

19世纪末期，美国加利福尼亚州出现了一股淘金热潮。一位年仅17岁的少年也想加入淘金队伍中，然而，他发现淘金并不是一件容易的事，他畏惧那些野蛮的淘金人。不过，当他发现炎热天气下淘金的人经常口渴难耐后，他就挖沟引来远处河里的水，在过滤三次成为清水后卖给当地的淘金人。淘金带有风险，而且他当时在加利福尼亚州不一定可以淘到金子，然而卖水却是很保险的。他在很短的时间内就通过卖水赚了6 000美元，之后回家乡创办了自己的罐头厂，他就是后来被称为美国"食品大王"的亚尔默。

分析：能够成功的企业家大都具有独特的见解，他们能够换一个角度看待问题，并可以持续不断地创新并探索新的市场需求。所以说，创业者既要能够发现市场的需求，同时也要注意到不同事物间存在的联系。

6. 控制能力

控制能力主要包括以下几个方面：首先是对企业的控制，即企业的发展速度、发展节奏，以及增加投入和对产品进行研发的时间等。其次是对人的控制。一个人会根据自己的能力和贡献衡量自己到底应该得到什么。人与人之间永远会寻找一种平衡关系，这种平衡需要你对人性进行很深刻的了解，并且能随时把握每个人的动向，满足他们的需求，同时还能压制住他们不合理的要求和欲望，能够让他们跟你一条心，不断往前走。对人、对环境、对企业发展步骤的控制能力，构成了你创业成功的重要条件。

案例学习 2-3

跟着俞敏洪学习创业者基本能力

俞敏洪开始创办新东方的时候，周围的很多培训机构都被优秀老师“炒鱿鱼”给炒倒了。因为他们的课上得很好，学生很满意，老师就开始向老板要价，老板自己不懂教学又咽不下这口气，最后老师都跑到别的培训机构去了，老板就只能把学校关掉了。新东方当初能做下来的很重要的一个原因是俞敏洪自己就是个“大厨师”，也就是说新东方当时开设的很多课程，他自己都能教，其他老师在拿到他们觉得比较满意的工资时，就不会跟他提出过分的要求，他们知道，一旦提出过分要求，俞敏洪能把他们的课给上了，同时又不会对新东方造成太大的伤害。

新东方实际营销推广的是新东方的课程，告诉学生为什么要来上这个课，上完能有什么收获。但是无数的培训机构一直以来也在营销课程，却始终只是小机构。新东方能做大是什么原因呢？很简单，因为营销了品牌。就是说，新东方开始不断增加内涵，到最后人们不是因为听到新东方有什么课程来上课，而仅仅只是听到“新东方”三个字就来上课，这个时候品牌营销就算是成功了，这就是“虚的营销”。

（资料来源：摘选修改自 http: b1og. sina. com. cn/s/blog4711654e0100d15m. html）

复习思考

1. 大学生创业者在校期间需要培养哪些创业能力?
2. 结合自身实际说一说将怎样提高自己的创业能力。

情景模拟

请同学们互相采访小组成员，发现自己创业能力的优点与缺点。

项目实训

创业者心理素质自我测验题

1. 你在哪一种条件下会决定创业？（　　）

A. 等有了一定工作经验以后

B. 等有了一定经济实力以后

C. 等找到天使投资或风险投资（VC）以后

D. 现在就创业，尽管自己口袋里没有几个钱

E. 一边工作一边琢磨，等想法成熟了就创业

2. 你认为创业成功的关键是（　　）。

A. 资金实力　　B. 好的创意　　C. 优秀团队

D. 政府资源和社会关系　　E. 专利技术

3. 以下哪项是创业公司生存的必要因素？（　　）

A. 高度的灵活性　　B. 严格的成本控制　　C. 可复制性

D. 可扩展性　　E. 健康的现金流

4. 开始创业后你立刻做的第一件事情是（　　）。
A. 找钱，找 VC　B. 撰写创业计划书　C. 物色创业伙伴
D. 着手研发产品　E. 选择办公地点
5. 创业公司应该（　　）。
A. 低调埋头苦干　B. 努力到处自我宣传
C. 看情况顺其自然　D. 借别人的势进行联合推广
6. 招聘员工时最重要的是（　　）。
A. 学历高低　B. 朋友推荐
C. 成本高低　D. 工作经验
7. 产品进入市场的最佳策略是（　　）。
A. 价格低廉　B. 广告投入
C. 口碑营销　D. 品质过硬
8. 和投资人交流最有效的方式是（　　）。
A. 出色的现场 PPT 演示　B. 详细的商业计划书和财务预测
C. 样品当场测试　D. 有朋友的介绍和引荐
E. 通过财务顾问的代理
9. 选择投资人的关键因素是（　　）。
A. 对方是一个知名投资机构　B. 投资方和团队不设对赌条款
C. 谁估值高就拿谁的钱　D. 谁出钱快就拿谁的钱
E. 只要能融到钱，谁都一样
10. 你认为以下哪一项是 VC 投资决策中最重要的因素？（　　）
A. 商业模式　B. 定位
C. 团队　D. 现金流
E. 销售合约
11. 从哪句话里可以知道 VC 其实对你的公司并没有兴趣？（　　）
A. “我们有兴趣，但是最近太忙，做不了此项目。”
B. “你们的项目还偏早一些，我们可以考虑跟投一些。”
C. “你们如果找到领投的 VC，我们可以考虑跟投一些。”
D. “我们对这个行业不熟悉，不敢投。”
E. 上面任何一句话
12. 创业团队拥有 51% 的股份就绝对控制了公司吗？（　　）
A. 正确　B. 错误
13. 创业公司的 CEO，首要的工作责任是（　　）。
A. 制定公司的远景规划　B. 销售、销售、再销售
C. 人性化的管理　D. 领导研发团队
E. 搞到投资人的钱

14. 凝聚创业团队的最好办法是（　　）。

A. 期权　　B. 公司文化

C. CEO 的魅力　　D. 工资和福利

E. 团队的激情

15. 创业公司的财务预测中最重要的是（　　）。

A. 销售增长　　B. 毛利率

C. 成本分析　　D. 资产负债表

16. 创业公司的日常运营中，以下工作最重要的是（　　）。

A. 会议记录的及时存档　　B. 业绩指标的合理安排和及时跟踪

C. 团队的经常性培训　　D. 奖惩制度

E. 管理流程的 ISO9000 认证

17. 创业公司的日常运营中，最棘手的问题是（　　）。

A. 人的管理　　B. 销售增长

C. 研发的速度　　D. 资金到位情况

E. 扩张力度

18. 创业公司产品市场推广效果的衡量标准是（　　）。

A. 广告投入量和覆盖面　　B. 营销推广的精准程度

C. 产品出色的品质保证　　D. 广告投入和产出比例

E. 产品价格的打折力度和品牌的市场渗透率

19. 防止竞争的最有效手段是（　　）。

A. 专利　　B. 产品包装

C. 质量检查　　D. 不断研发新产品

E. 比竞争对手更快地占领市场

20. 创业公司的第一个大客户竟然是个土财主，你会（　　）。

A. 一视同仁地对他提供你公司的标准服务

B. 指导他如何来积极配合你的工作

C. 修理他，给他些颜色看是为了他的提高

D. 提供全面服务 + 免费成长辅导

21. 你认为创业公司中的最大风险是（　　）。

A. 市场的变化　　B. 融资的成败

C. 产品研发的速度　　D. CEO 的个人能力和素质

22. 当创业公司账上的现金低于三个月的时候，应该采取哪项措施？（　　）

A. 立刻启动股权融资　　B. 通知现有公司股东追加投资

C. 立刻大幅削减运营成本，包括裁员　　D. 打电话给银行请求贷款

E. 把自己的存折和密码交给公司会计

23. 创始人之间发生矛盾时，你会（　　）。

A. 坚持原则，据理力争　　B. 决定离开，另起炉灶

C. 委曲求全，弃异求同　　D. 引入新人，控制局势

24. 投资创业公司的理想退出方式是（　　）。

A. 上市　　B. 被收购

C. 团队回购　　D. 高额分红

E. 以上都是

测评标准：

1D　2C　3E　4D　5B　6D　7D　8C　9E　10C　11E　12B　13B　14B　15A　16B　17A　18D　19E　20D　21D　22C　23C　24E

测评结果：

1～8 分：还不具备创业的基本知识，不要贸然创业；

9～16 分：游走在创业的梦想和现实之间，继续打磨吧；

17～24 分：已经做好了创业的基本准备，大胆往前走喽！

案例分析

跨出创业第一步

郭鑫可谓“90 后”群体中的创业奇才。对他而言，创业过程中最重要的是想法。郭鑫的创业想法源自他刚上大学一年级时听的一次讲座。这场以“环境政策过程”为主题的讲座，涉及我国针对环境生态补偿方面的内容，他对生态补偿方面产生了深深的触动。老师们看到郭鑫对这方面的研究有兴趣，非常乐意为他提供帮助，从而让郭鑫在短期内对国内外有关生态补偿的全部方式有了全面掌握。然而，他也很自觉地意识到，所掌握的经验和方法难以对我国面临的实际问题产生效用，需要亲自到农村调查，了解情况，并开辟一条新的路径。

就在这个时候，郭鑫碰到了创业路上的第一颗钉子：“我在网上找了一百多个乡镇的电话，一个一个打过去，告诉他们我的模式和宏大构想，就因为是大学生团队的想法，没有一个乡镇愿意接纳，有时我在这边滔滔不绝地讲了半天，对方都没有听懂我在说什么。”

处在无人理解困境中的郭鑫非常郁闷，但是他是个决定要做就要实现目标的人，找到解决问题的办法才是最重要的。这时，他想到了大学生村干部。“他们跟我年龄相近，知识结构相仿，不会认为我是在忽悠，而且他们也确实想干一些事情。”于是，郭鑫通过 QQ 群搜索并加入了很多大学生村干部群，在群里对自己的模式进行宣传。与大学生村干部和农民之间建立了亲密联系后，郭鑫跟他们分析怎样才能为农民真正开发一条致富的路子。就这样，经过不到一年的实践，郭鑫创建的电子商务平台——“探元诚鑫通”被接入全国 18 个省（市、区）的一百多个县，约一千万农民受惠，实现了致富目标。

“探元诚鑫通”最初是被当作一个由大学生实施的社会实践项目进行的，但是，郭鑫却在推进该项目的过程中萌生了创建一家电子商务公司的想法。之后，他当机立断地吸收了来自国内知名风投基金的资助，公司的发展很快步入正轨。2013 年，该公司估值上亿元，国内一家知名企业看中其发展潜力，将其并购。

问题：你认为自己目前具备了哪些创业能力？欠缺的地方需要如何弥补呢？

任务三 创业团队

【任务导入】

马化腾和他的五人创业团队

1998 年秋天，马化腾与他的同学张志东合资注册了深圳市腾讯计算机系统有限公司。之后又吸纳了三位股东：曾李青、许晨晔、陈一丹。为避免彼此争夺权力，马化腾在创立腾讯之初就和四个伙伴约定清楚：各展所长、各管一摊。

马化腾是 CEO（首席执行官）、张志东是 CTO（首席技术官）、曾李青是 COO（首席运营官）、许晨晔是 CIO（首席信息官）、陈一丹是 CAO（首席行政官）。

都说一山不容二虎，尤其是在企业迅速壮大的过程中，要保持创始人团队的稳定合作不容易，工程师出身的马化腾从一开始对于合作框架的理性设计功不可没。

从股份构成上来看，五个人一共凑了 50 万元，其中马化腾出了 23.75 万元，占了 47.5% 的股份；张志东出了 10 万元，占 20% 的股份；曾李青出了 6.25 万元，占 12.5% 的股份；其他两人各出 5 万元，各占 10% 的股份。

虽然主要资金都由马化腾所出，他却自愿把所占的股份降到一半以下——47.5%。“要他们的总和比我多一点点，不要形成一种垄断、独裁的局面。”同时，他自己又一定要出主要的资金，占大股。“如果没有一个主心骨，股份大家平分，到时候也肯定会出问题，同样完蛋。”

保持稳定的另一个关键因素，就在于搭档之间的合理组合。马化腾非常聪明，但非常固执，注重用户体验，愿意从普通用户的角度去看产品。张志东头脑非常活跃，是对技术很沉迷的一个人。马化腾技术上也非常好，但是他的长处是能够把很多事情简单化，而张志东更多的是把一件事情做得很完美。许晨晔和马化腾、张志东同为深圳大学计算机系的同学，他是一个非常随和而有自己的观点，但不轻易表达的人，是有名的“好好先生”。而陈一丹是马化腾在深圳中学时的同学，后来也就读深圳大学，他做事十分严谨，同时又是一个非常张扬的人，能在不同的状态下唤起大家的激情。

后来，马化腾在接受多家媒体的联合采访时承认，他最开始也考虑过和张志东、曾李青三个人均分股份，但最后还是采取了五人创业团队，根据分工占据不同的股份结构的策略。即便是后来有人想加钱、占更大的股份，马化腾均说不行，“根据我对你能力的判断，你不适合拿更多的股份”。因为在马化腾看来，未来的潜力要和应有的股份匹配，不匹配就要出问题。如果拿大股的不干事，干事的股份又少，矛盾就会发生。

可以说，在中国的民营企业中，能够像马化腾这样，既包容又拉拢，选择性格不同、各有特长的人组成一个创业团队，并在成功开拓局面后还能依旧保持着长期默契的合作，是很少见的。而马化腾的成功之处，就在于他从一开始就很好地设计了创业团队的责、权、利：能力越大，责任越大，权力越大，收益也就越大。

（资料来源：摘选修改自 http://mini.eastday.com/a/160630072139921.html）

【任务分析】

创业团队对于创业成功具有重要的意义，但并非所有的团队都能获得成功，因此在创业过程中创业团队非常重要。

一、创业团队的概念

创业团队指在创业初期（包括企业成立前和成立早期），由一群才能互补、责任共担、愿为共同的创业目标而奋斗的人所组成的特殊群体。创业团队有如下特征：①团队拥有一个共同的任务和目标；②成员同舟共济，共同承担风险与责任；③成员间知识技能具有互补性；④成员之间信息共享，彼此尊重、诚信；⑤对团队的事务尽心竭力，全方位奉献。

狭义的创业团队是有着共同目的、共享创业收益、共担创业风险的一群创建新企业的人。广义的创业团队不仅包括狭义的创业团队，还包括与创业过程有关的各种利益相关者，如风险投资家、专家顾问等。

二、创业团队的组建

创业团队的组建，首先应当有明确的目标，即所组建的团队应确定要做什么、要开发什么产品。其次应当合理选择团队成员，在选人方面要考虑到队员的年龄互补、知识互补、能力互补、性格互补、气质互补、性别互补等方面，从各个专业挑选人才。因为不是每一个人都适合创业，在选择成员时不仅要考虑能力和技能，还要考虑成员的个人偏好和个性。创业团队每个成员的个性对团队行为都有很大的影响。如果成员性格普遍外向、待人随和、责任心强、感情稳定，那将是团队的一笔大财富。如果团队成员很灵活，可以担任彼此的工作，这将极大地提高团队的适应性，使成员之间的依赖性减少。因此，在选择成员时要选择那些具有灵活性的人，然后对成员进行交叉培训，让创业团队的每个成员都对各方面的知识有所涉猎，让他们可以承担彼此的工作，使团队的长远绩效得以提高。最后应当进行有效管理。团队需要时间来发展和不断改进。团队在运行过程中，就战略目标而言，将分析团队的愿景是否和各个成员相匹配作为重要事项；就具体执行的目标而言，让团队成员知道每月、每周要做哪些事情。总体来说，早期创业团队的组建，应当坚持“三个一”，即一个核心、一个共同愿景、一个产品。一个核心指团队只能由一个人最后拍板，过于民主会丧失效率，同时激化内部矛盾；一个愿景指团队所有人都明白公司的愿景，只有愿景一致，大家努力的方向才能保持一致；一个产品指创业团队在创业初期做产品时数量不能太多，宜把一个产品、一件事情做精。

案例学习 2-4

雷浪声创业团队

雷浪声是一名“90后”大学生，2009年9月，他就读于广东农工商职业技术学院游戏专业，这是学校当年新开的专业。在大学期间，雷浪声对手机软件产生了浓厚的兴趣，常利用课余时间临摹手机桌面，上网浏览最新的技术动态。他在论坛上发的手机测评帖子，曾被太平洋网评为精华帖置顶。雷浪声在学校的交际圈子很小，但是在互联网上却拥有许多资源，他通过互联网认识了创业团队的成员。大二时，他决心毕业后做UI设计（对软件的人机交互、操作逻辑、界面美观的整体设计）。

2011 年暑假，雷浪声与几个在网上结识的“80 后”朋友来到深圳，租了一间终日不见阳光的小民房，组成一个 6 人团队，开始了手机软件开发之旅。雷浪声说：“那段时间，我们的活动范围不足500 米，有时连续加班 30 多小时。”大二暑假还未过完，团队的第一款产品“刷机精灵”第一版本正式上线测试。当天晚上，6 人在小黑屋附近的烧烤档喝了个大醉，将压抑的心情释放成泪水。

不久，雷浪声所在团队就得到百万级的天使投资基金。2011 年 8 月中旬，团队注册成立科技有限公司，其中一名队员的网名叫“瓶子”，于是他们就为公司取名为“深圳瓶子科技有限公司”。同年底，雷浪声的团队接受了 1 800 万元投资入股。2012 年，百度、盛大、腾讯等互联网巨头开始插足刷机行业，其他的大小竞争对手陆续涌现出来。面对巨大的行业竞争压力，团队加速产品的更新迭代，持续保持在行业的领先位置，赢得了国内互联网巨头的青睐和关注。

2012 年 8 月，也就是雷浪声毕业还没到一个月，腾讯 CEO 亲自出马，以 6 000 万元人民币全资收购雷浪声的公司，团队的每个成员都得到了丰厚的回报。雷浪声说，没有人想到会有这么好的结果，6 人再次来到路边的烧烤档庆祝。

从一个青涩学子摇身变成千万富翁，这条创业路走到今日，雷浪声感触良多。他说：“创业不是靠单打独斗，需要团队的高效分工协作，每个人都要能够独当一面。勇敢挑战困难、担当压力是人生中非常精彩的一部分，不浮躁、不虚伪，善于总结失败经验并用心去沉淀，才能获得更多的成长。”

（资料来源：https://m.201980.com/lzgushi/90hou/16415.html）

三、创业团队的管理策略

1. 强化目标

团队必须有明确的目标，从宏观层面说是战略目标——让团队成员知道我们这个团队要做什么，我们的产品是什么，看看团队的愿景是否和各个成员相匹配；从微观层面说是具体执行的目标——让团队成员知道每月、每周要做哪些事情，为团队设定目标，并清晰地描绘在未来几周或几月或几年想要完成的事情，里程碑图能描述成员的表现。

2. 营造氛围

发挥团队文化塑造价值和传递价值的双重作用，能够深入成员内心，使成员紧密团结，荣辱与共，及时消除团队内耗，营造一个相互帮助、相互理解、相互激励、相互关心的工作氛围，有利于稳定成员的工作情绪，激发工作热情，形成共同的价值观。

3. 加强沟通

沟通指人与人之间、组织与组织之间的信息交流。团队领头人要信任下属，充分授权，培养成员的成就感；要开诚布公，利用多种方式，让每位成员充分了解组织内外信息，解释团队做出某项决策的原因，鼓励成员发表自己的看法，做到充分沟通、坦诚相待、客观公平。

4. 增强尊重与信任

团队的尊重与信任包括两重含义：一是特定团队内部的每个成员都能够相互尊重和彼此

信任；二是团队的管理者能够为团队创造一种相互尊重、彼此信任的氛围，确保团队成员有一种完成工作的自信心。只有彼此尊重和信任，团队工作才能比成员单独工作更有效率。

5. 建立归属感

应该在团队成员清楚自己角色的基础上，留住他们的心，增强他们的归属感。团队应积极帮助成员进行职业生涯规划，让成员更好地规划自己的人生。只有团队成员更好地开发自己的潜能，实现自我价值，才能为团队带来更多的价值。

案例学习 2－5

团队的精髓

《西游记》中的唐僧团队，虽然是虚拟的，但是师徒历经千难万险求取真经的故事，不仅家喻户晓，而且成为中国文化的集中代表。

首先就是团队的目标非常明确，即前去西天雷音寺，求取真经。除了唐僧之外，其他三人虽然在最初都是带有一定的功利色彩加入这个团队的，但在经过初期的磨合后，四人对取经的信念都是非常坚定的，这也是这项事业能成功的最重要保证。

其次是团队的互补性。个人虽然重要，但毕竟有很多的局限性，一个事业的成功，最主要的就是团队的成功。

一、完美型的唐僧

他目光远大，目标明确，有组织设计能力，注重行为规范和工作的高标准，他担任了团队的主管。如果一个团队中没有“唐僧”，这样的团队就只是一群乌合之众，不会有什么远大的前程。

二、力量型的孙悟空

他干劲十足，崇尚行动，解决问题不过夜，注重工作的结果，能够迅速理解和完成当前团队的任务，是团队的业务骨干。如果一个团队中没有“孙悟空”，我们很难想象这个团队是如何艰难进步的。如果一个团队中没有“孙悟空”，“唐僧”的远大抱负将很可能化为泡影。

三、活泼型的猪八戒

他热情奔放、感情外露，善于活跃工作气氛，他承担了团队的公共关系工作。他帮助每一位同事，并使工作变得有趣。如果一个团队中没有“猪八戒”，我们很难想象这个团队是如何枯燥乏味和令人厌倦的。

四、平和型的沙和尚

他平和、冷静、有耐心，承担了团队的事务性工作。事实证明，他能够胜任这份工作并且持之以恒，而且能够在压力下保持冷静。别看他平时默默无闻，可每次到了最后关头都是他来稳定局面。

一个团队中的成员如果全部由唐僧、全部由孙悟空或者全部由猪八戒、全部由沙和尚性格类型的人组成，那么，这个团队肯定不会是一个理想的团队。

正是领袖、精英、润滑剂和老实人这种互补而有机结合的团队，才使取经这项看起来极其困难的事业最终取得成功。我们在做事业、选择团队的时候，也要考虑这些，不能光选择骨干精英，最重要的是组成一个合理的团队，只有互补和合理，才能走得长久，取得成功。

（资料来源：http://www.oh100.com/peixun/tuanduijingshen/105791.html）

四、创业团队的高效运作

（一）高效运作的原则

1. 领导者的个人魅力

心态平和不急功近利是领导者个人魅力的核心部分。一个人的度量决定了他成就的高度。一个胸怀宽广的人，一定可以得到有才能的人相助。因此，领导者应时刻牢记以大局为重，不计较眼前的利益，高瞻远瞩。并且，领导者要有明确的愿景，善于用人，对下属恩威并施。

2. 让合适的人做合适的事

从人力资源管理的“人岗匹配”原则来说，让合适的人做合适的事，是科学的用人原则。这样做的结果，对个人来说，可以调动团队成员的潜能，把人才的优势发挥得淋漓尽致；对团队来说，扬长避短无疑是提高效率的最佳配置。

3. 成员间相互信任

在情感上相互信任，是一个团队最坚实的合作基础。只有这样，才能给团队成员一种安全感，只有信任他，他才会把公司当成自己的，并以之作为施展个人才华的舞台。

4. 完善制度，明确权利义务及奖惩

建立一个良好的约束机制对团队的后续发展至关重要。在团队里除分工明确之外，每个成员最好跟团队签署一个协议，明确每个人的权利和义务，制定好要达到的目标和必要的奖惩条例。

5. 具有良好有效的沟通协调机制

沟通可以消除一切误会，如果团队成员之间缺乏有效沟通，就可能导致严重的后果。

6. 利益分配公平

一般来说，人们希望贡献与回报对等。当团队成员感到分配不公时，冲突有可能产生，或者变得消极对待，减少努力或退出。

（二）高效运作的方法

1. 构建团队统一的价值观和使命感

要想发挥团队核心的力量，打造一个像雁群一样的高效能的团队，就必须在团队中建立统一的价值，将其具体凝结为团队的理念和团队精神，实现价值共守、精神共通、情感共流、命运共担。让团队中的每一位成员清楚并明确团队这些价值观对每个人的影响，从而使团队成员全力以赴，形成“说到不如做到，要做就做最好，第二名就意味着失败”这样的观念，用希望别人对待自己的方式对待别人。

2. 明确基于心目中的目标

高效能团队的打造，要树立明确的团队目标，基于这个目标而不断努力。但在实现团队目标时，也不要忽略团队中个人业绩目标和个人人生目标。这既是实现团队目标的需要，也是对团队中的每位成员负责任的一种表现。但是，前提是个人目标必须服从于团队目标。

3. 勇于兑现承诺

高效能的团队要勇于兑现承诺。这些承诺不仅包括团队对公司的承诺、个人对团队的承诺、公司对团队和个人的承诺，也包括个人对自己的承诺。这些承诺是相互的，不能随便割裂。如果团队成员中，个人对自己的承诺无法兑现，又怎么可能兑现对团队的承诺呢？这些承诺又都是在实现高效能团队过程中必须经历的一个环节，要么不要轻易承诺，要么承诺了

就一定勇于兑现，哪怕困难再大。

4. 知识与技能的后天充电

无论是哪一种类型的团队，要想成为一个能够打硬仗、素质过人的高效能团队，归根结底还是要“打铁还须自身硬”，不断地给自己充电学习，弥补知识与技能上的不足。在经济与社会迅猛发展的今天，衡量一个人真正的能力与水平不在于先天的学历，而在于知识与技能的后天充电。

5. 积极参与，加深信任

高效能团队要求每一位团队成员对团队的每一项活动都表现出积极参与的态度，只有不断地将这种参与所带来的深入交往和信息共享及时传递，才能够对决定产生有效的影响，使团队在制定目标时更为精准，分解任务时更科学合理，解决问题时大大提高效率。

6. 激励团队士气

团队的高效能不仅来自共同认可的价值观，更重要的是需要团队成员用一种正确的态度去对待，使各成员能够独立高效地完成工作目标，进一步强化团队的凝聚力，其中激励团队的士气就是一种最有效的手段。

复习思考

1. 优秀的创业团队有哪些特征？
2. 如何让你的团队高效运转？
3. 高效能团队运作有哪些方法？

情景模拟

小组合作表演《西游记》中的一幕，请其他小组成员点评表演过程中的团队合作。

项目实训

小组合作建高塔

1. 游戏目的

（1）让游戏参与者融入团队当中，群策群力，共同完成任务。

（2）努力把松散的工作小组转变成为团结高效的执行团队。

2. 游戏内容

人数：30 人。

时间：25 分钟。

场地：室内。

用具：尽量多的纸杯、报纸、透明胶带、吸管、橡皮筋和 12 把手工剪刀。

3. 游戏步骤

第一步，把参与游戏的同学分成 6 个小组，每组 5 人。

第二步，向每个小组发放材料，要求每组在 15 分钟之内用这些材料建一座塔。

第三步，这座塔的塔高至少是 50 厘米，要求外形美观、结构合理、创意统一。

第四步，做完之后，每个小组都把建好的塔摆放在大家面前，老师安排进行评比。

第五步，每个小组所建的塔都要接受其他组选出的检验员的检验，以吹不倒而且最高为胜利小组。

第六步，请各组人员发表建塔的感想。

4. 问题讨论

（1）你所在的小组是如何工作的？

（2）对比自己小组的塔和其他小组的塔，进行客观评价。

（3）就高塔本身而言，我们获得了团队管理的哪些启示？

5. 培训语录

（1）在团队执行的过程中，团队成员只有分工合作、群策群力才能最有效地达成团队的目标。

（2）执行的关键在于团队配合的默契和勇于承担责任，团队成员没有默契的配合和承担的积极性，创业团队的目标是无法实现的。

案例分析

Facebook 的高效团队经验

1. 高效 = 效率 + 效力

什么叫高效？一是效率，在最短时间内把事情做成。二是效力。效力由两方面组成：一是你要解决什么样的问题，效率不高做再多的事情只能是瞎忙，不会对公司产生正效应；二是你需要把解决问题的过程进行量化，对创业的节奏、方向做调整，提供决策上的参考。

2. 20% 的工作产生 80% 的效果

20% 的工作产生 80% 的效果，难就难在你事先很难知道哪一部分工作能产生最大的效果，所以做事情之前一定要认真想一想。推荐 SMART 原则给大家：指标是具体的（specific），可以衡量的（measurable），可以达到的（attainable），要与其他目标具有一定的相关性（relevant），具有明确的截止期限（time - bound）。

3. 高效最得力的助手工具

如何完成 120% 的指标？有三点：第一，工具文化。硅谷比较崇尚工具文化，用最好的人去做工具，让卓有成效的工程师更高效地来做事情，更能事半功倍。第二，开源工具。现在很多工具都已开源，应尽可能使用开源工具。第三，其他工具。测试工具对于纠错非常重要，对产品质量有很大的帮助。此外，发布工具及监控工具都要作为十分重要的工作去做。

4. 团队原则和流程助力团队效率

团队的原则、流程，对团队的文化、效率有非常大的帮助。第一，你永远不知道产品什么时候是最终的版本！你脑子里要有一个清晰的目标，下一步具体实现什么，而不是漫无目的。第二，最重要的是保持产品开发的节奏感，能够保持节奏感的团队，效率很难低下去。第三，对失败的认识。失败一点问题都没有，最怕的是每次失败的原因都是类似的。

5. 处理好领导人和负责人的关系

这一点很关键，很多创业公司领导人和负责人不分，工作交叉，却都未做好。领导人设置项目，负责人只要一个人，千万不要集体负责；有什么问题就找负责人，不要把领导人搞得很忙；给负责人空间，让他释放自身潜力。

公司的领导人只做几件事情：第一，对公司远景的阐述，产品功能的确定。第二，确定做法。做成预期功能的产品肯定有多种做法，哪种做法最适合现有团队，需要领导人来确认。第三，激励团队接受挑战。当团队遇到沮丧事件时，领导人要坚信自己的团队，激励大家坚持下去。第四，做一个乐观的领导者，并影响团队。

项目的负责人全权负责项目，有几点要注意：第一，不要每个细节都参与，你需要把控项目按照既定计划进行，查漏补缺。第二，给予下属信任和空间，以及必要的指导。第三，做好团队内人员的分工和协调尤为重要，把每个人的能力最大化，让团队效率最大化。第四，引导内部学习，相互帮助。要有意识地组织团队内部学习，经验相互传授，这个比外招管用得多。第五，规划团队的配套设施，如工具、设备等。

(资料来源：摘选修改自 http://blog.sina.com.cn/s/blog_6f7d6a7101018gyb.html)

问题：我们能从 Facebook 的团队中学到哪些方法呢？

项目三

如何把握与识别创业机会

课前热身

创业者格言

什么生意好赚就做什么生意，所谓商者无域，一国的投资环境，始终离不开政治导向，国家支援什么行业的发展，这个行业就会有好的政策扶持为依托。——李嘉诚

创业者生在这个时代，包括大学生、留学生、草根、高管，其实这真是创业的最好的时代。我们能做的是什么呢？不是向这个时代汲取成功，而是驾驭这个时代的创业的浪潮，做一次命运的弄潮儿，做一次怒海的征服者。

——天使创业基金徐小平

创业者故事

陈欧把握创业机会，为自己代言

陈欧的家乡在四川省中江县，2001 年他就读于新加坡南洋理工大学，学习的专业是计算机专业。26 岁，他获得美国斯坦福大学 MBA 学位。2009 年 7 月，陈欧在美国斯坦福大学毕业后的第三天回国创业。

经过认真的调研和分析，陈欧发现中国的广大女性消费者对于线上购买化妆品的信心不足，线上化妆品行业没有领头企业存在，线上化妆品是一块未被开发和利用的“新大陆”。这是一个极好的创业机会，但是陈欧与他的合伙人戴雨森却发生了较大的分歧。戴雨森是陈欧在斯坦福大学的师弟，为了跟随陈欧创业从美国回到中国并放弃了学位，也具有较强的商业头脑。陈欧要做电子商务，戴雨森要做社区，两人发生了激烈的争吵。

在激烈的辩论中，陈欧为自己看中的创业机会总结出了三个可行条件。首先，电子商务在中国正在高速发展是不争的事实；其次，化妆品需求很大，但市场上还没有一个可信的化妆品网站；最后，做这个别的男人不好意思做的行业反倒给了自己机会。最终陈欧成功地说服了其他合伙人。2010 年 3 月 31 日，团美网作为中国首家专业女性团购网站上线，以正品平价的口碑相传，在短时间内取得飞速发展，不到 5 个月注册用户突破 10 万。2010 年 9 月 9 日，团美网正式启用顶级域名，更名为聚美优品，有“聚集美丽、成人之美”的含义，同

年销售额达到 2 000 万元，成为国内领先的女性时尚限时折扣购物平台。

2011 年 3 月，公司成立不到一年总销售额突破 1.5 亿元，同时也获得了来自红杉资本千万美元级别的投资。5 月，聚美优品转型为团购化妆品 B2C 网站。2014 年 4 月 12 日，聚美优品向美国证券交易委员会递交了 IPO 申请 。5 月 16 日在纽约证券交易所正式挂牌交易，股票代码为“JMEI”。陈欧成为美国纽约证券交易所 222 年历史上最年轻的 CEO，也迅速成为中国“80 后”青年的创业榜样。

目标规划

一、知识目标

- 掌握创业机会的内涵和识别，以及如何构思和筛选创业项目。
- 掌握马斯洛需求层次理论，环境导向寻找法，实地调研法，头脑风暴法，SWOT 分析法。

二、能力目标

- 能够合理地运用马斯洛需求层次理论和环境导向寻找法的知识寻找和识别创业机会。
- 能够运用头脑风暴法、实地调查法、SWOT 分析法等方法构思和鉴别创业项目。

三、素质目标

- 培养学生顺应机遇、把握机遇的积极进取的人生态度。

任务一　寻找创业机会

【任务导入】

陈凯南的创业故事

（一）好机会为什么不能创业成功

陈凯南是鞍山师范学院高等职业技术学院 2016 届商务系市场营销专业的优秀毕业生。他在鞍山师范学院高职院读书期间就品学兼优，积极参加各种社会活动，锻炼和丰富社会经验，为将来毕业后的创业积累能力和经验。他在学生会外联部工作的时候，一方面积极为学生会活动招募赞助，帮助学生会更好地开展活动；另一方面帮助商家进行促销策略的宣传，将市场营销的知识在实践中更好地应用，受到了商家的一致好评。

毕业后，陈凯南回到家乡河南焦作，决定开始创业。但是选择什么样的创业项目成为陈凯南反复思考的问题。到底去哪里寻找创业机会呢？陈凯南看到自家附近的市场上饭店虽多，但是其中烧烤店不多，他就决定开个烧烤店。因为契合了消费者的需求，陈凯南的烧烤店一开始很顺利，迎来了很多消费者。可是很快，一批新的烧烤店也在市场上开业了，同时其他饭店也开始转型开设烧烤项目，有的聘请新疆厨师担当主厨，有的买来锦州烧烤的配方调料，他们的味道都比凯南烧烤店的好。很快，凯南烧烤店被迫停业了。

亏损了几万元的陈凯南决定再寻找其他创业机会。陈凯南发现有很多人抱怨携带公交卡比较麻烦，又容易丢失，如果能够在乘坐公交车的时候直接运用手机刷卡该有多好。于是，陈凯南开始招聘技术人员，研究手机刷公交卡的业务，并且与当地的公交公司进行商务洽谈，推销自己新的创业项目。可是，公交公司进行了测算，要给所有的公交车配备能用手机刷卡的新设备需要的财力太过巨大；而如果采用陈凯南提供的微信二维码扫描，又容易被司机替换成自己的二维码，财务预算过关了，但监控技术不过关；同时原有公交卡需要提前充值给公交公司带来的利息也是一笔很大的收入。陈凯南沮丧地回到了公司，解散了技术团队，陷入了深深的沉思：到底如何寻找到适合自己的创业机会呢？

（二）如何寻找创业机会

陈凯南经过马斯洛需求层次理论对于顾客需求的挖掘和环境导向寻找法对于创业机会的识别，寻找到了三个自己能够把握的创业机会，经过思考，形成了自己初步的创业项目。

第一个是特色茶吧的创业项目。陈凯南发现本地大学门口有饭店和奶茶店、咖啡馆，但是缺少具有特色的饮品店，大学生喝特色饮品的需求未被满足。如果能够在大学门口开一家特色茶吧，主要销售鲜花茶和水果茶，跟奶茶店形成差异就会有很大的市场。其中，常饮鲜花茶和水果茶可以美容护肤，调节神经功能，促进新陈代谢，提高消费者的肌体免疫力。虽然，现在当地大学生饮鲜花茶的人数还不多，但这些绿色、环保、健康的茶饮品一定会在高校引领饮茶品茗的新时尚，具有较为广阔的市场前景。

第二个是送菜上门的创业项目。陈凯南发现很多居民上班太早下班太晚，没有时间采购蔬菜调理自己的饮食生活，长期网上订餐还面临高油、高盐不健康的饮食风险，因此，采购蔬菜的需求没有得到满足。如果能够成立一个送菜上门的公司，早上去批发市场批发蔬菜，然后整理、清洗、分类、打包，最后根据消费者的订单，安排员工骑单车将蔬菜送到消费者指定的接收地方，就有很大的商机。如果再推行高质量的服务标准，比如送菜上门超时赔偿菜金的20%，实行包退包换等服务，一定可以获得良好的口碑和信誉，赢得市场。

第三个是生产水杯的创业项目。陈凯南发现本地的水杯市场有较大的需求未被满足。表面看起来，常规的水杯消费者人人都有，但是真正用于礼品的水杯却蕴含着创业的机会。很多企业越来越重视企业文化，在团队建设的过程中会使用带有企业标志的纪念品，而且这种产品最好是耐用品，可以长期保存，而不是低值易耗品。水杯恰恰可以印上企业的标志并被长期保存。企业的员工每天在使用水杯时都可以看见企业的标志，可增加对企业精神和企业价值观的认同。

陈凯南一想到这三个创意项目背后蕴含的创业机会，嘴角就会泛起幸福的微笑。

【任务分析】

创业机会是普遍存在的，但是为什么创业者经常找不到合适的创业机会？这是相当多的创业者常常面临的困惑。他们并不理解，虽然创业机会是普遍存在的，但是并不是每个机会都适合所有的人。有很多创业机会最终是无法转化为成功的创业项目的。创业者不能把创业机会当成“天上掉下来的馅饼”，全靠灵感和运气，必须采用科学的环境导向寻找法去寻找，在人口环境、经济环境、科技环境、政治法律环境、社会文化环境、自然地理环境中找到有丰厚利润回报的、可持续的、有核心竞争力的创业项目，从而获得创业成功。

【相关知识】

一、创业机会

创业机会是一种独特的商业机会，指市场上尚未被满足的能创造超额利润的显性或隐性需求。

1. 创业机会的内涵

创业机会有大有小，但不是每个机会都适合创业者去把握。创业机会的大小决定了创业者不同的市场地位。

一是市场的领导者。创业者如果实力雄厚，能够把握大的创业机会，可以处于市场上的领导者地位。

二是市场的挑战者和跟随者。创业者如果实力一般，能够把握中等的创业机会，可以处于市场上的挑战者和跟随者的地位。

三是市场的补缺者。创业者如果实力比较弱小，只能够把握较小的创业机会，也可以处于补缺者的地位。

创业者必须准确评估自身实力，并根据自身实力选择跟自己匹配的创业机会才能获得成功，“蚂蚁啃大象”或者“杀鸡用牛刀”都是不可取的。

2. 创业机会的识别

创业机会有显性和隐性之分。显性的需求大多数创业者都能看见，因此，竞争也非常激烈，更容易变成“红海市场”。而隐性的需求只有少部分有视野和格局的创业者才能看到，因此，竞争者非常稀少，会成为利润优厚的“蓝海市场”。创业者更应该致力于寻找隐性需求并把握这样的创业机会。

李嘉诚最初的成功是抓住香港地产和港口发展的机会，丁磊的网易抓住的是互联网技术的机会，陶华碧则是抓住了卖凉粉时拌酱料畅销的机会。世界上并不缺少创业机会，而是缺少发现创业机会的眼睛。

【知识链接】蓝海战略

案例学习 3－1

寻找海岛卖鞋机会

英国鞋厂的皮鞋推销员甲和美国鞋厂的皮鞋推销员乙一同飞往一个太平洋岛屿开辟皮鞋市场。刚一下飞机，他们就在岛上分头跑了一圈，了解到所有岛民从来没有穿鞋的习惯。英国推销员甲心里凉了半截，立即向厂里发出电报：“这里没有人穿皮鞋，这个岛没有皮鞋市场，预计他们的需求量为零，我明天坐飞机回国。”美国推销员乙却惊喜万分，也立即向厂里发了电报：“这里没有人穿皮鞋，甚至没有人穿鞋，于是他们绝大多数人都得了脚部的疾病。我相信这里的皮鞋市场前景广阔，我将留下来开拓市场，他们的需求量将从零开始。”第二天推销员甲回去了，继续着辛苦的推销生涯，整天为生活奔忙。而推销员乙驻扎在太平洋海岛，耐心地给岛民们灌输穿鞋更健康、穿鞋更舒适的道理，并把自己的脚与岛民们的脚做了比较。最终岛民们心悦诚服地接受了皮鞋，皮鞋在岛上销售量猛增，推销员乙也顺理成章地成为领导一方的副总经理。

二、马斯洛需求层次理论

既然创业的本质是对消费者未被满足需求的挖掘，创业者就必须先了解消费者都有哪些基本的需求，并根据这些需求寻找潜在的创业机会。

美国心理学家马斯洛在 1943 年提出了著名的“马斯洛需求层次理论”。马斯洛认为人类需求像阶梯一样从低到高，按层次分为五层，分别是生理需求、安全需求、社交需求、尊重需求和自我实现需求。一般来说，低层次的需求相对满足了，就会向高一层次发展，追求更高一层次的需要就成为驱使行为的动力。相应地，获得基本满足的需求就不再是一股激励力量。创业者必须知道，一个地区多数人的需求层次结构，是同这个地区的经济发展水平、科技发展水平、文化和人民受教育的程度直接相关的。在不发达地区，生理需求和安全需求占主导的人数比例较大，而高级需求占主导的人数比例较小；在发达地区，则刚好相反。

第一层次是生理需求。生理需求包括食物的需求、水的需求、睡眠的需求、呼吸的需求、分泌的需求、生理平衡的需求和性的需求。马斯洛认为，这些需求是推动每个人行动的首要动力。只有当人最基本的需求满足到维持生存所必需的程度后，其他的需求才能成为新的激励因素。生理需求蕴含的创业机会或产品见表 3－1。

表 3－1 生理需求蕴含的创业机会或产品

需求	创业机会或产品
食物的需求	烧烤、火锅、炒菜、粥、粗粮、小吃、西餐、零食
水的需求	矿泉水、纯净水、白开水、大碗茶、碳酸类饮料、茶饮料（花茶、蜜茶、凉茶）、功能性饮料、果汁、咖啡、奶茶、刨冰饮料、牛奶、啤酒、葡萄酒、水杯、水壶（铝水壶、电水壶）、水缸
睡眠的需求	床（木床、皮床、水床）、床垫（乳胶、弹簧、棕垫）、床笠、被单、枕巾、被（夏凉被、羽绒被、蚕丝被）、凉席（草席、藤席、竹席）、有催眠功效的保健品、窗帘
呼吸的需求	空气净化器、口罩、防毒面具

第二层次是安全需求。安全需求包括人身安全的需求、健康保障的需求、道德保障的需求、家庭安全的需求、工作职位保障的需求、财产所有性的需求、资源所有性的需求。马斯洛认为每个人的身体都是追求安全机制的组合体，人的感觉器官、智能、能量都是寻求安全的工具，甚至科学和人生观都是满足安全需要的一部分。安全需求蕴含的创业机会或产品见表 3－2。

表 3－2 安全需求蕴含的创业机会或产品

需求	创业机会或产品
人身安全的需求	手电筒、锁头、钥匙、散打课程、雨伞、安全帽、大头鞋、手套、安全带、羽绒服、围巾、棉鞋、棉帽、空调
健康保障的需求	矫姿带、哑铃、健身垫、拉力器、跳绳、呼啦圈、瑜伽垫、健身课程
道德保障的需求	书籍、道德类课程
家庭安全的需求	商业保险
财产所有性的需求	保险柜、密码箱
资源所有性的需求	房产、地产
工作职位保障的需求	失业保险、养老保险、专业书籍、专业课程

案例学习 3-2

背背佳创业案例——矫姿带

1992 年，出生于河南周口的杜国楹从师范学校毕业，成为一名教师。1994 年，他辞去中学教师的“铁饭碗”，决定自己创业。1997 年，在对消费者需求的研究和调研中，杜国楹发现，很多家长都对孩子有健康保障的需求。由于孩子坐姿、站姿不正，很多孩子得了近视眼，很多孩子驼背、脊椎歪曲。家长对矫正孩子坐姿、站姿充满了渴望。当时商家生产的产品“英姿带”占领着市场，满足了家长对孩子健康保障的需求。但是“英姿带”产品的缺陷比较大，不能在更大的功能上满足家长的需求。于是，杜国楹聘请了天津大学物理系教授袁兵进行了矫姿带技术的研究。在袁兵教授的研究获得成功后，杜国楹花了 5 000 块钱买下袁教授的技术，申请了专利，注册了自己的品牌“背背佳”。在营销上，杜国楹已经开始采用后来业内广泛运用的“先做样板、再做全国市场”的模式。因为创业机会选择得当，营销策略契合需求，“背背佳”矫姿带在 3 个月内就销售 3 千万。1998 年，“背背佳”矫姿带全年销售收入更是高达 4.5 亿元，杜国楹在年仅 25 岁时，就成了当时中国商界最年轻的亿万富翁。

第三层次是社交需求。社交需求包括友情的需求、爱情的需求、性亲密的需求。马斯洛认为每个人都希望得到相互关心和彼此照顾。感情上的需求比生理上的需求来得更细致，它和一个人的生理特性、经历、教育以及宗教信仰都有关系。社交需求蕴含的创业机会或产品见表 3-3。

表 3-3　社交需求蕴含的创业机会或产品

需求	创业机会或产品
友情的需求	桌游、玩具、明信片、贺卡
爱情的需求	钻戒、黄金戒指、婚恋网站、鲜花
性亲密的需求	性生活用品

第四层次是尊重需求。尊重需求包括自我尊重的需求、对他人尊重的需求、被他人尊重的需求、成就的需求、自信心的需求。马斯洛认为每个人都希望自己有稳定的社会地位，有被社会承认的能力和成就。当一个人的尊重需求得到满足时，就会对自己充满信心，对社会满腔热忱，并能体验到自己活着的价值。尊重需求蕴含的创业机会或产品见表 3-4。

表 3-4　尊重需求蕴含的创业机会或产品

需求	创业机会或产品
自我尊重的需求	服装、面巾纸
对他人尊重的需求	礼品
被他人尊重的需求	名牌包、名牌衣服、名牌手表、名牌香水
成就的需求	奖状、奖杯（玻璃奖杯、金属奖杯）、荣誉证书
自信心的需求	化妆品、镜子、梳子、美甲、美发、香水

第五层次是自我实现需求。自我实现需求包括道德需求、创造力的需求、自觉性的需求、问题解决能力的需求、公正度的需求、接受现实能力的需求。马斯洛认为自我实现需求

是最高层次的需求，是个人的理想和抱负得以实现，将个人的能力达到最大的程度，达到自我实现境界的需求。自我实现需求是在努力实现自己的全部潜力，使自己越来越成为自己期望的人。自我实现需求蕴含的创业机会或产品见表 3－5。

表 3－5　自我实现需求蕴含的创业机会或产品

需求	创业机会或产品
创造力的需求	创新课程、益智玩具
自觉性的需求	瑜伽课程
问题解决能力的需求	提升思维的课程、书籍
公正度的需求	合理的绩效考评制度、合理的薪酬分配制度、合理的工作分析

案例学习 3－3

龚海燕的第二次创业

2012 年 12 月，龚海燕辞去世纪佳缘 CEO 职务，离开了这家她一手创办并推动上市的公司。1 个月后，她又开始了自己的第二次创业生涯——创办 91 外教网，进入英语口语在线培训市场。世纪佳缘的诞生，是由于龚海燕希望做一个网站帮自己解决找男朋友的需求。第二次创业，龚海燕仍然延续了第一次创业的老路，从自己的需求出发，没有严密的商业调研，“还是一拍脑袋就创业了”。世纪佳缘在美国上市路演时，龚海燕由于英语不好，只能依靠翻译，浪费了近一半的时间，这让她一直耿耿于怀。出于对提高英语的切身感受，她最终选定了英语口语在线培训作为自己第二次创业的方向。创业的启动资金是一个大问题，尽管龚海燕手中握有世纪佳缘超过 20% 的股票，账面价值接近 7 000 万美元，但一时间无法大规模套现。为了筹措创业资金，龚海燕卖掉了自己拥有的唯一一套房子，将获得的几百万元全部投入。2013 年春节前，真格基金投资人、前新东方名师王强打电话告诉龚海燕，自己放弃投资 91 外教网的计划，因为在线口语培训市场太小，他说，口语培训在新东方的业务里只占 2% 的比重。于是，龚海燕又开始创办梯子网和那好网，以解决流量和资金的问题，最后，梯子网和那好网全部失败。

（资料来源：http://news.huaxi100.com/show－228－831949－1.html）

三、环境导向寻找法

创业者寻找创业机会的另一个主要来源是环境中的机会的挖掘。因为世界是变化的，静止是相对的，运动是绝对的，而每一种变化都会带来相应的机遇和挑战。因此创业者分析宏观环境的变化，就可以把握创业机会，规避创业风险。具体而言，创业者需要进行的宏观环境分析主要包括人口环境的分析、政治法律环境的分析、经济环境的分析、科技环境的分析、社会文化环境的分析、自然地理环境的分析。

1. 人口环境的分析

（1）创业者要分析人口环境中的人口规模这个要素。创业者要分析创业地区人口的出生率、死亡率和生育率。瑞典的雀巢公司和美国的亨氏公司当初在中国的黑龙江和广东两个省建奶粉和米粉厂就是因为这两个地区的婴儿出生率最高。创业者如果能到人口规模较大的地区创业，就可以利用人口规模这个优势。

（2）创业者要分析人口环境中的人口结构这个要素。创业者要分析创业地区的年龄结构、性别结构、教育结构和职业结构。中国自1999年起进入了老龄化社会，专家预测，到2020年中国的老年人口将达到2.48亿，这就为创业者创造了一个巨大的老年需求的市场，保健品、老年人的药品、老年人的专有食品、老年人的服装都有巨大的需求尚未被满足。2015年10月，中国积极开展应对人口老龄化行动，实施全面二孩政策。搜狐新闻的调查显示，有74.77%的适龄人口想要两个及两个以上的孩子，这又为奶粉、尿不湿、奶瓶加热器等初生婴儿用品，早教、疫苗、游泳洗澡、拍照、保健品、护肤品、玩具、服装、家政服务、房地产等各行业提供了大量的创业机会。

（3）创业者要分析人口环境中的家庭状况这个要素。当今社会青年人普遍晚婚，结婚的人离婚比率也居高不下，这为单身公寓、小家具、小包装产品等适合单身人士的商品提供了商机。这还直接导致了职业妇女日渐增多，因此女性的化妆品和服装项目也蕴含着创业的机会。同时，家庭的规模日渐缩小，非家庭用户在一起居住的情况日渐增多，小型化的家庭购买力也比大家庭的强。创业者设计的产品和服务也要满足这种需求。

（4）创业者要分析人口环境中的地理分布这个要素。2000年，我国的城市化率为36%，2011年的中国内地城市化率首次突破50%，达到了51.3%。这意味着中国城镇人口首次超过农村人口，中国城市化进入关键发展阶段。据联合国估测，我国的城市化率在2050年将达到72.9%。城市化程度越高，越有利于营销。到城市化程度高的地区去创业将更有利于创业者创业成功。

延伸阅读

全面二孩政策带来的创业商机

党的十八届五中全会决定：坚持计划生育的基本国策，完善人口发展战略，全面实施一对夫妇可生育两个孩子政策，积极开展应对人口老龄化行动。这是继2013年，十八届三中全会决定启动实施“单独二孩”政策之后的又一次人口政策调整。

据华泰证券预测，全面放开二孩，每年将有可能增加新生儿100万～200万人，预计2018年新生儿有望超2 000万人。其所蕴含的消费红利每年1 200亿～1 600亿元。婴儿潮将创造大量创业机会。这当中，房地产、母婴医疗、食品、玩具、儿童服饰、家用汽车、教育培训等行业均有望迎来爆发式增长。

母婴行业也将迎来井喷式发展。一般来说，母婴用品分为四个大类：一是婴儿用品，如奶瓶、奶嘴；二是婴幼儿服装；三是儿童玩具类；四是婴儿食品类。此前，国内家庭购买孕婴童产品主要通过母婴店、大卖场以及网络，有数据显示，它们分别占了43%、24%、15%的比例。而随着“海淘”的发展，进口婴幼儿尿布、配方奶粉、辅食产品等，也成为目前母婴电商发力的重点。据中国电子商务研究中心的监测数据显示，2013年母婴电商销售额为650亿元，2014年的母婴电商销售额在2千亿左右。

有调查显示，新生代母婴群体人均年消费为5 000～18 000元。随着“85后”“90后”逐渐成为准爸妈，消费力强，更具有互联网基因，52%的母婴家庭月消费5 000元以上，63.78%的母婴家庭月均网购花费1 000元以上，47.03%的母婴家庭月均网购母婴产品花费1 000元以上，因此业内对孕婴童行业的市场前景更为乐观。

随着儿童的成长，资本的关注，在线教育也备受追捧。“轻轻家教”6个月完成4轮投资，共计1亿美元；“疯狂老师”获4 400万美元融资；“请他教”宣布完成8 600万元融资；国内教育O2O品牌“老师好”宣布获得58同城的A+轮战略投资，由于披露规定双方未公布具体金额。根据艾瑞咨询预计，未来中国在线教育市场的年增长率将达19%，2015年市场规模将达1 600亿元，在线教育行业也被视为有望接棒电商，成为下一个万亿市场规模的金矿。

（资料来源：http://www.sohu.com/a/38719627_163127）

2. 政治法律环境的分析

（1）创业者要分析政治法律环境中的政治稳定和风险这个要素。创业者要分析创业地区有哪些政策和重大的政治事件。一个国家或地区的上层建筑的变化趋势，要通过政策和法规表现。政治环境对创业型企业影响极大，创业者必须寻找其中蕴含的创业机会并规避创业风险。

（2）创业者要分析政治法律环境中的政府政策这个要素。创业者要分析创业地区党政方针、政府政策、政府办事的效率和流程，寻找其中蕴含的创业机会并规避创业风险。在《国务院关于大力推进大众创业万众创新若干政策措施的意见》中明确指出，加快发展“互联网+”创业网络体系，建设一批小微企业创业创新基地，促进创业与创新、创业与就业、线上与线下相结合，降低全社会创业门槛和成本。这就为创业者带来了创业机遇。

（3）创业者要分析政治法律环境中的法律法规这个要素。创业者要分析创业地区的行政法规、地方性法规、部门规章、地方政府规章等内容。创业者要学法、知法、懂法，才能守法、用法，在法律允许的范围内获得创业机会。

（4）创业者要分析政治法律环境中的标准和认证这个要素。创业者要分析创业地区的标准级别。标准包括国际标准、区域标准、国内标准、地方标准、行业标准和企业标准。创业型企业要想有较高的产品质量和技术水平，就应该尽可能采用国际标准和国内先进标准。现在各个企业都越来越重视标准化，重视质量认证。质量认证是由独立公正的、公认权威的、可以充分信任的第三方法人机构接受企业事业单位申请委托，依据有关标准，证明某一产品服务的质量或质量管理体系符合标准的活动。创业者如果能够通过ISO9000，ISO14000，SA8000等认证证书，就可以获得更多的创业机会。

【知识链接】国家标准的知识

案例学习3-4　**戴安娜王妃的世纪婚礼**

1981年，英国王子查尔斯和戴安娜要在伦敦举行耗资10亿英镑的世纪婚礼。这是一件轰动全世界的政治事件。如何利用这个政治事件寻找创业机会呢？消息传开，伦敦城内和英国各地的创业者几乎同时都瞄准了这一机会，绞尽脑汁想发一笔大财。有人开始制作英国国旗；有人开始制作高音喇叭；有人开始制作糖果，在糖果包装盒上印上王子和王妃的照片；有人对婚纱产品的装饰进行了设计，标上了具有结婚纪念性的图案。豪华的婚礼，给创业者带来巨大财运，但赚钱最多的却是一个决定经营潜望镜的创业者。盛典当天，从白金汉宫到圣保罗教堂，沿途挤满了九层近百万群众。当站在后排的人们因为个子矮无法看到前面的街道场景而焦急万分时，突然从背后传来叫卖声：“请用潜望镜看盛典，一英镑一个。”长长的街道两旁，在同一时刻里，数百名报童手里拿着用马粪纸配上两个玻璃镜片制作的简易潜望镜跑过来。一英镑既便于大家有立即支付的能力，也能保证创业者的利润，还使消费者觉得便宜。结果片刻间，一大批潜望镜被抢购一空。最终经过计算，这个创业者一共销售了50万个潜望镜，一上午，销售收入达到了50万英镑。在近百万观众之中，人们的需求是多方面的，如购买一枚漂亮的纪念章、吃上一块蛋糕、冰激凌、买上一盒印有王子王妃头像的糖果，但在那关键的一刻，如果看不到王子和王妃，却是最大的憾事，这就决定了潜望镜成了能够满足消费者需求最重要的产品。决定制作潜望镜的创业者正是把握住了这个最大的商机，从而一举成功。

3. 经济环境的分析

（1）创业者要分析经济环境中的经济发展水平这个要素。创业者要分析创业地区的GDP（国内生产总值）和人均GDP。通过这两个关键指标了解当地的经济发展状况，经济发展状况越好的地区，创业的机会越多，创业者的销售收入越高。另外，处于不同人均GDP发展阶段的消费者追求的消费层次不同。人均GDP为2 000美元时，消费者的需求是高档的家电和电脑；而人均GDP为4 000美元时，消费者的需求就变成了汽车和洋房。因此，创业者必须通过经济发展水平这个指标来判断不同的创业机会。

（2）创业者要分析经济环境中的消费者收入这个要素。创业者要分析创业地区消费者的收入结构和水平。消费者收入水平越高，消费者可支配的收入就越高，消费者就越倾向于奢侈品和享乐品的消费。相反，消费者收入水平越低，消费者可支配的收入越低，消费者就越倾向于实用品的消费，生活必需的食品支出的比重会加大。

（3）创业者要分析经济环境中的经济政策这个要素。创业者要分析创业地区的财政政策、货币政策、价格政策、劳动工资政策、对外贸易政策和国际收支政策。目前国家对于大学生创业有很多优惠条件，各个省市也有相应的政策。创业者通过研究隶属于财政政策中的税收政策、补贴政策、投资政策，利用好政策优势为创业者带来的创业机会；创业者通过研究隶属于劳动工资政策中的就业政策、最低工资政策，可以更好地招聘员工、合法用工。

案例学习3-5

蜜芽宝贝的创业之旅

2011年，全职妈妈刘楠在照顾自己孩子的过程中发现了进口母婴产品的巨大的市场需求未被有效满足，于是，她决定开始创业。她创立了蜜芽宝贝公司，主要经营进口母婴品牌产品。刘楠在设计蜜芽宝贝的商业模式时，仔细分析了科技环境，发现如果利用传统的线下零售的模式，将与其他竞争对手没有任何区别，缺乏核心竞争力。她决定紧紧把握互联网浪潮这个科技环境，采用线上B2C的模式进行营销。2011年10月，蜜芽宝贝的前身mia时尚母婴用品在淘宝上线，销售由花王中国授权经销的正品行货花王纸尿裤，用时两年成为“四皇冠”店铺。2014年2月，蜜芽宝贝官网上线，正式转型为进口母婴品牌限时特卖商城。2014年6月，蜜芽宝贝手机客户端正式上线，提供一站式移动购物服务。3年间蜜芽宝贝完成了从互联网技术到手机移动终端技术的全覆盖，也迅速赢得了消费者的喜爱。2014年10月，蜜芽宝贝3周年店庆促销活动在“双11”前提前打响，零点上线后1小时达成1万单，3天大促订单总量突破15万单。2015年9月16日，蜜芽宣布完成1.5亿美元D轮融资，取得了创业的巨大成功。蜜芽宝贝的诞生正是把握了电子商务这个科技浪潮，从而搅动了母婴电商的江湖风云，从此成为电商行业、资本界、媒体圈眼里的“当红炸子鸡”。

4. 科技环境的分析

（1）创业者要分析科技环境中的科技发展水平这个要素。创业者要分析创业地区的科技实力和科技产品。100年前，像鸟一样飞行只是梦想，今天，喷气式飞机超过了神鸟鲲鹏的速度。“二战”前，工业产品的生命周期平均多达30年，战后已不到10年。现在，某种产品全部更新，电子产品不到10年，宇航产品7年。计算机的CPU的速度每18个月就会增加一倍。创业者应该在体现科技含量的新产品和新服务上寻找创业机会。

（2）创业者要分析科技环境中的科技结构及变化趋向这个要素。创业者要分析创业地区的技术变化的速度。无论创业者有多么流行的产品，一旦被新科技产品淘汰，就不得不退出历史的舞台。比如计算器淘汰了计算尺；现代电话淘汰了电报；激光唱片淘汰了胶木唱片；纸巾淘汰了手帕；数码相机淘汰了传统胶卷。因此，创业者不能逆着科技潮流去创业，即使有科技产品，也要持续进行新产品研发，做到上市第一代，生产第二代，研发第三代。

（3）创业者要分析科技环境中的新技术接受能力这个要素。创业者要分析创业地区消费者对于新产品新技术的接受能力。在“互联网+”的时代，创业者即使做着传统行业的传统产品，也必须与时俱进，与新技术结合。小米公司正是利用网络销售手机而大获成功的。在消费者更喜欢网络和手机购物的今天，如何将消费者喜欢的技术与创业相结合是最重要的。

案例学习3-6

冷冻鱼解冻后照样游动

你能想象冷冻后的鱼解冻后还可以自由游动吗？这种“死而复生”的技术就出现在“创青春”大学生创业大赛中。2016年11月18日，“创青春”大学生创业大赛上，一个个大学生创客们的创意肆意挥洒，创业比拼持续加热。充电2小时续航70千米的电单车、鱼体冷冻“复活”技术、无人驾驶水质监测船等一个个充满科技含量的创业项目吸睛无数。

全国大学生创业项目开放日暨全国重点创业园区推介会是本届“创青春”的一大亮点之一。推介活动也以“展演、路演、推介、签约”的形式开展，主要包括4个主题日、5个特色展区、69场路演。把一条条鲜活的鱼冷冻，像冰块一样叠起来，解冻后鱼还可以自由游动的鱼体冷冻“复活”技术是浙江海洋大学团队最得意的作品。如何做到让鱼体冷冻“复活”呢？团队成员周天阳告诉记者，其团队用快速低温技术，在短时间内实现深度冷冻，从而让鱼的细胞膜内外同时结冰，避免大冰晶刺穿细胞壁，保证鱼类的鲜活度以及有效运输。“我们团队的成员大都来自内陆，不像沿海小伙伴们时常能品尝到新鲜的海产品，鱼类一旦经冷冻运输到了内地，口感新鲜度都会下降。而我们的专业也与冷冻技术相关，加上有冷链物流研究所师生的帮助，我们的项目研发也开展得很顺利。”周天阳也表示，大学生创业，不能局限于做家教干兼职，而是要学会发挥自己的专业优势，真正做到学有所成。

（资料来源：http://news.huaxi100.com/show-228-831949-1.html）

5. 社会文化环境的分析

（1）创业者要分析社会文化环境中的社会阶层这个要素。创业者要分析创业地区的不同阶层，了解不同阶层的价值观、需求结构和消费习惯。尤其是中产阶层，这是维系社会稳定的最重要的社会力量，是经济生活中最主要的消费群体，对市场的影响举足轻重，他们更喜欢高品质的产品。如果创业立足于底层阶层，就应该生产物美价廉的产品；如果创业立足于上层阶层，就应该生产能彰显身份的奢华产品。

(2) 创业者要分析社会文化环境中的家庭制度这个要素。创业者要分析创业地区不同的家庭制度，分析家庭决策的变化趋势，在以男性为主的消费主义正在转向以女性为中心的消费主义的时代，对于女性的市场应给予足够的重视。比如聚美优品公司和雅芳公司都立足于女性化妆品进行创业并获得巨大的成功。

(3) 创业者要分析社会文化环境中的民族文化这个要素。创业者要分析创业地区的民族结构，不同的民族其历史传统和风俗习惯都不同，各种节日、礼仪、生活风俗千差万别，创业者需要投其所好，研究蕴含在其中的创业机会。

(4) 创业者要分析社会文化环境中的文化偏好这个要素。创业者要分析创业地区偏好的数字、颜色、语言文字、表情姿势等。例如中国人更喜欢数字6、8、9，而不太喜欢数字4。颜色对消费者的影响也很大。80年代初，山东荣城布鞋厂生产的一种海蓝色涤纶塔跟鞋，很受消费者欢迎，不少用户来订货。为优待老用户，鞋厂主动给滨州市一家大商店发送了一批新产品，不久，商店却要求退货。原来，根据滨州人的习俗，只有办丧事，妇女才穿蓝布鞋。因此，创业者一定要重视文化偏好这个要素，才能更好地把握创业机会。

案例学习3-7　**迎合穆斯林需求的创业**

比利时一个名叫范德维格的商人想创业，他经过对社会文化环境的分析后，发现了一个创业机会，即迎合穆斯林的需求，生产他们朝拜用的地毯。那么怎么能与普通的朝拜地毯形成差别呢？范德维格聪明地将扁平的“指南针”嵌入朝拜地毯，这种特殊的“指南针”，不是传统意义上指南或指北，而是无论怎么放置地毯，“指南针”都会直接指向圣城麦加的方向。这样，穆斯林不管走到哪里，只要把地毯往地上一铺，顷刻之间就能准确地找到麦加所在的方向，不会犯朝拜错误，亵渎信仰。这种带有“指南针”的地毯一经推出，在穆斯林居住区立即成了抢手货，几个月内，范德维格在亚洲西部和非洲一下子就卖掉了25 000多张，赚了大钱，创业成功。

受到这个案例的启发，日本的精工钟表公司也开始生产一种针对穆斯林需求的手表，这种手表可以随时把全世界114个城市的当地时间自动转换成麦加的朝拜时间，并且会在每天五次的朝拜时间到来时，自动鸣叫提醒戴表者按时朝拜。结果这款手表一推出市场就赢得了几亿穆斯林民众的喜爱。

6. 自然地理环境的分析

(1) 创业者要分析自然地理环境中的自然资源这个要素。创业者要分析创业地区的自然资源的分布和储备及可以利用的程度。世界上的不可再生资源消耗很严重，据一些世界组织测算，其中铜还可以使用20年，石油还可以使用40年，即使是含量最丰富的铝，也只能再用124年。自然资源的短缺可以给传统企业带来危机，也可以为创业者带来创业机会，如果创业者能够使用无限供给或者可再生的资源就可以把握创业机会。

(2) 创业者要分析自然地理环境中的能源结构这个要素。创业者要分析创业地区的能源储备情况。中国从1997年起，从石油出口国变成了石油进口国。中国煤炭消耗占能源消耗的70%，现在煤炭工业正在超规模、超负荷、高危资源开采，每采一吨煤，对水资源破坏达2.48吨。创业者如果能够在低能耗的行业创业，更容易把握创业机会。

（3）创业者要分析自然地理环境中的自然条件这个要素。创业者要分析创业地区的环保情况、自然状况、生态保护情况。随着雾霾在我国的蔓延，气候情况对企业的影响越来越大，空气净化器、装修检测仪器、环保设备等行业将为创业者带来更多的创业机会。

（4）创业者要分析自然地理环境中的地理位置这个要素。创业者要分析创业地区的地形地势、海拔高度、交通条件、自然和文化遗产情况，这些条件也蕴含着丰富的创业机会。

案例学习 3－8　大学生创业做环保服务，一年赚了 50 万元

他，刚刚 28 岁，初次创业，一年做到 50 万元纯利润，两年全国拥有 220 家加盟商，服务 1 万多家庭、学校、企事业单位，成就了 30 多家年收入过 50 万元的加盟商。他是木谷，Uncle Ma（昂可马）品牌创始人。2015 年一个偶然的机会，木谷在替一家装修公司做推销的时候发现了一个问题：很多客户找装修公司时都特意询问装修材料是否环保，装修完是否会甲醛超标，甚至很多人装修完以后必须得通风 5～6 个月以后才会入住！因为担心甲醛污染会对身体产生伤害！木谷当时想，如果自己能帮这些刚装修完的客户进行装修污染气体的检测治理，清除装修后的甲醛、苯、异味等污染气体，让客户可以快速安全地入住，那肯定会有很多客户愿意去做！特别是一些有小宝宝的家庭！木谷当时激动不已，立即去搜集相关资料，研究市场前景及未来发展空间！他激动得整个晚上没有睡觉！因为木谷发现这绝对是一个可以当作一生事业的创业项目！木谷觉得自己大显身手的机会来了！他开始寻找进行甲醛检测治理的方法和设备。在学术资源网上有很多相关的专业文献，在阅读了很多专业文献又请教了专业老师以后，木谷发现其实进行甲醛检测治理的方法比较简单！木谷先找相关的专业厂家定制了需要的设备，又按照工艺配方找到一家工厂安排生产除甲醛的药剂。终于，经过一年的摸索和积累，木谷成功积攒了这个行业的经验和技术，同时也赚到了人生中的第一个 50 万元！两年的时间里，木谷在全国拥有了 220 家加盟商，服务了超过 1 万多家庭、学校、企事业单位，更带领了 30 多家加盟商实现了年收入过 50 万元！

分析：创业者应该随时对宏观环境的变化进行监测、分析和预测，寻找环境变化中的机会，避免环境变化中的风险，确定何时采取行动，投入多少资源，最终成功捕捉到创业的好机会。

【任务实施】

陈凯南在饭店项目上的失败使他意识到找到对的创业机会是非常重要的。通过马斯洛需求层次理论对于需求的分析和环境导向寻找法对于创业机会的识别，陈凯南选择了三个创业项目，并形成了表 3－6。请你帮助陈凯南完成该表，并给出你认为的最佳创业项目。

表 3－6　创业项目分析

序号	创业项目	满足了哪些需求	契合了哪些环境中的机遇
1	特色茶吧		
2	送菜上门		
3	生产水杯		

复习思考

1. 创业机会蕴含着哪些内涵？
2. 马斯洛需求层次理论有哪些内容？
3. 创业者利用环境导向寻找法可以从哪些宏观环境中寻找到创业机会？

情景模拟

请5位同学扮演马斯洛需求层次理论的5种不同需求的消费者，另外5位同学进行水杯产品的机会挖掘，满足这5位不同需求层次的消费者。

项目实训

1. 运用环境导向寻找法在7个宏观环境中分别寻找到一个适合你自己的创业机会。
2. 运用马斯洛需求层次理论和环境导向寻找法寻找到3个最适合你自己的创业机会。

案例分析

美国巨富亚默尔——卖水致富的故事

美国巨富亚默尔少年时，只是一名小农夫。17岁那年，有一天他听到了西部发现黄金的消息，便和父母商量，想到那里闯一闯。这样他跟着西行的大篷车队，克服了不少困难，来到了加利福尼亚州。

美国西部山谷里气候干燥、水源奇缺、生活艰难，寻找金矿的人最感到痛苦的就是没有水喝。来到这里以后，亚默尔才发现采金并不容易，各地涌来的人太多了，在大片的荒原上挤满了破破烂烂的帐篷。人们到处挖着，可是收获却很小。

时间还没有到中午，亚默尔和他的工友们就干不动了，无力地躺在了地上，不住地舔着干裂的嘴唇。“现在让老子花上一美元，买一壶凉水，老子也干。”一位工友渴得有气无力地说。“谁要是现在让我饱饮一顿凉水，我给他两美元！”躺在旁边的另一位工友也同样有气无力地附和着。亚默尔和他们的感觉是一样的。他们太需要水了，可是在人们淘金的这个沙漠般的地方，几乎是一滴水也难找到。突然，这个“水”字启发了他。为什么不搞些水来，供给采金的人们呢？想到这里，他扔掉了镐头，艰难地爬了起来，向南走去。

说者无意，听者有心。在一片“渴望有水喝”的吼声中，亚默尔毅然退出淘金的热潮，放弃挖金念头，由挖掘黄金变为挖水渠。

亚默尔雇了几个人挖水，一铲一铲，终于把河水引进了水池，经过细沙过滤，变成了清凉可口的饮用水。他将水装进小木桶，每天跑十几里路去卖水。一见亚默尔担着水桶、提着水壶走来，那些唇干舌燥的淘金者蜂拥而上，硬币一块块投入他的怀中。有人嘲讽亚默尔：“我们跋山涉水是为了挖到金宝贝，你要是只为了卖水，何必到加州这个地方来呢？”面对冷嘲热讽，亚默尔泰然处之。在短短的十来天的时间里，亚默尔收入了6 000美元。亚默尔靠着自己的智慧，在西部淘金热中，终于挣得了钱。后来，大部分淘金人空手而归，相继离去，亚默尔则以卖水奠定了发展基石，成了未来的富翁。

问题：为什么亚默尔只有17岁却能把握住创业的机会？

任务二 筛选创业项目

【任务导入】

陈凯南的创业故事（续）

（三）如何选择创业项目

陈凯南觉得自己的三个项目都具有可行性，但是很显然，陈凯南没有能力把这三个创业项目同时推向市场，必须从中选择一个项目进行创业，这可让陈凯南犯了难。上次饭店经营的失败还令他心有余悸，如何科学地选择创业项目成为摆在陈凯南面前最棘手的问题。他自己最看好的是大学门口开特色茶吧的项目，但是这会是最适合他的创业项目吗？

为了解决这个问题，陈凯南通过朋友找到了一家风险投资公司的高管宋经理，询问到底如何在这三个创业项目中进行选择，到底哪一个创业项目最具有可行性。宋经理首先否定了特色茶吧的创业项目。宋经理认为，特色茶吧的产品虽然营养丰富，但是价格在 17～36 元一杯，价位太高，超过了大学生这个目标群体的经济承受能力。同时含糖量也太高，单杯花果茶含糖量在 7.3～22.7 块方糖，没有这么多糖，口感就会受到很大影响，可是糖摄入量这么高会导致肥胖、糖尿病、心血管疾病、龋齿等发病风险。

而第二个送菜上门的创业项目，宋经理也认为并不可行，最主要的原因就是陈凯南缺乏选菜、择菜、保存菜的技术和经验。而且他计划组建的团队成员都是自己的同学，也都缺乏专业技术和经验。这样的创业项目问题太大。如果菜不能当天卖光，保存蔬菜会成为一个特别大的问题。水果卖不出去可以做成水果捞继续销售，而蔬菜除了榨成蔬菜汁就没有其他的好的加工方法，而再开一个蔬菜汁饮品店或者面食店就超越了陈凯南的经济承受能力。

对于第三个水杯的创业项目，宋经理觉得创业成功的可能性较大。虽然这个项目看起来没有前两个项目利润那么丰厚，但是陈凯南本人学习的是市场营销专业，擅长推销，掌握着娴熟的商务谈判技巧，这恰恰适合去跟企业进行洽谈。同时陈凯南性格外向，喜欢跟人沟通，有利于把握消费者的真实需求。陈凯南的父亲曾经做过太空杯和磁化杯的本地代理，对于产品的性能和设计也有很多的经验。在这个创业项目里，可以把陈凯南的个人能力、个人兴趣、个人资源最大限度地整合进去，是非常适合创业的项目。宋经理说，如果能把这个创业项目好好地构思，可以成为一个优秀的创业项目。

陈凯南听完宋经理井井有条、逻辑缜密的分析后，不禁慨叹：选择创业项目真不是靠运气，而是一门学问啊。

【任务分析】

如何将创业机会构思成创业项目？如何在几个创业项目中选择最适合自己的创业项目？这都是最困扰创业者的问题。选择是一门智慧，选择更是一门科学。创业者需要学习逻辑展开法、头脑风暴法等构思创业项目的方法，尽量在创业机会里，把个人能力、个人兴趣、个人资源最大程度整合进去，整合的要素越多，创业成功的可能性越大。而在筛选创业项目时，创业者需要使用 SWOT 分析法等科学方法，对创业项目进行全方位的比较和打分，最终找到最适合自己、成功可能性最大的创业项目。

【相关知识】

一、构思创业项目

一个好的创业构思意味着创业项目成功的一半。而如果创业项目的构思本身有问题，无论创业者后来投入多少金钱和实践，创业项目注定是会失败的。因此创业项目的构思非常重要。

（一）创业机会与产品或服务的整合

创业者首先需要做的是将创业机会与产品或服务相整合。

1. 头脑风暴法

头脑风暴法，又称智力激励法、BS（Brain Storming）法。它是由美国创造学家奥斯本于1939年首次提出的一种激发创造性思维的方法。它通过开会的组织形式，让所有参加者在轻松愉快、畅所欲言的气氛中，自由交换思路，并以此激发其他与会者的创意及灵感，让后一个人在前一个人的思路基础上进一步碰撞激荡，从而形成创造性“风暴”。

头脑风暴法一般从一个词语或一个题目开始，任何人在头脑风暴的过程中都不许对其他人的方案提出否定性意见，而是在其他人意见的基础上继续头脑风暴，一般会进行几轮。

【知识链接】头脑风暴法

案例学习3－9

水杯的头脑风暴法

陈凯南学了头脑风暴法后，就组织自己的团队成员和朋友一起进行了水杯产品的头脑风暴。头脑风暴从一个只卖3元钱的普通水杯开始。陈凯南要求参与者在这个普通的水杯上添加价值，使得该款产品能够带来丰厚的销售收入和利润。陈凯南说完后，小王接着提出了自己的想法：可以在白色水杯的外面印上含有文化的图案，用文化价值来赚钱，比如可以印上“60后”“70后”“80后”“90后”喜欢的怀旧图案，一定很好卖，现在有一个“老饭盒”卖的就是怀旧文化的情怀。小王接着说，当然也可以印上“撸起袖子干起来”这种时尚的语言，也一定很好卖，应该能卖到5元。小王的说法赢得了大家的一片掌声。小钱同学接着说，也可以在白色水杯的外面印上品牌价值，这样可以激发消费者为品牌付钱。比如印上“星巴克”标志的普通水杯可以从3元卖到8元，这就是品牌的价值。陈凯南的老乡老王接过话题说，那我觉得还可以卖到更高的价格，可以把杯子组合一起卖，比如情侣杯，一次两个人买。老王接着说，当然也可以生产一个白杯子一个黑杯子，白杯子白天在单位用，黑杯子晚上在家里用，也是非常好的营销手段。陈凯南插嘴说，你这分明就是“白加黑”感冒片的思路嘛，大家都发出了会心的笑声。陈凯南的大学同学钱开放说，我认为现在是一个消费者自我意识高度膨胀的时代，为什么不买一个空白的马克杯，然后用3D打印机把消费者自己发的图案打印上去呢？这样的杯子一定比你们几个想的更有价值。

头脑风暴会的发言还在如火如荼地进行，而陈凯南已经开心地笑了，很多好的建议是他以前从来都没有想到的，同时也激发了他很多新的思路。在创业项目的构思上，他突然有了很多好的思路。

2. 逻辑展开法

如果说头脑风暴法更多地运用天马行空的发散思维的话，那么逻辑展开法则指创业者按照逻辑的框架进行产品、服务的归类和延展。逻辑展开法既可以帮助创业者厘清思路，也可以对头脑风暴实施后的发散思维成果进行归纳和总结。

案例学习 3－10 **水杯的逻辑展开法**

陈凯南学习了逻辑展开法后，决定对水杯的创业项目进行逻辑展开，从而挖掘新的创新思路。

首先，从杯子的材质来看，可以生产玻璃材质的水杯，好看但是易碎；可以生产不锈钢杯，耐摔但是不透明；可以生产瓷质水杯，符合中国人的习惯但是不宜携带；可以生产搪瓷水杯，结实耐用。

其次，从杯子的审美来看，可以印刷怀旧照片激发怀旧情怀；可以印刷社会主义核心价值观激发时尚潮流；可以印刷喜欢的明星激发偶像情怀；可以印刷哆啦 A 梦等卡通形象激发孩子的好感；也可以印刷消费者自己的照片激发自我的实现感觉。

再次，从杯子的功能来看，可以生产磁化杯，用来养生；可以生产陶土杯，用来泡茶；可以生产咖啡杯，给咖啡爱好者使用；可以生产温控杯，给对温度要求严格的消费者使用；可以生产夜光杯，用来夜晚使用。

最后，从杯子的归属来看，可以生产 12 生肖杯，让消费者选择自己的属相从而有归属感；可以生产 12 星座杯；可以生产情侣杯；可以生产不同学习阶段水杯。

陈凯南通过四个方向进行逻辑展开，就产生了很多新的思路。他知道，其实可以延展的角度很多，绝不仅仅是这几个方向，学无止境，创新也无止境啊。

3. 网络搜索法

网络搜索法指创业者利用互联网进行创业机会与产品或服务整合的搜索和模仿。通常来说，最好的学习方式就是模仿。其实，大部分的创新也是在模仿的基础上创新，而不是完全的创新。因此学会网络搜索是创业者非常重要的学习能力的体现。

创业者需要将头脑风暴法、逻辑展开法和网络搜索法结合起来，让自己选择的创业项目更有成功的把握。

（二）创业产品或服务与个人优势的整合

一个好的创业项目应该包含两个方面：一是必须以顾客需求为出发点，符合马斯洛需求层次理论和环境导向中蕴含的机会；二是必须与创业者的个人优势相结合。创业者必须将个人能力、个人兴趣、个人价值观念、个人掌握资源与环境导向中蕴含的机会相结合，构思出最有利的创业项目。

创业者的个人优势一般包括以下几个方面：

1. 个人能力

创业者寻找创业机会的第一个来源在于对创业者自身能力的依托。创业者的个人能力包括两个方面：一方面是创业者的天赋特质，我们称之为专长；另一方面是创业者的专业技术能力，我们称之为专业。专长和专业是大学生创业机会选择的主要影响因素之一。大学生创业如果能选择与自己专业相关的创业机会，可以充分发挥自己的专业优势，提高创业的成功率。特别值得一提的就是理工科的学生，如果在大学学习研究过程中能够取得专业技术，将来在创业过程中走产学研相互结合的道路，较易达到成功。例如毕业于成都电子科技大学通信专业的丁磊就是在本专业创业，1997 年创办网易公司，2000 年就在美国的纳斯达克证券交易所上市，获得巨大成功。而丁磊在 2011 年创办养猪场，却遭遇到了失败。创业者如果能把创业机会与个人能力相结合，将更有利于创业。

案例学习 3-11

“老干妈”凭专长创业

陶华碧出生在贵州省湄潭县一个偏僻的山村，由于家境贫穷，从小到大没读过一天书。陶华碧的丈夫去世后，没有生活来源的陶华碧必须自己谋生，可是干点什么呢？思来想去，没有学历的陶华碧利用自己的特长——厨艺创业。1989 年，她省吃俭用地开创了“实惠餐厅”，专卖凉粉和冷面，而核心技术则是拌凉粉和冷面的辣椒酱。有一天早晨，陶华碧生病没有制作麻辣酱，顾客一听说没有麻辣酱，转身就走了。这件事对陶华碧的触动很大。很多客人吃完凉粉后，还买一点麻辣酱带回去，甚至有人不吃凉粉却专门来买她的麻辣酱。后来，她的凉粉生意越来越差，可麻辣酱却供不应求。陶华碧发现周围十多家卖凉粉的餐馆和食摊，生意都非常红火，而这些餐厅生意红火的共同原因是，他们都在使用从她那里买来的麻辣酱。1996 年 7 月，陶华碧正式关闭了饭店，却办起了食品加工厂，专门生产麻辣酱，定名为“老干妈麻辣酱”。从此老干妈麻辣酱一炮走红，获得了巨大的成功。

2. 个人兴趣

创业者寻找创业机会的第二个来源在于对创业者个人兴趣的依托。俗话说：“兴趣是最好的老师。”兴趣决定了职业发展的深层动机和努力的持续程度。因此，兴趣是最好的创业动力，并且在遇到艰难困苦时可以苦中作乐。在选择团队创业的时候，也要注重创业团队成员兴趣的匹配度。一个人的兴趣很重要，一个团队的兴趣就更重要了。只有乐此不疲的兴趣，才能在创业过程中遇到各种困难险阻后都能顺利化解，向目标前进。

案例学习 3-12

“不务正业”之创业故事：超级桌游玩家玩出一个新家

今年 29 岁的叶丽莹，是一个以玩桌游为主业的超级玩家。6 年前，她成为桌游吧的“总舵主”后，便将生活与工作“捆绑”在一起，每天带着桌游粉丝玩得不亦乐乎。粉丝们对她佩服得五体投地，因为她能把国内外 300 多种桌游玩得出神入化。

因为太喜欢桌游了，叶丽莹有一天和丈夫商量：“咱们和朋友合开桌游吧好不好？我不喜欢干别的工作，我俩总得有个营生养家糊口啊。”丈夫思考了几天后，告诉叶丽莹：“就为咱俩的爱好，不图赚大钱，咱们就放手大胆地干吧。”桌游吧成立后，叶丽莹要先把店里引进的 300 余种桌游玩熟，以便更好地教顾客玩。叶丽莹在各大论坛发了大量广告进行宣传，就在这个寒假，一批在外读书的大学生找到了叶丽莹的桌游吧，一传十、十传百，叶丽莹的桌游吧终于等来了春天。

有桌游玩家说：“很难再找到像叶丽莹这样，单纯以兴趣作为自己前进的动力，并把这种热情长久保持的桌游老板。”

（资料来源：http://news.huaxi100.com/show-228-831949-1.html）

3. 个人资源

创业者寻找创业机会的第三个来源在于对创业者个人资源的依托。

（1）个人资源中最重要的是创业者的人脉资源。创业者如果具有良好的人脉资源，就可以很容易地找到投资的项目、合适的技术与产品、畅通的销售渠道等各种创业机会。因此，整合人脉资源是创业成功的基本条件之一。创业者的人脉资源首先是同学资源。例如马化腾和俞敏洪的创业都依赖于同学资源，从而获得巨大的成功。创业者的人脉资源其次是朋友资源。朋友资源里包括老乡、战友、同事、朋友。例如温州很多企业都由老乡合伙创业，并取得了成功。创业者的人脉资源最后是家族资源。创业者的家族资源如果丰富，并获得家族权威者的认可和支持，创业成功的可能性就很大。例如希望集团的刘氏四兄弟就是家族创业成功的典范。

（2）个人资源中非常重要的是创业者的资金资源。创业过程有很多风险，拥有足够的资金或者能够融来足够的资金是抵御风险最重要的保障。俗话说，有多少钱办多少事。很多创业者就是失败在资金链的断流上。所以，如果缺乏足够的资金，创业者只能从小生意做起，逐步积累原始资金，最后成就自己的大买卖。

案例学习 3－13　**小米的团队创业**

40 岁的雷军创办小米时，很大一部分支持基于他雄厚的人脉资源。2010 年 4 月 6 日，小米踏上旅程。小米创立初期，规模小，甚至连产品都没有。当时很多人质疑，连产品都没有，这样能创业成功吗？在成立小米之后，雷军就利用自己的人脉资源在不同的领域找了七个合伙人，他们分别来自金山、谷歌、微软、摩托罗拉等。其中林斌、黄江吉来自微软，技术实力深厚；洪锋之前是中国谷歌的第一产品经理；黎万强是雷军在金山的老部下，擅长营销和交互；周光平在摩托罗拉有着多年的硬件开发的经验；刘德是美国艺术设计中心学院工业设计硕士，分管设计。七人各司其职，在成立一年多的时间里便打造出爆款产品 Mi1。小米也从此乘上火箭，估值水涨船高。而后来小米在香港上市时，又吸引来了马云、马化腾、王健林，三大巨头以个人名义投资了几千万元，为小米提供了极大的资金支持。正是雷军的人脉塑造了一支由雷军亲自筛选出来的队伍，而这支队伍在小米创办四年之后手机销量突破 6 112 万台，成为全球第三大手机厂商，估值高达 460 亿美元，也让小米在今天仍然保持强大的生命力。

分析：只有既满足顾客需求又属于创业者擅长的领域的企业构思才是可行的。

（三）构思创业项目的步骤

1. 盲目变异和选择保留

盲目变异和选择保留，又被称为 BVSR，是创业者通过测试和过滤创业想法从而找出最好的创业构思的一个手段。这个手段包括两个过程：第一个过程是盲目变异，第二个过程是在盲目变异后有选择的保留。

2. 概念整合

概念整合是创业者把两个或两个以上的框架混合到一起的思路。类比推理以及异类联想都是概念整合的例子。异类联想的基本想法是通过把两个或两个以上此前被认为是风马牛不相及的观点进行突然的、预期之外的合并来实现创意。

3. 有效惊喜

有效惊喜指创业者经过盲目变异和选择保留、概念整合后，找到办法，用突破性的产品或服务给消费者惊喜。大学生创业者要用新的眼光来看待世界，将原始的创造力转化为新颖的创业点子。

案例学习 3-14 **55 度杯的神话：1 个杯子 1 年如何卖到 50 亿元？**

55 度杯的创意源于一滴眼泪。

三年前一个周六的下午，我女儿想喝水，我父亲倒了一杯刚烧开的 100 度的热水，没有想到女儿够到这杯水，一下泼到她脸上和胸口。医生说我的女儿烫得太厉害。当我到了医院，发现被烫伤的孩子如此之多。孩子在那儿躺了 15 天，身为一个设计师，我就在此期间思考如何给我的女儿做一个安全神器。就这样，我做出了一个 55 度杯，倒入 100 度的水，摇 10 下变成 55 度。我希望天下孩子不再被烫伤。

没有想到现在变成了暖男神器，男生们不再送女友玫瑰了，开始送 55 度杯。因为我们做了一个概念："送你一杯子，暖你一辈子"。结果没想到我们主打的概念在互联网一下爆出来了。大家在互联网上看到很多女生问男生要杯子，说你送我一杯子，我今晚去暖你一个被子。这就是互联网思维的定制传播。今天你做一个产品，必须要用互联网思维，用一个广义的传播模式，去产生一个广义的价值。

55 度就是我们做的一个温度品牌，去年 10 月份在正和岛的创新大集上推出到现在，50 亿元的产值。今天是用社群概念，用创新产品概念冷启动的时代，一个杯子能卖 50 亿元，那其他东西呢？今天这个时代创造的是完全不同的一个创新的经济，共享经济其实最核心的是你的产品创新。

——55 度杯创始人，北京洛可可科技有限公司董事长贾伟

(资料来源：https://www.qianzhan.com/investment/detail/320/150826-1978c1f1.html)

二、筛选创业项目

经过构思后，创业者选择三到五个最适合自己创业的项目。接下来，创业者就需要学会具体筛选创业项目的流程和方法。通常筛选创业项目的方法是 SWOT 分析法。

(一) 筛选流程

1. 环境导向分析

所谓环境导向分析，指创业者对于创业项目要从世界格局、国家战略、地区发展和政策导向几个层面进行全方位的分析和研究。尽管在本教学模块任务一中，我们系统分析了创业者要从人口环境、政治法律环境、经济环境、科技环境、社会文化环境、自然地理环境几个宏观环境的层面寻找创业机会，但是因为在创业构思里，我们对创业项目进行了整合和重构，因此我们仍然需要对最终形成的创业项目进行环境导向的分析和研究。创业者需要系统分析国家的人口政策、财政货币政策、劳动工资政策、政治政策、科技政策、社会文化政策和能源资源政策等政策和相关法律，把能够最大限度利用环境导向的创业项目作为首选。

中国的经济已经进入了新常态发展阶段，总理的《政府工作报告》中明确提出要推进"大众创业、万众创新"。这就意味着为大学生创业带了很多政策红利。首先，各级省、市、自治区政府和高校都在建立创业孵化园和创业产业园，为大学生创业提供产业基地。其次，财政部门为大学生创业提供一定年限的免税政策和政策补贴政策。最后，金融机构为青年创业提供低息贷款。大学生筛选的创业项目如果能利用上这些政策，无疑将极大降低创业的风险。而大学生如果能在国家鼓励和扶持的创业项目里选择创业，还可以获得更多的政策优惠。

国家鼓励和扶持的创业项目主要包括：

(1) 信息技术产业：移动互联网、跨境电子商务、农村电子商务等。

(2) 新能源产业：使用太阳能、核能、风能等。

（3）环保产业：废弃物回收利用、资源还原利用等。

（4）现代农业：科技化、规模化的现代农业农场等。

（5）现代物流业：构建快速高效的现代物流体系，解决最后一千米问题等。

（6）生物产业：生物医药、绿色农业等。

案例学习 3－15 **跨境电子商务的创业之路**

刘欢出生于1992年，湖北黄冈人。2013年9月，他走进武昌理工学院，成为该校电子商务专业的学生。2013年，国内电子商务已经很热门，涌现出各种各样的网店。刘欢发现国内电子商务存在很多弊病，就决定做跨境电商，将国内的商品出售给国外。创业之路并没有那么顺利，在开始创业的几个月里，一笔业务也没有的状况让刘欢受到了很大的打击，但是他并没有放弃，依旧坚持了下来。刘欢说："由于是将商品邮寄到国外，所以物流的速度不能太慢。如果物流速度慢了就没有竞争力了。"意识到问题后的刘欢在与物流公司的协商中一步步解决了物流问题，而他在开店半年后终于迎来了第一笔订单。随着第一笔订单的开始，他的创业之路也越来越顺利。2015年，他的销售量达到了35万元，取得了30%的净利润。从对电子商务的懵懂无知到做校园跨境电商的先行者，他将电子产品和汽车配件出售到美国、俄罗斯、欧洲等四十多个国家和地区。

（资料来源：http://www.oh100.com/chuangye/726519.html）

2. 竞争有利分析

所谓竞争有利分析，指创业项目的选择要考虑是否比竞争对手更能满足客户的需求。

（1）应该评估创业项目是否能解决顾客的问题。任何一个企业的存在根本原因是能解决其他企业不能解决的顾客问题。没有满意的顾客就没有企业的存在。创业项目的选择必须以市场为导向，而不是"拍脑门决策、拍胸脯保障、拍屁股走人"。创业者应该通过详尽的市场调研弄清楚每个项目能解决的问题、顾客的群体、顾客喜欢的产品或服务、顾客的数量是否能够达到满足盈利的需求。

（2）应该评估创业项目是否比竞争对手更有优势。任何一个好的创业项目都可能会在较短时间内被竞争对手模仿和超越，市场竞争的真空只能存在于一个极短的时间内，一旦竞争开始，创业者就必须与竞争对手在4个层面进行对抗：

①可获得性：你和竞争对手的产品哪一个更容易被顾客获得？

②个人偏好：你和竞争对手的产品哪一个更会满足顾客的偏好？

③性价比：你和竞争对手的产品哪一个性价比更受顾客的欢迎？

④便利性：你和竞争对手的产品哪一个更容易让顾客获得？

通过以上4个层面的思考，寻找到相对竞争对手优势最大的项目。

3. 团队匹配分析

所谓团队匹配分析，指创业项目要结合创业团队的专业专长、兴趣爱好、资源优势进行综合筛选和分析。俗话说："隔行如隔山。"适合创业团队的创业项目才是最好的项目，因为这样的项目可以发挥创业团队所长，把握天时地利人和的因素，获得成功。

（1）应该评估创业团队的专业和专长与哪个创业项目更为匹配。

（2）应该评估创业团队的兴趣爱好与哪个创业项目更为匹配。

（3）应该评估创业团队的人脉资源与哪个创业项目更为匹配。

（4）应该评估创业团队的投资能力与哪个创业项目更为匹配。

团队匹配要综合考虑团队的专业专长、兴趣爱好、人脉资源和投资能力，优先筛选与自身特点、资源匹配的创业项目，没有最好，只有最适合。

4. 财务规划分析

所谓财务规划分析，指创业项目要进行财务资金预算的分析。创业项目需不需要借钱？什么时候可能收回成本？启动资金能支撑多久？预计的盈利情况怎么样？现金流是否充足？这些问题都是评估创业项目最重要的考核问题。评估创业项目的财务是否可靠，财务可靠就是创业项目的财务规划是以真实的市场调查结果与公允的价格评估、销售测算为基础，不能过于乐观地估计收入、成本，也不能虚增利润。财务规划一定要实事求是，乐观的数字只会迷惑自己，保守一点的估算更为可靠。

（1）要评估创业项目的初始资金来源，是自己或合伙人出资的，还是向亲戚朋友借的，将这些款项分别计入资产负债表的所有者权益方及负债方。

（2）要评估创业项目初始资金的使用方向，比如是存入银行？购买办公用品？租借场地？购进存货还是其他款项？将这些款项计入资产负债表的资产方。

（3）在销售收入、产品定价的假定前提下，测算一定期间的营业收入；测算固定开支，包括房租、员工工资、采购费用等，形成营业收入。由此，测算出利润表。

（4）要评估创业项目的现金流。因为现金流掌握着创业项目的生死大权。

由于大学生初始资金少、抗风险能力差、融资能力弱，在财务可靠的基础上，根据测算的报表，应该优先选择的创业项目为：一是资产总额小、资产负债率低；二是资金周转快，固定成本小；三是现金流要充足，避免资金链断裂。

案例学习 3－16　**从资金链断裂到5个月内狂开10家分店**

“全州印象”创始人葛琪大学毕业后短暂工作三年，就去英国读了市场营销的研究生。从英国回来工作了两年后，他选了一个高频、低客单价、健康、具备文化属性的主食类创业项目：韩国石锅拌饭。2012年9月，葛琪和合伙人在宁波的银泰城开了全州印象的第一家店。创业一个季度就获得了极大的成功。顺风顺水的葛琪马上就在2013年疯狂开店。他们在华东地区的3个省份，4个城市，包括无锡、宁波、上海和苏州都陆续开了分店。2014年开始，公司的现金流碰到障碍。两个问题造成了这种窘境：开店和扩张的速度过快，以及盈利能力太差。当时他们花了一年多就开了11家店，可只有两家全州印象在盈利。当机立断，葛琪在2014年关掉了6家亏损的店铺，核心团队从17人缩减为五六人，办公室从上海的内环里搬到了外环外，租金从每月7万元变成每月2 000元。因为这种断腕一般的开源节流，公司在2015年扭亏为盈。最后，公司完全转型为外卖单店。在收入相等的情况下，外卖单店的投资为传统店铺的1/4，单店的回收周期是3～6个月，而传统的餐饮企业单店回收周期是1～2年，由此全州印象资金的整体利用效率提升4～6倍。目前，全州印象在上海有10个外卖店，平均每家店铺投资在25万元左右，店铺面积40～100平方米，投资一个店铺3～6个月就能收回成本。葛琪的创业获得了真正的成功。

（资料来源：http://www.oh100.com/chuangye/726519.html）

5. 风险可控分析

所谓风险可控分析，指创业项目要进行风险分析。创业意味着创新，意味着开拓新的领域，因此创业是一种无法复制的创新，面临着很多未知风险。创业者评估创业项目不仅要看到机会，更要看到风险。好的创业项目应该将风险进行充分的评估，并将其控制到较低的水平。

（1）应该评估创业项目的法律风险。创业项目的产品或服务、经营的模式、技术手段如果不符合法律法规的规定，就将走入违法的陷阱，比如有些人从事走私，倒卖火车票，电信诈骗等。创业者必须明白：若创业项目本身就处于法律的禁区，应该及时撤出；若创业项目处于法律的灰色地带，就应该及早与制定和执行政策的部门做好沟通。

（2）应该评估创业项目的信用风险。创业项目交易对象的改变风险、合作伙伴的违约风险都必须考虑到。对于其他不可预见的信用风险，也必须提前做好最坏的打算，准备好相应的应变预案。

（3）应该评估创业项目的经营风险。如创业项目经营不善导致的亏损风险、创业项目资金链断裂的财务风险、创业项目团队不和的项目中止风险，都要准备好相应的应变预案。

充分揭示风险，并做好风险控制预案的创业项目，才是合格的创业项目。

（二）筛选方法

创业者筛选创业项目主要使用的方法是SWOT分析法。所谓SWOT分析法，指优势、劣势、机会、威胁分析方法。SWOT的四个英文字母分别代表：优势（Strength）、劣势（Weakness）、机会（Opportunity）、威胁（Threat）。

1. 优势与劣势

古语云："骏马能历险，耕田不如牛；坚车能载重，渡河不如舟。"意思是说每个人都有自己的能力优势和自己的能力劣势，关键是要恰如其分地扬长避短。

SWOT分析里的优势不是指创业项目具备什么优势，因为优势的主体必须是人或组织。优势指当创业者从事这个创业项目时，与竞争对手相比有哪些不可匹敌、不可模仿的独特能力。SWOT分析里的劣势指当创业者从事这个创业项目时，与竞争对手相比有哪些缺点和不足。

2. 机会与威胁

SWOT分析里的机会指创业者面临的外部环境变化趋势中对创业项目生存与发展有吸引力的、积极的、正向的方面。创业者若能把握和利用机会，就可以取得捷足先登的效果或增强组织的竞争优势。SWOT分析里的威胁指创业者面临的外部环境变化趋势中对创业项目的生存与发展不利的、消极的、负向的方面。创业者若不能回避或恰当地处理威胁，就会动摇或侵蚀企业的市场地位，损伤组织的竞争优势。

3. SWOT分析矩阵

创业者通过对创业项目的优势、劣势、机会和威胁的分析，最终形成SWOT分析矩阵，见表3－7。

表3－7 SWOT分析矩阵

项目	优势（S）	劣势（W）
内容	在本项目里你最擅长的是哪种能力？	在本项目里你最不擅长的是哪种能力？
	在本项目里你拥有什么新技术？	在本项目里你缺少什么关键要素？
	在本项目里你拥有什么独特资源？	在本项目里别人比我们好的地方在哪里？
	在本项目里你能提供什么与众不同的服务？	在本项目里顾客最可能因为什么而流失？
	在本项目里你有什么独特的人才优势？	在本项目里你的员工和合伙人流失怎么办？
	如果其他竞争者纷纷进入该市场，你如何继续保持领先？	在本项目里资金出现短缺时你怎么弥补缺口？

续表

项目	机会（O）	威胁（T）
内容	市场中有什么适合你的机会？	市场最近有什么不利于你的改变？
	有什么适合你的技术/服务让你把握？	竞争者最近在做什么超越你的事情？
	顾客有什么新的消费偏好适合你发展？	是否赶不上顾客需求改变的潮流？
	人口、经济、政治法律、科技、自然地理、社会文化环境中有什么新的有利于你的变化？	人口、经济、政治法律、科技、自然地理、社会文化环境的改变是否会伤害组织？
	组织在5～10年内的发展机遇如何？	是否有什么事可能会威胁到组织的生存？

4. SWOT 分析结果的评价

创业者列出SWOT分析矩阵后，将优势项、劣势项、机会项、威胁项都根据实际情况打上分数。然后用优势项分数减去劣势项分数，用机会项分数减去威胁项分数，如果两个分数都大于零，那就是可行的创业项目。如果创业者选择的三到五个创业项目经过SWOT分析评价都可行，创业者就将分数最高的创业项目列为第一优选项目，其他项目依此类推。

5. SWOT 分析的注意事项

SWOT分析中的优势、劣势、机会和威胁都不是孤立的、一成不变的，而是有内在联系的、因果交互在一起的。因此，优势和劣势、机会和威胁都不是绝对的，而是相对的；都不是静止的，而是运动的。在一定条件下，优势和劣势是可以相互转化的。创业者必须用动态、系统的眼光去分析彼此之间的联系。

【知识链接】宝洁公司SK－Ⅱ的SWOT分析

案例学习 3－17 创业项目的SWOT分析

陈凯南经过对创业项目筛选理论的学习，更加觉得宋经理的分析非常正确。他运用头脑风暴法，对三个创业项目都进行了细致的构思，然后进行了SWOT分析，形成了三个项目的SWOT分析矩阵。其中，第三个创业项目水杯项目的SWOT分析矩阵见表3－8。

表3－8 水杯项目的SWOT分析矩阵

项目	优势（S）	劣势（W）
企业内部	陈凯南学的是市场营销专业，擅长与客户沟通，有利于抢占这个空白市场	陈凯南没有在生产水杯和销售水杯的企业工作过，也没有其他的创业经验
	陈凯南的父亲做过太空杯和磁化杯的代理，对杯子的性能和进销渠道非常熟悉	陈凯南和大学同学一起创业，两人的资金较少，人手也不足
	陈凯南喜欢这个创业项目，有创业兴趣，也有坚定的意志克服创业中的障碍	陈凯南的创业团队缺乏艺术设计专业人士，只能把企业LOGO设计的工作外包
	陈凯南熟悉本地情况，在家门口创业，更适应本地文化	陈凯南的企业属于新企业，品牌的知名度和企业的知名度都没有打开
	如果竞争者都进入这个行业，陈凯南也可以把这种水杯作为普通水杯销售	

续表

	机会（O）	威胁（T）
企业外部	企业礼品杯的较大市场需求没有水杯生产企业能够满足	如果其他竞争对手意识到这个市场需求，开始加工类似的产品，会对陈凯南的公司形成最大的挑战
	附近城市的市场空白也没有企业能够满足，如果立足本地还可以向周边城市延伸	该行业的行业壁垒小，进入容易，退出也容易，竞争会很激烈
	搞团队建设和重视企业文化的企业越来越多，市场需求还在不断扩大	企业产品不适合大量做媒体广告，也无法用坐商的方法销售，主要依靠人员推销
	将来可以围绕水杯产品提供茶饮服务，从而推动一个围绕职工健康的整体解决方案	
	中年男人开始拿起保温杯和枸杞茶，意味着消费者对保温和养生的要求越来越高，该款磁化保温杯将有更大的成功可能	

创业项目的优势比劣势多吗？

创业项目的机会比威胁多吗？

陈凯南通过对水杯项目进行SWOT分析后，发现这个项目的优势比劣势多，机会比威胁多。而将此项目与其他两个项目进行对比后发现，这个项目具有最大的机会和优势。陈凯南与同学撰写了详尽的创业计划书，并进行了创业，获得了成功。如今他的水杯产品已经从线下做到了线上，并在大学校园里也赢得了市场，陈凯南的创业之路越走越快，越走越好。

6. 实地调研进行检验

无论SWOT分析做得多么严谨和精妙，都要进行实地调研核实，不能纸上谈兵。所谓实地调研，指创业者对创业地区的自然资源、企业布局、消费者结构进行实地调研。自然资源的多少决定生产者能源和材料的成本；企业布局决定竞争对手的多少和可以借助的合作资源有多少；消费者结构决定了创业者对于消费者偏好的满足程度。实地调研要结合对于地区媒体的了解和参加地区举办的商品展销会，让调研落地。

（三）创业类型的构思

创业项目选择好以后，创业者需要构思创业的类型。创业者需要决定到底在哪一种类型的企业里实现自己创业的价值。一般来说，企业分为四种类型，这四种类型分别是技术型企业、生产型企业、销售型企业、服务型企业。

1. 技术型企业

技术型企业指从事产品技术研发和技术更迭的企业。此类企业负责研究技术，招聘的都是高学历、高能力、高技术的员工，他们从事技术的研发，并将技术申请专利后转卖出去，或者委托加工企业加工，然后销售。

选择技术型企业创业需要考虑以下因素：

（1）能否招聘到高学历、高能力、高技术的科研人才。

（2）能否具有持续研发几代产品的能力。

(3) 能否及时申请专利保护企业利益。

(4) 能否通过制度留人、待遇留人、事业留人留住知识型员工。

2. 生产型企业

生产型企业指从事将原材料通过加工制作生产为成品的企业。此类企业负责生产制造，招聘的都是技术工人和生产员工，他们对质量管理和生产管理都有专业的操作能力。

选择生产型企业创业需要考虑以下因素：

(1) 能否招聘到设计生产制作工艺和厂区布局的人才。

(2) 能否持续获得原材料的供应和能源的供应。

(3) 能否招聘到优秀的生产员工和制作员工。

(4) 能否通过 ISO9000 系列的质量认证，并建立起全面质量管理的体系。

(5) 能否避免环境污染，让生产绿色环保。

3. 销售型企业

销售型企业指从事将产品销售出去并将货款回收回来的企业。此类企业负责销售管理，招聘的都是市场分析、市场策划、市场调查、人员推销的员工。他们将产品通过营销策划和人员推销销售出去，并建立客户档案和信用管理，将货款及时回收回来。

选择销售型企业创业需要考虑以下因素：

(1) 能否招聘到市场分析、市场调研、市场营销策划和推销人才。

(2) 能否选择地段好的地方开设自己的零售店。

(3) 能否给员工培训最恰当的销售方法。

(4) 能否持续获得用户的信赖并建立品牌忠诚。

4. 服务型企业

服务型企业指从事为消费者提供非实体产品服务的企业。此类企业负责为消费者提供满意服务，招聘的都是服务意识比较强、服务态度比较好的员工，他们经过培训后上岗，可以为消费者提供优质服务。

选择服务型企业创业需要考虑以下因素：

(1) 能否招聘到优秀的服务型员工。

(2) 能否确定服务质量的标准并提供及时的培训。

(3) 能否选择好的地点让顾客更方便到达。

(4) 能否持续提供顾客满意和诚信经营。

【任务实施】

陈凯南在进行 SWOT 分析后，对自己的水杯创业项目进行了实地调查。经过调查，他发现，实际情况跟自己预期的差不多。在当地市场，尽管水杯这种日用品种类很多，但都是针对普通消费者提供的，几乎没有企业将企业客户作为水杯的主要消费者，也没有企业将水杯定位为礼品，更不用说带上个人的 LOGO。水杯的功能简单，只有保温，没有精确的温控。水杯的样式也千篇一律，缺乏现代人的审美格调。因此，水杯的价格普遍低廉，有经济条件较好的消费者也买不到高质量的水杯，只能通过网络购买。

经过企业类型的构思后，陈凯南结合自己的能力和资源，决定成立一个销售型企业。前期通过市场调查，挖掘顾客对水杯的真正需求，然后围绕需求展开的产品设计和加工都委托专业机构进行。自己的企业只负责销售业务。

通过这样的专业化分工，陈凯南的创业越来越好，销售人员迅速打开了当地市场，他们的水杯开始走进企业，成为很多企业员工最喜欢的奖品。

延伸阅读

服务型企业

服务型企业指从事现行营业税“服务业”科目规定的经营活动的企业。与制造型企业相比，服务型企业的一个最大特点就是人力资本在企业资本中的占比高，人力资本已经成为服务型企业的“第一资源”。服务型企业的经营理念是一切以顾客的需求为中心；其工作重心是以产品为载体，为顾客提供完整的服务；其利润总额中，提供服务所创造的利润占据重要比例。与传统的产品型企业相比，服务型企业能够更好地满足顾客的要求。服务业包括以下几个方面：

A. 代理业：指委托人办理受托事项的业务，包括代购代销货物、代办进口、介绍服务等。其中代购代销货物指受托购买货物或销售货物按实购或实销额进行清算并收取手续费的业务。代办进口指受托办理商品或劳务进出口的业务。介绍服务指中间人介绍双方商谈交易或其他事项的业务。

B. 旅店业：指提供住宿服务的业务。

C. 饮食业：指通过同时提供饮食和饮食场所的方式，为顾客提供饮食消费服务的业务。

D. 旅游业：指为旅游者安排食宿、交通工具和提供导游服务的业务。

E. 仓储业：指利用仓库或其他场所代客贮放、保管货物的业务。

F. 租赁业：指在约定的时间内将场地、房屋、物品、设备或设施等转让他人使用的业务。

G. 广告业：指利用图书、报纸、杂志、广播、电视、电影、幻灯、路牌、招贴、橱窗、霓虹灯、灯箱等形式为介绍商品、经营服务项目、文体节目或通告、声明等事项进行宣传和提供相关服务的业务。

H. 其他服务业：指上列业务以外的服务业。如沐浴、理发、洗染、照相、美术、裱画、誊写、打字、镌刻、计算测试、试验、录音、录像、复印、晒图、设计、制图、测绘、勘探、打包、咨询等。

提高顾客的满意度和忠诚度，是增加服务型企业的利润，增强服务型企业的市场竞争力的方法之一。

(资料来源：https://baike.baidu.com/item/%E6%9C%8D%E5%8A%A1%E5%9E%8B%E4%BC%81%E4%B8%9A)

复习思考

1. 什么是头脑风暴法？应该如何进行头脑风暴？
2. 筛选创业项目有哪些流程和标准？
3. 什么是 SWOT 分析法和 SWOT 分析矩阵？

情景模拟

请每一组的同学围绕本组的一个项目进行头脑风暴，看看会有多少种不同的创业构思，并利用逻辑归纳法将这些创业思路合理地归纳好。

项目实训

1. 对你的三个创业项目进行创业构思。
2. 用 SWOT 分析法筛选你的三个创业项目。

案例分析

餐饮湿巾的几重构思

白俊辉原是上海一家小毛巾厂的业务员。一次和朋友聚餐时，白俊辉偶然听到无纺布发展很快。白俊辉知道现在的小毛巾大都是化纤的，而无纺布与化纤相比，具有不掉毛、自然降解、成本低廉等优点，如果用无纺布生产小毛巾一定有前景。接下来白俊辉经过对上海各大餐厅调查，发现小毛巾大都是化纤的，而全国用在餐桌上的一次性用品每年消耗达上千亿元，仅用来擦手、擦嘴的一次性小毛巾大约占 100 亿元。

白俊辉像发现新大陆一样高兴。他赶忙找来毛巾技术人员，将自己的想法与他们进行了交流，并得到了大家的认可。于是，白俊辉聘请了毛巾设计和制造方面的专家，经过苦心研究，终于在 2002 年研制成功了一种新型一次性餐饮用品——餐饮湿巾。

可是白俊辉并没有急于把餐饮湿巾推向市场，而是继续构思，力争精益求精。通过对餐厅消费者的进一步调查，白俊辉发现，到餐厅吃饭的顾客大多是朋友、亲戚，相互聚餐以融洽感情。但是，仅仅靠吃饭还不能满足这种需求。如果使餐饮湿巾成为一种烘托气氛、融洽感情的工具，不仅自己的产品在同类竞争中不愁销售，而且还会为餐厅增加客流。但是，如何才能让自己的餐饮湿巾具备这种功能呢？他左思右想，突然闪出一个念头：在湿巾外包装上印制幽默笑话、漫画。

2002 年 6 月，白俊辉带着餐饮湿巾，敲开了他的第一个客户——上海崇明岛的乐岛大酒店的大门。随之，第二个、第三个……白俊辉逐步将餐饮湿巾推广到了上海 10 多家餐厅，迅速在创业伊始站稳了脚跟。

问题：我们能从白俊辉创业构思的案例中得到哪些市场策略方面的启示？

项目四

企业如何进行市场营销

课前热身

创业者格言

创业必须先去了解市场和客户的需求，然后再去找相关的技术解决方案，这样成功的可能性才会更大。创业最核心的问题是根据市场去制定你的产品，关键是要倾听客户的声音。

——马云

创业者故事

黄恺的“营销式创业”

黄恺出生于1986年8月4日，是一名“85后”，也是中国传媒大学动画学院2008届毕业生，主修的专业是游戏设计。尽管他的父母都是卫生学校的老师，在黄恺小的时候就希望他能够子承父业，走上学医的道路，但是黄恺却对设计游戏情有独钟。他在小学的时候便会自己手工创作角色小纸牌，让同班同学跟他一起玩他发明的新游戏。2004年，考进大学后，黄恺接触到了在国外已经有几十年发展历史的桌面游戏，于是突然萌生了一种想法：我能不能有一天将设计游戏作为自己的创业事业？于是，他在大学的课余时间里就开始围绕自己最喜欢的“三国”题材设计游戏。在大二时，黄恺借到了一款名为“三国无双”的日本人设计的三国游戏图片，他把这些图片都用电脑重新制作，并开始尝试设计游戏的规则，并将其打印出来。此后的几年大学生活中，他不断地设计和修改这套卡牌。

但是，尽管“三国杀”这款游戏非常好玩，却始终无法营销出去。黄恺的创业梦想只是空中楼阁，在现实中难以落地。直到他遇到了清华大学的杜彬，杜彬提出一起成立全国首家桌游公司，并且采用“营销式创业”，通过运用市场营销的4P策略，开拓桌游市场。在开拓上海市场时，杜彬和黄恺采用了免费“先舍后得”的促销方式，迅速打开了上海桌游市场，进而利用这种营销策略，扩张到全国市场。同时，杜彬和黄恺采用网络广告等方式宣传自己的公司和产品，在玩家心目中树立了良好的口碑。而黄恺的公司也从创立时的3个人5万元，在三年时间发展到了上百人上千万元的规模，仅2010年就卖出去200多万套。

"营销式创业"切合了消费者的需求而走上了成功的道路，黄恺的故事会给我们这些想创业的大学生哪些启示呢？

目标规划

一、知识目标

- 掌握市场营销的含义、需求的分类、市场细分的标准、消费者价值的分类。
- 掌握产品策略、价格策略、促销策略、分销渠道策略的知识。

二、能力目标

- 能够合理地运用市场营销知识寻找和选择目标市场。
- 能够运用4P策略知识设计和管理企业的市场。

三、素质目标

- 培养学生树立诚信创业、诚信营销的价值观。

任务一　寻找市场

【任务导入】

吴星达的创业故事

（一）好产品为何卖不出去

吴星达是鞍山师范学院高等职业技术学院2015届商务系的优秀毕业生。在鞍山师范学院高等职业技术学院就读期间，他担任班长和下一年级的导生。在日常学习生活中，他不仅品学兼优，还处处发挥带头作用，更对毕业后创办自己的企业非常感兴趣。他利用大学的课余时间和实践机会学习创业知识，参加创业大讲堂，积极参与创业实践。在大学一年级的暑假，他就开始以卖西瓜的方式来增加创业经验。与其他卖西瓜的商家不同，他打印了条幅，上面书写着"大学生勤工俭学卖西瓜"的字样，迅速吸引了消费者的眼球。而在西瓜的促销上，他提出"不甜立即退钱"的促销口号，以此赢得了消费者的信赖，西瓜生意越来越好。

吴星达毕业后，回到辽宁省阜新市，开始筹划自己真正的创业项目：五金建材公司。他通过市场调研发现，阜新市的五金建材店太少，而百姓的需求却非常庞大。于是，在与家人的精心策划下，他做老板的星达五金建材公司红红火火地开业了。为了能够给消费者提供最优质的产品，他购进了全国最好的一流品牌的瓷砖和水泥。但是在销售过程中，他进的瓷砖和水泥却迟迟卖不出去。调查显示，消费者反映产品确实很好，但是价格太贵了。吴星达说一分钱一分货，价格贵的产品质量才好，才能经久耐用。可是无论他怎么解释，购买者仍然寥寥无几。而隔壁竞争对手进的是吴星达心目中的低档瓷砖和水泥，却卖得非常好。为什么会这样？百思不解的吴星达给学校的老师拨打了电话，老师指出市场营销并不是把自己心目中的好产品卖出去，而是要了解消费者心目中的好产品，寻找到属于自己营销目的地的消费者市场。

（二）调查消费者的需求

吴星达决定采用市场调研的方法了解消费者的需求。他首先采用了问卷调查法。针对他的瓷砖产品，他设计了如下调查问卷：

关于瓷砖产品的调查问卷

尊敬的消费者：

您好，我是星达五金建材公司的工作人员，为了了解您真正的喜好，从而为您提供更好的服务，我们特意制作了本次调查问卷，希望您能够认真填写，并领取我们为您准备的一个家具小礼品。您的意见非常重要，希望您能认真填写，畅所欲言！

1. 您的年龄是（　　）。

A. 20岁以下　　B. 20~30岁　　C. 31~40岁
D. 41~50岁　　E. 50岁以上

2. 您的性别是（　　）。

A. 男　　B. 女

3. 您购买瓷砖的主要用途是（　　）。

A. 卫生间使用　　B. 浴室使用
C. 客厅使用　　D. 卧室使用

4. 您喜欢的装修风格是（　　）。

A. 地中海风格　　B. 欧式华贵　　C. 现代简约
D. 中式复古　　E. 北欧风格　　F. 田园清新
G. 其他风格

5. 您希望购买的瓷砖档次为（　　）。

A. 品牌砖　　B. 贴牌砖　　C. 杂牌砖

6. 请把您购买瓷砖时考虑的因素进行排序（　　）。

A. 价位合适　　B. 质量优异　　C. 易于打理
D. 图案好看　　E. 环保安全　　F. 品牌

7. 您喜欢的瓷砖规格为（　　）。

A. 60 cm以下小规格　　B. 60 cm×60 cm
C. 80 cm×80 cm　　D. 其他规格__________

8. 您喜欢的瓷砖种类为（　　）。

A. 仿古砖　　B. 炽质砖　　C. 抛光砖
D. 仿古砖和抛光砖相搭配　　E. 其他种类

9. 您能接受每平方米瓷砖产品的价格区间是（　　）。

A. 100元以下　　B. 100~150元　　C. 151~200元
D. 201~300元　　E. 300元以上

10. 您最希望得到的优惠方式是（　　）。

A. 打折　　B. 赠品

C. 按比例返还现金　　D. 免铺装费用

11. 您购买瓷砖会选择的渠道是（　　）。

A. 厂家购买　　B. 建材批发市场　　C. 品牌门面店

D. 装修人员采买　　E. 网络购买　　F. 其他途径________

12. 您认为以前购买的瓷砖存在的最大问题是（　　）。

A. 实际产品与事先看样不符合　　B. 出现缝隙，开裂有声响

C. 整体颜色不均衡　　D. 不易清理

E. 地面太滑，老人、小孩易摔倒

通过调查问卷的发放和数据分析，吴星达发现阜新市的消费者更喜欢价位在 100～150 元和 151～200 元两个价格区间的瓷砖。同时消费者希望能够通过实体店购买瓷砖，避免有色差和在运输上出现碎裂。阜新市消费者最接受的促销方式是免铺装费用。他们最喜欢的瓷砖规格为 60 cm×60 cm，最好适合美缝的瓷砖产品。

调查的结论与吴星达原来自己想象的消费者需求相去甚远，这让吴星达深刻地认识到，只有了解消费者的需求才能为消费者提供最喜欢的产品，才能真正创业成功。

同时，吴星达还使用了访谈法，通过与瓷砖行业专家的深度交流，吴星达才明白那些低价的瓷砖之所以厚实，给消费者以安全感，其实是因为易碎才特意加厚的。这又给他为消费者决策提供了专业依据。

最后，吴星达还使用了实验法，他把同一个价位的不同品牌的瓷砖轮流展放，调查消费者的真实反映，从而调查出了消费者最喜欢的瓷砖品牌，赢得了真正的市场。

【任务分析】

一个优质的产品为什么卖不出去？这是相当多的创业者常常面临的困惑。他们并不了解，市场营销并不等同于推销。市场营销并不是把滞销的产品用各种方法千方百计地卖出去，也不是有了一个好的产品就可以自然而然地销售出去。市场营销是了解和把握消费者的需求，并根据消费者的需求选择目标市场设计产品或服务，从而获得消费者满意并赢得价值的过程。因为每个人的需求不相同，创业者心目中的好产品往往在消费者心目中并不是好产品，也未必能满足消费者当下的需求。

【相关知识】

一、市场营销的含义

菲利浦·科特勒说，从社会角度看，营销是个人和集体通过创造、提供出售，并同别人自由交换产品和价值，以获得其所需之物的一种社会过程。

（一）什么是市场营销

根据菲利浦·科特勒教授给市场营销下的定义，结合其他市场营销学者的论述，我们可以看出，市场营销的本质就是发现消费者需求和满足消费者需求。满足消费者需求有两个含义：一是发现了消费者的某个需求，设法加以满足，做到利润最大化；二是如果没有能力加以满足，那么或转产或等待新的需求改变，做到损失最小化。

【知识链接】人物：菲利浦·科特勒

（二）需求

市场营销的核心概念之一是需求。需求指针对特定产品具有购买能力的欲望。

1. 需求的分类

需求可以分为有需求、潜在需求和无需求。当人们对某种产品有购买欲望并有购买能力时，我们说，这种产品有需求；有购买欲望而没有购买能力或者有购买能力而没有购买欲望，则称为潜在需求；对于没有购买能力也没有购买欲望的情况，称之为无需求。

创业者最应该关注的是具有潜在需求的消费者。

（1）对于有购买能力而购买欲望不强的消费者，我们可以通过广告等促销方式来刺激消费者的购买欲望。

案例学习 4－1 **老太太买房子**

有一个故事曾经很流行，故事的主角有两个：一个中国老太太和一个美国老太太。

中国老太太一辈子都在攒钱中度过，目标就是搬出自己的破房子。经过数十年奋斗，最终她买下了一个属于她自己的新房子，然而还没来得及搬进去她就不行了。临死前她幸福地说："我终于拥有了自己的新房子，但我还没有住过一天。"中国老太太无牵无挂地走了。

而那位美国老太太一辈子都在还房贷中度过，她的目标就是能够还清自己住的漂亮房子的贷款。经过数十年的奋斗，她终于还清了银行的贷款，真正掌握了自己房子的所有权。她在临死前也幸福地说："终于还清了房子贷款，我在这里住了一辈子。"同样也是无牵无挂地走了。

不同的是，这位美国老太太虽然在还款中度过了一辈子，但是住了一辈子的好房子。中国的老太太在攒钱中度过了一辈子，却没有一天住进好房子中。

（2）对于有购买欲望而没有购买能力的消费者，我们可以通过两种方式来解决消费者的购买能力。一种是通过减少产品功能以降低产品成本，从而使消费者能够消费得起。另一种是通过提供贷款使消费者具有超前的购买能力。比如现在不仅房地产行业和汽车行业提供信贷服务，家具、家电、奢侈品行业也普遍存在相应的信贷服务。

延伸阅读

贷款购车的三种方式

如今，很多消费者在买车的时候首选的就是贷款，贷款购车能够缓解消费者用车需求和现金压力不足的矛盾。那么对于汽车贷款的方式你了解多少？你知道哪种贷款方式更合适吗？

下面介绍最主流的三种汽车贷款方式：

方式一：传统银行贷款，利率较低，但审批严格。

作为最传统的贷款方式，银行贷款的审批流程也是最严格、最烦琐的，你需要准备身份证、户口簿、结婚证（单身证明）、半年银行流水、收入证明等，如果是外来人口购车还需要准备居住证。总之两个字："烦琐"！

但银行贷款最大的好处就是贷款利息比其他方式低，而且在汽车品牌选择上也没有限制。

方式二：汽车金融公司贷款，利率高，车型选择少。

最常见的就是大众汽车金融、通用汽车金融、丰田汽车金融。汽车金融公司对消费者没有那么多的条条框框，你只需要确认好你要购买的车型，金融公司做的只是查你有没有不良消费记录和犯罪记录。只要你信用良好，审批通过只需要3～7天的时间，最快只需要1天。

但汽车金融公司贷款可以选择的汽车品牌比较单一，并不是所有品牌的汽车都有金融公司，在品牌选择上限制了部分消费者。

方法三：信用卡分期购车，审批快但可选车型少。

信用卡分期的优势在于审批快速且手续相对更为简单。用户只需要提供一张在使用期内且记录良好的信用卡，或者办理一张银行车贷专项卡，通过审核后，银行会为申请人提高信用额度至相应贷款额度，用户去购车只需刷卡即可。

但信用卡购车的消费额度不是很高，额度一般就是2万～20万元，而且可选车型较少，只能到与发卡行合作的4S店购买。

以上就是目前最常见的三种贷款方式，最终选择哪种方式，还需结合消费者自身情况综合考虑。

（资料来源：http://www.sohu.com/a/231694790_99960897）

2. 需求的多样性

需求具有多样性。因为人与人是不同的，所以不同的人具有不同的需求。有人喜欢华美的奢侈品，有人喜欢性价比高的中档品，也有人喜欢物美价廉的低档品。有人在消费过程中更注重产品，也有人在消费过程中更注重服务。需求多样性导致了不同的消费者对于同一个产品的价值判断不同，甲心目中的废品可能恰恰是乙心目中的高档品，同理，甲心目中的高档品可能恰恰是乙心目中的废品，因此他们会交换彼此的产品和价值，这也是市场经济中交换能够存在的前提。所以，营销人员需要调研和揣摩消费者的需求，而不是用自己的需求来代替消费者的需求。

案例学习4－2

别针换别墅

在加拿大，有一个26岁的叫麦克唐纳的青年，他用一枚特大的红色曲别针先后换来钢笔、啤酒桶、雪上汽车、外出旅游音乐合同等，最后经过一番周折，终于换回一套别墅。

麦克唐纳的交换故事开始于2005年7月。麦克唐纳有一枚特大号的红色曲别针，是一件难得的艺术品。为了通过这枚曲别针交换些更大、更好的东西，他在当地的物品交换网站Craigslist.org上贴出了广告。

很快来自英属哥伦比亚的两名妇女用一支鱼形钢笔换走了他的红色曲别针。之后艺术家安妮·罗宾斯用一只绘有笑脸的陶瓷门把手换走了鱼形钢笔。接下来他拥有的东西越来越大，价值也更高。发电机、百威啤酒的啤酒桶、一辆旧的雪上汽车、一次旅游机会……最后，麦克唐纳从一位音乐家处得到了工作室录制唱片的一份合同。麦克唐纳把这个机会给了凤凰城一名落魄的歌手，歌手感激涕零，给了他一套双层公寓一年的使用权。

麦克唐纳很享受自己的这份经历，他说自己从中学到了很多，“倘若你决定了做什么，而且这件事被大家所接受、所喜欢，那么你坚持走下去，一定会得到认可，人们也会帮助你的。”

（资料来源：http://zhidao.baidu.com）

（三）调查消费者的需求

既然消费者的需求这么重要，了解消费者的需求对于企业开展营销和设计产品具有决定性的作用，那么如何调查消费者的需求呢？通常，调查消费者的需求一共有五种方法，分别是：问卷调查法、访谈法、实验法、观察法、投射法。

1. 问卷调查法

问卷调查法指首先设计针对消费者需求的调查问卷，然后让消费者填写调查问卷获得问卷结果，最后通过对问卷结果的综合分析得到消费者信息的过程。问卷调查法不仅在网络上可以非常方便地应用，在线下也是非常高效的调查方法。因此，问卷调查法是调查消费者需求的几种方法中最常用的方法，创业者应该熟练地掌握这种调查方法。

问卷调查法通常包括电话调查、网络调查、邮件调查、个人面对面调查等具体形式。

问卷调查法最关键、最有难度的部分就是设计调查问卷，那么一份成功的调查问卷应该包括哪些内容呢？一般而言，问卷应该包括以下内容：

（1）消费者购买产品的主要用途是什么？辅助用途是什么？

（2）消费者家庭的决策者主要是谁？

（3）消费者家庭的使用者主要是谁？

（4）消费者最看重产品的哪些特性，并排序。特性具体包括产品的质量、外观设计、大小、包装、便捷性等因素。

（5）消费者希望在哪里接收产品，是店里，还是送货上门？

（6）消费者的购买数量大致是多少？

（7）消费者的购买预算大致是多少？

（8）消费者能够接受的产品的价格区间是多少？

（9）消费者预期产品的寿命是多长时间，几年，几个月，还是更短？

（10）消费者对哪些品牌的产品比较关注，有何评价？

……

2. 访谈法

访谈法指创业者通过与行业内的工作人员、权威专家、上游供应商、忠实消费者访谈，了解行业的信息和现实消费者的需求，从而进行分析、提炼和概括的过程。

访谈法一般包括结构式访谈与非结构式访谈两种方法。结构式访谈是创业者针对不同的消费者用同样的访谈问题，以比较不同的回答之间的共性和差异。非结构式访谈是创业者针对不同的消费者因人而异地采取不同的访谈问题，从而深入探究消费者具有的个性需求。

【知识链接】结构式访谈与非结构式访谈

3. 实验法

实验法指创业者在日常的营销过程中，有目的地变更一些条件，给予消费者一定的刺激或诱导，从而观察消费者的心理活动表现。

案例学习 4－3　**苹果手机的实验**

苹果公司想比较黑色苹果手机与白色苹果手机到底哪一个更受到消费者的欢迎，就选择了两个经济水平差不多的州里面开设的苹果旗舰店进行实验。这两间苹果旗舰店在实验前对旗舰店的空间大小、四周环境、外观标志等方面进行了统一，让消费者感觉不到任何差异。

唯一的差异就是一个店的核心位置摆放白色的苹果手机，另一个店的核心位置摆放黑色的苹果手机。两款手机的型号一模一样，只有黑与白两种颜色不同。结果在同一个时间段内白色苹果手机卖出去的数量远远高于黑色苹果手机卖出去的数量，在其他因素没有改变的情况下，这个销量的差异只是因为颜色的差异。这个实验就证明了白色苹果手机比黑色苹果手机更受欢迎，从而可以为白色苹果手机制定更高的价位。

4. 观察法

观察法指有目的、有计划地观察被试者的言语、行动和表情等，以研究消费者心理活动的规律。

观察法包括直接观察（也就是研究者直接进行观察）、仪器观察、痕迹测量等方法。如记录一段时间的客流量，记录消费者在各柜台前逗留的时间，记录营销各组的销售情况，记录消费者的基本特征（如消费某一品牌的消费者有什么特征），售货员的服务态度等。

案例学习 4－4 **啤酒与尿不湿**

美国沃尔玛超市一直对顾客购买的产品之间的关联性进行研发，研发人员通过现场观察和与购物小票的比照来推断顾客可能购买产品的种类。结果，经过深度分析，他们得出了一个惊人的结论：尿不湿与啤酒这两种风马牛不相及的产品之间存在着较大的关联，很多顾客会同时购买这两种产品。可是为什么会有这么奇怪的现象发生呢？在沃尔玛营销人员的心目中，啤酒的主要购买者应该是男性，而尿不湿的主要购买者应该是刚刚当妈妈的女性。沃尔玛超市的营销人员经过对同时购买这两种产品的顾客进行比照发现，这些顾客具有以下共同点：

第一是已婚男士；

第二是家中的孩子不满两岁，需要使用尿不湿；

第三是顾客喜欢喝啤酒；

第四是顾客喜欢看体育节目；

第五是这种购买一般出现在周末，而周末正是体育比赛较多的日子。

通过这些共同点的分析，沃尔玛超市大胆地决定将尿不湿放到啤酒旁边进行陈列，这样顾客在购买其中一种产品的时候，就很容易取到另一种，从而减少了顾客的行走时间。沃尔玛超市还同时将牛肉干、爆米花等零食也放到了啤酒旁边，增加了彼此的销售。于是啤酒和尿不湿的销量都大幅度提升，一年内两类产品的营业额增加了几百万美元。

5. 投射法

投射法指创业者用一些消费者不能确定猜到的“刺激物”组成测试，这些刺激物可能是含义不明确的动作，未完成的句子，无标题的图片或漫画，墨渍，与字相联的测验，对别人的描述等。投射法跟观察法、实验法、问卷调查法等方法相比，可以去除消费者自觉或者不自觉的掩饰，探询到消费者的潜意识，借以调查出消费者真正的需求和动机。

常用的投射法主要包括罗夏墨迹测试法、主题统觉测试法、角色扮演法、造句测验法。下面的这个案例就是巧妙地运用了角色扮演法进行消费者投射测试，从而探询出了消费者内心纠结的真正原因，解决了新产品的市场问题。

案例学习 4-5 投射法破解速溶咖啡滞销之谜

现在，速溶咖啡是一种能够给消费者提供方便快捷的畅销饮品，但是，这种产品在20世纪40年代刚刚开发出来推向市场的时候却遭受了极大的冷遇。消费者的数量门可罗雀，市场销售前景异常黯淡。雀巢公司为了掌握消费者不愿消费的真实动因，运用了问卷调查法和访谈法进行了大规模的市场调研。市场调研的结果出人意料，接受调查的大多数消费者居然认为是速溶咖啡的味道不够好，尽管便宜但是不应该购买。可是在速溶咖啡推向市场之前雀巢公司进行的实验显示，消费者在两杯撕掉标签的速溶咖啡和手磨咖啡之间根本辨别不出哪杯是速溶咖啡，哪杯是手磨咖啡，甚至有相当多的消费者更喜欢速溶咖啡的味道。雀巢公司的营销人员相信，一定有更深刻的原因导致消费者不愿意购买速溶咖啡，而这个原因一定不是速溶咖啡的味道，这个原因可能是品牌策略的问题、价格策略的问题、分销渠道策略的问题、促销策略的问题，但一定与产品策略无关。

雀巢公司邀请了美国加州大学的营销专家梅森·海尔教授来解决这个问题。在其他方法都失效的情况下，梅森·海尔教授决定运用投射法来探寻消费者心中真正拒绝速溶咖啡的原因。他精心设计了两位家庭主妇的日常购货清单（见表4-1），然后把这两份购货清单交给被调查的消费者，请她们根据两份不同的清单想象一下制定清单的家庭主妇都是什么样的人。

表4-1 两位家庭主妇的日常购货清单

项目	清单一	清单二
购买物品	1听郎福德焙粉	1听郎福德焙粉
	2片沃德面包	2片沃德面包
	2根胡萝卜	2根胡萝卜
	1磅速溶咖啡	1磅鲜咖啡
	1磅汉堡牛排	1磅汉堡牛排
	2听狄尔桃罐头	2听狄尔桃罐头
	5磅土豆	5磅土豆

每份清单都由7样物品组成，其中有6样物品一模一样。唯一不同的物品是：一份清单上是速溶咖啡，一份清单上是鲜咖啡。调查结果出乎意料，被调查的消费者所描述的两个假想的主妇的个性特征有很大的差异：人们把那个买了速溶咖啡的主妇描述成一个喜欢凑合的妻子；而那个买了鲜咖啡的主妇则被描述成一个勤快能干、明晓事理、热爱家庭、喜欢做饭的妻子。

研究结果表明，速溶咖啡的使用者给人们留的是一个非常消极的印象，广告所宣传的速溶咖啡有效、省时、易做的优点，被人看成债务而不是资本了。那些买速溶咖啡的人，其自我印象也是消极的，也认为自己懒，喜欢凑合，不怎么考虑家，否则他们会花时间调制鲜咖啡。

在投射法的研究中，被调查的消费者是在对假想购货者描述的伪装下，对他们自己内部情感进行描述。由于他们并不认为这是直接向心理学家暴露自己，因此，他们一般是肯这样做的。

于是雀巢公司改变宣传策略，把宣传的重点由省时、方便转到既强调省时、方便，又可以尝到清香浓郁、品质醇美的味道上。广告词也变成“百分之百的纯正咖啡，满足你的咖啡瘾”。广告一出，消除了人们认为饮用速溶咖啡是懒惰的误解和心理疑虑，新形象获得了广大公众的认可。

二、市场细分与消费者价值

（一）市场细分

1. 市场细分的概念

因为消费者的需求具有多样性，所以创业者无法用一种产品满足所有消费者的需求。创业者必须在创业之初就明白不要把所有的消费者都当作自己的顾客，一种满足所有消费者需求的产品要么太昂贵而缺乏市场，要么根本生产不出来。创业者需要做的是将消费者按需求分类，并选择其中的一类或几类消费者作为自己的目标市场。这种将消费者市场按一定标准进行细分的过程叫作市场细分。

市场细分的本质是需求细分。在同一细分市场上的消费者的相同点是他们的需求基本相同。比如购买LV包的消费者，无论他们的性别有多大差异、年龄有多大差异、学历有多大差异，他们的需求都有一个共同点：喜欢奢侈品。因此，创业者如果成功地将市场进行细分，就可以围绕这个市场的消费者进行精细研究，对产品或服务进行有针对性的设计，从而能更好地满足细分市场消费者的需求。

案例学习 4-6　“清扬”洗发水市场细分创新：性别细分

2007年4月27日，国际快速消费品业巨头联合利华公司在北京召开新闻发布会，高调宣布——该公司进入中国市场十年以来推出的第一款新产品、全国首款“男女区分”去屑洗发水“清扬”正式上市。

就洗发水的功能定位而言，去屑洗发水是洗发水目前最大的细分市场，大约占洗发水市场一半的比例。作为一个有着100多亿元的市场，巨大的蛋糕吸引着几乎所有的洗发护发品牌建立了去屑的品种。海飞丝的“头屑去无踪，秀发更出众”早已深入人心，人们只要一想到头屑，第一个想到的就是海飞丝。另外，随着风影的“去屑不伤发”的承诺，使之在这个细分市场也拥有了一席之地。专业市场调查资料显示，去屑市场80%的市场份额一直以来都被海飞丝品牌所占据，而众多本土品牌则蚕食着剩余的20%的市场存量。

作为一个新品牌，想在品牌林立的中国去屑洗发水市场分一杯羹，必然需要清扬在品牌推出之前找出去屑市场的定位空白点。传统洗发水市场细分常常以功能为标准进行，如去屑、营养、柔顺、防脱发、黑发等，或以头发颜色来细分，黑头发专用、染发专用等。清扬首次以性别作为目标市场。虽然只是简单的性别细分，但在洗发水市场上的确存在男性和女性市场的不同需求，而这个需求差异一直是厂家所忽略的。清扬的性别细分在情理之中又在意料之外，这一细分市场的创新使消费者耳目一新，从而让市场上刮起了一股强劲的清扬风。清扬将旗下产品分为男士和通用两大系列共34个品种。作为首家推出男士去屑洗发水的品牌，清扬通过“倍添维他矿物群”这一概念的宣扬，表明其对男士洗发的关注，可谓开创了男士去屑洗发水的“蓝海”领域。通过男士系列与通用系列两大阵容所形成的品牌组成构成了联合利华“专业去屑”的洗护完整产品线，极大限度地满足了消费者的需求。

同时，在宣传过程中，通过说教式的广告语言展示清扬对男士头屑问题的研究，令消费者产生去屑洗发区分“女士洗发水”和“男士洗发水”的心理认知，有效地将清扬与其他众多去屑品牌区分开来。

(资料来源：https://www.wenjiwu.com/doc/vyygii.html)

2. 市场细分的标准

(1) 人口因素

人口因素是最常用的市场细分的标准之一。可供细分的人口因素主要包括人口的性别、人口的年龄、人口的收入、人口的职业、人口的学历、人口的婚姻家庭状况、人口的宗教、人口的民族、人口的阶层等因素。例如，金利来公司就是选择人口性别因素中的男性消费者市场，其典型的广告语为“金利来，男人的世界”！而雅芳公司就是选择人口性别因素中的女性消费者市场，其产品是针对女性的护肤品。“足力健”老人鞋则是针对人口年龄因素中的老年人市场。

(2) 地理因素

可供细分的地理因素主要包括地区的气候、地区的规模、地区的位置、地区的饮食习惯、地区的文化背景等因素。例如，食品的口味如果按照地理因素细分可以呈现为“南甜、北咸、东辣、西酸”。很多食品企业的创业者根据自己的技术特长选择相应的地理区域消费者进行生产经营。例如，辣条产品的生产企业就是针对地区饮食习惯因素中的辣味偏好者市场。

(3) 心理因素

可供细分的心理因素主要包括消费者的性格和气质、消费者的价值观念、消费者的购买动机、消费者的审美水平等因素。例如，宝马公司选择的是消费者性格因素中喜欢驾驶乐趣的消费者市场，奔驰公司选择的是消费者性格因素中喜欢乘坐乐趣的消费者市场，而沃尔沃公司选择的是消费者性格因素中喜欢安全的消费者市场。

(4) 行为因素

可供细分的行为因素主要包括消费者对于产品的使用频率、消费者对于产品的使用数量、消费者进入市场的程度、消费者对于品牌的忠诚度、消费者对于产品的偏好程度等因素。

案例学习 4-7

麦当劳的市场细分

麦当劳作为一家国际餐饮巨头，创始于20世纪50年代中期的美国。如今麦当劳已经成长为世界上最大的餐饮集团，在119个国家或地区开设了3.2万家连锁店，年营业额超过240亿美元。

市场细分主要是按照地理要素、人口要素和心理要素来划分目标市场，以达到企业的营销目标。而麦当劳的成功正是在这三项划分要素上做足了功夫，它根据地理、人口和心理要素准确地进行了市场细分，并分别实施了相应的战略，从而达到了企业的营销目标。

一、麦当劳根据地理要素细分市场

麦当劳有美国国内和国际市场，不管是国内还是国外，都有各自不同的饮食习惯和文化背景，麦当劳进行地理细分，主要是分析各区域的差异，如美国东西部的人喝咖啡的口味是不一样的。把市场细分为不同的地理单位进行经营活动，从而做到因地制宜。

每年，麦当劳都要花费大量的资金进行认真而严格的市场调研，研究各地的人群组合、文化习俗等，再书写详细的细分报告，以使每个国家甚至每个地区都有一种适合当地生活方式的市场策略。

例如，麦当劳刚进入中国市场时，大量传播美国文化和生活理念，并以美国式产品牛肉汉堡来征服中国人。但中国人爱吃鸡，与其他洋快餐相比，鸡肉产品更符合中国人的口味，更加容易被中国人所接受。针对这一情况，麦当劳改变了原来的策略，推出了鸡肉产品。在全世界从来只卖牛肉产品的麦当劳也开始卖鸡了，这一改变正是针对地理要素所做的，也加快了麦当劳在中国市场的发展步伐。

二、麦当劳根据人口要素细分市场

通常，人口细分市场主要根据年龄、性别、家庭人口、生命周期、收入、职业、教育、宗教、种族、国籍等相关变量，把市场分割成若干整体。而麦当劳对人口要素细分主要从年龄及生命周期阶段对人口市场进行细分，其中，将不到开车年龄的人划定为少年市场，将20~40岁的年轻人界定为青年市场，还划定了老年市场。

人口细分市场划定以后，要分析不同细分市场的特征与定位。例如，麦当劳以孩子为中心，把孩子作为主要消费者，十分注重培养他们的消费忠诚度。在餐厅用餐的小朋友，经常会意外获得印有麦当劳标志的气球、折纸等小礼物。在中国，还有麦当劳叔叔俱乐部，参加者为3~12岁的小朋友，定期开展活动，让小朋友更加喜爱麦当劳。这便是相当成功的人口细分，抓住了该市场的特征与定位。

（资料来源：http://blog.sina.com.cn/s/blog_a9b79f7f0102whyp.html）

（二）消费者价值

消费者购买企业的产品是因为企业能给消费者带来各种价值。那么企业可以为消费者提供哪些价值呢？一般来说，有四种直接创造价值的方式，即产品价值、服务价值、形象价值、品牌价值，还有四种减少成本的方式给消费者创造价值，即减少货币成本、减少时间成本、减少体力成本、减少精神成本。

1. 产品价值

产品价值指产品本身给消费者带来的价值。它既包括核心产品的价值（主要利益），也包括有形产品的价值（包装、品牌、花色、式样）和附加产品的价值（安装、送货上门、维修、售后服务）。

消费者重视哪部分价值取决于消费者的经济条件和时代特征。在供不应求的时代，消费者更注重产品的质量；在供等于求的时代，消费者更注重产品的花色、式样；在供大于求的时代，消费者更注重产品的品牌、包装、售后服务等价值。

案例学习4-8　**劳斯莱斯凭借产品价值高贵**

劳斯莱斯汽车有什么理由那么贵？一方面，劳斯莱斯汽车公司年产量只有几千辆，连世界大汽车公司产量的零头都不够。但从另一角度看，却物以稀为贵。另一方面，劳斯莱斯汽车公司会告诉你，他最大的特别是一直坚持手工生产，车主可以看到生产的全过程，比如劳斯莱斯的发动机是完全由手工制造的。

一台散热器要花费一个工人整整一天的时间才能完成，然后对它进行打磨加工，又要用去5小时。据统计，制作一个方向盘要15小时，装配一辆车身需要31小时，安装一台发动机要6天。

正因为如此，它在装配线上每分钟只能移动6英寸。制作一辆4门车要两个半月，每一辆车都要经过5 000英里①的测试。这一切都告诉你一个道理，就是这辆车用的是最好的材料，用这么长的时间精心打造，你不多出点钱正常吗？国内乐百氏的“二十七层净化”营销方案，告诉你纯净水的生产工艺，也是这方面非常成功的例子。

（资料来源：https://www.tech-food.com/kndata/detail/k0194506.htm）

2. 服务价值

服务价值指创业者利用服务给消费者提供满意带来的价值。

服务价值可以分为核心服务价值和追加服务价值。核心服务价值指创业者把服务的内在价值作为服务中的主要展示对象，把顾客满意度放在企业价值排序的第一位，高于企业自身利益最大化的价值排序，这是服务价值的本质。而追加服务是伴随产品实体的购买而发生的服务，它仅仅是销售过程中的追加要素，是技术和产品的附加物。

案例学习 4-9 **服务价值成为竞争主流**

近年来，某地商界掀起了一股前所未有的低价倾销大战，各路商家纷纷亮出低价格，以期抢得市场。漫步街头，一些降价名词不时冲击着市民的耳鼓、眼帘，如“醉价”“错价”“箱价”“冲撞价”“地价”“本价”“平价再平价”等，令人颇感“新奇”却又难以弄懂。“一折起售”“全场三折”“买一送一”“买什么送什么”“买200送60”“逢200送80”等广告更是铺天盖地，令人眼花缭乱。然而一番激烈的“火拼”过后，不少商家却发现，自己的销售额虽有上升，利润却下降了10个百分点左右，自身的形象在某种程度上也打了折扣。精明的消费者因弄不懂价格走势，也形成了持币观望的消费心理。

面对如此窘境，精明的商家经过一番苦思冥想之后，不约而同地选择了优质服务。打响当地商界服务战第一枪的是中南商业大楼，他们抢先推出“不满意就退货”“顾客投诉有理”“商家礼貌接待”“为投诉人准备礼品”等活动，同时将每年创利30万元的橱窗广告撤掉，代之以商场四名模范员工的塑像，并为其配备专线电话，推出“买微波炉找刘某某、买床上用品找王某某、买服装找杨某某、维修家电找姜某某”四个“个人服务品牌”，利用其技艺、业务专长、商品知识去带动全柜人员，共同为顾客服务。其他商场、超市、连锁店等也纷纷打出“把烦琐的家务劳动留给商家，把方便、卫生、节时、省力等实惠留给消费者”的服务口号，甘当市民家庭厨房的“帮工”，推出了净菜系列，满足了一些因工作繁忙而没有时间上街买菜的双职工家庭需求。不少大型高档餐饮企业也放下架子，纷纷推出即食家宴和特色菜肴的外卖系列，并根据消费者的需求，随时搭配制作。某商场将鲜花业务引进大商场后，随着推出了电话购物、送货上门服务，并针对部分消费者闲暇时间不多和花卉养护知识缺乏的实际，推出了免费进行花木栽培和养护技术培训，请专业人士根据买花人的喜好和家居环境进行专业搭配等服务，为爱花人排忧解难。与此同时，一家百货商场开展了“星级员工、文明信誉柜组”竞赛；各大中商场在服务上下功夫，积极开展以优势商品和服务为主题的活动，通过完善服务功能，赢得消费者的信任，进而赢得市场、占领市场。

（资料来源：百度文库 https://wenku.baidu.com/view/39d1ac13fad6195f312ba632.html）

---

① 1英里=1 609.344千米。

3. 形象价值

形象价值指企业及其产品在一般消费者心目中形成的总体印象所产生的价值，是企业形象力的竞争。形象价值既包括企业的产品、技术、质量、包装、商标、工作场所等构成的有形形象价值，也包括企业员工的职业道德操守、工作举止、服务态度、行为作风等无形形象价值，还包括企业的经营哲学、价值理念等理念形象价值。

良好的形象对企业的产品和服务具有很大的促进作用，在心理上可以为消费者带来喜悦感和满足感，使消费者获得更大层面的价值。所以，创业者应该重视形象价值，为消费者带来更大的价值。

案例学习 4－10　两次葡萄酒世纪大战，法国完败美利坚

法国葡萄酒横扫世界，法兰西人似乎也一直是最幸福的群体，不过这个情况在 1976 年的春天发生了突变。这一年，在巴黎举办了结果震惊世界的盲品大赛，代表新世界的美国和代表旧世界的法国发生了正面的碰撞，并且造成了深远的影响。被称为“巴黎审判”的盲品大赛发生在 1976 年 5 月 24 日，美国加州纳帕酒战胜了法国酒，来自纳帕谷鹿跃酒庄 1973 年的 Stag’s Leap Wine Cellars Cabernet Sauvignon 打败了波尔多顶级酒庄罗斯柴尔德和侯伯王 1970 的酒。以往几乎不可能相提并论的美国酒居然超越了人们期望之高的波尔多一级酒庄。这个结果震撼了整个葡萄酒界！大赛的评委都是来自法国葡萄酒业界的知名人士。“1976 年巴黎盲品大赛”作为葡萄酒行业里面的一个具历史意义的大事件被载入史册！

（资料来源：http://www.sohu.com/a/167272700_216843）

4. 品牌价值

品牌价值指企业的品牌具有的使用价值和价值。品牌价值包括其属性、品质、档次（品位）、文化、个性等，代表着该品牌可以为需求者带来的价值。品牌价值还代表具有货币金额表示的“财务价值”，以便商品用于市场交换。

我们通常把品牌的核心价值分为三大价值主题：理性价值（品牌利益）、感性价值（品牌关系）、象征性价值（品牌个性）。

理性价值着眼于功能性利益或者相关的产品属性，比如功效、性能、质量、便利等。

感性价值着眼于消费者在购买和使用过程中产生的某种感觉，体现消费者与品牌之间的情感关系。

象征性价值着眼于品牌具有独特的个性，成为消费者表达个人主张的方式。

延伸阅读

2018 年世界品牌价值排行榜

近日，全球知名品牌咨询公司 Brand Finance 发布了权威性的《2018 年世界最有价值品牌排行榜》。这份报告主要通过平衡记分卡（营销投资、股东投资以及业务绩效）、购买决策影响力、使用费率、母公司收入占比、历史收入及分析师预测、特许权费率、品牌税后收入 7 个方面评估各大品牌在全球范围内的价值和影响力，并评选出了前 500 名品牌。

根据这份榜单，科技公司在品牌价值上的估值达到最高，其中亚马逊位列榜首，Top 5 全是硅谷巨头。2008—2018 年，中国的全球品牌价值份额已经从 3% 上升到 15%，增长了 888%，2018 年达到 9 115 亿美元。2018 年，价值上升最快的品牌也来自中国：五粮液增长了161%，达到146亿美元，同比上一年度上升184位，攀升至100位。阿里位列12，腾讯位列21，百度位列57，京东位列65，网易位列121。伊利、华为、国家电网、中国平安等国产品牌逐渐被全世界认可。位列前10名的依次还有苹果、谷歌、三星、Facebook、AT&T、微软、Verizon、沃尔玛、中国工商银行。

第1名：亚马逊（↑42%）。品牌价值：1 508亿美元。

第2名：苹果（↑37%）。品牌价值：1 463亿美元。

第3名：谷歌（↑10%）。品牌价值：1 209亿美元。

第4名：三星（↑39%）。品牌价值：923亿美元。

第5名：Facebook（↑45%）。品牌价值：897亿美元。

第6名：AT&T（↓5%）。品牌价值：824亿美元。

第7名：微软（↑6%）。品牌价值：812亿美元。

第8名：Verizon（↓5%）。品牌价值：628亿美元。

第9名：沃尔玛（↓1%）。品牌价值：615亿美元。

第10名：中国工商银行（↑24%）。品牌价值：592亿美元。

（资料来源：https://t. qianzhan. com/caijing/detail/180204 - dd77e563. html）

5. 货币成本

货币成本指消费者为了得到喜欢的商品或者服务而支付的商品或者服务本身的代价。

对于经济条件一般的消费者，货币成本是消费者非常重视的因素。货币成本越低，消费者越喜欢购买。但是如果商家都致力于价格战，将大大降低整个行业的利润。因此，创业者需要真正从原材料采购、产品制造、产品销售上降低产品的成本，从而给消费者带来真正优惠的价格。而在日趋激烈的价格战中，只有真正为消费者减少货币成本的企业才能可持续发展。

案例学习4－11 美国西南航空公司案例分析

20世纪90年代，美国航空行业笼罩于萧条的阴影中，整体亏损20亿美元，三家航空公司——大陆、西方、TWT公司已破产。然而一家名不见经传的小企业——西南航空公司却突破阴云，一飞冲天，在1992年取得了难以置信的营业收入增长25%的佳绩。西南航空公司的成功得益于公司总裁赫伯·凯莱赫制定的公司竞争战略和策略。

无论如何拓展业务范围，西南航空公司都坚守两条原则：短航线、低价格。在机型上，西南航空公司全部采用节省燃油的737型，这不仅节省了油钱，而且使公司在人员培训、维修保养、零部件购买上只执行一个标准，大大节省了培训费和维修费。

而且，在员工的努力下，西南航空公司创下了世界航空史上最短的航班运转时间：别的竞争对手需用一个小时才能完成乘客登机、离机及机舱清理工作，西南航空公司只需15分钟。西南航空公司还把纸质的登机卡改为塑料的，可以反复使用，这样也降低了成本。

与其他大型航空公司相比，西南航空公司在许多地方“偷工减料”：它没有计算机联网的机票预订系统，也不负责将乘客托运的行李转机。它的航班上只提供花生米和饮料，不提供用餐服务。这种做法对于长途航空来说原本是无法令乘客接受的，可这正是西南航空公司的精明之处——低价机票让乘客不会因此而抱怨，实力雄厚的大公司又无法在此施展。于是在西南航空公司的低价压力下，这些大型航空公司不得不调整航线。

（资料来源：http://www. szzxyx. com/wenti/609. html）

6. 时间成本

市场营销学的时间成本指消费者为了得到喜欢的商品或者服务而必须消耗的时间换算而成的代价。时间成本不是指时间本身的消耗，而是指等待时间里造成的机会成本的丢失。

在服务质量不变的情况下，消费者购买该项产品或者服务的时间越长，所花费的时间成本越大。而现在是一个体验经济时代，消费者等待的时间越长，其满意度就越低。

例如顺丰公司看起来是为节省消费者的体力成本成立的公司，但在诸多快递公司中，因为顺丰公司的速度最快，为消费者节省了大量的时间成本而获得时间偏好者的青睐。

7. 体力成本

体力成本指消费者在选择、购买、使用商品的过程中所消耗的体力。

在服务质量不变的情况下，消费者购买该项产品或者服务花费的体力越多，所花费的体力成本越大。而现在是一个体验经济时代，消费者花费的体力越多，消费者的满意度就越低。

单纯凭借减少消费者体力成本而给消费者带来价值的企业有很多，比如搬家公司和快递公司。

案例学习 4－12　王永庆利用节省体力成本卖米

王永庆在台湾的富豪中长期雄居首席，他的“台塑集团”是台湾企业的王中之王，在台湾，与台塑集团有着存亡与共关系的下游加工厂超过 1 500 家。

王永庆早年因家贫读不起书，只好去做买卖。1932 年，16 岁的王永庆从老家来到嘉义开了一家米店，从此踏上了艰难的创业之旅。那时，小小的嘉义已有米店近 30 家，竞争非常激烈。当时仅有 200 元资金的王永庆，只能在一条偏僻的巷子里承租一个很小的铺面。他的米店开办最晚，规模最小，更谈不上知名度了，没有任何优势，在新开张的那段日子里，生意冷冷清清，门可罗雀。

怎么打开销路呢？那时候的台湾，顾客都是上门买米，自己运送回家，这对年轻人来说不算什么，但对一些上了年纪的人，就是大大的不便了。而年轻人通常无暇顾及家务，买米的顾客因此以老年人居多。王永庆注意到这一细节，于是主动送米上门。这一方便顾客的服务措施大受欢迎。当时还没有“送货上门”一说，增加这一服务项目等于是一项创举。王永庆送米，并非送到顾客家门口了事，还要将米倒进米缸里。如果米缸里还有陈米，他就将旧米倒出来，把米缸擦干净，再把新米倒进去，然后将旧米放回上层，这样，陈米就不至于因存放过久而变质。王永庆这一精细的服务令顾客深受感动，为他赢得了很多的顾客。

（资料来源：https://www.sohu.com/a/222435450_772544）

8. 精神成本

精神成本指消费者在选择、购买、使用商品的过程中所消耗的精神方面的支出。

精神成本主要包括风险成本和转换成本。其中风险成本主要指消费者在选购的过程中面临着由于选购失误而造成的风险损失，比如因为产品质量存在问题给消费者造成的心理恐慌，因为选购失误造成的决策失误等情况。

案例学习 4-13　持有“身份证”的鸡蛋获得消费者的青睐

2008 年，香港食品安全中心检测出某品牌鸡蛋三聚氰胺超标 88%。

2010 年 1 月 14 日，《三峡日报》报道，宜昌城区接连发现“人造鸡蛋”。

接二连三的食品安全问题，打击了人们对鸡蛋安全的信心。在这个时候，一款标榜好鸡、好料、好饲养模式、好管理孕育出的持有“身份证”的生态牧养蛋送进千家万户。同为鸡蛋，为何这款鸡蛋在这样的负面状况下还能得到消费者的信赖呢？

鸡好，蛋才好。上面提到的有“身份证”的好鸡蛋，出自柳江集团。该集团精选的优质蛋鸡品种是国产品种中最好的，经过多年的选育，鸡蛋的生产性能在国内蛋鸡品种中遥遥领先。

原料好，蛋才好。鸡自由觅食，吃天然虫、草和有机粮食。有机粮食是由东北的有机玉米、绿色醇香的松针粉搅拌而成，喝着经过净化机处理过的纯净水，加上人工精心呵护，经过 29 道工序严格甄选，所有的鸡饲料品质均有保障。

饲养模式好，蛋才好。柳江集团全程坚持山林生态放养，在这里，蛋鸡呼吸着新鲜空气，住着“小别墅”，听着班得瑞的轻音乐，在音乐中快乐产蛋，整个过程完全超过欧盟倡导的动物福利标准。

管理好，蛋才好。柳江集团的鸡蛋有严格的质量监控，每枚鸡蛋都经过喷码处理，都有自己的“身份证”，以先进科技确保鸡蛋品质。同时，集团产品率先通过“中国有机/欧盟有机”双认证。

（资料来源：http://www.sohu.com/a/195186707_816890）

【任务实施】

星达五金建材公司的暂时失败让吴星达反思了自己在市场营销方面知识储备的不足，下大力气进行了市场营销网络公开课的学习。通过网络课程的学习，吴星达的市场营销知识获得了极大的提升。他认真地反思了之前自己创办星达五金建材公司的经历，总结出自己的几点失败原因，并绘制了表 4-2，请你填完整。

表 4-2　总结

序号	失败原因	改进举措
1		
2		
3		
4		
5		

复习思考

1. 市场营销的本质是什么？
2. 市场细分的标准有哪些？

情景模拟

由四位同学参加情景模拟实训，一位同学扮演消费者购买瓷砖，另外三位同学扮演星达五金建材公司的销售员。其他同学当评委，找出三位同学在营销过程中表现出的优势和劣势，进行比较和分析。

项目实训

1. 对牙膏市场进行市场细分。
2. 请针对你要创业的产品设计一份完整的调查问卷（至少15个问题）。

案例分析

上山创业

有两个年轻人一起开山，二人分工，前山归一个人，后山归一个人。一个年轻人花费很大的精力把石头砸碎，然后运到很远的地方，把石头卖给需要建房子的人；而另一个年轻人把一些奇形怪状的石头运到码头，卖给一些花鸟商人。三年之后，把石头卖给花鸟商人的年轻人成为第一个在村子里盖瓦房的人。

后来，由于他们的家乡盛产梨，那里的梨不仅产量高，而且汁甜肉脆，深受水果商人的欢迎，因此，村子里所有的人都开始把自己的田地改为果园，种满梨树。这时，那个第一个盖瓦房的年轻人把自己家所有的梨树砍掉，改种成柳树，因为他发现，来此地买梨的商家不会发愁选不到好梨，他们更需要装梨的筐子。几年后他又成为村子里第一个在城里买房子的人。

问题：我们能从上山创业中得到哪些市场方面的启示？

任务二　选择营销策略

【任务导入】

吴星达的创业故事（续）

（三）如何应对竞争对手的威胁

随着吴星达的星达五金建材公司的生意变好，越来越多的竞争对手进入了这个行业，开始了激烈的竞争。其中，奇峰五金建材店对星达五金建材公司造成了最大的威胁。星达五金建材公司的很多老顾客都流失到了奇峰五金建材店。于是，吴星达让朋友佯装购物者对奇峰五金建材店进行了调查，发现奇峰五金建材店的营销策略比自己高出一筹。

在产品策略上，星达五金建材公司的产品多而全，有很多其他五金建材公司买不到的产品，但因此也产生了大量的库存费用。而奇峰五金建材店只销售最畅销的五款热卖产品，如果顾客想购买其他产品，奇峰五金建材店甚至主动把这些顾客推荐到星达五金建材公司。因为奇峰五金建材店只销售最热卖的五款产品，大大降低了库存费用，从而降低了产品的成本，这五款最赚钱的产品售价只有星达五金建材公司的三分之二，却获得了巨大的市场。在促销策略上，遇到节假日和销售旺季，星达五金建材公司一般都是降价打折，虽然促销期间内非常好卖，但是一旦促销期过去恢复原价时，顾客因为价格敏感，人数立即大幅度减少。奇峰五金建材店也进行促销，但是在促销期只实行赠品活动，例如买沙子赠水泥，买瓷砖赠美缝活动。这样当促销期过后，顾客并没有大幅度减少。奇峰五金建材店还实行会员卡活动，办理会员卡的顾客可以享受九折优惠，在节假日促销期间还可以享受折上折。通过办理会员卡活动，奇峰五金建材店将普通的顾客变成了忠诚顾客，不再流失。在渠道策略上，奇峰五金建材店对于会员用户和购买金额大的用户实行送货上门服务，大大节省了顾客的体力成本和时间成本，受到了顾客的好评。

一系列的调查下来，吴星达陷入了深深的沉思：到底如何更好地使用营销策略才能在竞争中获胜？又有哪些适合自己公司的营销策略呢？

【任务分析】

企业间的商战如同战场上的战争一样，需要有理论和策略的指导。《孙子兵法》和《三十六计》是战争的理论和策略，营销策略则是创业者需要学习的商业理论内容。那么什么是营销策略？营销策略又包括哪些具体的策略？这些问题都是创业者在创业过程中面临的实际问题。营销组合策略主要包括产品策略、价格策略、促销策略和分销渠道策略，而且这四种策略还在不断发展和演化中。如果创业者能够在这四种策略上深入学习和较好地应用，就能够在竞争中做到知己知彼，从而取得竞争优势，获得创业的成功。

【相关知识】

一、营销组合策略的概念与内涵

营销组合策略指创业者为了完成营销计划，综合考虑企业面临的环境、竞争、能力等情况，面对本企业的消费者制定的营销策略的合理组合。

1960 年，麦卡锡教授提出了著名的 4P 营销组合策略，并为现在绝大多数企业采用。具体而言，4P 营销组合策略主要包括产品策略（Product）、价格策略（Price）、促销策略（Promotion）和分销渠道策略（Place）。

其中，产品策略主要解决为消费者提供什么样的产品和服务，从而满足他们的需求。

价格策略主要解决以什么样的成本生产产品，为消费者提供最优惠的价格。

促销策略主要解决与消费者进行什么样的沟通，为消费者提供最及时、迅捷的信息。

分销渠道策略主要解决为消费者提供什么样的方便，让消费者可以最快捷、方便地得到产品和服务。

随着时代的发展，4P 策略又发展出了 6P、8P、12P 策略，但是万变不离其宗，4P 策略仍然是最基本、最核心的理论和内容，创业者需要用心揣摩和学习。

【知识链接】 营销组合策略的发展

二、产品策略

（一）产品的内涵和外延

产品是创业者为消费者提供的满足消费者需求的东西。最开始，产品只是有形的产品，比如鸡蛋、空调等。但是随着经济的不断发展，产品的内涵也随之发生了改变，从最开始的有形的产品逐渐扩大到了无形的服务，比如家政公司提供的保洁服务、教育机构提供的教育服务等。

同时，产品的外延也随之发生了改变。从核心产品向有形产品、附加产品方向拓展（见图4－1）。

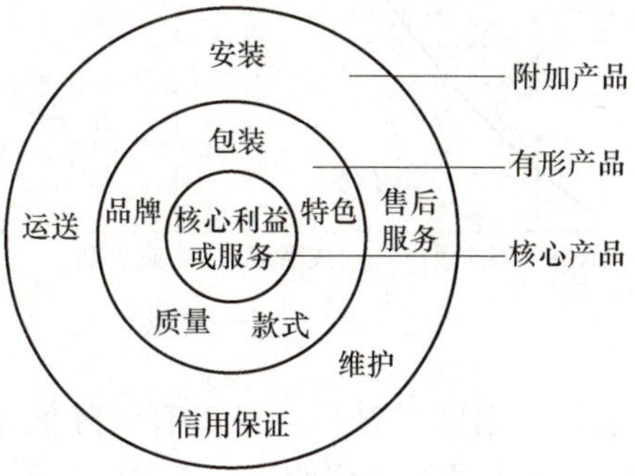

图4－1　产品外延的三个层次

通过产品外延的三个层次图我们可以看出，现代意义上的产品由三部分构成。

产品的最基本部分是核心产品，指创业者为消费者提供的产品诸多利益中最核心的利益与服务。比如自行车产品的核心产品就是代步工具，手表产品的核心产品就是计时工具，而空调产品的核心产品是制暖或者制冷空气的工具。

产品的中间部分是有形产品，指创业者为消费者提供的产品的质量、特色、款式、品牌、包装等利益与服务。现在消费者购买一个产品并不只是为了核心产品，比如购买一个空调除了制冷和制热的功能，还要考虑空调的耐用性和放在室内的美观度。

产品的最外层部分是附加产品，指创业者为消费者提供的产品的安装、维护、运送、售后服务、信用保证等利益与服务。比如购买一台空调还要考虑空调是否能及时安装。

（二）产品的生命周期

产品的生命周期理论是由美国哈佛大学教授雷蒙德·弗农提出的，指产品跟人一样也有自己的寿命极限，会经历一个从萌芽期到成长期、从成熟期到衰退期的周期历程（见图4－2）。没有一种商品能够一成不变，没有一种技术可以永保先进。创业者不能抱着“一件产品打天下”的想法，应该既要结合需求设计优秀的产品，又要不断地推陈出新，把握住每个生命周期阶段的营销策略。

1. 导入期

导入期也称引入期、介绍期、萌芽期，指创业者把新产品设计好后投入市场进入测试的一段时期。这个阶段，创业者最重要的就是要加大广告的宣传，投入大量的宣传费用，提高产品的知名度，使得消费者了解创业者的企业和新产品，积极寻找到第一批尝试新产品的风险偏好者。这个阶段销售量少，促销费用高，企业可能会亏损。

在具体的营销策略上，创业者需要关注促销和价格两个因素。

2. 成长期

成长期指创业者的新产品经过宣传和试用后，已经被首批消费者喜好，并进行了广泛的传播，产品的销售量获得了极大提升的时期。创业者可以转入大批量生产阶段。同时根据规

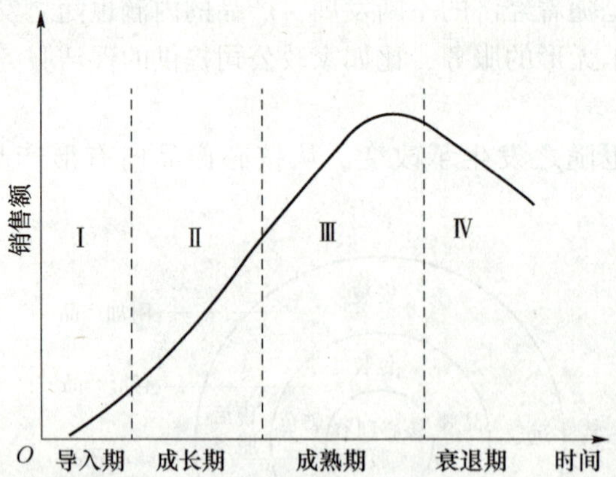

图 4－2 产品的生命周期

模经济效应的原理，产品的销量大幅度提升后，可以有效降低企业的成本，增加企业的利润。这个阶段创业者仍然需要投入大量的宣传费用，不过宣传的目的由提高产品的知名度变成了提升美誉度。

在具体的营销策略上，创业者需要改进商品的包装、款式、规格和性能等因素，并进一步细分市场，开拓新的市场和用户，或通过降价扩大市场份额。同时，这一阶段竞争也越来越激烈，企业的利润由少变多，逐步达到利润的顶点。

3. 成熟期

成熟期指创业者的产品已经被大多数消费者接受，销量越来越多的时期。同时由于知名度和美誉度已经广泛传播，企业不再需要大幅度地投入促销费用，因此这是企业利润最高的阶段。同时由于竞争已经达到了最白热化的阶段，市场的需求量逐渐饱和，因为产品的销售维持在一个较高的水平，企业也可以获得一个较低的成本水平。

在具体的营销策略上，创业者需要通过努力开发市场，进一步扩大市场份额。同时，创业者需要进行产品的品质改良、特性改良和式样改良。最后，创业者应该进行营销组合策略的调整，通过产品策略、价格策略、促销策略和分销渠道策略的改变来获得更多的市场份额。

4. 衰退期

衰退期指创业者的产品和技术已经不适应市场需求，进入了被市场淘汰的阶段。在这个阶段，产品的销售数量和利润持续下降。创业者应该自然而然地减少促销的费用，并逐渐减少销售量和生产线，甚至停产，结束生命周期，最后完全退出市场。当然创业者需要随机应变，不能一进入衰退期就立即退出市场，更不能恋恋不舍，一味维持原有的生产规模。

这个阶段，创业者一方面应该研究下一代的新产品，另一方面应遵循着“维持策略——缩减策略——撤退策略”的顺序逐步退出市场。

案例学习 4－14 “农夫山泉”的生命周期策略

1997 年，养生堂又开始以农夫山泉产品进入水市。

当时经过十余年的发展，生产包装饮用水的企业已近千家。从 1995 年开始，娃哈哈、乐百氏等企业先后打进水市，并逐步确立了领导者的位置。养生堂公司觉得农夫山泉可以靠其淳朴自然和养生堂的健康形象打天下，比起以小儿用品起家的娃哈哈、乐百氏更有优势。

农夫山泉在市场导入期便实施了差异化战略，强调其产品的类别、水源、设备、包装、价格、口感和市场定位与同行其他企业的差别。农夫山泉以取自千岛湖水面下70米无污染活性水为原料，并经先进工艺净化而成。在水源差异上，以“千岛湖的源头活水”来强调其水源的优良。同时，千岛湖作为华东著名的山水旅游景区和国家一级水资源的保护区，拥有极高的公众认同度，这使农夫山泉形成了一个独占的良好品牌形象，“好水喝出健康来”。在农夫山泉上市不久所策划的“千岛湖寻源”的大型活动，更是让消费者能够到其生产基地亲自探根寻源。

在农夫山泉产品进入成长期后，在市场定位上，以“这水，有我小时候喝过的味道”一句，用一个中年人对幼年回忆的情景交融来衬托产品的文化内涵，以历史的纵深感勾连起人们浓重的情感认同，也符合都市人返璞归真的心理需求；用“农夫山泉有点甜”来说明水的甘甜清冽，采取口感定位就“一点甜”，便占据了消费者巨大的心理空间，十足地有当年七喜推出“非可乐”的味道，一下子就区别于乐百氏经典的“27层过滤”品质定位，以及娃哈哈“我的眼里只有你”所营造的浪漫气息。从1997年4月养生堂生产出第一瓶纯净水，到1998年，养生堂的纯净水市场占有率已在全国占到第三位。

在农夫山泉产品逐步进入成熟阶段后，养生堂公司开始寻求新的产品定位。一方面，农夫山泉运动瓶盖的独特设计容易让消费者产生与运动相关的联想，值得将之作为一大卖点来推广。再者，饮料企业与运动的联姻由来已久，可口可乐和百事可乐便是借助竞技体育这一载体向中国饮料市场渗透的。于是，农夫山泉便开始贯彻其与体育事业相结合的策略，但它并不单纯靠搭体育之便车来推广产品，也着力传播善待生命、关注健康、重视运动的理念和品牌形象：1998年赞助世界杯足球赛中央五套的演播室，1999年成为中国乒乓球队唯一指定用水，2000年被国家体育总局选为第27届奥运会中国体育代表团唯一饮用水赞助商。

（资料来源：http://blog. sina. com. cn/s/blog_ 7077f7900100vjxc. html）

（三）品牌与商标策略

1. 品牌与商标的含义

品牌指创业者为了使得本公司的产品与其他竞争对手公司的产品区别开，方便消费者识别和购买，而使用的独一无二的商业标志。企业的品牌由品牌名称和品牌标志两部分构成。其中品牌名称是在品牌中能读出声的部分，而品牌标志是在品牌中不能读出声，但表示有形的部分。

商标是享受法律保护的专用权的一个品牌或品牌的一部分。商标经过法律注册后具有明显的排他性，受到法律的保护。商标可以是单独的文字或者数字的商标，比如“555”（香烟），也可以是表示图形的商标，比如“胡锦鸟”（优派）。但是最普遍的商标是组合商标，即用文字和图形共同构成。

企业需要设计自己的品牌，也需要注册自己的商标。

2. 品牌与商标的策略

首先，创业者要决策是使用单一的品牌和商标，还是使用多品牌和商标。单一品牌和商标策略虽然极大地节省了创业者的费用，但是一旦产生问题，就会导致“一荣俱荣、一损俱损”的现象。而如果使用多品牌和商标，就会避免一个品牌受损会影响其他品牌的问题。

其次，创业者要决策是否对注册商标采用保护策略。保护策略有两种：防御商标和联合商标。其中，防御商标指将同一商标在不同的商品和服务类别上分别注册，实行商标的超前占位。比如“全聚德”除了在“烤鸭”上注册了商标，还在“餐饮业杂项服务”里办理了注册，避免别人生产“全聚德面饼”“全聚德甜面酱”“全聚德火锅”“全聚德烧烤”等易引起消费者混淆的商标。联合商标指将与商标类似的商品和服务类别上都注册商标，以防止竞争对手仿冒侵权。比如上海冠生园食品总厂的“大白兔”就同时注册了“白兔”“小白兔”“太白兔”等商标，防止竞争对手鱼目混珠。

三、价格策略

（一）价格策略的含义

价格策略指创业者通过对企业的成本、消费者的心理预期、竞争对手的价格等因素衡量比较后，选择一种有利于企业营销目标的价格体系。

1. 定价原理

一般来说，一个产品的定价最低不能低于企业的成本，低于企业的成本就会亏损。而一个产品的定价最高不能高于消费者心理对产品预期的最大价格，高于最大的心理预期价格，产品就会销售不出去。一般而言，创业者就是在成本和消费者的心理价格之间为产品进行价格设计。

那么定价前需要调查哪些因素呢?

一是创业者需要学会计算自己产品的成本（在后面的“制订利润计划”这一节里有详细的计算方法）。

二是创业者需要调查消费者愿意为该产品支付的心理预期价格。

三是创业者需要调查主要竞争对手的价格体系。调查竞争对手的价格体系有很多方法，除了通过网络比价以外，还可以通过佯装购物者进行调查。

四是创业者还需要调查替代品的价格。比如经营猪肉的商户除了要了解其他猪肉的价格，还需要了解牛肉的价格、羊肉的价格和鸡肉的价格，因为一旦其他替代品的价格下降，消费者可能就会暂时减少对猪肉的消费数量。

五是如果创业者的产品还有互补品的话，还需要了解互补品价格的变化。比如钢笔的经销商要了解墨水价格的变化，猪肉的经销商也需要了解猪饲料价格的变化。

2. 定价的目标

通常来说，企业定价有 6 个方面的目标。创业者不可能通过一个定价满足所有的目标，所以创业者需要了解不同目标的差异，并根据自己企业的实际情况制定适合自己的定价策略。这 6 个方面的目标如下：

（1）利润导向定价。

（2）销量导向定价。

（3）竞争导向定价。

（4）公益目标定价。

（5）维护企业形象定价。

（6）保持与中间商良好关系定价。

（二）心理定价策略

1. 尾数定价

尾数定价又称零头定价，指创业者在定价时有意制定一个比整数少一点的价格，从而使消费者在商品总价上产生量级估量偏差，从而增加购买欲望，刺激消费者的购买行为。

在商业实践中，心理学家发现，5 元以下的产品，末尾数字是 9 的最受消费者欢迎；5 元以上的产品末尾数字是 95 的效果最佳；而百元以上的产品，末尾数字为 99、98 的效果最好。

案例学习 4－15　**苹果公司的尾数定价**

苹果手机 iPhone 6 Plus 在美国刚刚推出的时候，苹果公司精心把售价分别制定为：16GB，299 美元；64GB，399 美元；128GB，499 美元。消费者看上去感觉是 200 美元、300 美元、400 美元的产品，觉得非常便宜，实际上却是 300 美元、400 美元和 500 美元的产品。这就是充分利用了尾数定价。

2. 吉祥定价

吉祥定价也称吉祥数字定价，指创业者利用消费者对某些数字（比如 6、8）的发音联想和喜好制定价格，满足消费者的心理需求，提升消费者的满意度。同时创业者在制定价格的时候也要注意避免消费者不喜欢的数字，以避免影响产品的销售。

延伸阅读

中国文化中尾数定价的吉利数字

为了在所有的价格中找到出现频率最高的数字，本文借助互联网在京东商城上收集了 10 种商品对应的 1 000 个价格，每种商品记录了 100 个定价，表 4－3 是计算后的结果。由于这 10 种商品都是日常生活中经常用到的，所以有很大的现实意义。

表 4－3　0～9 在尾数定价中出现的频率　单位：%

价格尾数	全部	手机	电脑	蔬菜	葡萄酒	服装	鞋子	箱包	玩具	家具	化妆品
0	2.9	1.0	0	6.0	1.0	1.0	0	2.0	13.0	1.0	4.0
1	1.0	3.0	0	2.0	0	0	0	0	0	3.0	2.0
2	1.8	0	0	5.0	6.0	0	1.0	2.0	2.0	1.0	1.0
3	0.9	2.0	0	0	1.0	0	0	0	2.0	0	4.0
4	1.2	0	0	3.0	2.0	0	0	2.0	2.0	2.0	1.0
5	6.0	1.0	0	9.0	5.0	8.0	7.0	4.0	9.0	2.0	15.0
6	3.0	0	0	7.0	2.0	2.0	3.0	7.0	6.0	2.0	1.0
7	0.5	0	0	0	0	2.0	0	0	3.0	0	0
8	31.6	32.0	12.0	40.0	54.0	57.0	24.0	31.0	22.0	21.0	24.0
9	51.1	61.0	88.0	28.0	29.0	30.0	65.0	52.0	41.0	68.0	48.0

从表中可以看出，数字9是最受欢迎的尾数定价，比例为51.1%；排名第二的是数字8，比例为31.6%；而出现频率最低的是数字7，仅占0.5%。虽然不同的商品有不同的价格，但大部分商品是以数字9和8结尾的，由此可以推断出9和8在我国是吉利数字，以它们作为尾数定价可促进商品销售。

（资料来源：宋明芳，《智商时代》，2015年）

3. 声望定价

声望定价指创业者利用产品或者企业在消费者心目中的良好美誉度，制定比市场上同类商品价格高出很多的价格，让消费者通过高价对产品形成极大的信任度和荣誉感。

因为消费者潜意识中具有“一分钱一分货”的思想，所以通过声望定价一般可以有效地消除消费者购买产品时的心理障碍，使消费者在购物和使用产品过程中得到良好的购物体验。声望定价往往采用整数定价的方式，加深消费者对产品“高大上”的印象，从而获得良好的精神享受。

案例学习 4－16　声望定价的广泛使用

微软公司的操作系统 Windows98 的中文版进入中国市场时，进行了广泛调研，最终将价格定成1 998元，这就是典型的声望定价。德国的奔驰汽车售价最低为20万马克，瑞士的莱克司手表定价为5位数，而巴黎里约时装中心的服装一般售价为2 000法郎。

金利来领带一上市就以优质、高价定位，对有质量问题的金利来领带决不上市销售，更不会降价处理。这些均让消费者意识到低价销售的金利来领带绝对不是真正的金利来产品，从而维护了金利来的声望。

（资料来源：https://wenku.baidu.com/view/bfca2fed6294dd88d0d26b25.html）

4. 招徕定价

招徕定价指特价商品定价，是一种通过将少数商品降价以招徕消费者的定价方式。特价商品的价格都低于市场的最低价，进而引起消费者的极大兴趣，满足消费者求廉的心理。一旦消费者购买特价商品后，通常还会顺手购买一些其他商品，商家因此获得经营利润。

降价商品应该是消费者日常使用的，最好是适合于每一个年龄段应用的商品，比如粮、油、米、面、蛋等日常商品，否则对于一部分消费者就没有吸引力了。

案例学习 4－17　每日商场的一元拍卖活动

北京地铁有家每日商场，每逢节假日都要举办“一元拍卖活动”，所有拍卖商品均以1元起价，报价每次增加5元，直至最后竞得。每日商场举办的拍卖活动由于基价定得过低，最后的成交价就比市场价低得多，因此会给人们一种“卖得越多，赔得越多”的感觉。实际上，该商场用的定价术，是以低廉的拍卖品活跃商场气氛，增大客流量，带动整个商场的销售额上升。这里需要说明的是，应用此术所选的降价商品，必须是顾客都需要，而且市场价为人们所熟知的才行。

（资料来源：https://wenku.baidu.com/view/bfca2fed6294dd88d0d26b25.html）

5. 最小单位定价

最小单位定价指创业者把同种商品按不同的数量包装，以最小包装单位量制定基数价格，销售时，参考最小包装单位的基数价格与所购数量收取款项。最小单位定价通常有两种形式：一是用较小的单位报价。例如，某种茶叶定价为每500克150元，消费者就会觉得价格太高而放弃购买，如果缩小定价单位，采用每50克为15元的定价方法，消费者就会觉得可以买来试一试。二是用较小单位商品的价格进行比较。例如，每天少抽一支烟，每日就可订一份报纸。

案例学习 4-18

最小单位定价法

去年洪七公外卖课堂在成都开课期间，和学员一起点外卖发现，某家外卖的红糖糍粑好便宜啊，才要6块钱！因为红糖糍粑的市场价一般在15~25元区间，这么便宜？收到外卖，打开一看就明白了：1份仅有2块红糖糍粑。分量小，可是味道着实不错，于是专门点了几个大份，送给其他学员品尝，大家都觉得好吃。

再细看其销量，美团外卖店铺页面上的单品销量为1 600多份。

(资料来源：https://baijiahao.baidu.com/s?id=1589400402497281568&wfr=spider&for=pc)

（三）折扣定价策略

折扣定价策略是通过减少一部分货币价格以获得更多消费者的定价策略。折扣定价一般包括五种形式的定价，分别为数量折扣、现金折扣、运费折扣、推广折扣、季节折扣。

数量折扣指当消费者购买的产品数量超过一定的数量时，就给予价格折扣，促使消费者大量购买产品。

现金折扣指当消费者大额购买时用现金或者银行卡直接支付，而不是延期转账，可以给予价格折扣，以减少创业者的风险。

运费折扣指当消费者的购买金额超过一定的金额时，就给予运费折扣，或者不收运费，促进消费者为节省体力成本购买产品。

推广折扣指当消费者愿意为创业者转发促销广告或者在朋友圈宣传时，就给予推广折扣，以激发更多的口碑效应和美誉度。

季节折扣指当消费者愿意购买非应季的产品时，就给予季节折扣，从而为创业者解决库存问题和淡季缺少现金流的问题。

案例学习 4-19

1折定价

估计大家都喜欢去买打折的商品，因为感觉能便宜很多。其实打折是很多商家的一种变相的赚钱方式。一般打7折、8折很常见，5折就很少见了。但是，今天要说的这个却是打1折！大家是不是很好奇呢？我们一起来看看吧！

据悉日本东京有个银座绅士西装店，这里就是首创“打1折”销售的商店，曾经轰动了东京。当时销售的商品是“日本GOOD”，他们是这么实行的：首先定出打折销售的时间，第一天打9折，第二天打8折，第三天、第四天打7折，第五天、第六天打6折，第七天、第八天打5折，第九天、第十天打4折，第十一天、第十二天打3折，第十三天、第十四天打2折，最后两天打1折。看起来好像最后两天买东西是最优惠的，是吗？那我们看下面：

商家的预测是：由于这是让人吃惊的销售策略，所以，前期的舆论宣传效果会很好。抱着猎奇的心态，顾客们将蜂拥而至。当然，顾客可以在打折销售期间随意选定购物的日子，如果你想以最便宜的价钱购买，那么你在最后的那两天去买就行了，但是，你想买的东西不一定会留到最后那两天。实际情况是：第一天前来的客人并不多，如果前来也只是看看，一会儿就走了。从第三天就开始一群一群地光临，第五天打6折时客人就像洪水般涌来开始抢购，以后就连日客人爆满，当然等不到打1折商品就全部卖完了。

那么，商家究竟赔本了没有？你想，顾客纷纷急于购买到自己喜爱的商品，就会引起抢购的连锁反应。商家运用独特的创意，把自己的商品在打5折、6折时就已经全部推销出去。“打1折”只是一种心理战术而已，商家怎能亏本呢？

（资料来源：https://www.92to.com/xuexi/2016/06-22/5738436.html）

四、促销策略

（一）促销的概念及构成

促销指创业者通过促销员或者媒介把产品信息传递给消费者，从而激发消费者的购买欲望，加快消费者实施购买行为的过程。促销策略的本质是创业者与消费者之间的双向信息和情感的沟通。

促销策略一般由四种具体的促销方式构成，四种促销方式分别是人员推销、广告促销、营业推广促销和公共关系促销。

其中，人员推销属于“推”的策略，但是比较强硬，适合于有惰性和不了解产品的消费者。这种促销方式的优点是针对性比较强，适应性也比较强。

而广告促销、营业推广促销、公共关系促销属于“拉”的策略，比较和缓，适合比较敏感和喜欢自主决策的消费者。

广告促销的优点是传播面广，传播速度非常快。

营业推广促销的优点是针对性比较强，吸引消费者的能力非常大。

公共关系促销的优点是说服力比较强，可信度非常高。

这四种促销方式都可以为企业带来销售量，也都需要付出相应的成本。创业者需要衡量这四种促销方式的成本收入比和本企业的资金预算，采取一种促销方式或者几种促销方式的组合，从而吸引消费者，更好地销售出企业的产品。

（二）人员推销

1. 人员推销的含义

人员推销指创业者雇佣推销人员直接与消费者沟通、洽谈，说服消费者，以达到实现销售目标的活动。人员推销其实是一种最古老的促销方式。传统的人员推销是以推销产品为中心的，强调的是推销人员的现场展示和说服，不考虑消费者的需求和长远利益，因此日渐招来消费者的反感。现代的人员推销则是以消费者的需求为中心的，根据消费者的需求进行推销，强调的是推销人员和消费者的双向沟通。

2. 上门推销的步骤与技巧

俗话说，坐商不如行商。上门推销是最常见的人员推销形式，它一共有五个步骤：

（1）推销准备。

（2）接近推销对象。

（3）正式进行洽谈。

（4）处理顾客异议。

（5）做好成交及后续工作。

（三）广告促销

1. 广告的含义

广告一般分为两种：战略广告和战术广告。其中战略广告只宣传企业的形象或者企业的品牌，而不在广告中宣传企业的产品。例如香烟企业不能直接播放香烟产品的广告，所以只能播放宣传企业的战略广告。战术广告则直接宣传企业的产品，增加消费者对于产品的消费欲望，促进消费者的直接购买行为。

2. 广告的作用

全球每年的广告费高达几千亿美元。通过广告传播，企业可以把产品和企业的优势传递给消费者，从而吸引消费者的兴趣，刺激消费者的欲望，做出购买的决策。现代的广告与传统的广告的区别在于更加强调广告的本质是企业与顾客的双向沟通。广告设计的要求是：真实性、合法性、思想性、艺术性和科学性。

3. 广告的媒体选择

创业者可以选择的广告媒体很多，各种广告媒体之间各有优劣势，创业者需要结合自己企业的实际预算和实现目标选择广告媒体。广告媒体主要包括以下几种：

（1）报纸。

（2）杂志。

（3）广播。

（4）电视。

（5）邮递广告。

（6）户外广告。

（7）售点广告。

（8）互联网广告。

（9）微信广告。

（10）微博广告。

【知识链接】

病毒广告——广告的新形式

案例学习 4-20　**三株口服液的广告营销**

1994 年，当吴氏父子在山东济南创立三株口服液公司的时候，中国的保健品市场已经到了退潮期。就在这样的大背景下，三株来了！

在广告策略上，三株从来不吝啬广告投放。与众不同的是它采用一种更为巧妙的组合，除了常规的产品广告之外，三株还把大量的费用投放到形象广告中。

就在当时其他国内企业还在为昂贵的黄金广告段位及所谓的标王你争我夺的时候，三株却选择了被人视为鸡肋而价位低廉的非黄金时段。这不仅非常适合三株的长达数分钟的企业形象广告的大密度投放，而且起到了出乎意料的收视效果，使三株迅速地拥有了知名度。它在中央电视台及一些中心城市电视台购买了大量的非黄金时间的广告段位，用以播发拍得并不精美却充满了语言诱惑的三株系列形象片，其中最突出的两个主题便是：“三株争当中国第一纳税人”和“以振兴民族工业为己任”。

三株还在一些主流报刊上整版刊登三株的形象文章，传播三株的民族工业理念。然后，三株又把这些文章连同那些显赫的报名以新闻报道的方式放进它的各种宣传小册子中。于是仿佛一夜之间，三株成了中国主流媒体最关注的企业。同时，三株还十分热衷于赞助各种学术、科研活动，这些活动为三株带来了良好的舆论曝光度，使三株决策层迅速接触到了中国最优秀的人士。此外，还顺带为三株捧回了无数的头衔、奖章和证书，这些后来都无一遗漏地出现在三株的宣传作品中。

三株对企业形象的包装和提升，使它一开始就具有了较好的品牌形象。在假货充斥、品牌纷杂的保健品市场，三株的“中国第一纳税人”及“以振兴民族工业为己任”的形象，无疑更胜一筹。

吴炳新的广告努力得到了回报。创立第一年，三株公司的销售额为1亿元，第二年达到了20亿元，在农村市场获得巨大成功的1996年，三株销售额一跃达到了巅峰的80亿元。

（资料来源：摘选修改自 https://www.wenjiwu.com/doc/nbpyii.html）

（四）营业推广促销

1. 营业推广促销的含义

营业推广促销指创业者为在特定的时间内（周末和节假日为多）强烈刺激消费者购买欲望，迅速增加特定产品销售数量而采取的特别促销手段。

2. 营业推广促销的方式

营业推广促销的方式有很多种，主要包括赠送产品的样品，赠送消费者礼品，实行产品特价包，实行产品酬谢包，给消费者折扣券，给消费者优惠券，办理会员卡，办理贵宾卡，办理积分卡，实行有奖销售等内容。

案例学习 4-21　“寻找黄金”的营业推广促销

20世纪30年代，国内各大城市香烟市场的竞争异常激烈，英、美等国厂商出口的“三炮台”“海盗”牌等香烟，铺天盖地，充斥市场，国产香烟几乎无人问津。

为了挽救危局，生产“美丽牌”香烟的上海华成烟草公司老板想出了一条妙计：在每盒香烟内，暗藏一张人们熟知的《水浒传》中108将的小画像。同时承诺，凡积累全套“梁山好汉”的小画像者，即可到华成公司各代理商店换取黄金二两。

广告一出，各地市民抱着好奇与侥幸心理，争相购买“美丽牌”香烟，试着碰一碰有没有二两黄金的好运气。一时之间，“美丽牌”香烟销量直线上升。

有的人集够了36个“天罡星”，却怎么也集不满72个“地煞星”；还有的人集到了107条好汉的小画像，但偏偏缺一张，而且所缺的都是“百胜将韩滔”这一张。于是，不少人整条地购买“美丽牌”香烟，但只有极少数人找到了韩滔的画像。于是，“吸烟找韩滔”成了一句口头禅，流传很广。

华成公司的高额悬赏当然只是暂时的促销手段，但“美丽牌”香烟就是靠着这个办法，在激烈的市场竞争中站稳了脚跟。况且“美丽牌”香烟并不比洋烟差，价格又便宜，人们当然乐意选购它了。

（资料来源：https://www.sbkk88.com/gushihui/youzhelidexiaogushi/418396.html）

（五）公共关系促销

1. 公共关系促销的含义

公共关系促销指创业者不直接运用产品宣传的手段，而是着眼于改善和影响周边生产经营环境，通过建立公共事件，从而达到建立公司美誉度，促销公司产品的行为。

2. 公共关系促销的内容

一般创业者采用的公共关系促销通常有以下内容：编写新闻稿，召开新闻发布会，召开记者招待会，召开演讲报告会，召开研讨会，召开展览会，编制企业形象的宣传品，设置企业形象的宣传栏，组织社会公益活动，制造有价值的事件，对教育和体育事业实施赞助，与社会民众对话，向公众传递积极进取的社会理念等。

案例学习 4－22　**急中生智的公共关系策略**

杨先生在一家保健品公司担任推销员。一次，他乘飞机出差，遇到了劫机。度过了惊心动魄的10个小时之后，在各界的积极努力下，问题终于得到了解决。就在要走出机舱的一瞬间，杨先生突然想到在影视作品中经常看到的情景：当被劫持的人从机舱中走出来的时候，总会有不少记者前来采访。为什么不利用这个机会，宣传自己公司的形象呢？

想到这儿，他立即做了一个在那种情况下谁都难以预料到的举动——从箱子里找出一张大纸，在上面写了一行大字："我是某某公司的推销员，我和公司的某某牌保健品安然无恙！非常感谢营救我们的人！"

他打着这样的牌子一出机舱，立即被电视台的镜头捕捉到了，他成为这次劫机事件的明星！多家新闻媒体对他进行了采访报道。

待他回到公司的时候，董事长和总经理带着所有的中层主管在公司门口夹道欢迎他。原来，他在机场别出心裁的举动，使得公司和产品的名字在一瞬间家喻户晓。公司的电话都快被打爆了，客户的订单更是一个接一个。董事长动情地说："没想到，你在那样的情况下，首先想到的竟然是公司和产品。毫无疑问，你是最优秀的推销员！"董事长当场宣读了对他的任命书：主管营销和公关的副总经理。之后，公司还奖励了他一笔丰厚的奖金。

（资料来源：http://bbs.szhome.com/50－100100－detail－58235670.html）

五、分销渠道策略

（一）分销渠道的含义

1. 分销渠道的内涵

分销渠道指产品或服务从制造商向消费者单向流动的过程中所有的环节总和。分销渠道既包括制造商和消费者，也包括处于中间环节的批发商、代理商、零售商、经纪商和分销机构等组织和个人。

2. 创业者的选址

创业者可以选择作为制造商创业，也可以选择作为批发商、零售商、经纪商和其他分销商创业。创业者如果选择作为制造商创业，那么选址一定要在与原材料供应商比较近的地方，以便于采购运输；创业者如果选择作为批发商创业，那么选址一定要在众多批发商聚集的市场，以便于发挥卖家的群集效应；创业者如果选择作为零售商创业，那么选址一定要靠近消费者，并且要经过车流、人流的市场调研，以获取最多的消费者流量和关注。

案例学习 4－23

肯德基的选址策略

肯德基所属的百胜餐饮集团，在全球一百多个国家和地区拥有 3 万家连锁餐厅，年营业额达 250 亿美元，居世界餐饮之首。

肯德基对快餐店选址非常重视，选址决策一般是两级审批制，通过两个委员会的同意，一个是地方公司，另一个是总部。其选址成功率几乎是百分之百，因此选址策略成为肯德基的核心竞争力之一。

在进入每个城市之前，他们往往通过有关部门或专业调查公司收集这个地区的资料，然后根据这些资料开始划分商圈。商圈规划采取的是记分的方法，有无大型商场、商场营业额达多少万元的级别、有多少公交线、有无地铁线路……考虑这些因素，加上不同的分值。这些分值标准，多年积累下来，就成为一个较准确的经验值。

在商圈确定下来之后，调查人员接着要考察这个商圈内最主要的人群聚集点在哪里。比如，北京的王府井，它是热闹的商业区，但并不是王府井的每一个地点都会是聚客点。肯德基所追求的目标，就是力争在人群最集中的地方开店。地点确定下来后，调查人员还要搞清楚这一区域中人的流动线路是怎样的。比如，在地铁口，人们出来后都会向哪些方向走，每个方向的人流量是多少，调查人员都要如实地掐表测量。得到数据后，再将采集到的数据输入专用的计算机软件，这样就可以测算出在此开店的前景及最高投资额是多少了。

以这样的市场调查为基础，极少失误。在北京，肯德基就是根据自己的调查划分，成功地开了 56 家餐厅。

肯德基的竞争对手麦当劳，也许正是看到肯德基调查的精确性，所以肯德基开到哪里，它就跟到哪里。这从反面说明了肯德基市场调查的成功。

（资料来源：http://www.hs13.cn/xsgs/3561.html）

2. 分销渠道的类型

按照商品在流通过程中经历的流通环节的数量，分销渠道可以划分为直接渠道和间接渠道。

（1）直接渠道

直接渠道也称零级分销渠道，或者直销，是一种创业者直接销售给消费者的渠道类型，没有中间环节的参与。直接渠道主要包括电视直销、网络直销、上门推销等形式，是最短小的渠道。

直接渠道最大的好处是流通费用非常低，创业者掌握着价格的主动权。直接渠道最大的不足是创业者需要自己承担大量的销售费用，销售的实力也受到很大限制。

（2）间接渠道

间接渠道是一种创业者不直接面对消费者，而是通过中间商进行销售的渠道类型。间接渠道主要分为一层渠道、两层渠道、三层渠道和多层渠道。

一层渠道指创业者只通过代理商或者零售商进行分销。

二层渠道指创业者通过批发商再分销给零售商，或者通过代理商再分销给批发商的方式进行分销。

三层渠道指创业者通过代理商分销给批发商再分销给零售商的方式进行分销。

四层渠道指创业者通过出口商分销给进口商再分销给批发商和零售商的方式进行分销。

间接渠道的最大好处是可以把销售费用逐层分销下去，节省了销售费用，还有多级分销渠道帮忙分销，壮大了分销的力量。但是不足之处是创业者不能掌握价格的主动权，需要把利润给中间渠道分成。

（二）零售与零售商

1. 零售

零售指直接向消费者出售商品或服务的商业行为。零售活动直接面对最终消费者。

2. 零售商

零售商指在商品流通过程中，向创业者或批发商购进商品，直接销售给消费者的中间商。它一方面向创业者或批发商收购商品，一方面向消费者销售商品，是商品流通的最终阶段。

零售商共有三种形式：

（1）有店铺的零售商

有店铺的零售商主要包括百货商店、超级市场、大型综合超市、便利店、仓储式商场、专业店、旗舰店、购物中心等形式。

（2）无店铺的零售商

无店铺的零售商主要包括自动售货机、邮购商店、流动售货、通信销售、网上销售、上门推销等形式。

案例学习 4－24 **2017 年苏宁家电全渠道销售第一凭什么？**

近日，关于 2017 年苏宁家电全渠道销售第一的消息引发了家电行业的讨论。其实苏宁长期霸占家电全渠道的首位，只是淘宝、京东综合电商的风头太强，导致普通消费者没有认识到而已。凭什么苏宁能够长期霸占家电全渠道的首位？2017 年全国家电市场规模达 7 440 亿元，同比增长 13.3%。其中，苏宁渠道家电销售额约 1 488 亿元，占市场份额的 20%，家电全渠道销售第一；京东为 12.3%，国美、天猫分别为 7.5%、5.9%。另外，据 GFK 公司发布的 2018 年第一季度报告，苏宁市场份额超过 20%，持续领跑家电行业。

苏宁能够取得家电全渠道的首位，离不开近年苏宁的艰难转型。从传统零售商到电商，再到如今的积极投身新零售，打通线上线下渠道、打造智慧零售新模式以及同品牌商的良好关系，是苏宁取得家电全渠道销售第一的主要原因。

据 GFK 数据显示，全国家电市场 69% 为线下渠道销售，线下是家电行业的主战场。苏宁线下拥有绝对的优势，其遍布全国各地的 5 000 多家线下门店，是线下销售的绝佳渠道，这其中包括分布全国各地的 2 500 家直营店、1 520 家常规店、750 家加盟店、500 家苏宁小店、67 家苏宁红孩子门店等。随着电商增长缓慢，线下加速增长，电商纷纷投入新零售。在新零售时代，线下将越来越重要。

未来是线上线下结合的新零售模式。苏宁拥有线上线下双线优势，正通过打造多样化购物场景、提供个性化产品和服务，倾力构建智慧零售模式，将线上线下无缝融合。现在苏宁线下门店已经成为消费者购买家电的首要渠道。苏宁不仅是首位销售渠道，更是家电品牌商合作的第一渠道。苏宁与家电品牌商构建共生共赢的生态，为品牌商定制供货方式，缩短供应链的同时降低品牌商成本，真正实现与品牌商共生共赢。而越来越多的品牌，也将苏宁作为高端新品首发平台。

苏宁正是凭借强大的线下门店、智慧零售新模式，以及同品牌商的良好关系，取得了家电全渠道销售第一。

(资料来源: http://www.sohu.com/a/234627419_100098584)

(3) 零售商组织

零售商组织主要包括特许经营店和公司连锁店两种形式。

特许经营店指特许经营者与受许经营者通过契约关系以特许经营的方式进行合作，受许经营者可以使用特许经营者的商标、专利、标准产品、经营模式、企业培训和专有技术等核心经营要素，并支付特许经营者相应的报酬。比如肯德基的经营模式就是特许经营。

因为特许经营费都较高，特许经营者通过特许经营可以实现大规模的扩张，通过规模经济而降低成本，既规避了高资本借贷的风险，又不必管理加盟商的日常琐事。

公司连锁店指一个公司由多个零售单位组成，这些零售单位之间实行标准化、统一化的经营模式，可以给消费者同样的服务体验。

(三) 批发与批发商

1. 批发

批发指不直接面对消费者，而是将商品卖给零售商或者商业客户的商业行为。

2. 批发商

批发商指在商品流通过程中，向创业者购进商品，不直接销售给消费者，而是销售给零售商或其他生产者，从而获得盈利的中间商。它一方面向生产者收购商品，一方面向零售商批销商品。批发商主要有三种业态：

(1) 商人批发商

商人批发商也叫经销商，指自己进货，取得商品的所有权后再批发出售的商业企业。因为商人批发商承担了商品销售的所有风险，因此提供的服务较多，获得的利润也较大。

(2) 经纪人和代理商

经纪人和代理商指不拥有商品所有权，但是从事销售的商业企业。因为没有商品的所有权，所以提供的服务比商人批发商少很多，主要负责促成产品的交易，并借此取得佣金作为报酬。

(3) 制造商和零售商的销售商分店和销售办事处

制造商和零售商的销售商分店和销售办事处是由制造商和零售商自行经营批发业务，而不通过独立的批发商进行。

延伸阅读

药品批发商的著名经典案例

美国三大药品批发商卡地纳（Cardinal Health）、美源伯根（Amerisource Bergen）和麦凯逊（McKesson）占据了超过90%的市场份额。大约10年前，它们的业绩都差不多，在下游客户（医院、药店等）眼里的形象也都相同。但仅仅过了5年，卡地纳就有了突出的表现：2006年，它的销售额（814亿美元）比美源伯根（612亿美元）高30%，虽然比麦凯逊（881亿美元）低8%，但它的净利润额却比麦凯逊高33%。

这样绩优的表现，对于批发商来说，一般可能来自以下几个因素：

(1) 拿到好药的分销权。

(2) 在后端运作中降低成本，例如优化物流配送体系等。

(3) 在前端销售中开辟更多客户。

(4) 让每个客户订购更多数量的商品。

(5) 让每个客户订购更多高利润的商品。

斯莱沃斯基在他的《微利时代的成长》中，分析了卡地纳这个批发商成功的著名案例：

他订购了卡地纳的套装产品后，“手术当天早上，手术用品以无菌包装送到医院，包里的工具完全依照手术流程摆放，而且，它们都是医生自己事先在卡地纳网上挑选的适合自己的工具用品（如手套）。”

原来，卡地纳在分销过程中只是做了一个小小的改变，而这个改变却使客户的满意度更高、订购量更大，愿意相对放弃对价格的要求。卡地纳所做的，就是把手术用品进行分类，形成一些组合，然后按套卖给医院。

医院为什么会有成套需求？斯莱沃斯基分析认为：“一般的手术需要约200个医用工具，这个数量还会随手术的不同和医生的个人偏好有所变化。在一般情况下，几千种不同的工具都会放在医院的药架上，手术前由工作人员手工挑选需要的东西，然后放在盘子中送到手术室。这个过程相当费时间，医护人员浪费了很多时间在这个上面，存货的成本也非常高，还容易出错。”

（资料来源：http://blog.sina.com.cn/s/blog_12ef124060102w5j3.html）

【任务实施】

吴星达通过营销组合理论的学习，收获了很多营销组合策略的知识。

他重新整理和撰写了星达五金建材公司的营销策略，主要包括：星达五金建材公司的目标市场和公司定位；星达五金建材公司的销售目标；星达五金建材公司的产品策略、价格策略、促销策略、分销渠道策略。

其中，在产品策略里，明确了星达五金建材公司产品的档次和种类，产品销售的年度、季度、月度的时间销售计划和地区销售计划。

在促销策略里，明确了星达五金建材公司的促销活动的节假日和月度重点、公共关系的重点、广告的预算和广告的形式，比如报纸杂志、微信、广播、户外广告、传单等形式。吴星达还制订了完整的推广计划。

在分销渠道策略里，明确了星达五金建材公司免费送货上门的购物条件和买一送一的搭配标准，让消费者能够更方便快捷地得到自己公司的产品。

复习思考

1. 广告媒体主要包括哪些？如何利用微信和QQ进行有效的营销？
2. 产品定价的方法有哪些？什么是声望定价？
3. 零售商有哪几种形式？创业者采取特许经营的方式有哪些好处？

情景模拟

请每组围绕星达五金建材公司进行公共关系促销的策划和营业推广促销的策划，并进行现场评比，看一看哪一组方案更能赢得消费者的好评。

项目实训

1. 为手表这种产品进行核心产品、有形产品和附加产品的分类，并绘制手表的同心圆图。

2. 请针对你要创业的产品设计一份产品策略、价格策略、促销策略、分销渠道策略的营销组合方案。

案例分析

金龙鱼公司“1:1:1”，开创调和油市场

很少有人知道“1:1:1”具体是什么，但是我们都能够记住1:1:1，并且潜意识觉得这个比例应该是很科学的。

调和油这种产品是由金龙鱼公司创造出来的。当初，金龙鱼公司在引进国外已经很普及的色拉油时，发现虽然有市场，但不完全被国人接受，原因是色拉油虽然精炼程度很高，但没有太多的油香，不符合国人的饮食习惯。后来，金龙鱼公司研制出将花生油、菜籽油与色拉油混合的产品，使色拉油的纯净卫生与国人的需求相结合，借助产品创新终于赢得国内市场。

为了将金龙鱼这个品牌打造成为强势品牌，金龙鱼在品牌营销策略方面不断创新，由最初的“温暖亲情·金龙鱼大家庭”提升为“健康生活金龙鱼”。然而，在多年的营销传播中，这些“模糊”的品牌概念除了让消费者记住了金龙鱼这个品牌名称，并没有引发更多联想，而且，大家似乎还没有清楚地认识到调和油到底是什么，有什么好处。2002年，金龙鱼公司又一次跳跃龙门，获得了新的突破，关键在于提出了新营销传播概念“1:1:1”。看似简单的1:1:1概念，配合1:1:1最佳营养配方的理性诉求，既形象地传达出金龙鱼产品由三种油调和而成的特点，又让消费者“误以为”只有1:1:1的金龙鱼才是最好的食用油。

也正是通过这个概念，金龙鱼公司在2002年让中国的消费者真正认识了调和油，它成功的关键在于找到了一个简单的营销传播概念，得以让金龙鱼公司10年来一直以绝对优势稳居小包装食用油行业第一品牌地位。

问题：我们能从金龙鱼公司营销的案例中得到哪些市场策略方面的启示？

项目五

如何构建企业结构和企业文化

课前热身

创业者格言

并不是靠什么经营技巧，日航得以重建的关键，就在于三万两千名员工的意识和观念发生了改变。

——日本航空公司总裁稻盛和夫

以爱为凝聚力的公司比靠畏惧维系的公司要稳固得多。

——美国西南航空公司总裁赫伯·凯莱赫

创业者故事

张晓旭的“二次创业”

2000 年，张晓旭通过高考，成为大连理工大学英语专业的一名学生。从大学一年级开始，在完成好学业的同时，张晓旭就为初、高中的学生担任家教工作。他三个月背下 100 多篇英语文章，与留学生练习口语并每天练习四五百遍。他还创办了大连理工大学外语活动中心，年收 3 000 人。经过疯狂英语的历练，在大学三年级的时候，张晓旭已经成为疯狂英语最年轻的副校长，一个月收入就曾达到 3 万元。2005 年，张晓旭一毕业就凭借着自己在大学创业实践中积累的经验和获得的客户资源，创办了自己的第一家英语培训学校——大连沙河口百家教育培训学校，专门从事英语教学。百家教育一开始就经营得很好，公司第一年销售额达到了 30 万元，第二年销售额达到了 120 万元。

2006 年，张晓旭的女朋友被诊断为癌症，张晓旭不得不带着女朋友去北京求医治疗。从 2006 年 3 月开始，张晓旭周末在大连上课，周一到周五就拿着女朋友的病例去北京求医。由于张晓旭对公司疏于管理，于是公司的组织架构开始出现了大的裂缝，核心员工跳槽并带走了公司的团队，百家教育一夜之间又回到一个顾客都没有的创业初始状态。张晓旭这个时候才意识到他的公司出了问题。一个公司只有优秀的员工是远远不够的，重要的是怎么把员工管理好，用组织制度管理好员工。张晓旭因此开始了“二次创业”。在重新创业的过程中，张晓旭一开始就建立了各项规范的规章制度，并进行了股权激励，百家教育重新走上了辉煌的道路。

十年后，百家教育已经成为集教育咨询、师资培训、学历教育、创业投资、大赛运营、图书研发、外语翻译等于一体的大型综合性教育培训机构。张晓旭也成为全国大学生创业典型，成为中国有影响力的企业家之一。

目标规划

一、知识目标

- 掌握职务描述的内容、任职说明书的内容、组织结构设计的原理、组织结构设计的类型。
- 掌握精神心理文化、制度行为文化、物质文化的内容及招聘的途径和流程。

二、能力目标

- 能够合理地运用组织结构的知识设置组织结构和进行岗位分析。
- 能够合理地运用员工招聘的知识设计招聘的流程和面试的问题。

三、素质目标

- 培养学生树立系统思维的全局观。

任务一　设计企业的组织结构

【任务导入】

潘小敢的创业故事

（一）员工为什么闹矛盾

潘小敢是鞍山师范学院高等职业技术学院 2013 届商务系连锁经营管理专业的优秀毕业生。他在鞍山师范学院高职学院读书期间品学兼优，除了每天学好功课，他还积极参加社团活动，全面培养自己。他还在周末和节假日参加兼职活动，提高自己将理论应用到实践的能力。毕业后，他来到广东创业，寻找到了顾客对于健康食品的需求，利用所学的连锁经营管理的专业知识，开设了 4 家健康粗粮连锁店。

在公司刚刚成立初期，潘小敢非常困惑，到底应该请几位厨师，设置哪些部门，怎么对他们的工作进行考核？当人员和部门的问题刚刚得到解决，大家开始一起工作后，人员之间的矛盾又凸显出来。一个门店的厨师和前台服务员经常发生矛盾，甚至大打出手。当潘小敢找到他们了解问题的时候，发现问题并不是来自两个人的个性冲突，而是由于对于特定职责的误解造成的。厨师由于感到前台的工作强度没有那么大而流露出强烈的不满，前台又因为厨师只是忙那么一段时间而感到很不公平。除此之外，保洁人员也认为他们不应该承担任何额外的职责，因为她们的薪水中并没有额外职责的报酬。

潘小敢将这些棘手的问题咨询了一位管理顾问，管理顾问指出，问题在于你们缺乏工作分析和工作职责说明书，也没有清晰的岗位界定和组织结构。当一个企业的员工都不满意的时候，消费者怎么可能感受到最大的满意呢？潘小敢突然觉得管理企业似乎不像自己一开始想象得那么简单。

【任务分析】

拥有一个好的创意和寻找到一个好的创业机会比较困难，但管理一个企业更加困难，尤其是对于缺乏管理经验的创业者来说。新创企业应该设立哪些部门？每个部门应该设置哪些岗位？每个岗位都应该有哪些工作职责？工作量和薪水之间应该如何挂钩才能最大限度地避免矛盾？这些都是创业者需要逐个解决的管理问题。经典的“木桶理论”告诉我们，一个企业的竞争能力不取决于最优秀员工的长板，而是取决于员工中最短的那块木板。一个好的组织结构的设计，可以利用团队的优势弥补员工的不足，从而取长补短，发挥团队的最大潜能。

【相关知识】

一、企业的组织结构设计

（一）组织结构设计的意义和定义

1. 组织结构设计的意义

任何一个企业都是为了完成特定的目标而成立的。在实现企业目标的过程中，企业有很多工作需要做，从营销策略的制定到企业人员的招募，从创业项目的执行到企业文化的塑造，这方方面面的工作就像一个蓄水池中的水，我们称之为“工作池”。而每个人的能力就像一个水杯的容量，并不能单凭一个杯子就装上这蓄水池中所有的水，也就是说，不能单凭创业者一个人的能力完成所有的工作任务。因此我们把一个人能完成的工作设定为一个岗位，并制定相应的岗位职责。而有相同或类似技能或者功能的岗位归为一起，就组成了企业的部门。

部门和岗位的设置决定了企业的结构，而企业的结构决定了企业的核心竞争力。正如我们熟知的金刚石与石墨虽然都是由碳元素构成的，但是由于碳元素的排列结构不同，所以两者之间形成了极大的差别：金刚石是矿物中最硬的物质之一，石墨则是矿物中最软的物质之一；石墨能够导电，金刚石则绝缘。因此，创业者必须注重企业的组织结构，认真设计，科学管理，才能使企业有更强的竞争力。

2. 组织结构的定义

组织结构指企业为了实现企业的目标而对企业内部各个组成部分的位置排列、空间部署、隶属关系、沟通模式等所做的有机安排。

（二）组织结构设计的原理

1. 创业者的管理幅度

所谓管理幅度，又称管理跨度，指企业的管理者直接管理的下属的人数。如果下属人数过少，管理者会有很多余力没有完全发挥；如果下属人数过多，管理者则面临管不过来的窘境，所以管理幅度必须适度。企业组织结构设计首先应该考虑管理幅度。

当然管理幅度并不是一成不变的，管理者的能力越强，其管理幅度就越大。同时，下属的工作能力越强，管理者的管理幅度也可以变得越大。管理幅度还与管理者的工作性质有关。管理者的工作越复杂，对管理者的精力和智力要求就越高，管理幅度就越小。因此，通常来说，高层管理者的管理幅度是应该小于基层管理者的。管理幅度还与管理手段的先进程度有关。企业越多采用现代化、信息化的管理工具，组织工作越标准，管理者的管理幅度就越大。

案例学习 5－1　诸葛孔明谋臣术的缺失——关于管理幅度的故事

"出师未捷身先死，长使英雄泪满襟"，诸葛孔明一生事必躬亲，积劳成疾，卒于军中，终年 54 岁，虽业绩彪炳，却始终未能为蜀国培养出一些像样的人才，最后落得"蜀中无大将，廖化做先锋"，国家大业后继无人的结局。从现代的管理理论来看，诸葛先生的误区启发我们思考：作为一名管理人员，究竟能够有效地管理多少下属？这就是管理幅度问题。

一方面是"公司"越来越大，另一方面是孔明越来越操劳，军中"二十罚已上皆自省览"，诸如任免一个县官这样的芝麻小事，孔明也要亲自处理，事无巨细，亲力亲为，日理万机，"夙兴夜寐"。

司马懿评价说："孔明食少事烦，其能久乎？"

而与之相对比，曹操采取的人才策略是："三个臭皮匠，顶个诸葛亮"。曹操广纳天下贤才，达到人才的整合效应，用分工与协作产生更多的"诸葛"，就是说在公司形成高、中、基三个管理层次：战略决策层、战术执行层、运营层，让合适的人做合适的事。

"用兵不在兵之多寡，在于主将，在于谋臣——而谋臣之术，用兵之法，在于军中组织应该怎样布阵：每个将官能有效管理多少兵士（要设置适当的管理幅度），这样才能用兵得法、布兵有阵——而排兵布阵又受将官的能力与兵的能力的影响，即'揣能'——古人之善用兵者，揣其能而料其胜负"。然而孔明是没有机会实施了。

（资料来源：https://wenku.baidu.com/view/4e158658312b3169a451a4ce.html）

2. 企业的管理层次

所谓管理层次，又称组织层次，指从创业者到基层员工之间的管理层级。因为管理者的管理幅度受到能力和精力的局限，因此管理不过来的下属就要进入下一级的管理层，形成管理层次。如果一个企业的管理层次由厂长、车间主任、班长和员工构成，则该企业的管理层次为四层。管理层次虽然能解决管理幅度不足的问题，但是管理层次自身也有很多问题。

首先，管理层次越多，管理人员就越多，因此带来的费用就越高。其次，根据沟通漏斗的理论，信息在逐个层次传递过程中会逐渐递减，导致管理层次越多管理沟通难度越大。

【知识链接】管理层次

3. 管理幅度与管理层次的关系

一般来说，管理幅度与管理层次之间成反比例的关系。管理者管理幅度越大，管理层次就越少；管理者的管理幅度越小，则管理层次就越多。现代的管理理念要求管理层次尽量扁平化。

案例学习 5－2　减少管理层次的扁平化管理

1981 年，韦尔奇接任美国通用电气公司总裁一职，当时，该公司管理层次有 12 层，工资级别多达 29 级。在这种组织结构框架下，通用公司出现了明显的官僚化倾向，信息传递速度慢，而且失真的现象经常发生，所以企业对外界环境反应不灵敏，经常会出现“战略赶不上环境”的情况。韦尔奇接手管理的一年时间里，砍掉了350多个部门，管理机构由12层扁平化至5层，副总裁由130名减至13名。这使得通用公司的信息管理达到扁平化，对环境的反应更敏捷了，这种敏捷来源于决策点距离信息源更近了。当管理层次减少而管理幅度加大时，金字塔状的组织形式就被“压缩”成扁平状的组织形式。

从变革之初到完成变革的十几年间，通用电气公司的销售额从200亿美元增加到1 004亿美元，利润大幅增长，实力一度上升到全球第二，雇员人数则从41万下降到29.3万。实现这种高效转变，要归功于总裁韦尔奇所实施的组织扁平化战略。

(资料来源: http://blog.sina.com.cn/s/blog_ed26e51c0102uzll.html)

(三) 组织结构的类型

常见的组织结构类型主要有：直线制、职能制、直线职能制、事业部制、矩阵制等组织结构。根据创业型企业规模较小、人员较少的特点，我们这里重点介绍直线制、职能制和直线职能制组织结构。

1. 直线制组织结构

直线制组织结构，又称军队组织形式，指企业各级行政单位从上到下实行垂直领导，没有职能机构，形同直线。直线制组织结构是企业发展初期采用的最简单的一种组织结构形式。它的特点是没有职能部门，组织中的职位按照垂直系统直线排列，各级管理者对自己的下属拥有直接的一切职权，一切管理工作只能由各级管理者自己执行，一级管理一级，下属部门只接受一个上级管理者的指挥（见图5-1）。创业型企业刚开始实力比较薄弱，采用直线制组织结构比较适合。

直线制组织结构的优点是：结构简单，命令统一，人员较少，责任和权利明确，沟通不易失真，管理成本比较低。直线制组织结构的缺点是：它要求行政负责人通晓多种知识和技能，亲自处理各种业务。在业务比较复杂、企业规模比较大的情况下，把所有管理职能都集中到最高主管一人身上，这显然是难以承受的。因此，直线制只适用于规模较小、生产技术比较简单的企业，对生产技术和经营管理比较复杂的企业并不适宜。

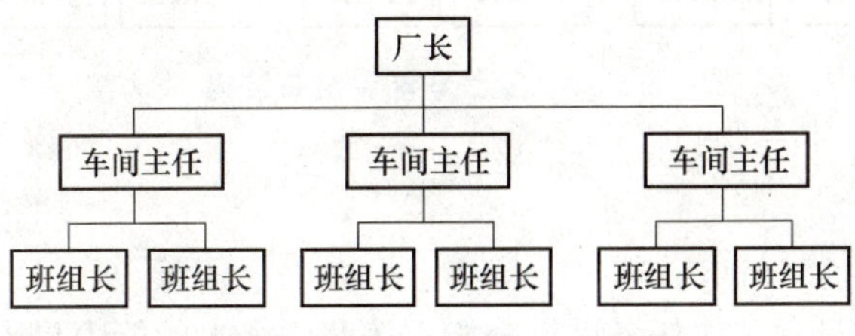

图5-1　直线制组织结构

2. 职能制组织结构

职能制组织结构指在企业内部各个管理层次都设置职能部门，各职能部门都有权在各自业务范围内向下属下达命令，下属部门要接受各个职能部门非直线方式的领导（见图5-2）。

职能制组织结构的优点是：通过设置职能部门，并要求它们发挥作用，可以大大减轻管理者的负担。行政组织按职能或业务性质分工管理，选聘专业人才，能充分发挥职能部门的专业管理作用，减轻直线领导人员的工作负担，利于业务专精，思考周密，提高管理水平。职能制组织结构的缺点是：由于下属部门面临多个职能领导，因此违背了组织的统一指挥原则，容易造成管理混乱。同时，还容易形成职能部门间各自为政的现象，使行政领导难以协调。

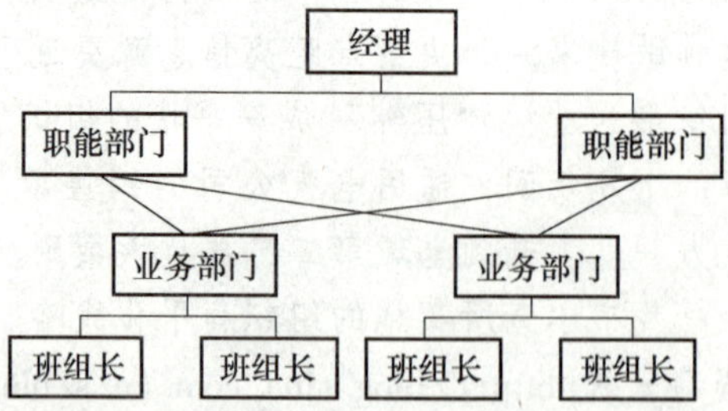

图 5-2　职能制组织结构

3. 直线职能制组织结构

直线职能制组织结构指在企业内部既设立纵向的直线指挥系统，发挥直线制组织结构的优点，又设置横向的职能部门，发挥职能制组织结构的优点。直线部门的人对自己的工作负全部责任，职能部门及其人员是直线领导人员的参谋，对下属部门只能提供建议和业务指导，没有指挥和命令的权力（见图 5-3）。

直线职能制组织结构的优点是：领导集中，职责明确，效率很高。直线职能制组织结构的缺点是：下级部门缺乏积极性，彼此间沟通较少。职能部门和直线指挥部门之间目的不一致，容易导致矛盾的产生。直线职能制组织结构也适合中小型企业。

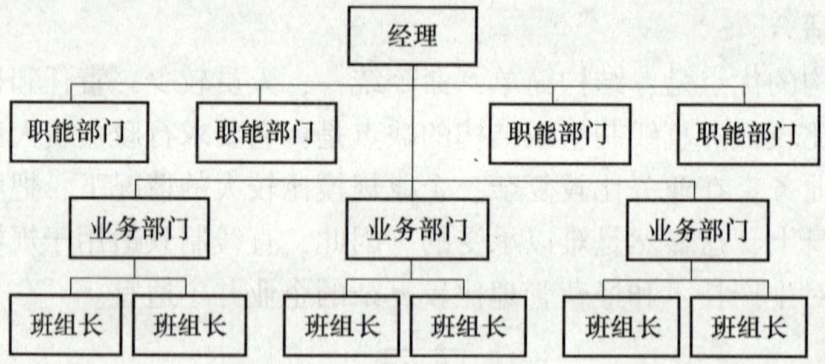

图 5-3　直线职能制组织结构

二、企业的岗位分析

企业需要把所有的日常工作任务进行分析，按照一个人的能力界限设置岗位，并根据岗位的多少设计相应的部门，最后根据部门的多少设计组织结构。因此，企业的岗位分析是所有组织结构设计的基础。岗位分析主要包括两部分内容：一是形成岗位的职务描述，二是形成岗位的任职说明书。

（一）职务描述

职务描述也称为岗位描述、岗位职责，主要描述每一个具体岗位的工作内容与特征、岗位的责任与享受的权利、工作的目的与结果、工作的时间与地点、工作的环境与条件、工作的流程与规范等内容。具体而言，一个岗位的职务描述主要应包括以下几个方面的内容：

1. 岗位名称

岗位名称指企业中从事工作任务的岗位的具体名称，以利于对工作任务进行区分和确定。岗位名称越具体越好，因为有利于把同类型的相似岗位也进行区分。

2. 职责与工作任务

职责与工作任务是职务描述的核心部分，必须尽可能详细地进行描述。职责与工作任务不仅包括工作任务和工作责任，还需要规定完成周期，同时还要界定工作流程，使每一个新接触岗位的员工看到职务描述后就能立即开展工作。

3. 工作条件与环境

工作条件与环境主要包括工作的温度、工作的噪声、工作的安全保障、工作的使用工具等内容。

4. 聘用条件

聘用条件主要包括工作人员在该岗位的工作时间、工作人员的试用期限及相关待遇、工作人员的录用情况及相应的补贴和费用。

5. 晋升与培训机会

晋升与培训机会指工作人员在该岗位上可以享受什么样的培训机会以及可以获得什么样的职业进阶位置和路径，以此激励工作人员的积极性。

案例学习 5－3

某银行贷款助理员的职务描述如表 5－1 所示：

表 5－1　某银行贷款助理员的职务描述

<table>
<tr><td>岗位名称</td><td colspan="2">公司贷款助理</td><td>岗位编号</td><td>1003</td></tr>
<tr><td>所在部门</td><td colspan="2">公司信贷部</td><td>岗位定员</td><td>1</td></tr>
<tr><td>工作地点</td><td colspan="2">公司总部</td><td>任职时间</td><td>1998 年 12 月</td></tr>
<tr><td>直接上级</td><td colspan="2">公司会计主管 A 先生、B 女士</td><td>所辖人员</td><td>无</td></tr>
<tr><td>内部关系</td><td colspan="2">公司信贷部的 C、D、E、F 等其他员工</td><td>外部关系</td><td>主要银行客户</td></tr>
<tr><td colspan="5">1. 岗位概述
帮助公司进行商务账单管理，保持与本公司有利益关系的公司的合作关系。</td></tr>
<tr><td colspan="5">2. 职责与工作任务</td></tr>
<tr><td rowspan="2">职责一</td><td colspan="4">职责描述：信用分析（每周）</td></tr>
<tr><td>工作任务</td><td colspan="3">在信贷主管的指导下，分析客户公司的历史、在行业中的地位、现在状况、会计程序、信贷需求；考察信用报告；为潜在的贷款者推荐贷款方案；考察和总结现有的贷款者的绩效；准备且跟踪信用往来与报表以及合法的贷款协议清单。</td></tr>
<tr><td rowspan="2">职责二</td><td colspan="4">职责描述：业务（每周）</td></tr>
<tr><td>工作任务</td><td colspan="3">帮助客户处理贷款问题与需求；出具客户有效需求的信用信息；根据公司资产负债情况分析账面利润，给各个客户贷款；指导公司贷款票据部门的基金收支、贷款签订过程；纠正内部偏差。</td></tr>
</table>

续表

<table>
<tr><td rowspan="2">职责三</td><td colspan="2">职责描述：贷款文件（每周）</td></tr>
<tr><td>工作任务</td><td>起草所需的贷款文件；帮助客户完成贷款文件；在贷款工作结束后立即对照贷款文件检查贷款的完成情况。</td></tr>
<tr><td colspan="3">3. 工作条件与环境</td></tr>
<tr><td colspan="2">工作环境</td><td>75%以上的时间在室内工作，不受气候影响，一般无外出要求，只有在信贷调查时才外出；工作场地湿度与温度适中，无噪声，无有害气体，无生命及其他伤害危险。个人无独立的办公室。</td></tr>
<tr><td colspan="2">使用工具</td><td>一台计算机、一部电话及其他办公用具。</td></tr>
<tr><td colspan="3">4. 聘用条件</td></tr>
<tr><td colspan="2">工作时间</td><td>每周工作35小时，每天7小时。因工作需要而加班，一天加班时数一般不超过2小时，每周不超过4小时，非节假日加班工资按时数×平均小时工资数×2计算，节假日加班工资按加班时数×平均小时工资数×4计算。法定节假日放假，每年有带薪休假。</td></tr>
<tr><td colspan="2">工作试用</td><td>该工作的试用期为3个月，试用期间，若因个人业绩达不到规定标准或严重违反公司纪律等因素，公司有权在不提前通知的情况下予以解雇，个人也可直接向公司提出辞职。试用合格即可与公司签订正式录用合同。</td></tr>
<tr><td colspan="2">工作录用</td><td>员工在被正式录用后，公司因经营不善，或因员工个人因素需解雇员工时，公司必须提前一个月向员工宣布解雇决定，且公司须向员工补贴生活费用，补贴金额为：员工在公司工作的周年数×该员工解雇决定宣布当月的工资额，员工工作不满一年者补贴该员工解雇决定宣布当月工资总额的两倍。员工被正式录用后，个人向公司提出辞职时，须提前一个月（重要岗位须提前两个月）向公司提出辞职申请，获得公司批准后，方可离开公司。若不提前向公司提出申请，或未获得公司批准而离开公司，则公司按员工在公司工作的周年数×该员工解雇决定宣布当月的工资总额/2的标准支付生活补贴，员工工作不满一年者无补贴。</td></tr>
<tr><td colspan="3">5. 晋升与培训机会</td></tr>
<tr><td colspan="3">本职位为公司最低职位，可能晋升到贷款主管或会计主管；在公司内可获得信贷和会计等知识与技能培训。</td></tr>
</table>

（二）任职说明书

任职说明书指应聘者具备什么样的资质才可以应聘相应的岗位。具体而言，一个岗位的任职说明书主要应包括以下几个方面的内容：

1. 常规要求

常规要求主要包括该岗位从业者必须具备的年龄（过大或过小都不适合该岗位）、性别（比如矿井开采工作）、教育程度（学历和学位）、工作经验。常规要求必须切合工作实际，避免标准过高造成对应聘者的歧视。

2. 身体要求

身体要求主要包括该岗位从业者必须具备的感觉器官的敏锐性（比如司机和交警不能是色盲、销售人员不能失聪、高空作业人员不能有恐高症等）、身体强壮程度（与体力相关的岗位）、力量与耐力（比如保安、门卫、销售人员要有持续站立的能力）、运动的灵活程度。

3. 能力要求

能力要求主要包括该岗位从业者必须具备的记忆能力、理解能力、学习能力、观察能力、解决问题能力、语言表达能力、人格、兴趣、事业心、团队合作能力等。

案例学习 5-4

某银行贷款助理的任职说明书如表 5-2 所示：

表 5-2 某银行贷款助理的任职说明书

岗位名称	公司贷款助理	年龄	25~35 岁
性别	男女不限	学历要求	大学本科以上
工作经验	在银行工作三年以上		
1. 体能要求	视力良好，能听见 6 米以外的说话声；对数字口头表达能力强；有充沛的体力巡访客户；能用手书写；无严重的疾病和传染病。		
2. 知识与技能	有良好的语言沟通能力，如倾听与提问能力；具有一般会计能力；有良好的书写能力；有良好的综合分析能力；能对财务文件进行研究分析；有能力代表公司的形象；具有销售技能；具有企业管理与财务知识，具有银行信用政策和服务的知识，熟悉与银行相关的法律知识与术语；能熟练运用计算机；有独立工作的能力，能适应高强度的工作；具有面试能力；对经济、政治事件有分析能力。		
3. 其他特性	有驾驶执照；愿意偶尔在下班后或周末加班，能每月/周出省出差；愿意在下班后参加各种活动；平时衣着整洁。		

【任务实施】

潘小敢通过学习企业组织结构的知识，将公司的组织结构设计为直线制。但是他很快发现这种组织结构并不完全适合自己的公司，不足之处集中表现在组织结构缺乏弹性，同一层次之间缺乏必要的联系，管理人员负担过重。于是，潘小敢认真研究了公司的管理幅度和管理层次，把组织结构改为直线职能制，并设置了相应的部门和岗位。接下来潘小敢又为每个岗位进行了工作分析，制定了每个岗位的职务描述和任职说明书。通过这一系列的举措，潘小敢觉得公司的组织结构合理，可以很好地发挥组织的职能了。

复习思考

1. 企业的职务描述应该包括哪些内容？
2. 任职说明书中的能力要求都包括哪些内容？
3. 直线制和职能制两种组织结构有哪些区别？

情景模拟

请同学们模拟表演学生会和班级不同干部的职位，然后撰写该职位的职务描述和任职说明书，最后分组讨论，进行修改和完善。

项目实训

1. 设计你的企业的主要岗位的职务描述和任职说明书。
2. 设计你的企业的组织结构图。

案例分析

究竟是谁的错

A公司是一个生产汽车零配件的中型公司，大学刚毕业的小杨到该公司从事人力资源管理工作。在工作的过程中，他发现该公司的人力资源工作存在着一些弊端。比如，工作岗位职责很不明确，没有详细的工作内容、工作说明和规范，也没有相应的成文的典章制度。员工们的职责几乎是凭借他们自己的理解和仅有的自觉性来履行的，这样他们之间经常以不知道或不明确自己的工作为由，出现人浮于事、纠缠扯皮现象。特别让他吃惊的是，有一次，他到车间去察看员工的工作情况时，意外地发现位于甲、乙两个车间之间的通道里堆满了杂物和废品，既影响工作人员行走，也有碍于观瞻。于是他让甲车间的小王负责清理，小王却声称那不是他们车间的事，不应该让他去负责，他只管属于他们车间内部的卫生。他还说要清理也可以，但提出若增加工作量就应增加工资待遇。小杨听后很生气，但又觉得小王提出的问题似乎也有些道理。于是他就又跑到乙车间去了解情况，谁知乙车间的人却说那儿堆的东西几乎都是甲车间的，应该由他们处理。这样"公说公有理，婆说婆有理"，结果是他们互相推诿，"垃圾事件"一拖就是两个星期，两个车间的员工竟然都熟视无睹，无人问津。此情此景，小杨看在眼里，急在心里，他意识到这个小事情反映了大问题。他还仔细观察了该公司的许多其他岗位，都存在类似的问题。所以从整个公司来看，员工之间的工作关系比较混乱，责权划分不到位、不清晰。出了问题，他们互相推卸责任，有了好事，却争相邀功，因此公司的士气低落，效率低下。总之，该公司的人力资源管理还处在非常初级的阶段，这不能不说是个失败。

问题：我们能从这个案例里得到什么启示？

任务二　塑造企业文化

【任务导入】

潘小敢的创业故事（续）

（二）为什么建设企业文化

潘小敢设计完组织结构并进行了工作分析后，每名员工有了自己明确的工作职责，员工之间的争执减少了很多。但是过了不久，潘小敢发现公司一部分优秀员工开始陆续流失到了竞争对手的公司。他通过与离职员工谈话和私下调查，发现离职员工中很多人对公司的制度和文化不满，比如他们抱怨公司的员工考勤制度处罚太过轻松，每次迟到只罚5元钱，导致员工迟到现象比比皆是并互相效仿；再比如他们抱怨公司没有制定保密制度，导致有些员工辞职后直接把核心技术带到竞争对手公司；再比如他们抱怨公司的文化氛围不好，没有什么人情味，平时没有什么联欢会和运动会，也不关心员工，而竞争对手公司在员工过生日的时候会赠送蛋糕和开庆祝会。

员工的流失让潘小敢一筹莫展，问题到底出现在哪里？他百思不得其解。潘小敢报名参加了北大工商管理进修班，老师告诉他除了要用待遇留人，还要学会事业留人、情感留人，要学会制定制度和塑造企业文化。老师的指点让潘小敢茅塞顿开，他通过培训学会了制定企业制度和塑造企业文化，他的连锁店也在他的一手抓制度、一手抓文化的过程中走向正轨，越做越好。

【任务分析】

俗话说“没有规矩，不成方圆”。一个企业如果缺乏严谨的管理制度就无法对员工进行有效的管理。一个好的制度可以防止好人变坏，一个好的文化则可以激励员工从优秀迈向卓越。而一个好的创业者必须学会一手抓制度，一手抓文化，两手抓，两手都要硬。可是企业都需要制定哪些制度？又该如何制定这些制度？这是摆在创业者面前特别头疼的问题，过于严苛的制度会将知识型员工撵走，而过于松散的制度又会养懒人和蠹虫。同时，企业应该制定什么样的企业文化？企业文化应该从哪些方面建设？这些问题也是创业者需要解决的问题。

【相关知识】

一、企业文化

企业文化一般由三部分构成，分别是深层的精神心理文化、中层的制度行为文化、表层的物质文化。

（一）精神心理文化

精神心理文化主要指企业的价值观、企业的经营哲学、企业宗旨、企业精神、企业风貌等精神成果和文化观念，是企业意识形态的总和。

1. 价值观

企业的价值观指创业团队在企业经营的过程中尊崇的经营理念和价值排序，是企业日常进行生产、服务和管理的内在依据。

可以说，价值观是企业文化的核心和灵魂。首先，价值观是创业团队成员共同拥有的，而不是创业者自己拥有的价值观。其次，价值观的影响是深远的，决定着企业的灵魂，是联系所有员工观点的精神纽带。最后，价值观是创业团队有意识培养的产物，并不是自发产生的。因此，创业者需要注重如何塑造和培育良好的价值观。

案例学习 5-5　稻盛和夫拯救日航——心灵赋能的力量

2010 年 1 月，亏损 1 400 亿日元的日本航空公司申请破产保护，日本首相亲自登门邀请已经 78 岁高龄的稻盛和夫出山拯救日航。稻盛和夫上任后，首先编制了《日航哲学手册》并全员推行，明确了日航经营的方向。发刊词中清晰点出：“我们必须让全体员工共有这种哲学，按照这种哲学指明的方向，把全体员工的思维方式统一起来，依据这种思维方式做出各种判断，以便好好地推进企业经营。”手册第一部分是“为了度过美好的人生”，开头就列出人生的成功方程式，并回答“作为人，何谓正确”等根本问题。接下来，稻盛和夫组织每月一期干部学习会，每个月开一次员工大会，向员工宣讲他的哲学，即倡导敬天爱人、利他之心，鼓励员工热爱自己的工作和生活，宣示生命的意义在于克服困难，完善自我。日航 3 个月后就开始扭亏为盈。到 2010 年年底，不仅弥补了 1 400 亿日元的亏损，还盈利 1 884亿日元。拯救日航，是稻盛和夫送给全球创业者的无价之宝。

（资料来源：http://www.sohu.com/a/126255074_355028）

2. 英雄人物

企业需要塑造企业的精神。但是企业精神不能凭空产生，因此必须依靠英雄人物来体现。英雄人物就是企业文化的人格化，他的作用可以是一个活的标杆，激励企业的其他员工以标杆为榜样，强化企业文化的形成。

英雄人物可以是创业者自身，或者是创业团队的成员，也可以是每年评选的优秀员工。企业需要通过英雄人物来传递企业精神。

【知识链接】企业文化中英雄人物的塑造

3. 文化仪式

企业的文化仪式指企业举办的一些企业内部的文艺晚会、体育竞赛、团队拓展训练、年度季度月度的表彰大会、周末冷餐会等文化活动的仪式。通过生动活泼的活动把企业的文化戏剧化和形象化，展示企业的经营哲学和文化理念，体现企业文化的内涵，丰富企业文化。

4. 文化传播渠道

企业还需要建立企业的文化传播渠道。企业需要通过文化传播渠道传播文化信息。通常的文化传播渠道主要包括员工手册、企业自办杂志、企业宣传栏、企业光荣榜、企业荣誉馆、团建活动视频展等形式。

案例学习 5-6

员工守则

（一）准则

务实高效，开拓进取。

（二）道德规范

诚信、正直、谦虚、勤勉、敬业、服从、守时。

（三）仪容仪表

1. 工作服：整洁、挺括、无破损、无丢扣。
2. 头发：清洁、美观、大方、无异味。男士后不盖领，侧不过耳。女士短发或束发，前不盖眼。
3. 指甲：干净、修剪整齐、不留长指甲和涂指甲油（包括本色）。
4. 面部：整洁、常修面。男士不留胡须、大鬓角。女士要化淡妆，不可浓妆艳抹。
5. 饰物：除手表、耳钉和婚戒外，不得佩戴任何饰物。
6. 鞋子：干净、不变形、无破损。
7. 袜子：无破洞、无抽丝，男员工着深色袜子，女员工着肉色丝袜。

（四）个人卫生

勤洗澡、勤更衣，保持干净，身上无异味。每天早晚要刷牙，保持口腔卫生，不吃异味食品。

（五）工作行为规范

1. 遵纪守法、执行规章、服从分配、听从调动、严守机密。
2. 积极主动工作，关心公司的经营效益，爱护公司财产，节支降耗，反对铺张浪费。
3. 同事之间团结协作，服从领导，平等待人，待客热情，注意礼节礼貌。
4. 不得利用职权或工作之便假公济私、营私舞弊。
5. 不得在值班室、员工宿舍或倒班宿舍留宿亲属。
6. 严格遵守公司各部门制度和公司管理部门批准的各项规章制度。

（资料来源：https://wenku.baidu.com/view/2e1c8c6b6d175f0e7cd184254b35eefdc9d3155a.html）

（二）制度行为文化

制度行为文化指企业为了实现企业宗旨对员工的行为给予一定规范和限制的文化。它具有强制力保证实施，规范着企业每一个人。企业的厂规厂纪、奖惩考核、工作流程、文艺体育活动、人际关系活动都属于制度行为文化。

俗话说："良好的开端是成功的一半。"一个优秀的企业必须在创业之初就制定一套严格的规章制度来使得政令通畅，塑造企业良好的风气。张瑞敏刚刚到海尔公司上任时，第一项工作就是颁布了 13 条规章制度，并严格执行，终于扭转了海尔的风气。而在蒙牛，员工在厂区内必须按照规定的路线行走，两个人必须一前一后，不许聊天，三个人必须走成一条直线。正是这些近乎严苛的制度规定，才使得制造类企业生产出符合质量标准的产品。

案例学习 5-7　**张瑞敏的十三条不准**

在山东青岛，35 岁的张瑞敏被派到一家濒临倒闭的电器厂当厂长。在张瑞敏上任前，一年之内已经换了三个厂长。很多年后，他回忆说："欢迎我的是53 张请求调走的报告，上班 8 点钟来，9 点钟就走人。"为了整治工厂，张瑞敏上任后就制定了 13 条规章制度：(1) 不准在车间随地大小便；(2) 不准迟到早退；(3) 不准在工作时间喝酒；(4) 车间内不准吸烟，违者一个烟头罚 500 元；(5) 不准哄抢工厂物资；(6) 不准打架；(7) 不准骂人；(8) 不准浪费粮食；(9) 不准乱停车；(10) 不准扎堆聊天；(11) 不准损坏公物；(12) 不准用工作电话办私事；(13) 不准工作时间外出。

一天，一位朋友要买一台冰箱，结果挑了很多台都有毛病。朋友走后，张瑞敏派人把库房里的 400 多台冰箱全部检查了一遍，发现共有 76 台存在各种各样的缺陷。张瑞敏把职工们叫到车间，问大家怎么办？多数人提出，也不影响使用，便宜点儿处理给职工算了。当时一台冰箱的价格 800 多元，相当于一名职工两年的收入。张瑞敏说："我要是允许把这 76 台冰箱卖了，就等于允许你们明天再生产 760 台这样的冰箱。"他宣布，这些冰箱要全部砸掉，谁干的谁来砸，并抡起大锤亲手砸了第一锤！很多职工砸冰箱时流下了眼泪。然后，张瑞敏告诉大家——有缺陷的产品就是废品。3 年以后，海尔人捧回了我国冰箱行业的第一块国家质量金奖。

（资料来源：https://zhidao.baidu.com/question/30325501.html）

企业管理制度是企业组织制度和企业管理制度的总称，是对企业管理活动的制度安排。企业管理制度的组成包括企业组织机构设计，专业管理制度等。制定制度要结合企业管理的实际，既要学习国际上先进的理论，又要结合我国的国情，要适应我国先进的文化。

具体而言，在制度行为文化层面，创业者需要制定一套完整的企业管理制度来保障企业的运行。一套完整的企业管理制度包括以下内容：

1. 行政管理的各类制度

行政管理的各类制度主要包括考勤管理制度、印章管理制度、着装管理制度、后勤管理制度、卫生管理制度、会议管理制度、档案管理制度、办公设备管理制度、办公用品管理制度、车辆管理制度等。

案例学习 5-8

考勤管理制度

潘小敢结合餐饮企业的特点，制定了公司的第一项制度《考勤管理制度》。

一、为加强考勤管理，维护工作秩序，提高工作效率，特制定本制度。

二、公司员工必须自觉遵守劳动纪律，按时上下班，不迟到，不早退，工作时间不得擅自离开工作岗位，外出办理业务前，须经本部门负责人同意。

三、周一至周日为工作日，每周有一天休息日，须提前申请，由分管店长安排。因工作需要夜间加班的，由各部门负责人填写加班审批表，报分管店长批准后执行。

四、严格请、销假制度。员工因私事请假1天以内的（含1天），由部门负责人批准；3天以内的（含3天），由分管店长批准；3天以上的，报总经理批准。分管店长和部门负责人请假，一律由总经理批准。请假员工事毕后，须向批准人销假。未经批准而擅离工作岗位的按旷工处理。

五、上班时间开始后5分钟至30分钟内到班者，按迟到论处；超过30分钟以上者，按旷工半天论处。提前30分钟以内下班者，按早退论处；超过30分钟者，按旷工半天论处。

六、1个月内迟到、早退累计达3次者，扣发5天的基本工资；累计达3次以上5次以下者，扣发10天的基本工资；累计达5次以上10次以下者，扣发当月15天的基本工资；累计达10次以上者，扣发当月的基本工资。

七、旷工半天者，扣发当天的基本工资、效益工资和奖金；每月累计旷工1天者，扣发5天的基本工资、效益工资和奖金，并给予警告1次处分；每月累计旷工2天者，扣发10天的基本工资、效益工资和奖金，并给予记过1次处分；每月累计旷工3天者，扣发当月基本工资、效益工资和奖金，并给予记大过1次处分；每月累计旷工3天以上，予以辞退。

八、工作时间禁止做与工作无关的事情，如打牌、下棋、串岗聊天等。如有违反者当天按旷工1天处理；当月累计2次的，按旷工2天处理；当月累计3次的，按旷工3天处理。

九、参加总公司和分店组织的会议、培训、学习、考试或其他团队活动，如有事请假的，必须提前向组织者或带队者请假。在规定时间内未到或早退的，按照本制度第五条、第六条、第七条规定处理；未经批准擅自不参加的，视为旷工，按照本制度第七条规定处理。

十、员工按规定享受探亲假、婚假、产育假时，必须凭有关证明资料报总经理批准；未经批准者按旷工处理。员工病假期间只发给基本工资。

十一、经总经理或分管店长批准，决定假日加班工作者每天补助20元；夜间加班者，每人补助10元。

十二、员工的考勤情况，由各部门负责人进行监督、检查，部门负责人对本部门的考勤要秉公办事，认真负责。如有弄虚作假，包庇袒护迟到、早退、旷工员工的，一经查实，按处罚员工的双倍予以处罚。凡是受到本制度第五条、第六条、第七条规定处理的员工，取消本年度先进个人的评比资格和月度满勤奖。

2. 安全管理制度

安全管理制度主要包括警卫人员值勤制度、防火安全制度、安全生产管理制度、安全保卫制度、事故管理制度、危险物品安全管理制度等。

3. 财务管理制度

财务管理制度主要包括现金管理制度、费用开支制度、差旅费标准制度、电话费标准制度、账册报表管理制度、数据统计分析制度、计量管理制度、仓储管理制度等。

4. 生产管理制度

生产管理制度主要包括岗位职责制度、设备操作规程制度、产品标准制度、工艺流程制度、控制参数制度、安全规程制度、设备管理制度、现场管理制度、质量管理制度、产品检验制度等。

5. 物资管理制度

物资管理制度主要包括仓库管理制度、招标采购管理制度、物料消耗定额管理制度、物资库存量管理制度、采购物资价格管理制度等。

6. 营销管理制度

营销管理制度主要包括销售管理制度、经销商管理制度、价格管理制度、市场调研制度、宣传推广制度、客户服务制度、合同管理制度等。

7. 人事管理制度

人事管理制度主要包括招聘管理制度、绩效考评制度、工作分析制度、培训上岗制度、薪酬管理制度、录用管理制度、离职管理制度、人员调动管理制度、考勤管理制度、福利保障制度、责任追究制度等。

8. 研发与技术管理制度

研发与技术管理制度主要包括产品研发制度、保密管理制度、科技创新制度、资本运作制度、进出口贸易管理制度。

创业型企业未必需要设计这么多、这么全的制度，而是要结合企业实际情况，循序渐进，制定适应企业发展阶段的制度体系。管理制度没有最好的，只有最合适的。

案例学习 5－9

保密管理制度

潘小敢为了保护公司的商业机密，尤其是食品配方和关键生产流程，制定了公司的保密管理制度。员工阅读后，每个人都签署了保密协定。有了法律的保障，潘小敢对于维系公司的市场竞争力充满了信心。

小敢粗粮连锁公司保密管理制度

为保守公司秘密，维护公司利益，制定本制度。

一、全体员工都有保守公司秘密的义务。在对外交往和合作中，须特别注意不泄露公司秘密，更不准出卖公司秘密。

二、公司秘密是关系公司发展和利益，在一定时间内只限一定范围的员工知悉的事项。公司秘密包括下列秘密事项：

1. 公司经营发展决策中的秘密事项；
2. 人事决策中的秘密事项；
3. 专有技术；

4. 招标项目的标底、合作条件、贸易条件；

5. 重要的合同、客户和合作渠道；

6. 公司非向公众公开的财务情况、银行的账户账号；

7. 店长和中层干部应当保守的公司的其他秘密事项。

三、属于公司秘密的文件、资料，应标明“秘密”字样，由专人负责印制、收发、传递、保管，非经批准，不准复印、摘抄秘密文件、资料。

四、公司秘密应根据需要，限于一定范围的员工接触。接触公司秘密的员工，未经批准不准向他人泄露。非接触公司秘密的员工，不准打听公司秘密。

五、记载有公司秘密事项的工作笔记，持有人必须妥善保管。如有遗失，必须立即报告并采取补救措施。

六、对保守公司秘密或防止泄密有功者，予以表扬、奖励。违反本规定故意或过失泄露公司秘密的，视情节及危害后果予以行政处分或经济处罚，直至予以除名。

七、档案室、微机室等机要重地，非工作人员不得随便进入；工作人员更不能随便带人进入。

八、办公室应定期检查各部门的保密情况。

（三）物质文化

表层的物质文化常常被称为“硬文化”，主要包括企业厂区的外观形象、产品的外观形象、人员的外观形象、设施和设备的外观形象。

1. 物质文化的作用

物质文化的建设并不是“走形式”和“乱花钱”。物质文化本质上是在企业工作现场塑造视觉形象系统。通过视觉形象系统的实施，使企业的形象在客户心中、在整个行业同业者心中、在社会民众心中、在企业员工心中都产生极大反响，激发员工对企业的形象、理念和战略目标产生兴趣，从而涌现出自豪感。这个时候，再去要求员工贯彻企业的各项规章制度、执行企业的理念和宗旨就会水到渠成、手到擒来。若企业再辅之以适当的培训和文化活动，表彰感动企业人物、学习标兵事迹，就会使企业的风气和氛围令人神往，从而让员工个人目标与企业目标逐渐一致，创造出更好的业绩，也能培养出更好的人才。

2. 物质文化的内容

物质文化的内容主要包括两个层面的内容：

（1）企业的工作环境和生活环境

工作环境和生活环境主要包括企业的建筑形象和厂区环境、企业的办公室环境、企业的道路和标识、企业的户外广告、企业的生产现场等。

（2）企业生产的产品和提供的有形服务

产品和有形服务主要包括产品的造型、企业的商标、企业的品牌形象、企业的产品包装、企业的统一服装等。

案例学习 5 - 10

环境管理制度

企业要建设物质文化，需要注重工作环境和生活环境，尤其是食品企业，更应该注意。因此潘小敢与工作人员共同制定了工作办公区和厨房作业区的环境管理制度，塑造了公司良好的环境，让消费者也非常满意。

小敢粗粮连锁公司工作办公区和厨房作业区环境管理制度

第一节　总则

第一条　为规范公司工作办公区和厨房作业区的工作秩序，营造整齐、清洁、安静、美观的公司环境，提高员工个人文明素养，特制定本规定。

第二节　工作办公区和厨房作业区环境

第二条　工作办公区和厨房作业区应保持安静，严禁聚众聊天、高声喧哗。

第三条　保持工作办公区和厨房作业区干净整齐，无杂物、纸屑、垃圾。

第四条　垃圾篓及时清理，无溢满现象。

第五条　工作办公区和厨房作业区禁止抽烟。

第六条　工作办公区和厨房作业区绿化植物放置有序、美观，保持良好状态。

第七条　可再利用的二次用纸放置在指定回收盒内。

第三节　工作办公区环境

第八条　保持办公桌面清洁；桌面除当前使用的文件、电脑、口杯、电话、笔筒、文件架外，不允许放其他物品；一般常用办公用品，如订书机、涂改液、即时贴、便条纸、橡皮、计算器，可以集中放在办公桌抽屉的一定区域内。

第九条　办公室内电脑线、网线、电话线等扎带束好，有序放置，整洁不凌乱。

第十条　办公文件分别整理，分类标示，整齐放入文件柜。

第十一条　笔、橡皮、尺子等办公文具整齐放于桌面一侧或抽屉中。

第十二条　电脑主机、打（复）印机、显示器、饮水机等保持无灰尘和污渍。

第十三条　办公桌抽屉内物品应整齐有序，分类放置。

第十四条　衣服、挎包、公文包等个人物品不得置于办公桌面或卡位上。

第十五条　个人办公区域地面清洁，无纸屑、杂物。

第十六条　垃圾桶统一放置于卡座内侧或中间。

第四节　个人仪容及行为

第十七条　遵守公司着装要求，着装整洁大方；员工进入工作办公区和厨房作业区应将工牌端正佩戴胸前。

第十八条　工作期间应保持良好精神面貌，坐姿端正。

第十九条　工作时间办公电话不得私用、闲聊；接拨电话言语简洁，长话短说。

第二十条　下班时应确认各自区域照明等电源关闭后方可离开。

第二十一条　公共洗手池不得倾倒茶叶、残渣；不得将烟头及茶叶、水等随意倒入绿色植物盆内。

第二十二条　上班时间不得在工作区域用餐，不得在工作办公区和厨房作业区吃零食。

第二十三条　用餐时间或下班注意安全防盗。

二、招聘员工

在制定完企业的组织结构和组织制度后，就需要招聘企业的员工。员工是企业资源中最核心和最重要的资源，因此招聘员工对于企业而言具有十分重要的战略意义。

（一）招聘员工的途径

企业招聘员工通常有以下途径：

1. 校园招聘

校园招聘是企业非常适用的一种招聘方式。在每年的3月和11月，通常是各个高校召开校园招聘会的时节，届时大部分应届毕业生都会参加高校组织的校园招聘会。企业可以优中选优，从大量的人才中筛选出最适合自己企业的员工。因为应届高校毕业生思想活跃、反应敏捷、创新意识强，所以他们中相当多人更愿意与中小企业共同成长。同时，因为校园招聘会的人才丰富，创业者也可以节省相当多的广告成本和招聘人员成本，有利于创业者节省招聘预算。

当然校园招聘的缺点在于校园招聘的时间比较固定，每年只能招聘一到两次，创业者即使做好详尽的计划，也没法保障应急的人才需求。同时，校园招聘来的应届大学毕业生普遍缺乏实际工作经验，将理论应用到实际工作中需要一定的时间，需要有人“传帮带”。

创业者如果需要进行员工招聘，首先要考虑去哪里的高校招聘。一般来说，如果需要大量的员工，创业者适合去多所高校参加校园招聘，而如果需要少数员工，创业者更适合去企业所在的当地高校进行招聘。其次，创业者需要提前进行海报的张贴，将招聘的岗位信息和任职要求、企业的福利待遇都标示清楚，吸引目标大学生的注意。创业者最好找到高校的往届校友在招聘会上进行宣传，以便有更强的说服力。最后，创业者要精心策划招聘说明会的内容，对于高校大学生的疑难问题做好解答，提高招聘的有效性。

案例学习 5－11 **宝洁公司的校园招聘**

始创于1837年的宝洁公司是世界最大的日用消费品公司之一。1988年宝洁公司开始投资中国市场的历程。历数宝洁所取得的成就，绝对不能遗漏其独特的人力资源战略，尤其值得称道的是宝洁的校园招聘。有一位宝洁的员工这样形容宝洁的校园招聘：“由于宝洁的招聘做得实在太好，即使在求职这个对学生而言比较困难的关口，也能感觉到自己被充分尊重，就是在这种感觉的驱使下，我来到了宝洁。”

一、校园招聘程序

1. 前期的广告宣传：派送招聘手册。

2. 邀请大学生参加宝洁的校园招聘介绍会：方式为播放招聘专题片、公司高级经理的有关介绍、具有感召力的校友亲身感受介绍、答学生问。

3. 网上申请：全球通用的自传式申请表。

4. 笔试：解难能力测试、英文测试、专业技能测试。

5. 面试：初试一对一，复试由各部门高层经理亲自面试。

6. 公司发录用通知书给本人及学校：从参加到被通知录用，需一个月左右时间。

二、面试过程

相互介绍并创造轻松交流气氛──→交流信息──→面试引向结尾──→面试评价。

面试评价测试方法：经历背景面谈法。

三、校园招聘后续工作

发放录取通知后，宝洁的人力资源部还要确认：应聘者被录用与否，办理有关入职、离校手续。

1. 招聘后期的沟通

物质待遇大致相当，“感情投资”是竞争重点，宝洁 HR 跟踪服务，把决定录用的毕业生当成自己的同事关怀照顾。

2. 招聘效果考核

考核主要指标：

（1）是否按要求招聘到一定数量的优秀人才。

（2）招聘时间是否及时或录用人是否准时上岗。

（3）招聘人员素质是否符合标准。

（4）因招聘录用新员工而支付的费用。

（5）因招聘而引起的费用分摊是否在原计划之内。

2. 网络招聘

伴随着网络技术的发展，网络招聘逐渐成为一种非常流行的招聘方式，也是比较适合创业者的招聘途径。网络招聘与其他招聘途径相比最大的优势就是突破了时间和空间的局限。创业者与应聘者在任何地区、在一年中的任何时间，都可以通过网络视频技术进行招聘的沟通和面试。网络招聘的速度迅捷，成本低廉。网络招聘的缺点是企业对于招聘来的员工的情况了解不够。

【知识链接】携程公司技术中心利用微信进行招聘

3. 人才市场招聘

人才市场招聘指企业通过本地区的人才市场招聘会寻找合适的应聘对象，进行双向选择的过程。人才市场招聘分为两个层次：一个是普通的人才交流中心、职业介绍所等为一般人才提供服务的市场；另一个是高端的人才市场，即猎头公司，专门为企业招聘高层次人才，成功率相当高。

人才市场招聘的优点是：应聘者数量较多、选择余地较大、覆盖的范围也较广，而且多数人都是未就业状态，可以随时上岗，极大地缩短了招聘与应聘的时间。人才市场招聘的缺点是：费用较高，尤其是猎头公司，收费更高。

4. 广告招聘

广告招聘指企业通过新闻媒介向社会发布招聘信息，吸引更多的优秀人才加入企业。广告招聘与其他招聘途径相比最大的优势就是：信息传播的速度特别快、信息传播的范围特别广、应聘的人员数量比较多，从而给企业提供更多的选择。广告招聘的另一个优势是如果在专业杂志上发布招聘广告会精准地吸引招募对象，提高企业的招聘效率。

一个好的招聘广告主要应该包括以下部分：企业的背景介绍，招聘的岗位，招聘的岗位职责，招聘的人员数量，招聘的有效期，招聘的薪酬标准与福利待遇，招聘的地点、方式及注意事项。

延伸阅读

房地产公司的招聘广告

本房地产公司为中美合资企业，地处辽宁省沈阳市繁华的中街，以房地产销售为主营业务。本公司成立于1997年，有20年以上的企业历史和企业文化，为繁荣沈阳经济和造福沈阳人民做出了卓越的贡献。因为公司业务的不断扩大，我们高薪诚聘有着极强成功欲望和沟通能力的销售精英加入公司，与我们共展宏图。

具体岗位和任职要求如下：

1. 销售经理（2名）

岗位职责：主持售楼中心的整体运作工作，组织实施公司有关销售方面的决议，负责完成公司下达的销售任务，负责本部门各项业务（如销售、合同、按揭贷款、催款）的完成。

任职要求：大学本科及以上学历，从事管理工作2年以上，有较强的团队精神和组织能力。

岗位待遇：底薪3 000元＋业绩提成＋团队提成，提供五险一金，完成业绩奖励国外旅游。

2. 销售顾问（4名）

岗位职责：负责公司开发项目销售执行工作，包括填写客户来电来访记录、销售接待、客户回访、款项催收、合同签订、违约客户处理、客户资料收集等，完成公司制定的销售任务，做好客户的置业顾问。

任职要求：大学专科及以上学历，从事房地产销售工作半年以上，有较强的敬业精神。

岗位待遇：无责任底薪1 500元＋业绩提成，提供五险一金。

有意者请于两周内将个人简历、身份证复印件、学历证明复印件以及其他能证明相关工作经历和个人能力的资料发送至沈阳市中街××号××收。

本招聘广告两周内有效。

联系电话：13888888888；联系人：王小姐；邮编：110000。

5. 朋友推荐

朋友推荐指创业者通过自己的朋友、同事、亲戚、老乡等熟人帮助企业推荐合适的人才。因为推荐来的都是熟人，因此，对于应聘者的能力、学历、道德品行、个人潜能、价值观都非常了解，避免企业用错人，最大限度地减少潜在风险。

朋友推荐的缺点是：录用这些员工后，他们可能会在企业内部形成一个小团体，影响其他员工的公正预期。

（二）招聘员工的流程

1. 制订招聘计划

制订招聘计划是企业进行招聘的第一个环节。企业需要根据岗位的需要，制订年度、季度和月度的招聘计划。招聘计划应该由企业的人力资源部门和用人部门共同协商拟订。招聘员工具有较长的周期，有些国外企业提前两年就开始制订和实施招聘计划。因此，企业至少要提前三个月制订出招聘计划，发布招聘信息，才可能在三个月后找到合适的人才。

2. 发布招聘信息

发布招聘信息是企业进行招聘的第二个环节。企业通过适合的渠道向应聘的人群发布将要招聘的消息。企业招聘可以利用的媒体主要有报纸和杂志、电视和电台、网络和新闻发布会、布告和人才市场的海报等。其中通过报纸发布招聘信息的优点是：传播速度快、价格低廉、受众面广。通过杂志发布招聘信息的优点是：精准度高、易保存，可以反复影响受众。

通过电台发布招聘信息的优点是：比较适合专项人才的招聘，比如司机、老年人适合的岗位等。

招聘信息发布的范围越广，能够看到招聘信息的人就越多，可能招聘到优秀人才的概率就越大，当然，招聘的费用也会因此增加很多。

3. 招聘选拔

发布完招聘信息，接下来企业需要对应聘者进行招聘选拔。招聘选拔的流程一般是：

（1）应聘申请表筛选

应聘者收到招聘信息后，一般会向企业投递自己的简历。因为简历是应聘者自己制作的，应聘者可能会故意隐瞒一些非常重要的个人信息，比如以往的离职原因、真实的健康状况、有无犯罪记录等。因此，企业需要制定自己的应聘申请表并要求应聘者逐项填写。应聘申请表上应该包括应聘者的身份证、性别、年龄、电话、住址等个人信息；学历、学位、求学经历、证书证明等学习信息；工作单位、工作岗位、个人经验、个人职称、外语能力、计算机能力等技能信息；身体健康程度、体检状况等身体信息。

创业者需要具有鉴别身份证、学历证书、学位证书和相关证书材料真伪的能力。

案例学习 5－12

某公司的应聘申请表如表 5－3 所示：

应聘职位：

表 5－3　某公司的应聘申请表

<table>
<tr><td>姓名</td><td></td><td>性别</td><td></td><td>出生年月</td><td></td><td>政治面貌</td><td></td><td rowspan="5">照片</td></tr>
<tr><td>学历</td><td></td><td>毕业院校</td><td colspan="3"></td><td>专业</td><td></td></tr>
<tr><td>职称</td><td></td><td colspan="2">现从事的职业</td><td colspan="4"></td></tr>
<tr><td colspan="2">原工作单位</td><td colspan="3"></td><td>联系电话</td><td colspan="2"></td></tr>
<tr><td>家庭住址</td><td colspan="3"></td><td colspan="2">身份证号码</td><td colspan="2"></td></tr>
<tr><td>外语程度</td><td></td><td colspan="2">计算机程度</td><td></td><td>其他技能</td><td colspan="3"></td></tr>
<tr><td>身高</td><td></td><td>体重</td><td></td><td>健康状况</td><td></td><td>兴趣</td><td colspan="2"></td></tr>
<tr><td>个人简历</td><td colspan="8"></td></tr>
<tr><td colspan="2">离开原单位的原因</td><td colspan="4"></td><td>工资</td><td colspan="2"></td></tr>
<tr><td colspan="2">应聘本单位的原因</td><td colspan="7"></td></tr>
<tr><td>收入期望</td><td>元/年</td><td colspan="2">可到岗的时间</td><td colspan="5"></td></tr>
<tr><td colspan="2">晋升期望（职位）</td><td colspan="7"></td></tr>
<tr><td colspan="2">培训期望</td><td colspan="7"></td></tr>
<tr><td colspan="2">其他期望</td><td colspan="7"></td></tr>
<tr><td colspan="2">家庭成员情况</td><td colspan="7"></td></tr>
<tr><td colspan="2">备注</td><td colspan="7"></td></tr>
<tr><td colspan="9">自愿保证：本人保证表内所填的内容真实，如有虚假，愿受解职处分。
申请人签名：　　　　日期：</td></tr>
</table>

（2）笔试

当应聘者通过了应聘申请表的筛选后，企业一般会安排应聘者参加笔试。笔试指通过应聘者在试卷上笔答试题，来考核应聘者的基本知识储备、专业知识和应聘者的系统思考能力、解决问题能力和文字表达能力。

因为面试的成本较大，因此先使用省时、成本低的笔试就非常契合企业实际。同时笔试时面临的人际压力较小，也有利于应聘者正常发挥水平。

（3）面试

应聘者如果顺利通过笔试环节，就会进入面试环节。面试指企业的面试人员通过面对面的观察、沟通、测试去了解应聘者能力和素质的方法。面试能全面考查出应聘者的语言表达能力、思维的敏捷度、礼仪修养、气质性格、心理承受能力，因此是非常重要的测试环节。

（4）工作模拟测试

工作模拟测试指运用无领导小组讨论、“文件筐测试”、角色扮演、管理游戏、完成工作任务等方式来进行更高水平的与工作环境匹配的测试。在工作模拟测试中可以最大限度地考核出应聘者与实际工作的匹配关系，从而获得对应聘者最准确的评价。

【知识链接】无领导小组讨论

4. 背景调查

创业者需要对选拔合格的应聘者进行背景调查。背景调查的主要项目分别是身份甄别、教育培训经历甄别、工作履历甄别、个人司法记录调查、数据库调查等。其中，身份甄别指创业者核实应聘者身份证的真伪；教育培训经历甄别指创业者核实应聘者的学历和培训经历的真伪；工作履历指创业者核实应聘者工作经历的真伪；个人司法记录调查指创业者核实应聘者是否有公检法案底等记录；数据库调查指创业者核实与应聘者相关的社会其他相关的记录数据，如交通违章等。

案例学习 5 - 13

对新员工进行背景调查

潘小敢在面试结束后，准备录取4名应聘者：小贾、老屈、小马、小高。这4名员工将分别从事财务、门店营销策划、人力资源工作。因为他们所在的工作岗位比较重要，因此，潘小敢决定对这4名应聘者进行背景调查。潘小敢明白如果不事先获得这4名应聘者的授权，那么在背景调查的过程中极容易侵犯应聘者的隐私。因此，潘小敢把背景调查的目的、背景调查的内容、背景调查的范围和方式都向4名应聘者进行了解释说明，获得了4名应聘者的理解和支持。随后，潘小敢要求4人填写背景调查信息表和授权书、声明书。其中背景调查信息表的内容是潘小敢需要了解的新员工的个人信息；授权书和声明书的内容是应聘者授权面试单位调查表格中的各项信息，并免除因此次背景调查产生的一切责任。虽然获得了4名员工的授权，但是其中小高没有提供任何的联系人和联系方式。

接下来，潘小敢先登录了全国居民身份证号码查询服务中心网站(http://www.nciic.com.cn)鉴别4名应聘者身份证的真伪。

然后，潘小敢上学信网查询4名应聘者的大学毕业证。其中小贾是2001年以后毕业的大学专科毕业生，因此在学信网上，潘小敢很快找到了小贾的毕业证书的证明页面。但是老屈是1999年毕业的大学专科毕业生，而学信网只能查阅到2001年以后的大学毕业证书。小马和小高是2001年以后毕业的大学本科毕业生，虽然在学信网上查到了他们的毕业证书，但是查不到他们的学位证书。随后，潘小敢又向老屈、小马和小高的毕业学校的档案馆发函，通过档案馆查档来核实其余 3 人的学历和学位证书。

潘小敢又利用小贾、老屈和小马留下的联系方式，对 3 个人的联系人进行了详细的了解。由于小高没有留下联系方式，潘小敢先与小高确认是否可以与他的原单位联系，如果现在不行，何时可以。在获得许可后，潘小敢通过 114 查询到了他的原单位，与人力资源部门的负责人取得了联系，了解了小高在原单位的工作表现。

最后，由于小高在财务岗位工作，潘小敢要求小高去当地派出所开具是否有经济犯罪的记录证明。

通过背景调查，潘小敢全面地了解了 4 名应聘者的个人情况，从而放心地进行下一阶段的人员录用工作。

5. 人员录用

企业的人力资源部门对应聘者进行背景调查，调查合格后，进入人员录用的环节。企业的人员录用主要包括签订试用期合同、员工培训、新员工试用期上岗。

试用期合同是企业与员工进行相互考察进而双向选择的法律保障。其中，试用期合同主要包括的内容有：试用期的期限、试用期的岗位、员工在试用期内应该承担的责任与义务、员工在试用期内享受的权利和福利、试用期满可以转为正式员工的条件、试用期的培训、试用期的考核标准等。

员工培训指新员工在试用期上岗前，企业应该为其提供的安全培训、新员工岗位培训、公司背景培训等。

新员工试用期上岗后，企业应该安排人力资源部门进行及时跟踪和绩效考核，确保在试用期内对新员工的能力与潜力、品质和素质都有全面的了解。

6. 正式录用及签订合同

新员工如果通过了企业的试用期考核，企业的人力资源部门就应该与其签订正式合同并办理录用手续。企业除了应该与新员工签订劳动合同，还应该与新员工签订《保守企业秘密协议》，使新员工了解如果非法获取、使用和披露客户信息，都是侵犯商业秘密的行为，应该严格禁止。如果该行为给企业造成了重大损失，包括减少盈利、增加亏损、引起破产、在竞争中处于不利地位等，则依法认定为侵犯商业秘密罪。侵犯商业秘密罪的法定量刑为：处三年以下有期徒刑或者拘役，并处或者单处罚金；造成特别严重后果的，处三年以上七年以下有期徒刑，并处罚金。

创业者一定要加强对新员工的法制教育，让新员工树立遵纪守法、遵守规则的意识。

（三）面试员工的方法

1. 面试提纲

创业者在面试的时候，需要提前准备好面试提纲。一般而言，创业者招聘时的面试提纲应该包括以下内容：

（1）你为什么想来我们企业工作？

问题分析：这个问题主要考核应聘者的工作动机。通过对工作动机的提问，创业者可以了解应聘者的内在需求，为创业者设计未来的激励方案提供依据。

（2）你认为你具有哪些优势？你又有哪些不足？

问题分析：这个问题主要考核应聘者对自我能力的认知。通过对其优势和劣势的提问，创业者可以将企业对应聘者的能力认知和应聘者自己的认知进行比较，从而准确地评估出应聘者的现实能力和努力的方向。

(3) 你希望得到什么样的薪水和职位？

问题分析：这个问题主要考核应聘者对自我的期望。

(4) 你曾经在哪个单位工作过或者实习过？

问题分析：这个问题主要考核应聘者的工作经历。

(5) 你能接受和脾气不好的人一起工作吗？

问题分析：这个问题主要考核应聘者的团队合作能力。

(6) 你曾经获得过某个方面的第一吗？你有多长时间保持了这个第一？

问题分析：这个问题主要考核应聘者是否曾经优秀和保持优秀的习惯。因为优秀不是天赋，而是一个习惯。

案例学习 5－14　宝洁公司招聘的 8 个核心面试问题

1. 请你举一个具体的例子，说明你是如何设定一个目标然后达到它的。

2. 请举例说明你在一项团队活动中是如何采取主动性，并且起到领导者的作用，最终获得你所希望的结果的。

3. 请你描述一种情形，在这种情形中你必须去寻找相关的信息，发现关键的问题并且自己决定依照一些步骤来获得期望的结果。

4. 请你举一个例子，说明你是怎样通过事实来履行你对他人的承诺的。

5. 请你举一个例子，说明在执行一项重要任务时，你是怎样和他们进行有效合作的。

6. 请你举一个例子，说明你的一个有创意的建议曾经对一项计划的成功起到了重要的作用。

7. 请你举一个具体的例子，说明你是怎样对你所处的环境进行评估，并且能将注意力集中于最重要的事情上以便获得你所期望的结果的。

8. 请你举一个具体的例子，说明你是怎样学习一门技术并且将它用于实际工作中的。

延伸阅读

潘小敢开始招聘

潘小敢系统学习并制定了自己企业的相关制度后，又通过网络招聘、校园招聘、人才市场招聘这三种方式对小敢健康粗粮连锁店的各个岗位的员工进行了招聘。他通过著名的招聘网站进行招聘，虽然花费了一定的费用，但是网站根据他的要求进行了资料的筛选，大大提高了招聘的准确性。同时，潘小敢还到当地开办连锁经营管理专业的高校招聘管理干部，到当地开办厨师专业的中职院校招聘厨师，到当地的人才市场招聘有餐饮企业工作经验的员工。因为招聘信息的发布渠道覆盖面较广，很快有许多应聘者前来应聘，其中不乏原来在其他餐饮企业工作过的优秀员工。

潘小敢制作了应聘申请表，对前来应聘的人员进行了简历筛选和应聘申请表的筛选。然后，潘小敢邀请专业人士出了笔试题，对应聘者进行笔试。随后，潘小敢又进行了面试和心理测试。通过笔试和面试，潘小敢淘汰了一半以上的应聘者，把留下的应聘者进行了工作模拟测试，对工作模拟测试获得优秀的员工进行了背景调查。通过背景调查，潘小敢淘汰了不诚信的应聘者，为剩下的应聘者办理了录用手续，并签订了试用期合同。

【任务实施】

潘小敢通过学习和实践，初步建立起了公司的规章制度，并且按照招聘流程招聘到了优秀的员工。下一步正式营业前，潘小敢决定撰写员工守则，他列了一个表格。请你根据你的创业构思，把表5－4填完整。

表5－4　员工守则要求

序号	项目	内容
1	准则	
2	道德规范	
3	仪容仪表	
4	个人卫生	
5	工作行为规范	

复习思考

1. 企业文化包括哪几个层面？什么是企业的价值观？
2. 企业的制度体系都包括哪些内容？你的企业适合制定哪些制度？
3. 企业的招聘流程是什么？如何做背景调查？

情景模拟

两组同学一起参加情景模拟，一组同学模拟面试者，另一组同学模拟面试官。全部结束后，两组更换角色继续模拟。

项目实训

1. 设计你的企业的招聘广告。
2. 设计你的企业招聘员工的面试问题（至少15个问题）。

案例分析

海底捞如何塑造企业文化

一、选拔培育有感恩之心的员工

海底捞员工对企业、对上级、对老师都有感恩之心，这是支撑海底捞高效率、高质量服务的根本。并不是每个人都善于感恩，所以，怎样招聘、培养和提升拥有这样特质的员工成为关键。因此，海底捞在提拔某个人到重要岗位时，其老板张勇往往会到员工家里做家访，以确定该员工是不是真的符合企业所需要的特质。

二、营造大家庭的氛围

情感型文化的核心理念是大家庭主义，即员工都以所在的组织为家，同事之间都培养出类似于兄弟姊妹之间的那种亲密感情。海底捞鼓励员工介绍自己的亲人、朋友到海底捞工作，从一定程度上推进了这种家庭氛围。

三、传帮带的固有习惯传承

每个新入门员工都会被安排一个师傅，师傅负责把新员工引进门，文化的传递由此而达成。能够成为带徒师傅一定需要特别的资质，比如年资长、表现佳、与企业文化协调性良好，如此一来才不至于使杂音在新入门员工的耳朵里出现。

四、激发员工的自主性

海底捞通过有效的授权和放权来激发员工的自豪感和凝聚力。区域经理有百万元以上的自主权，普通员工能够根据情况判断，自主决定是不是可以给客人免费送一些小菜，甚至于为不满意的客人免单，从而不会因向上级请示耽误工夫，及时避免顾客抱怨。这种自主性能使员工产生“企业主人翁”的自豪感，因此对这个大家庭的归属感会更加强烈。

问题：我们能从海底捞企业文化的案例中学到哪些举措？

项目六

如何设计与创新商业模式

课前热身

创业者格言

今天企业之间的竞争，已经不是产品和服务之间的竞争，而是商业模式之间的竞争！

——现代管理学之父 彼得·德鲁克

创业者故事

张松江的小管家家政连锁公司

张松江，出生于1978年，土生土长的北京人。1999年，张松江在北京联合大学毕业，到择业时他发觉自己凭一纸大专文凭根本找不到对口的工作，他与其他3个朋友商量，决定一起创业。

张松江坚持看好保洁行业的前景。他想到了北京有很多高档小区，需要更高标准的室内保洁服务，这方面的市场似乎还无人占领。当时北京的室内保洁也有人做，但是服务没有特点，更无标准。张松江认为，像SOHO现代城这样的高档社区，肯定需要一种高档次的服务；对于保洁服务标准来说，应该先对卧室、卫生间、厨房等不同性质房屋进行分类，然后确定不同的服务标准。他用了十多天的时间完善自己的方案，写好计划书，然后鼓起勇气去找SOHO现代城物业公司的经理。物业公司的经理最终被眼前的年轻人打动了，把小区的保洁工作包给了他。张松江在SOHO现代城的地下室租了一间屋子开始了创业。

张松江第一个创立了家政服务业标准化的品牌运作模式。这一模式首先表现在服务的标准化上，他要求员工整理卧室必须在半小时内完成；清洁卫生间必须在45分钟之内完成，其中马桶12分钟、手盆10分钟、浴盆10分钟等，这些都是以每平方厘米为标准来检查的。张松江要求员工进入客户家中，自带全套清洁剂、便携式吸尘器、消毒后塑封的防止掉毛的木浆毛巾，这些设备的费用，全部包含在每小时15元的收费里。这些标准最终使他和传统的家政服务方式区别开来。建立起标准化的家政服务模式之后，张松江的家政公司很快在SOHO现代城树立了口碑，第一个月就赚到了3万元钱，创业有了一个良好的开局。但是张松江并不满足，他认为新型家政服务应该还有更广泛的内容。一位在酒店做高级主管的客户提醒他，在国外社区，有一种“管家服务”非常流行，可以为小区顾客提供各种需求，这让张松江茅塞顿开。张松江发现，经常会有小区住户打来电话，除了要求保洁服务，还有请人做饭、看护、购物等要求。张松江当即抽调擅长这些工作的员工上门服务，并对他们进行专门培训，强化他们的技能，那些传统住家保姆忙碌一天的工作，他的员工在2至3个小时内即可完成。根据客户的要求，张松江的家政公司还不断添加新项目，例如干洗衣物、皮革保养、换桶装水和插花，甚至预订机票等，远远超出了传统家政服务的范畴。这些新项目不但令客户满意，还成为新的利润增长点。这种以前无人尝试的新型家政服务取得了惊人的成效，在SOHO现代城这个1 000多户的社区，不到一年的时间，570人先后办理了服务卡，成为忠实客户，服务收入超过170万元。于是张松江正式把自己的家政公司注册了“小管家”的品牌商标。他以加盟连锁的方式把这种成功模式不断复制，很快“小管家”就在北京遍地开花，开了近百家门店，甚至开到了山东、江苏等地。张松江说，他的目标是成为第一家上市的家政公司，要做就做行业中最好的那一个。

（资料来源：https://www.u88.com/article/20160224-1458643.html）

目标规划

一、知识目标

- 了解商业模式的定义、类型、构成要素。
- 掌握商业模式设计与创新的思路。

二、能力目标

- 能够运用商业模式的盈利逻辑，为企业设计合理的商业模式。

三、素质目标

- 培养学生的创新型思维模式。

任务一　设计商业模式

【任务导入】

从0到开店1 000家，卖老人鞋赚大钱

近两年，有个卖老人鞋的品牌十分火爆，仅2016年，就从0到开店1 000家，它就是主打“专业老人鞋”的足力健。疯狂开店，是因为无一亏损。在这背后，则是足力健创始人对于产品深深的执念。他把小米奉为学习对象，坚持打造优质低价的产品。为此，年近半百的他，一年出差320天，亲自下工厂、请顾问、跑店铺，把自己练成了首席产品官，从门外汉蜕变成专家。他就是足力健的创始人——张京康。

在做老人鞋之前，张京康做过很多工作，大都与销售有关。走上正轨后，他创业去了，做保健品。结果，两年时间，亏了3 000万元。后来回忆起这次失败，张京康总结道："那个时候，我更侧重于对产品、品牌和资源的整合，而不是侧重于用户。"再次出发，他根据过往经验，给自己定了创业标准：刚需、高频、细分、80%人的生意、B2C、能做到10个亿。于是在2013年，他做了一款老年人健康鞋，并在郑州当地媒体做了广告，2014年开始全国招商，最后竟卖了四十多万双。通过这次试错，他便认准了老人鞋行业。

张京康视小米为学习对象，将"以用户为导向"的观念深扎心中。他走的第一步就是用户调研。他成立的第一个部门就是消费者需求调研部（后来升级为用户研究中心），由他直接领导。最初的调研全由他亲自完成。他通过走访社区、亲自上门等方式和老人开会聊天。几个月下来，一双手摸过不下500位老人的双脚。但是鞋的价格，只卖169元。鞋底，人家报价18元，他8元搞定。他先是花钱请了顾问，完整了解了材料、设备和人工等费用，算出鞋底成本仅7元，于是说："我只给你8元，一年要600万双，做不做？"如今供应商一听他要来，便叫苦不迭，因为他去工厂，大都只为一件事：降价。

在超市里开店，一开1 500家。足力健实体店的选址很有意思，专门开在超市里。这也是调研的成果。首先，超市是老人生活中最常去的地方之一；其次，很多老人认为，超市里的品牌可信度更高，甚至有老人对他说："把店开在马路边，一看就是烂货，有本事开在超市里头。"

在足力健实体店里，张京康有三招：流量、试穿、团购。把店开到超市里、做流量产品、发单页宣传，这三步解决了流量问题。试穿时，工作人员全是半跪式服务，亲自给老人脱鞋、换鞋，令很多顾客大受触动。做团购时，也要站在用户角度。去年足力健有个团购，"满600送100"，效果不佳。张京康一研究，才发现这样的团购是企业思维，不是用户思维，他将之改为"满600减100"，业绩随即提升40%。

在创业路上，他也曾思考，一个企业为何能持续存在？最后得出的结论是，企业要为用户解决问题和创造价值。创业，应该以解决问题为导向，而不仅是赚钱，所以，他还要全力做产品。张京康说："创始人一定要成为首席产品官。"现在的他，左手托着用户研究中心，右手托着产品研发中心，心无旁骛，因为他的目标是在中国开一万家店，让中国老人都穿上专业的老人鞋。

（资料来源：http://www.sohu.com/a/198770937_818458）

【任务分析】

专家对创业型企业案例中的数百家企业进行统计，得到了这样一组数据：在创业型企业中，因为战略原因而失败的只有23%，因为执行原因而夭折的也只不过是28%，但因为没有找到正确的商业模式而走上绝路的却高达49%。商业模式已经成为挂在创业者和风险投资者嘴边的一个名词。几乎每一个人都确信，有了一个好的商业模式，成功就有了一半的保证。用最直白的话告诉大家：商业模式就是公司通过什么途径或方式来赚钱。只要有赚钱的地儿，就有商业模式存在。

【相关知识】

一、商业模式的概述

(一) 商业模式的定义

“商业模式”这一概念第一次出现在20世纪50年代，但直到20世纪90年代才开始被广泛使用和传播。哈佛大学商学院将商业模式定义为“企业赢利所需采用的核心业务决策与平衡”。目前相对比较贴切的说法是：商业模式是一种包含了一系列要素及其关系的概念性工具，用以阐明某个特定实体的商业逻辑。它描述了公司所能为客户提供的价值以及公司的内部结构、合作伙伴网络和关系资本等借以实现（创造、推销和交付）这一价值并产生可持续盈利收入的要素。可以理解为：一个组织在何时（when）、何地（where）、为何（why）、如何（how）和多大程度（how much）地为谁（who）提供什么样（what）的产品和服务（即7“w”），并开发资源以持续这种努力的组合。

较为通俗的定义是：商业模式就是描述企业如何通过运作来实现其生存与发展的“故事”。较为直白的说法是：商业模式就是公司通过什么途径或方式来赚钱的。例如，Google让普通用户免费使用其搜索引擎，而通过定向广告从企业客户那里获得收益。

每个企业都有每个企业的特点，其商业模式也不尽相同。商业模式的设计是创业机会开发环节的一个不断试错、修正和反复的过程，因为企业生存的外在环境时刻都在发生着变化。因此，要维持较为持久的盈利优势，就要在实践中不断修正和完善商业模式。

案例学习 6－1

顺丰速运创立于1993年，是一家以国内外速运、冷运服务为主的民营企业。顺丰速运在顺德成立后，积极向外地扩展，现在已经大范围地普及收货和取货营业点。2007年开始，顺丰速运一直处于竞争领先地位，建立了良好的品牌形象，用户满意度高，消费者的信任感强。目前，顺丰速运在我国大陆地区已建营业点12 000多个，运营车辆达8 000台以上。顺丰速运已经建立了自己的航空公司，并且开始进军国际市场，快递的服务优势已明显增强。目前，顺丰速运已经明显形成自己的核心竞争力。

顺丰速运成功的关键因素可以归纳为四个方面：

第一，高效的配送速度。顺丰速运的配送速度在国内的快递市场中一直是领先的，不仅高于同行业的民营企业，也高于邮政和联邦。这种质量高、速度快的配送服务，为时间要求严格的客户减少了大量珍贵的时间，不仅能够减少时间成本，还可以为这些客户带来更多的利益。

第二，良好的企业经营模式。顺丰速运的直营模式对企业的物流服务更加有利，这种由总公司制定的统一的管理和经营，统一化的制度，能够有效避免时间的浪费，对客户资料的保存、货物的追踪管理都能有效维护。

第三，提供个性化的服务。由于不同客户的选择不同，所以顺丰速运提供了多种人性化的服务。例如顺丰特惠、顺丰即日、顺丰标快等，以及各种增值服务，如上门取件、虚拟地址、委托收件、保价服务等，多种多样的服务能更大程度地满足客户需求。

第四，先进的信息化技术支持。顺丰速运采用先进的信息化技术，既能提高作业水平，又能实现对货物的追踪、检测、查询等，不仅有利于企业内部管理，还方便客户自主查询，这种可视化操作，保证了货物的安全抵达。

（资料来源：http://www.fx361.com/page/2017/0824/2184888.shtml）

（二）商业模式的类型

1. 运营性商业模式

运营性商业模式重点解决企业与环境的互动关系，包括与产业价值链环节的互动关系。运营性商业模式创造企业的核心优势、能力、关系和知识，主要包含以下几个方面的主要内容：

（1）产业价值链定位。企业处于什么样的产业链条中，在这个链条中处于何种地位，企业结合自身的资源条件和发展战略应如何定位。

（2）盈利模式设计（收入来源、收入分配）。企业从哪里获得收入，获得收入的形式有哪几种，这些收入以何种形式和比例在产业链中分配，企业是否对这种分配有话语权。

案例学习 6-2　红星美凯龙的商业模式

红星美凯龙的卖场分为自营和委管。自营的好处是管控力度强，不受租金和场地的影响，容易塑造自家品牌。但自营需要占用资金、培养人力，扩张慢，容易错失良机。

委管与通常人们理解的加盟模式有所不同，红星美凯龙并没有自己的家居品牌，只是给家居品牌提供销售渠道。委管商城主要分布在三线城市，红星美凯龙将建设商场等需要投入大量资金的地方委托给合作方，自己只负责招商、委托经营管理等事情，然后与合作方共享权益。委管模式的优点显而易见，让红星美凯龙在开支较低的情况下，提升营业收入和投资回报率。委管模式给红星美凯龙带来的收入来源于四个方面：一是冠名费，金额固定，取决于城市级别、商场规模及商场位置等因素，费用通常在 1 800 万～3 000 万元。二是向总承包人收取的商业管理咨询费，这部分费用通常在 1 200 万～3 000 万元。三是招商服务费，200 万～300 万元。四是管理费，每年收取 150 万～600 万元，其中包括日常经营及管理，销售，推广，提供广告和客户服务，统一招募及管理商场的所有员工的费用。

截至 2016 年年末，红星美凯龙共经营 200 家商场，覆盖全国 28 个省、直辖市、自治区的 142 个城市，商场总经营面积 12 692 393 平方米。公司经营着 66 家自营商场（2016 年新开设了 8 家自营商场，另有 3 家商场自委管转为自营），总经营面积 5 083 326 平方米，平均出租率 96.7%。大多数自营商场在一线城市及二线城市，尤其是直辖市的核心区域。其中，有 18 家分布在北京、上海、天津、重庆四个直辖市，比例达到 27.3%，上述自营商场的经营面积 1 511 480平方米，比例达到 29.7%，并有 22 家筹备中的自营商场。未来公司仍将继续侧重于在一线、二线城市的核心区域对自营商场予以战略布局。

（资料来源：https://xueqiu.com/1460115127/88660703）

2. 策略性商业模式

策略性商业模式是对运营性商业模式加以扩展和利用，主要包括以下几种模式：

（1）业务模式。企业向客户提供什么样的价值和利益，包括品牌、产品等。

（2）渠道模式。企业如何向客户传递业务和价值，包括渠道倍增、渠道集中或压缩等。

(3) 组织模式。企业如何建立先进的管理控制模型，比如建立面向客户的组织结构，通过企业信息系统构建数字化组织等。

案例学习 6-3

苹果 iPod/iTunes 商业模式

2001 年，苹果公司发布了其标志性的便携式媒体播放器 iPod。这款播放器需要与 iTunes 软件结合，这样用户可以将音乐和其他内容从 iPod 同步到电脑中。同时，iTunes 软件还提供了与苹果在线商店的无缝链接，用户可以从这个商店里购买和下载所需要的内容。

这种设备、软件和在线商店的完美有效结合很快颠覆了音乐产业，并给苹果公司带来了市场的主导地位。然而苹果公司不是第一家推出便携式媒体播放器的公司，竞争对手如帝盟多媒体公司的 Rio 品牌便携式媒体播放器曾经在市场上同样成功，直到它们被苹果公司超越。

苹果公司是如何实现这种优势的呢？因为它完美地构建了一个更优秀的商业模式。一方面，苹果公司通过其特殊设计的 iPod 设备、iTunes 软件和在线商店的结合，为用户提供了无缝的音乐体验。苹果公司的价值主张就是让用户轻松地搜索、购买和享受数字音乐。另一方面，为了使这种价值主张成为可能，苹果公司不得不与所有大型唱片公司谈判，来建立世界上最大的在线音乐库。

关键点在哪里？苹果公司通过销售 iPod 赚取了大量与其音乐相关的收入，同时利用 iPod 设备与在线商店的整合，有效地把竞争对手挡在了门外。

(资料来源: http://book.51cto.com/art/201112/308238.htm)

(三) 成功的商业模式具备的特征

(1) 成功的商业模式是一个整体的、系统的概念，而不仅仅是一个单一的组成因素。如收入模式（广告收入、会员费、服务费）、向客户提供的价值（在价格上竞争、在质量上竞争）、组织架构（自成体系的业务单元、整合的网络能力）等，这些都是商业模式的重要组成部分，但并非全部。

(2) 成功的商业模式的组成部分之间，必须有内在联系，这个内在联系把各组成部分有机地关联起来，使它们互相支持，共同作用，形成一个良性的循环。

(3) 成功的商业模式要能提供独特价值。有时候这个独特的价值可能是新的思想，而更多的时候，它往往是产品和服务独特性的组合。这种组合要么可以向客户提供额外的价值，要么使客户能用更低的价格获得同样的利益，或者用同样的价格获得更多的利益。

(4) 商业模式是难以模仿的。企业通过确立自己的与众不同，如对客户的悉心照顾、无与伦比的实施能力等来提高行业的进入门槛，从而保证利润来源不受侵犯。比如，直销模式（仅凭“直销”一点，还不能称其为一个商业模式），人人都知道其如何运作，也都知道戴尔公司是直销的标杆，但很难复制戴尔的模式，原因就在于“直销”的背后，是一整套完整的、极难复制的资源和生产流程。

(5) 成功的商业模式是脚踏实地的。企业要做到量入为出、收支平衡。这个看似不言而喻的道理，要想年复一年、日复一日地做到，却并不容易。现实当中的很多企业，不管是传统企业还是新型企业，对于自己的钱从何处赚来，为什么客户看中自己企业的产品或服务，乃至有多少客户实际上不能为企业带来利润、反而在侵蚀企业的收入等关键问题，都不甚了解。

案例学习 6-4　福临门食用油斩获“21 世纪中国企业最佳商业模式创新奖”

21 世纪中国最佳商业模式评选颁奖典礼是目前国内年度最具规模、最具专业性的商业评选盛会。2016 年，中粮福临门数字营销方案以其颠覆性的商业模式，突破行业常规的创新方法、数字化营销生态闭环赢得投资界、媒体界、业界的一致推崇和认可，最终斩获“21 世纪中国企业最佳商业模式创新奖”。

福临门食用油数字营销体系由“一瓶一码”物联网技术、“开箱有奖”营销方式以及“透明物流”运输管理三个核心单元组成。三个单元相互支撑，贯穿整个产业链条，实现消费者互动、精准营销、过程化管理完美耦合，形成福临门独具特色的良性营销生态闭环。此举不仅是粮油行业营销方式的颠覆性创新，更是快速消费品领域的扛鼎之作。

“一瓶一码”技术通过扫码进行品牌与消费者一对一的个性化互动，不仅实现消费者洞察产品，更方便消费者快速、直接获得品牌信息，切实保障消费者权益；“开箱有奖”给每一箱食用油产品赋上唯一的二维码，销售门店开箱时领取红包，在为客户提供更便捷、更快速的返利方式的同时，大大提升了渠道数据的真实性，实现数字化管理；“透明物流”系统通过实时追踪实现运输环节透明化，货物的实时状态体现在客户面前，实现全链条可追溯，为提升客户满意度及内部整体供应链效率奠定了基础。

福临门食用油的数字化营销正是从产品、价格、渠道、促销四个关键营销环节入手，提升客户价值，降低客户成本，提供客户便利，丰富客户沟通，实现了由经典 4P 行销导向完美让渡为 4C 消费者导向，巧借互联网 + 大数据时代趋势，创造消费者需求，调整营销结构，助力粮油行业的供给侧改革。面对日益升级的消费市场，福临门紧跟时代，利用互联网技术架设与消费者沟通的桥梁，为中国的消费者提供了解产业链条的窗口，保障了食用油的品质与安全。福临门持续引领行业发展，不断为中国的消费者奉献出安全、营养、健康、美味的食用油。

（资料来源：中国食品网，2016-12-15）

二、商业模式设计的思路

（一）商业模式的核心要素

商业模式的三个核心要素是顾客、价值和利润。一个好的商业模式必须回答以下三个基本问题：

（1）企业的顾客在哪里？

（2）企业能为顾客提供怎样的（独特的）价值和服务？

（3）企业如何以合理的价格为顾客提供这些价值并从中获得企业的合理利润？

（二）商业模式的基本单元

商业模式的分析方法有很多，亚历山大·奥斯特瓦德和伊夫·皮尼厄在《商业模式新生代》中提出的 9 大模块分析方法是非常清晰完整的。商业模式可分成 9 个基本单元：

（1）目标客户。即企业所瞄准的客户群体。这些群体具有某些共性，从而使企业能够针对这些共性创造价值。定义客户群体的过程也被称为市场细分。目标客户可以有大众、小众、相近、相异等很多种。

案例学习 6－5

佳美口腔：服务赢得口碑

佳美口腔将零售业、服务业连锁模式移植到医疗行业，成为中国最大的口腔医疗连锁机构。经过调查，佳美口腔将目标客户锁定为 70 年代左右出生、受过良好教育、对服务质量有更高需求的白领阶层，这部分人代表着潜力最大的中端市场。为契合这一定位，佳美口腔将业务调整为 40% 治疗，60% 美容，包括洗牙、种植、烤瓷、铸造、美白等。

口腔消费是选择性消费，顾客往往更看重品牌、口碑等无形资产的作用。为保证医疗质量，佳美口腔放弃了加盟店，制定了统一的标准和规范，维护了品牌形象。佳美口腔还在安全、方便和服务质量上一点一滴地积累着企业的无形资产。优质而人性化的服务树立了佳美口腔良好的口碑，品牌影响力则方便了连锁扩张。

佳美口腔正是建立起一套自己的管理标准，实现标准化连锁经营，不断提升服务质量，才取得了今天的成绩。

（2）价值内涵。即企业通过其产品或服务所能向客户提供的价值。价值内涵的关键就是能提供给客户一整套产品与服务的组合，解决客户的问题，满足客户的需求。典型的价值内涵有创新、性能、定制、实用、设计、品牌、价格、节能、降耗、安全、易得、易用等。

案例学习 6－6

奥特莱斯的三大法宝：名牌、低价、舒适的购物环境

奥特莱斯吸引顾客有三大法宝：

1. 驰名世界的品牌：将“工厂直销店”和“品牌折扣店”相结合，使品牌消费者能低价购买名牌商品。

2. 难以想象的低价：一般以低至 1～6 折的价格销售。

3. 方便舒适的环境：远离市区，交通方便，集购物、休闲、娱乐功能于一体，打造成顾客享受“淘金”乐趣的好地方。

名牌和低价是奥特莱斯的灵魂，以体验为基本内涵，促使消费行为实现。

（3）传送渠道。企业如何通过沟通渠道、分销渠道、销售渠道把价值内涵交付给客户。

（4）客户关系。企业与每个目标客户建立并保持关系。客户关系管理的目的是为了获取客户，保持客户，提高客户收益。

（5）收入来源。企业成功地把价值内涵提供给客户并获得收入。收入来源可以是一次性的，也可以是长期的。收入流的种类有：卖产品、收使用费、收定费、出租出借、发放许可、交易费、广告费等。不同的收入来源需要不同的定价方式来支持。

案例学习 6-7 “茗香阁”的盈利新模式

茗香阁是苏州一家面积500多平方米的茶馆，位于一条僻静的小巷内。茗香阁从多边客户——白领的需求出发，认真研究白领的切身需要，把茶馆从单一经营打造成一个具有多种盈利模式的“多媒体”平台。

1. 建立商务交流平台：茗香阁成立了一个服务主流消费群体的商务俱乐部，推出了以下两项服务内容：开展商务交流，组织商务培训。在会员内部开展交流活动，为有不同需求的人牵线搭桥，可以创造出更多的商业机会。

2. 提供婚介交友服务：大多数婚介机构表示愿意和茶馆合作。“茗香阁”特意在二楼开辟了一块专区，营造出一种幽雅、温馨的气氛。

3. 开辟茶叶销售终端：茶馆特意联合有条件的茶厂推出了无公害茶叶，由茶场直接供货，很好地迎合了消费者的需求。

4. 文化营销改善消费体验：在茶馆的一角开辟了一个书吧，根据目标消费群体的喜好，购置了一批热门畅销图书。同时，茗香阁还推出了一项书籍代售和代租业务，消费者可以把自己不需要的书带到茶馆，由茶馆负责寄卖或出租，并且不收取任何费用，这项业务吸引了许多喜欢看书、学习的消费者。

茗香阁通过四种新的盈利模式，改变了传统意义上茶馆只卖茶的观念，开拓了茶馆业务，为消费者创造新的价值服务，得到消费者的欢迎。

(资料来源: https://www.xzbu.com/3/view-10626371.htm)

(6) 关键资源。即核心竞争力，指建立和运转商业模式能够为企业带来比较竞争优势的资源，以及资源的配置与整合方式。这些资源能够让企业创造并提供价值内涵，得到市场，保持客户关系，并获得收入。这些资源包括物质资产、知识产权、人力资源、财务资源等。随着企业资源的变化以及配置与整合效率的提高，企业的核心竞争力也会随之发生变化。

(7) 关键活动。即实现形式，指为了让商业模式运转而必须从事的活动，即为商业模式找到有效的实现手段、途径、渠道、载体等。只有具体的实现形式，才能把概念、价值和能力综合起来、运转起来。只有通过这些活动，一个企业才能创造并提供价值内涵，得到市场，保持客户关系并获得收入。主要的关键活动包括生产产品、提供服务、解决问题、构建平台等。

(8) 关键伙伴。关键伙伴包括供应商和合作伙伴所形成的网络。企业之间为有效地提供价值并实现其商业化而形成合作关系网络，构成商业联盟。主要的合作伙伴形式有非竞争对手间的战略联盟、竞争对手间的“竞和”、合资合作、供应商—购买者关系等。寻求合作伙伴的动力在于优化组合、获得规模效益、减少风险和不确定性、获得特殊的资源、从事特殊的活动等。

案例学习 6-8 万科通过小股操盘，重新定义竞争对手

在传统模式中，房地产开发商，包括万科，二、三线城市开发商，都一样要承担项目开发、资金、土地、当地关系等活动环节或资源能力。在新商业模式下，万科在项目中只占比较少的股份，它把自己的边界划定为只做项目开发，而把资金、土地、当地关系划定给当地

开发商，双方优势互补、通力合作。万科的收入来自三部分：股权、项目管理费、项目超额利润分配。当地开发商的收入来自股权和超额利润分配。在这种方式下，双方的活动环节、资源能力边界都缩小了，但效率更高了，收益也都得到提升。

通过重新定义竞争对手，万科的模式发生了两个变化：第一个变化，万科扩展到二、三线城市开发，轻资产投入。第二个变化，之前万科跟二、三线城市开发商是竞争对手的关系，现在是合作伙伴关系，共同做大市场，赚取利润。

（资料来源：http://www.sohu.com/a/221526065_100065189）

（9）成本结构。指运营一个商业模式所需要的所有成本。创造价值、保持关系、获得收入都会产生成本。不同的商业模式有不同的成本结构，如固定成本为主、可变成本为主、人员成本为主（咨询）、原材料成本为主（钢铁）等。不同的商业模式有不同的驱动因素，如成本驱动型（沃尔玛）、价值驱动型（LV、高档酒店）。

（三）商业模式设计应考虑的要素

（1）发掘价值主张。企业通过其产品或服务向客户提供的价值，是企业对客户的实际意义，而其后的确定企业目标客户、找准价值诉求，以及优化产品组合，可以形象地表述为做正确的事，即“找对人、说对话、做对事”。

案例学习 6-9

王老吉：预防上火的饮料

“怕上火，喝王老吉”——简洁明了的定位，既彰显了红罐王老吉的产品特性，也有效地解决了王老吉原有的产品种类归属问题，为王老吉迅速走红奠定了良好的基础。借助新的市场定位，随着“怕上火，喝王老吉”系列广告等品牌推广活动的展开，王老吉的销售量直线上升。

1. 准确定位：“预防上火的饮料”。这样的定位利于红罐王老吉走出广东、岭南；避免了红罐王老吉与国内外饮料巨头直接竞争，形成独特区隔；成功地将红罐王老吉产品的劣势转化为优势；有利于加多宝企业与国内王老吉药业合作。

2. 宣传到位：广告对品牌定位传播到位。这主要有两点：一是广告表达准确；二是投放量足够，确保品牌定位进入消费者心智。“怕上火，喝王老吉”，在传播上尽量凸显红罐王老吉作为饮料的性质。

3. 巧妙促销：在针对中间商的促销活动中，充分考虑了如何加强餐饮渠道的开拓与控制，推行“火锅店铺市”与“合作酒店”的计划，选择主要的火锅店、酒楼作为“王老吉诚意合作店”，投入资金与他们共同进行节假日的促销活动。

（2）确定目标客户。目标客户是产品的直接购买者或使用者，确定目标客户即描述企业准备向哪些市场区间传递价值。多根据消费习惯和方式来确定不同类型的目标客户。

案例学习 6-10

与众不同：赚“懒人”的钱

2003 年，郝欣欣还是一个初出校门、月薪仅 2 600 元的“廉价小白领”；3 年后，她已成为个人资产上百万、受投资商青睐的商界精英。短短 3 年时间，发生了翻天覆地的变化。

这个小女子的赚钱秘诀就是：发“懒人”财。2003年10月，郝欣欣辞了职，和男友拿出6万元积蓄，开始了他们的“懒人创业计划”。郝欣欣负责到上海各大批发市场搜罗一次性用品：毛巾、牙刷、香皂、汤匙、碗碟、内衣裤、拖鞋……男友也利用为商场选货的机会，到全国各地帮她搜罗了一些迎合“新懒人”口味的时尚用品。生意很是红火。谁知，好景不长。两个月后，上海冒出了五六家“克隆”店，还将价格压得很低，这使郝欣欣的生意大受影响。郝欣欣认为开专卖店，产品是关键，只要产品种类齐全，品质一流，价格优惠，一定能夺回市场。她开始频繁出现在各种小商品交易会上，还让男友为她搜罗国外的“懒人用品”。经过一番搜寻，商品多达200多种，涉及衣食住行各个方面。有了这些新产品，郝欣欣的经营优势再次显现出来。2005年年末至2006年年初，郝欣欣又相继开了3家分店，个人资产高达130多万元。北京亿兆佳业科技有限公司向她伸出了橄榄枝，与她共同建立了“大懒猫”“懒人用品”专卖全国加盟连锁总部。

（3）找准价值诉求。价值诉求是价值追求，即追求什么样的价值，反映企业为客户提供产品或服务所包含的核心利益，超越产品或服务形态本身。

（4）优化产品组合。产品或服务是企业向客户交付价值的载体，也是客户购买的核心内容。产品组合是企业制造或经营的全部的有机构成方式，是企业生产和经销的全部商品的结构。

案例学习6－11

马特尔公司的芭比娃娃市场一度面临危机。为了彻底扭转被动的局面，马特尔公司建立了一道产品防火墙：该公司史无前例地推出了一个价格仅10美元的芭比娃娃，这样的价格几乎无利可图。但是这款10美元的芭比娃娃进入市场后，立即吸引了全美国女孩子的目光，让她们纷纷走进马特尔公司设立的各个芭比娃娃专柜。这一招对于模仿者显然是致命的，市场上的仿造品很快就消失了。与此同时，马特尔也陆续收到来自全国各地专柜的捷报，那些一开始仅仅购买10美元芭比娃娃的女孩子们，会继续购买其他辅助性的玩具设备以及其他类型的玩具，使马特尔公司从这些辅助设备和玩具中大获其利。

马特尔公司看准了价值100~200美元一个的芭比娃娃的市场机会。价格高昂的芭比娃娃的目标客户是小女孩的妈妈。这些妈妈们在20或30年前就是玩着芭比娃娃长大的，现在她们都拥有了自己可以支配的金钱，会给自己买上一个精心设计的芭比娃娃——这又给马特尔公司带来了丰厚的利润。

（资料来源：http://blog.sina.com.cn/s/blog_8f68ac2701012me3.html）

（5）整合关键资源。关键资源是企业商业模式持续竞争力的来源，它涵盖企业掌握的核心资源与能力。根据产品特性对应的资源需求依赖度不同，因满足产品供应及产出或针对需求市场的不同而形成同行业的竞争点，因此整合资源的优势是核心竞争实力评估的重要组成部分。

案例学习6－12

比亚迪股份有限公司创立于1995年，由20多人的规模起步，2003年成长为全球第二大充电电池生产商，同年组建比亚迪汽车公司，主要生产商务轿车和家用轿车。比亚迪始终坚持“技术为王，创新为本”的发展理念，凭借研发实力和创新的发展模式，获得了全面发展，并在电池、电子、乘用车、商用车和轨道交通等多个领域发挥着举足轻重的作用。

在电池领域，比亚迪具备100%自主研发、设计和生产能力，凭借20多年的不断创新，产品已经覆盖消费类3C电池、动力电池（磷酸铁锂电池和三元锂电池）、太阳能电池，以及储能电池等领域，并形成了完整的电池产业链。目前，比亚迪是全球产能最大的磷酸铁锂电池厂商。

在电子领域，凭借强大的材料和产品研发能力，自动化设备开发和应用能力，以及规模庞大的加工制造能力，比亚迪已成为全球领先的电子产品设计制造服务商，可为客户提供包括设计、研发、制造、物流及售后等“一站式”服务，并在移动终端结构件、金属及塑胶结构件、3D玻璃及陶瓷结构件等领域获得行业领先。

在汽车领域，凭借技术研发和创新实力，比亚迪已经掌握电池、电机、电控等新能源车核心技术。目前，比亚迪新能源车已经形成乘用车和商用车两大产品系列，涵盖七大常规领域和四大特殊领域（即“7+4”战略，其中“7”为私家车、出租车、城市公交、道路客运、城市商品物流、城市建筑物流、环卫车；“4”为仓储、港口、机场、矿山专用车辆），实现全领域覆盖。

比亚迪成功的关键：一是建立了电池领域绝对的竞争优势，使竞争者难以短期突破；避免了两线作战的后顾之忧，为新产业的成熟赢得了时间。二是选择了处于发展初期的、未来潜力巨大的汽车行业，可以迅速完成原始积累，整合汽车产业的上下游，形成集成优势。三是借鉴了电池和IT业务的优势，整合各业务群中的优势元素，通过技术研发，使其在新产业领域具备强大的技术储备。

（资料来源：https://baike.baidu.com/item/比亚迪）

（6）打造服务平台。无论是企业的价值主张，还是关键资源，都需要通过特定的运营流程和体系进行高效率配置和最大化呈现，这就需要企业通过业务协同和战略合作的方式打造业务平台。

案例学习6-13

喜临门是国内床垫龙头企业，公司成立于1993年，自创立以来专注于床垫的研发、生产及销售。

多品类+品牌力多重因素，量价提升抬高客单价

近年受大家居潮流影响，消费者更偏好一站式的家具购物体验。公司也顺应潮流，运用金字塔式品牌阵营，高、中、低端产品兼具，满足差异化需求，推出软床、床头柜、储物柜、沙发等配套产品，旗下有多个床垫和沙发系列。随着产品更新迭代、喜临门品牌影响力提升，平均单价呈上升趋势，喜临门床垫终端零售均价已突破每张4 000元。床垫销量从每年184万张快速提升至每年275万张。量价双重叠加使得客单价从6 357元提升至8 756元，增长37.7%。随着消费者需求升级、公司品牌影响力提升，以及产品品类和产品线的逐步拓宽，未来客单价有望持续增长。

线上线下渠道持续推进，快速外延扩张释放业绩弹性

1. 线下渠道：增量扩张+存量改善，业绩进入快速释放期。截至2017年年底，公司拥有门店1 450家，净增加420家，预计2018年将开设约800家店，开店明显提速。其中沙发现有门店50余家，其余均为床垫门店。公司目前在一、二线城市已拥有超过400家门店，城市覆盖率达到30%左右（2015年约18%），未来将主要加快空白市场的覆盖，推进三、四、五线渠道下沉。除数量外，质量要求也相应提升：新开店位置至少为A类位置，并且鼓励经销商开设一场多店和独立大店（大于>1 000平方米），新店最低要求不小于200平方米，这为未来公司以床垫单品进入软体大家居销售模式做铺垫，提供卧室乃至客厅的软体家居解决方案。

2. 线上渠道：2017年线上实现收入3.4亿元，同比增长约60%；2017年“双11”期间喜临门创业绩新高，成交2.1亿元，位列床垫类第一名。喜临门线上渠道主要通过自主运营天猫旗舰店和京东渠道销售爱倍品牌产品，过去公司线上产品均价较低，主要面向追求便利、快捷、简约的客户群体。2017年通过促销活动等方式，增加了2 500元以上产品的销售量，使产品均价不断提升。

入选国家品牌计划，营销推广持续提升品牌力

公司签署合同，参与2018年中央电视台国家品牌计划行业领跑者专项广告。入选2018国家品牌计划的企业包括伊利、方太、比亚迪、东阿阿胶等行业品牌龙头，公司为全国家居用品行业唯一入选者，标志着公司具备强大的产品实力和品牌影响力。依托国家级电视媒体+明星落地，大力推进自主品牌建设、营销推广和渠道拓展，有效提升品牌知名度和市场影响力。CRM客户管理系统于2018年上线，未来进一步提高消费者黏性和转介绍率，还能实行精准营销，保证公司更长远的业绩成长性。

（资料来源：http://www.jiajumi.com/news/chn/25855.html）

（7）构建战略联盟。战略联盟是两个或两个以上的经济实体，为了实现特定的战略目标而采取的任何股权或非股权形式的共担风险、共享利益的长期联合与合作协议。通过战略合作实现优势资源互补是快速获取综合竞争力的不二法则。

（8）设计盈利模式。盈利模式是界定企业以利润形式为自身和股东获取价值的方式。它将复杂财务公式提炼为盈利生成过程中最关键的四大变量：收益模式、成本结构、目标单元盈余和资源周转率。

案例学习6-14　长租公寓盈利模式

1. 租金差+装修投资溢价。从业主端租入的批发价与单间“零售价”合计之间的差价，是目前绝大多数中低端长租公寓主要的利润来源。差价主要包括两部分：一是整套租入，按间租出，实现溢价；二是通过分拆隔间，增加房间数来实现额外收益。

2. 生态社区+增值服务。长租公寓运营商通过打造“公寓+服务”的生态圈，如“公寓+旅游”“公寓+健康”“公寓+培训”等形式扩大服务半径，整合第三方优质资源或自己开展经营，提升用户体验度，进而从衍生产品上实现盈利。

3. 先租后售，旨在客户获取，实现业务协同。这类盈利模式的代表是万科，万科曾在重庆“西九·万科驿”推出“租金抵房款，房款抵租金”的活动，从活动口号可以清晰地发现该类模式的核心是先租后售，公司的本质并不是指望依靠公寓租金实现盈利。

4. 资产收购+持有经营。这种盈利模式的代表是赛富不动产基金和新派公寓的深度合作，赛富以不动产基金购买房屋的租赁权，委托新派公寓开展房屋租赁、管理等业务，实现二者的资源互补。

（资料来源：http://zhishi.fang.com/zf/qg_440802.html）

（9）规避商业风险。任何项目都隐藏着相互影响的风险，有来自政策、金融、市场和传统文化方面的客观风险，也有来自价值观和思维方式等方面的主观风险，仅仅依靠商业模式设计是无法规避这些风险的，因此，评估与设计风险控制系统非常重要。

在上述9大要素中，商业模式设计应重点聚焦于价值主张、关键资源、业务平台和盈利模式4大关键要素。

（四）商业模式设计的核心原则

商业模式设计的核心原则是商业模式的内涵、特性，是对商业模式定义的延伸和丰富，是成功商业模式必须具备的属性。它包括客户价值最大化原则、持续盈利原则、资源整合原则、创新原则、融资有效性原则、组织管理高效率原则、风险控制原则和合理避税原则9大原则。

1. 客户价值最大化原则

一个商业模式能否持续盈利，是与该模式能否使客户价值最大化有必然关系的。一个不能满足客户价值的商业模式，即使盈利也一定是暂时的、偶然的，是不具有持续性的。反之，一个能使客户价值最大化的商业模式，即使暂时不盈利，终究也会走向盈利。所以我们把对客户价值的实现再实现、满足再满足当作企业应该始终追求的主观目标。

案例学习 6-15

美国西南航空公司在充分识别客户需求的基础上，结合自身实力，找到一种独特的低成本服务营销策略，通过省去不必要的服务环节，开发个性化的娱乐服务，既降低了成本，又保证了服务的质量。

1. 定位低票价，下大力气争取商务旅行者。

2. 飞行安全、航班准时、不分舱位、不预订座位、使用二线机场、不提供行李中转服务、不提供用餐服务等。在这种模式下，飞机等候时间更短，利用率更高，客舱及地面服务人员较之传统航空公司数量更少，服务效率也更高。

3. 推出了许多妙趣横生、体贴入微的个性化服务。如公司乘务员在飞行途中表演滑稽节目等，这些服务显然受到了广大乘客的普遍欢迎。

如今，西南航空公司充满乐趣的航空服务已经被铸造成令竞争对手羡慕不已的成功品牌。

2. 持续盈利原则

持续盈利原则即确定盈利模式，是企业为客户实现价值最大化的客观结果，也是企业的主观追求。盈利模式是对公司如何既为客户提供价值又为自己创造价值的详细计划，包括以下构成要素：

（1）收入模式：产品单价×销售数量。

（2）成本结构：直接成本、间接成本和规模经济。成本结构主要取决于实施商业模式所需关键资源的成本。

（3）利润模式：在已知预期数量和成本结构的情况下，为实现预期利润要求每笔交易贡献的收入。

（4）利用资源的速度：为了实现预期营业收入和利润，需要实现多高的库存周转率、固定资产及其他资产的周转率。并且，还要考虑从总体上该如何利用好资源。

企业能否持续赢利是我们判断其商业模式是否成功的唯一的外在标准。因此，在设计商业模式时，盈利和如何盈利也就自然成为重要的原则。当然，这里指的是在阳光下的持续盈利。持续盈利指既要盈利，又要能有发展后劲，具有可持续性，而不是一时的偶然盈利。

案例学习 6－16

Google 的盈利模式

跟所有搜索引擎网站一样，Google 不是向直接的消费者收费，而是提供免费搜索服务，第三方买单，向需要吸引这些消费者眼球的第三方收费。主要通过 AdWords（关键字广告）和 AdSense（文字广告的延伸产品）获取利润，而放弃国内几乎所有搜索引擎网站都会采取的竞价排名方式。与其他网站合作建立互联网广告联盟，AdSense 实际上就相当于一个互联网广告联盟，可以在加盟者网站的网页展示相关性较高的 Google 广告，只要链接的广告被有效点击，加盟者就可借此从 Google 处分得部分广告收入。

3. 资源整合原则

资源整合就是要优化资源配置，就是要有进有退、有取有舍，就是要获得整体的最优。在战略思维的层面上，资源整合是系统论的思维方式，是通过组织协调，把企业内部彼此相关但却彼此分离的职能，把企业外部既参与共同的使命又拥有独立经济利益的合作伙伴整合成一个为客户服务的统一体，取得“1＋1 大于 2”的效果。

在战术选择的层面上，资源整合是优化配置的决策，是根据企业的发展战略和市场需求对有关的资源进行重新配置，以凸显企业的核心竞争力，并寻求资源配置与客户需求的最佳结合点。其目的是通过制度安排和管理运作协调来增强企业的竞争优势，提高客户服务水平。对于资源整合方案的提供者来说，整合了资源，简化了客户流程，提高了效率，带来了更好的客户满意度与忠诚度，更重要的是建立了一种区隔性的竞争优势；而对于资源整合方案的接受者来说，一站式的解决方案节约了自己的时间，把所有的问题一次性解决，更便捷、更高效，也更省钱。

案例学习 6－17

王明是一所重点大学的大三学生。一个偶然的机会，青山老师与王明认识了。王明很渴望赚钱，但受能力、年纪、经验所限，尝试过很多次后都失败了。这一次，王明看上了学校里新建的食堂四楼的一块空旷的大厅。这个大厅旁边是一个隶属于学校的高档餐厅，高档餐厅的生意一直很一般。目前，这个大厅闲置着，王明想低价把这块场地租下来。因为学校有几万的学生，虽说在食堂四楼，但如果宣传得当，还是有学生愿意来的。下面是青山老师（Q）和王明（W）的对话：

Q：你最擅长什么？

W：英语，我还是学校英语俱乐部的部长。

Q：那就从事你最擅长的英语。

W：青山老师，我该怎么做？难道搞英语培训？凭我的能力与力量，搞英语培训有很大难度。

Q：你要资源整合地去把这个困难克服了。

W：您的意思是，我去把场地先谈下来，再去找人投资？借别人的钱，找老师，再招生培训？

Q：不，不是，借钱或找人投资是一个很低级的借力方式。

W：那我该怎么做？

Q：你按着我告诉你的方法做：

(1) 你去跟后勤主任说，我有办法帮你把学生吸引到四楼来吃饭，同时我还要给你带来生意，我保证每个月给你带来2万元的营业额，我的条件是免费使用你那闲置的场地。

(2) 这个场地用来干什么呢？我不用来做任何商业行为，只用来带领学校里的学生晨读英语。（一种百人晨读英语的培训项目诞生了，把自己跟外面的外语培训机构区别开来）

(3) 你去找一个著名的培训机构合作，比如新东方。你跟他们说，我想帮你们招生，至少一个学校帮你们招100个学生，我的条件是由你们提供培训资料的视频与老师。比如新东方提供一个老师，每周过来一次或两次带领同学们晨读英语。同时晚上在这个教室里播放培训相关视频，为新东方招生做宣传。

(4) 你再去找你们英语俱乐部的会长，告诉会长说，我给咱们协会找了一个定点读英语及开会、搞活动的地方，同时给会长您提供一个单独办公室。我的希望是，能够动用协会的力量帮我招晨读学生。协会里的人可以免费参加，只需交纳3元的早餐费。

(5) 准备工作做得差不多了，开始向学生宣传："新东方老师带领你晨读！带领你走出哑巴英语。"

通过努力，一个多方借力、多方获利的项目取得了成功。

(1) 王明通过英语俱乐部招到学生400人左右。定价为每个学生每天早晨6元（含3元营养早餐），按月收取费用。每个学生的毛利为3.5元（王明与食堂约定的早餐价格为每人2.5元），一个月毛收入为42 000元（400×3.5×30）。

(2) 英语俱乐部免费获得了办公室与活动场所，提高了协会的形象。

(3) 后勤集团每个月多收入了30 000元（2.5×400×30）。同时还带动了四楼的餐厅生意。

(4) 新东方通过这次晨读与晚上的视频学习，在一个月内招到46名学生，一个学期招了近200名。等于新东方免费拥有了一个学生试听试读的场所，不需要花力气宣传组织学生来听。

通过一年时间的运营，王明真正运用自己的力量，通过资源整合，利用简单的资源，赚取了人生的第一桶金——697 800元之多。

（资料来源：http://www.admway.com/index.php?sp=course&course_id=113）

4. 创新原则

时代华纳前首席执行官迈克尔·恩说："在经营企业的过程中，商业模式比高技术更重要，因为前者是企业能够立足的先决条件。"成功的商业模式不一定是在技术上的突破，而是对某一个环节的改造，或是对原有模式的重组、创新，甚至是对整个游戏规则的颠覆。商业模式的创新形式贯穿于企业经营的整个过程中，贯穿于企业资源开发、研发模式、制造方式、营销体系、市场流通等各个环节，也就是说，在企业经营的每一个环节上的创新都有可能变成一种成功的商业模式。

案例学习 6-18　**拼多多的商业模式创新**

拼多多成立于2015年，通过不到3年的时间，做到了月流水400亿元的恐怖规模。拼多多的商业模式说简单也简单，就是一种网上团购的模式，以团购价来购买某件商品。用户可以将拼团的商品链接发给好友，如果拼团不成功，那么就会退货。我们看到许多人会在朋友圈、微信群发带有拼多多团购的链接，通过社交网络实现了一次裂变。

目标用户精准

短短两年时间，拼多多瞄准了三、四、五线城市人群，以低价大量拉取用户。投资调研发现，拼多多上有三类典型人群：从没有过网购经验的人群；知道淘宝也在淘宝消费过，但未形成购买习惯的人群；淘宝满足不了的人群。其实，现在市场上无论是天猫还是京东，满足的都是还算追求品质的那批人，但从没有人关注“能用就行”的这批用户，拼多多做到了，将众多小市场汇聚成可产生与主流相匹敌的市场能量。

简单直接、病毒式的营销模式

拼多多的商业模式很简单：电商拼团、砍价（早期还有1元购等模式）。在拼多多上拼团能够获得更优惠的价格，所以几乎没人会选择单独购买……本来就已经比市面普通价格便宜的大蒜，在拼团后居然又便宜了。付款后可以一键分享到微信等社交平台上，从下单到支付，再到最后离开拼单页面，每一个关卡都在暗示、引导买家“分享”。在完成拼团之后，拼主还有机会获得拼主免单券，也算是另一个变相的鼓励分享。

发起拼单的用户会成为拼主

而这个看似简单的分享、拼团砍价模式，恰恰就是拼多多崛起的关键！通过降价这种最直接的方式，鼓励买家将APP推广给更多人，买家省下来的钱也是实实在在的，拼多多获得的新用户也是实实在在的。这种拼团砍价其实就是批发和微分销的概念。借助QQ、微信流量的助攻，分享的平台有了（社交圈传播）；还都是朋友、亲戚之间的分享，信用背书也有了（诱导用户产生裂变效应消费）；生活状态差不多，你要用，我也要用，还这么便宜，拼团的需求也是一样的，拼团的成功率也大大提高（进一步扩大影响）。

为了吸引商家入驻，拼多多同样用了很多办法。免佣金、免费上首页，这些都是现阶段淘宝、京东所给不到的优惠，大量的商家开始涌入拼多多平台。

抛开商品、监管，单从运营的角度评价，拼多多是成功的，它也很明显是走“先发展，再整治”的套路。但关于拼多多的各种投诉问题依然存在，要想长远地发展、壮大，光靠卖山寨、假货肯定是不行的……

（资料来源：http://wemedia.ifeng.com/56189043/wemedia.shtml?_cpb_xinxiliu_xgtj）

5. 融资有效性原则

融资模式的打造对企业有着特殊的意义，尤其是对中国广大的中小企业来说更是如此。我们知道，企业生存需要资金，企业发展需要资金，企业快速成长更需要资金。资金已经成为所有企业发展中绕不开的障碍和很难突破的瓶颈。谁能解决资金问题，谁就赢得了企业发展的先机，也就掌握了市场的主动权。

从一些成功企业的发展过程来看，无论其表面上对外阐述的成功理由是什么，都不能回避和掩盖资金对其成功的重要作用。许多失败的企业就是没有建立有效的融资模式而失败了。如巨人集团，仅仅因为近千万元的资金缺口而轰然倒下；曾经与国美不相上下的国通电器，拥有过30多亿元的销售额，也仅仅因为几百万元的资金缺口而销声匿迹。所以说，商业模式设计很重要的一环就是要考虑融资模式。甚至可以说，能够融到资并能用对地方的商业模式就已经是成功一半的商业模式了。

6. 组织管理高效率原则

高效率是每个企业管理者都梦寐以求的境界，也是企业管理模式追求的最高目标。将系统内外的各要素，通过整合方式，使之高效率地运行、运作，其目的就是使系统形成核心竞争力。用经济学的眼光衡量，决定一个国家富裕或贫穷的砝码是效率，决定企业是否有赢利能力的也是效率。

按现代管理学理论来看，一个企业要想高效率地运行，首先要解决的是企业的愿景、使命和核心价值观，这是企业生存、成长的动力，也是员工干好工作的理由。其次是要有一套科学、实用的运营和管理系统，解决系统协同、计划、组织和约束问题。最后还要有科学的奖励激励方案，解决如何让员工分享企业的成长果实的问题，也就是向心力的问题。

案例学习 6－19

如家快捷酒店借鉴在欧美完善成熟的经济型酒店模式，为商务和休闲旅行等客人提供“干净、温馨”的酒店产品，通过客房收入、餐饮收入、加盟费等获得利润。如家商业模式的核心在于：

1. 经济＋服务：如家在高标准的星级酒店和低服务质量的低星级酒店之间找到了一种平衡，并且将其服务的重心放在了住宿和早餐两个优先的酒店功能上来，最终实现“价廉物美”的价值诉求。

2. 连锁模式：如家除自建直营酒店之外，还通过特许经营的方式来扩充如家经济型酒店的规模和数量。在连锁系统管理上，如家开发了中央管理系统，使得公司总部能够在第一时间了解全国分店的运营情况。

3. 人力资源开发：如家更加注重吸引和开发符合企业自身要求的人才系统。这一人才系统将总部、分店店长、资深店长、店助、城市/区域总经理等各个层面的员工纳入了公司的培训、开发和考核机制。

（资料来源：《商业模式百佳案例》）

7. 风险控制原则

设计再好的商业模式，如果抵御风险的能力很差，就会像在沙丘上建立的大厦一样，经不起任何风浪。这个风险既包括系统外的风险，如政策、法律和行业风险，又包括系统内的风险，如产品的变化、人员的变更、资金的不继等。

8. 合理避税原则

合理避税不是逃税。合理避税是在现行的制度、法律框架内，合理地利用有关政策，设计一套有利于利用政策的体系。合理避税做得好也能大大增加企业的盈利能力。避税是企业基于逐利性的固有本质，为节省税收负担，降低生产成本，在法律不禁止的范围内，通过改变经营形式或组织架构的方式，降低税负的一种行为。但企业若想达到极节省税负又避免潜在的法律风险，在现阶段全球反避税的大背景下还是需要审慎的。

三、商业模式画布的内容

（一）商业模式画布的定义

商业模式画布指把商业模式涉及的9个关键要素整合到一张画布中，可以灵活地描绘或者设计商业模式，直观、简单、可操作性强，其实质就是商业模式的可视化。商业模式画布不仅能够提供更多灵活多变的计划，而且更容易满足用户的需求。更重要的是，它可以将商业模式中的元素标准化，并强调元素间的相互作用，起到健全商业模式、将商业模式可视化及寻找已有商业模式漏洞的作用。

商业模式画布的正确运用，能很好地帮助创业者快速认识创新创业。商业模式画布是很多创新创业会议和头脑风暴活动的常用工具，因为它的呈现方式非常容易让受众群体接受。

（二）商业模式画布的主要内容

商业模式画布主要包括9个要素，更准确地说是4个视角下的9个要素。4个视角就是商业模式衍生出来的4个问题（见图6－1）：提供什么（What），如何提供（How），为谁提供（Who），成本和收益问题（Cost）。

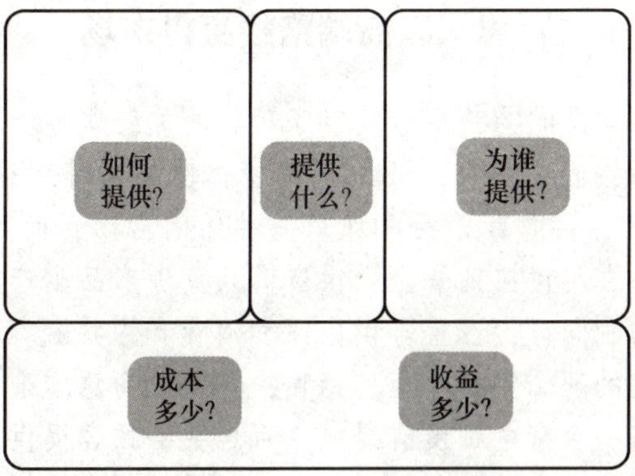

图6－1　商业模式画布的4个视角

9个要素是价值主张、客户细分、关键业务、渠道通道、客户关系、核心资源、重要合作、成本结构、收入来源（见图6－2）。

商业模式画布通常由一块大黑板或类似的替代品来呈现，将其按照一定的顺序分成9个方格，通过向这些方格里填充相应的内容，描绘商业模式或设计新的商业模式。

商业模式画布9个要素的具体内容如下：

1. 价值主张

价值主张即核心卖点。通过完善的客户服务和系统的客户分析全面满足客户需求，提高

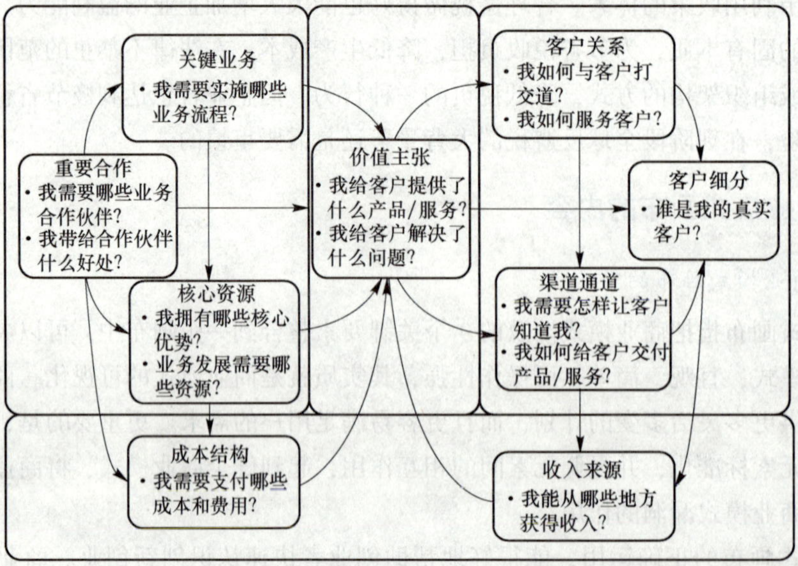

图 6-2 商业模式画布的 9 个要素

客户的满意度和忠诚度，同时降低企业营销成本，最终实现客户价值最大化和企业利润的持续增长。价值主张提出了“我给客户提供了什么产品/服务？我给客户解决了什么问题?”这是你能提供给客户的一个特别的好处。价值主张是客户为什么选择你而不是选择你的竞争对手的关键点，并在一开始就把你的产品或服务清晰明了地传达给客户。它一定不是产品本身，甚至也不是产品的功能，而是产品背后的价值。

案例学习 6-20

百思买以高端路线赢得市场

百思买经营的一大特点是它为消费者提供了独特的体验服务：舒适的购物气氛，受过良好训练的销售人员，商品按种类陈列，鼓励消费者体验商品等。这给“逛”百思买的人一个如“逛”宜家般的感受——逛百思买本身是一种休闲活动，而不是迫切或者焦虑的日常采购。百思买现款现货不占用供应商资金，供应商只负责产品生产，剩下的事情都由百思买完成。百思买注重稳定的利润群，注重与供应商和消费者的共赢。商品布局合理，按类别摆放而非品牌，完全按自己的理念安排上柜、销售，与供应商意志毫无关系。百思买也不用厂家的促销员，员工卖任何一台家电都没有提成。百思买给顾客提供解决方案的时候，不是问你来买什么，而是问你要这个产品做什么。总之，百思买深度挖掘、了解消费者不同的个性需求，以高端路线赢得市场，通过“体验式营销”，提供收费服务，拓展了巨大的利润空间。

有位著名的营销大师说过：“客户不会记得你说过什么，做过什么，但他一定忘不了他体验过什么。”在当前商品功能属性差别不大的形式下，决定客户对某个产品取舍的关键是情感，而情感的塑造与维系则要靠企业的营销和个性化服务。

（资料来源：《商业模式百佳案例》）

2. 客户细分

企业要知道为谁创造价值，谁是企业的重要客户，这就是企业的目标客户群体，即客户细分，它可以是一个或多个群体的集合。一切业务的发生是为了更好地满足特定客户的需求，企业要尽可能地找出那些具有共同的需求、共同的行为和其他共同的属性的人群，把他们分隔描述出来。例如，当前的各类电商品牌，都是在充分重视对自己产品对应的客户进行细分后，发现了产品（服务）的发展方向的，因为全盘通吃有可能什么也吃不到。如果企业的客户对象是所有人，所有人等于没有细分客户，那就说明企业的项目没有明确的受众客户，这将直接导致项目无法执行。

3. 关键业务

为了确保商业模式可行，企业商业运作中必须要从事的具体业务就是关键业务。这些关键业务决定企业能否存活下去，一旦理解和分析错误，将导致创业项目无法执行。例如，中国人寿保险公司的关键业务是理赔，腾讯的关键业务是社交，阿里巴巴的关键业务是电商，百度的关键业务是搜索。

4. 渠道通道

公司如何沟通、接触被细分出来的客户，影响他们并把产品提供给他们，即组织机构（企业）沟通和交付给目标客户价值的不同方式，就是渠道通道。它能唤醒潜在客户对产品的了解，并促成买卖，保证售后满意度。在传统的买卖行为中，随处可见重视渠道沟通而诞生的项目或行业，如物流行业就是典型的例子；再如在“互联网＋”背景下，各类外卖平台迅速诞生，很多企业争相上线宣传产品和推广平台。常见的渠道通道有面谈或电话沟通、店内营销沟通、实物交付、社交平台沟通等。

5. 客户关系

客户关系指确定企业与特定客户细分群体建立的关系类型。企业的每个客户细分群体希望企业与之建立和保持何种关系？哪些关系企业已经建立了？关系成本如何？如何从现有客户身上开发出更多的价值？所有的企业都需要不断加强与客户交流，不断了解客户需求，并不断对产品或服务进行改进和提高以满足客户需求。企业必须基于自身明确定义客户侧重的关系类型，它会随着目标客户的不同而发生变化，既有时效性又不缺个性。例如会员制、“互联网＋”背景下的粉丝经济等就是较好的客户关系。

6. 核心资源

核心资源是企业让商业模式有效运转所必需的能力和资源，包括人力资源、实体资产、知识产权、金融资产等核心优势。我们的价值主张需要什么样的核心资源？我们的渠道通道需要什么样的核心资源？不同的商业模式对核心资源的要求是不同的，如很多 APP 投入市场前需要大量资金投入才能稳定进入市场。

案例学习 6－21

IBM 的核心竞争力

IBM 公司已经把公司的供应链管理视为自己的核心竞争力，其一切工作都围绕为客户提供及时、完善、安全的服务开展。为了达到这个目标，公司必须在充分了解客户需求的同时确保公司的供应链具有足够的灵活性，这样才能够满足客户的差异化需求，为他们提供及时的服务，这就是所谓的基于客户需求的供应链管理。对基于客户需求的供应链管理，IBM 公司的理解是：一个企业的商业运作过程不能完全靠自己来完成，需要合作伙伴、原材料供应商以及顾客等多方面协作完成。

7. 重要合作

重要合作用来描述让商业模式有效运作所需的供应商与合作伙伴网络。谁是我们的重要伙伴？谁是我们的重要供应商？我们正在从伙伴那里获取哪些核心资源？合作伙伴都执行哪些关键任务？只要是需要借助外界力量来完成的事情都需要合作伙伴。任何一个企业都不可能拥有所有资源，只有合作共赢的伙伴关系才有持续发展的动力。

案例学习 6－22

携程旅行网抓住了互联网与传统旅游业相结合的机遇，力求扮演航空公司和酒店的“渠道商”角色，以发放会员卡吸纳目标商务客户、依赖庞大的电话呼叫中心做预订服务等方式将包括机票预订、酒店预订、度假预订、商务管理、特约商户及旅游资讯在内的全方位旅行服务作为核心业务。

携程旅行网通过与全国各地众多酒店、各大航空公司合作，以规模采购大量降低成本，同时通过消费者在网上订客房、订机票积累客流。客流越多，携程旅行网的议价能力越强，其成本就越低，于是客流就会更多，最终形成良性增长的盈利模式。携程旅行网的创新性在于立足传统旅游服务公司的盈利模式，主要通过“互联网＋呼叫中心”完成一个中介的任务，用 IT 和互联网技术将盈利水平无限放大，成为“鼠标＋水泥”模式的典范。

8. 成本结构

成本结构指运营一个商业模式所引发的所有成本，即企业需要支付哪些成本和费用。什么是我们的商业模式中最重要的固定成本？哪些核心资源花费最多？哪些关键业务花费最多？在哪里可以削减成本？企业需要有自己的成本结构模型，因为每一个（类）企业的成本结构模式都是有区别的。常见的固定成本包括场地成本、人力成本、营销成本、仓储成本、物流成本、进货成本等。

9. 收入来源

收入来源指企业从每个客户群体中获取的现金收入。所有的企业（项目）必须清晰：客户愿意为哪些价值服务付费？他们付费买什么？他们是如何支付费用的？他们最喜欢的付钱方式是什么？每个收入来源占总收入的比例是多少？如各类支付平台就是在“互联网＋”背景下产生的，收入来源常见的方式包括一次性收费和持续性收费两种，具体包括一次性售出、租赁费、服务或使用费、订购费、注册费、中介费等。

（三）商业模式画布的具体步骤

（1）将猜想和计划写在便签上，展开最基本的商业模式。

（2）仔细想想每一个方格背后的含义和假设，哪一个是促成全局的最重要因素，哪一个能够带来盈利。

（3）规划未来的路线，从而确保重要方格里的内容能不断推进，并且方向正确。

（4）设计实验，验证猜想。为每一个方格设置参数，比如目标客户数目，他们所能承受的价格等。

商业模式画布法不仅适用于小公司，大公司也同样可以借鉴。虽然他们的商业模式已经成型，但商业模式画布法却能为其锦上添花，不断形成新的模式。在商业模式画布里为每一项加权，可以在真正执行前，率先测试出模式的可行性。

案例学习 6-23

唯品会的运营模式

一、正品

与一、二线品牌形成合作，保证品质。唯品会相当聪明地舍弃了一线品牌当中的奢侈品，选取了大众熟知的一、二线品牌作为合作伙伴。在唯品会成立初期，即使消费者记不清唯品会的名字，总能记住耐克、阿迪的名字，消费者挑选产品十分方便，还能保证质量。

二、省钱

限时抢购作为特点，吸引用户注册也为厂家减轻压力。作为尾货清仓的电商，唯品会的价格要低于市场价格不少。每天上午 10 点限时抢购，限时抢购不同于秒杀之处是供货量的差异，限时抢购的量要大很多，女装品牌 Lily 就曾创下 24 小时内超过 4 万件的销售纪录，足见限时抢购对于消费者的吸引力之大。

除了给消费者带来新鲜刺激的抢购乐趣，限时抢购模式还为供货商和唯品会的存货管理带来了便利。限时抢购模式具有大量进货、大量出货、大量退货的特点，可以帮助供应商较快地处理库存商品，有助于加快唯品会的周转，避免了货源不足带来的困境。另外，限时限量抢购模式为供货商提供了一个专门消化存货的平台，由于特卖时间有限，且并非当季新品，不但可以有效避免与实体店发生冲突，还可以有效地提升销售业绩。过了限时抢购时间，特定品牌一周内就会从仓库中撤出，帮助厂家快速回笼资金，减轻厂家的资金压力。

三、快速反应

自建仓储保证发货和退换货速度。低价格和高质量吸引了不少消费者注册唯品会，想做回头客的生意就要更全面地满足需求，物流环节是后续服务的保障，唯品会不采取厂家发货方式，自建仓储，方便把握发货、退换货的物流环节，完全做到第一时间给消费者反馈，提高了唯品会高效率、高保障的形象。唯品会为消费者提供了整体的配套服务，创造了一个没有顾虑的网络购物环境，使消费者有过一次购物经历后仍愿意在唯品会再次消费，使回头客的生意越做越大。

（资料来源：http://bschool.hexun.com/2016-10-20/186508121.html）

案例学习 6-24

图 6-3 所示为唯品会的商业模式画布：

<table>
<tr>
<td rowspan="2">重要合作
• 强大的供应商网络
• 联合太平洋保险，推出了正品担保服务</td>
<td>关键业务
• 奢侈品电子交易
• 自建仓库
• 售后服务</td>
<td rowspan="2">价值主张
“消费者满意”是唯品会最大的追求目标。因此，唯品会坚持以安全诚信的交易环境和服务平台，为会员提供优质、高效、愉悦的售卖服务，以提升消费者满意度为己任，为消费者提供畅快、安全、放心、便捷的消费流程体验和服务</td>
<td>客户关系
• 购物体验
• 无条件退货
• CSC 呼叫系统</td>
<td rowspan="2">客户细分
• 奢侈品消费者
• 高档消费者
• 二、三线品牌偏好者</td>
</tr>
<tr>
<td>核心资源
• 折扣商品
• 服务规划
• 仓库网络</td>
<td>渠道通道
• 电子交易平台
• 仓储物流</td>
</tr>
<tr>
<td colspan="3">成本结构
• 进货费用
• 物流费用
• 库存管理费用</td>
<td colspan="2">收入来源
• 通过线上电子交易，直接获取销售与进货之间的毛利润</td>
</tr>
</table>

图 6-3　唯品会的商业模式画布

（资料来源：https://blog.csdn.net/zhaodebbs/article/details/68942404）

延伸阅读

管理学大师彼得·德鲁克的现场咨询

彼得·德鲁克先生某一天接到一个电话，是一个卖窗帘的企业家邀请他去为自己的企业做一次体检，咨询一些未来企业发展的策略问题。德鲁克一听情况，就说："我的咨询费用是很贵的，一次小时 6 万美元，所以您的这个问题我们通过邮件就可以解决。"但这个企业家还是很执着，他说："您的费用我们承担得起，还是请您来一趟当面提供咨询吧。"德鲁克没有办法，只好应约前往。这个企业家也很诚恳，领着公司的全体人员列队欢迎德鲁克，然后陪着德鲁克开始参观他的企业，一边参观一边介绍。参观的时候，德鲁克打断了这个企业家，问了一句："请问您的企业是做什么的？"这个企业家一听，心里略微有些不快，心想：我之前在电话里已经告诉你了，我的企业是做窗帘的，现在陪着你参观窗帘的生产线，你还问我我的企业是做什么的。但是出于对德鲁克的尊敬，他还是很温和地说："德鲁克先生，我的企业是做窗帘的。"德鲁克说了一句："哦。"然后继续参观。等参观结束了，这个企业家带着他的管理团队把德鲁克先生请进了会议室，然后把最近两年的公司财务报表拿给德鲁克先生，就开始做汇报了。德鲁克先生听到一半，打断了汇报，又问这个企业家："请问您的企业是做什么的？"这个企业家一听就生气了，心想：这位德鲁克先生也太不尊重人了，该介绍的也介绍了，该参观的也参观了，该汇报的也汇报了，而且刚刚都问过一次了，现在怎么还问啊？但这个企业家还是压着心中怒火，很客气地说："德鲁克先生，我的企业是做窗帘的！"德鲁克先生说了一句："哦。"然后继续汇报。等汇报结束了，大家都等着德鲁克先生做建设性发言了。德鲁克不紧不慢地站起来，问了一句："请问您的企业是做什么的？"这个企业家当时就火了，直接冲着德鲁克吼了起来："德鲁克先生，我都说了几遍了，您还问我的企业是做什么的。您是不是压根就没听啊？"等这个企业家的火发完了，德鲁克先生没有生气，还是不紧不慢地说了句："不，您的企业是做光线调节的。现在请您把我的咨询费付给我吧！"这个企业家愣了一下，随即就明白德鲁克先生说的话了，连忙向德鲁克先生又是道歉又是感谢，并立即支付了咨询费用。后来这家卖窗帘的企业市值翻了几番，从一家地域性小企业做成了全国性的明星企业。

这个企业家一直在做窗帘，窗帘是遮挡视线、调节光线的吧？那是不是只有窗帘这一种产品可以调节光线？肯定不止吧？还有窗户、涂料、壁纸等之类，这一句话点出了什么问题？是不是经营范围的问题？企业要经常做体检，要不断进行市场定位，才能因势而变。市场瞬息万变，顾客群体也是会发生变化的，而企业的目的只有一个适当的定义，那就是创造顾客！

（资料来源：http://www.doc88.com/p－5405273183019.html）

【任务实施】

闫柏林同学从上大学起一直有创业的想法。通过学习创业课程，他知道了创业一定要找到与自己的资源相匹配的项目，并设计好商业模式。他发现很多同学在中午不愿意花 10～15 分钟走路去食堂就餐，喜欢就近买盒饭或直接请小饭店送餐。他就跟家里人商量，共同投资在校外开了家学友快餐厅，力求做到卫生、便利、快捷、物美价廉。同学们在课间点餐，中午下课在第一时间就拿到手上。餐厅很受同学们的欢迎，也取得了可观的利润。他利用商业模式画布总结了学友快餐厅的商业模式（见表6-1），请你填完整。

表6-1 学友快餐厅的商业模式画布

重要合作	关键业务	价值主张	客户关系	客户细分
	核心资源		渠道通道	
成本结构		收入来源		

复习思考

1. 商业模式的定义是什么？有哪些类型？
2. 成功的商业模式具备哪些特征？
3. 商业模式设计应考虑哪些因素？遵循哪些原则？

项目实训

请用商业模式画布分析小米的商业模式。

任务二 创新商业模式

【任务导入】

韩月的创业故事

2007年，郑州女孩韩月与同学合作开的以面食为主的饭店由于资金问题面临停业。那么，接下来该怎么办呢？韩月首先想到了给饭店打广告，却发现自己连广告费都掏不起。于是，她开始抱怨那些媒体的广告费用太高。同学长叹一口气说："天下没有免费的午餐啊！你的饭店如果免费，不用打广告也会人潮涌动。"韩月苦笑了一下。突然，一个大胆的想法被同学的这句话启发了：饭店免费，人潮涌动，这不也是一种很好的宣传吗？自己的饭店如果和广告结合起来，不是很好的模式吗？韩月回到饭店，在房间里坐了一个下午，一个草案就形成了。她给饭店设置了两扇门，一扇是正常收餐费的门，一扇则是走地下消防通道的免费门。走正常收餐费的门与以前到饭店吃饭没什么两样，吃多少收多少钱。但免费的那扇门里却设计了一个弯弯曲曲的通道，两边墙上挂广告牌。她想：免费吃饭能大幅提高人气，有人气就能吸引商家来做广告，赚取广告费，同时也能带动饭店的营业收入。这个想法令她十分兴奋，她迅速投入行动。韩月紧锣密鼓地准备了半个月之后，终于在9月份的一天清晨，打出了"本店吃饭免费"的牌子。

她算过一笔账，如果按照免费餐限量提供的话，一份面的成本是一元五角左右，每天从她的"九曲广告回廊里"经过的人如果有200个，那么每天支出三百元左右。韩月免费拉了很多广告放在自己的广告位上。她要求每位就餐的客人必须在结账时背诵出3个广告才能免单，这样的话，广告的宣传效应就不言而喻。由于她的饭店位置还算不错，附近又有几幢写字楼，所以很快，她的饭店"吃饭不要钱"的消息就传遍了那几幢写字楼和附近几个商场。有来这里看新鲜的，有来品尝的，也有冲着不要钱的餐去的，韩月的饭店一下子火爆起来。一些排队排不上的客人，也不想再换地方，干脆就直接花钱用餐。

2010 年 9 月，韩月收购了一家小广告公司，将饭店与之合并为一家公司，以保证能够合法经营广告业务。韩月通过将广告公司的专业水准与现有的饭店业务相结合，收益多多。到 2011 年 4 月，她的财富便积累到了 100 多万元。与此同时，她的广告主题餐厅也越做越顺利。谈起经历，韩月谦虚地说，其实她的成功只有四个字：敢想，敢做。

（资料来源：http://www.sohu.com/a/126346473_464058）

【任务分析】

商业模式创新作为一种新的创新形态，其重要性已经不亚于技术创新。创新并设计出好的商业模式，成了商业界关注的新焦点。商业模式创新被认为能带来战略性的竞争优势，是新时期企业应该具备的关键能力。日益激烈的竞争和成功的商业模式的快速复制，迫使所有公司必须不断地进行商业模式创新，以获得持续的竞争优势。一个公司必须深入了解公司的商业模式和组成商业模式的不同要素之间的关系，才能在自己的商业模式被复制前重新审视并再次创新。

【相关知识】

一、商业模式创新的概念

商业模式创新指改变企业价值创造的基本逻辑以提升顾客价值和企业竞争力的活动，即把新的商业模式引入社会的生产体系，并为客户和自身创造价值。通俗地说，商业模式创新就是企业以新的有效方式赚钱。新引入的商业模式，既可能在构成要素方面不同于已有的商业模式，也可能在要素间关系或者动力机制方面不同于已有的商业模式。

商业模式创新引起广泛的重视，与 20 世纪 90 年代中期计算机互联网在商业界的普及应用密切相关。互联网的出现改变了基本的商业竞争环境和经济规则，标志“数字经济”时代的来临。互联网使大量新的商业实践成为可能，一批基于它的新型企业应运而生，它们的赚钱方式明显有别于传统企业。这些基于互联网的新型企业的出现，对许多传统企业也产生深远的冲击与影响。每一种新的商业模式的出现，都意味着一种创新、一个新的商业机会的出现，谁能率先把握住这种商业机遇，谁就能在商业竞争中先拔头筹。

【知识链接】互联网创业的 24 种商业模式

案例学习 6-25

李彦宏的新商业模式

百度（纳斯达克：BIDU），全球最大的中文搜索引擎、最大的中文网站。1999 年年底，身在美国硅谷的李彦宏看到了中国互联网及中文搜索引擎服务的巨大发展潜力，抱着技术改变世界的梦想，毅然辞掉硅谷的高薪工作，携搜索引擎专利技术于 2000 年 1 月 1 日在中关村创建了百度公司。20 世纪 90 年代中期崛起的网站基本上都是以搜索引擎为方向的，例如 Yahoo、Infoseek 等，但这些公司都没有想过针对中文开发搜索引擎。2000 年 5 月，纳斯达克的泡沫刚刚破裂，但没出半年（当年9 月），成立才两年、目前全球最大的搜索引擎 Google

开始提供中文搜索门户服务。这对主要提供后台技术服务的百度来说，无疑是一个挑战。因为在百度创建之初，盈利模式与Google并无二致，都是向门户网站提供后台网页搜索服务。

李彦宏曾说过："百度离破产只有30天。"面对如此激烈的竞争，百度构建了"竞价排名"搜索引擎商业模式。即：搜索同一个关键词，哪家企业出钱多，这家企业的产品或品牌就可以排在搜索结果的前面。这是从国外学来的一招，李彦宏和百度人一直引以为傲，但是当时这招在国内并不怎么好使。百度率先在国内推出竞价排名的广告方式，一下把自己由搜索引擎技术提供商转变为一家独立的网络搜索服务商，盈利模式也由技术服务收费转变成了广告收入。百度搜索引擎每天的文本搜索次数达到了1亿~2亿次。

艾瑞市场咨询提供的数据表明，2004年中国互联网用户使用搜索引擎的比例为80%，2004年使用搜索引擎的互联网用户为8 000万。2016年随着互联网用户增长为7.31亿，手机网民6.95亿，使用搜索引擎的用户数量也突破新高。2017年全年百度总营收为848亿元人民币（约合130.3亿美元），同比增长20%。2017年四季度业绩与全年业绩均超出华尔街预期，这足以说明百度的商业模式具有持续的有效性。

（资料来源：http://blog.sina.com.cn/s/blog_614375770102ezai.html）

二、商业模式创新的构成要件

（1）商业模式创新更注重从客户的角度，从根本上思考设计企业的行为，视角更为外向和开放，更多注重和涉及企业经济方面的因素。商业模式创新的出发点，是如何从根本上为客户创造增加的价值。因此，其逻辑思考的起点是客户的需求，根据客户需求考虑如何有效地满足它，这点明显不同于许多技术创新。

（2）商业模式创新表现得更为系统和根本，它不是单一因素的变化。它常常涉及商业模式多个要素同时大的变化，需要企业组织的较大战略调整，是一种集成创新。商业模式创新往往伴随产品、工艺或者组织的创新，反之，则未必足以构成商业模式创新。

（3）商业模式创新从绩效表现看，如果提供全新的产品或服务，那么它可能开创了一个全新的可盈利产业领域，即便提供已有的产品或服务，也能给企业带来更持久的盈利能力与更大的竞争优势。它也更难以被竞争者模仿，常给企业带来战略性的竞争优势，而且优势常可以持续数年。

延伸阅读

用创新思维打造茶行业的"苹果"

中国目前大大小小的茶企有7万余家，但年销售额超过10亿元的仅有几家。缺乏准确的市场定位、没有公认的好茶标准、无视消费者需求的产品设计、有品类无品牌的发展模式以及各据一方的区域经营等都成为阻碍中国茶产业升级、甚至迈向国际化的绊脚石。面对这样的市场现状，"改变"刻不容缓。以做中国茶现代派为定位的"小罐茶"，让整个行业眼前一亮。这家励志创新中国茶体验的中国茶品牌，正在用创新思维与中国茶文化的碰撞为整个茶行业带来一场产业革命。

打破传统，做一款时尚、有品位的现代茶

咖啡文化得益于速溶咖啡的开发和普及，为小罐茶的定位和产品设计带来了灵感：做一款时尚而具有现代感的茶，成为小罐茶的一大目标。小罐茶以用户体验为核心，彻底颠覆了传统的茶叶包装设计理念。定位为“现代茶”的小罐茶从都市人群，特别是追求品位的高端人群的需求出发，设计极致的产品和体验，带给人们时尚、尊贵的感觉。为此，小罐茶请到了日本工业设计大师神原秀夫耗时近两年修改数十次，设计出了小罐茶独特的“一罐一泡”铝制小罐——外形更时尚，携带更方便，茶叶更易保鲜，冲泡方式更简易。

联手苹果体验店御用设计师，重新定义现代中国茶体验

不仅如此，小罐茶更将时下流行的体验经济发挥得淋漓尽致。“我们要将小罐茶打造成茶行业的‘苹果’”，小罐茶副总裁对此直言不讳。2016 年 10 月，小罐茶在济南恒隆广场 3 层的全球首家 Tea Store 正式开业。这家体验店的设计师就是苹果 Apple Store 的御用设计师——Tim Kobe。当年，他和乔布斯一起设计了苹果第一代体验店，重新定义了 IT 产品的体验。对于小罐茶来说，则要打破茶叶和广大消费者的这一隔阂，让 Tea Store 不仅仅是一家卖茶叶的商店，也不仅仅是一家产品展示中心，而是一个人们喜欢待的地方。这一品牌理念与“苹果”品牌有着无限相似：以消费者为中心，用空间带给人们自由、时尚及尊贵的体验。Tim Kobe 将国际化的视野和用户体验首次融入传统中国茶的设计中，实现了人与茶、人与空间的个性化互动。在这个空间，所有关于茶的眼、耳、鼻、舌、身、意的体验都能自主完成。

除了店面装潢风格和空间陈列上的巨大创新，小罐茶还引入了 Apple Store 的服务设计概念，并由国内领先的用户体验咨询公司唐硕主导设计。店里没有收银的地方，没有催单的压力，快捷的电子支付还省去排队的苦恼。此外，一些人性化、科技化的细节更让入店的消费者处处有惊喜，比如轻推茶柜隔板即可欣赏到相应茶叶大师手工制作视频等。

8 位制茶泰斗坐镇，为中国好茶立标准

小罐茶特别邀请到了中国八大名茶中最具代表性的 8 位泰斗级制茶大师，包括西湖龙井制茶大师戚国伟、黄山毛峰传统制作技艺第 49 代传承人谢四十、中国普洱茶终身成就大师邹炳良等。由每位大师负责为小罐茶打造出一款能代表个人技艺巅峰水准的产品，并采用统一的品质标准：限定原料产地、限制采摘时间、规定采摘方式，来确保每一片茶叶的新鲜醇正、珍贵稀缺。

精准的定位、标准化的产品、极致的用户体验以及现代茶的创新思维，令小罐茶的影响已经渐渐走出国门，开始在国际市场崭露头角。《芝加哥商业杂志》《美国亚利桑那共和报》《波士顿商业杂志》《澳大利亚商业杂志》《洛杉矶商业杂志》《YAHOO》等数百家外媒不约而同地大篇幅报道了这匹中国茶领域的“黑马”，并给予了很高的评价——小罐茶正代表着中国高端茶品牌走向世界。

（资料来源：http://www.chawenyi.com/news/7572）

三、商业模式创新的特性

（1）提供全新的产品或服务，开创新的产业领域或以前所未有的方式提供已有的产品或服务。

案例学习 6-26

腾讯计算机系统有限公司抓住互联网对人们生活方式的改变形成的新业态机遇，通过建

立中国规模最大的网络社区“为用户提供一站式在线生活服务”，通过影响人们生活方式切入主营业务。在一个巨大的便捷沟通平台上影响和改变数以亿计网民的沟通方式和生活习惯，并借助这种影响嵌入各类增值服务，其创新性表现在借互联网对人们生活方式改变之力切入市场，通过免费的方式提供基础服务而将增值服务作为价值输出和盈利来源的实现方式。

(2) 商业模式至少有多个要素明显不同于其他企业，而非少量的差异。

(3) 有良好的业绩表现，体现在成本、盈利能力、独特竞争优势等方面。

案例学习 6-27

华为技术有限公司以客户需求为驱动，定位为通信设备领域的系统集成服务商与量产型公司，为客户提供有竞争力的端到端通信解决方案。围绕通信设备领域的整个产品生命周期形成完整的产品线，并依靠整个通信产品的整个产品生命周期获取利润。

其商业模式的创新性表现在凭借通信设备领域整个产品生命周期上完整的产品线的营收，以牺牲暂时的亏损为代价将投入市场的新产品按两三年后量产的模型定价，利用企业规模效益、低耗与高效的供应链管理、非核心环节外包、流程优化等方法挖掘出的成本优势挤垮或有效扼制国内竞争对手，并利用研发低成本优势快速抢夺国际市场份额，打压在成本上处于劣势的国外竞争对手，形成著名的“华为优势”。

四、创新或改变原有商业模式的时机选择

创造新增长既要冒险开拓新市场，又要大胆创建新的商业模式。在下列情况下通常需要改变商业模式：

(1) 由于现有解决方案价格太高或过于复杂，大量潜在客户被挡在市场外、需求有待满足的时候。

(2) 通过应用新的商业模式让新技术被充分利用（如苹果公司和MP3播放器），或者利用成熟技术进入一个全新市场（把军事技术用于商业领域，或把商业技术用于军事领域）的时候。

(3) 当某个行业领域尚无“以完成客户的工作为核心”的理念的时候。这种情形在制造企业很常见。在这些领域中，企业关注的核心是产品或者客户群，于是它们对现有产品不断加以改进，结果使产品越来越大众化，而“以完成客户的工作为核心”的做法能够让企业重新定义盈利能力。

(4) 需要抵御低端的颠覆性竞争者的时候。

(5) 需要对竞争基础的改变做出响应的时候。在市场中，随着时间的推移，合适的解决方案的定义也在不断变化，导致核心细分市场的大众化。

当然，除非企业对成功利用这类时机重塑商业模式有很大的把握，否则不应强求。新建商业模式不仅对公司来说是全新的，而且从某种程度上来说，对整个行业或市场也是新的或划时代的。如果不是这样，新的商业模式就毫无意义，只会浪费时间和资金。

案例学习 6-28 **新零售代表之一：盒马鲜生的商业模式**

创始人侯毅说：盒马还真的像河马——体型庞大，但温和亲民——庞大体系加互联网式亲民。但就是这只看上去笨拙的河马，成长速度飞快。在一片唱衰的生鲜业里，逆势增长。

盒马模式的灵魂——精准定位

第一，目标消费群的定位越是精准，越能吸引目标顾客，增强与目标顾客的黏性。对盒马鲜生来讲，80%的消费者是“80后”“90后”。他们是互联网的原住民，他们是在改革开放以后富裕起来的中国成长的一代消费者，他们更关注品质，更关心对品质的追求，对价格的敏感度不高。

第二，盒马鲜生是基于场景定位的，围绕“吃”这个场景来构建商品品类。而且盒马鲜生“吃”的商品品类的构成远远超越其他超市卖场，所以在“吃”这个环节上，盒马鲜生一定能够给消费者满意的服务。盒马鲜生做了大量的半成品和成品以及大量加热就可以吃的商品，希望让“吃”这个品类的结构更加完善、丰富。

盒马模式的核心——重新设计了一套消费价值观

第一，“新鲜每一刻”。新的生活方式就是买到的商品都是新鲜的，每天吃的商品都是新鲜的。消费者追求的是新鲜的生活方式，所以盒马鲜生里面买的所有商品仅供你吃一顿饭。所以将来冰箱就已经不需要了，你需要什么就买什么，盒马鲜生会快速地送到你的家。盒马鲜生把所有的商品都做成小包装，今天买今天吃，不追求原来所谓的大批量、大包装，所有的商品只用一次就够了。

第二，“所想即所得”。当顾客在上班，没有时间去买菜的时候，可以在盒马鲜生下单。在下班途中，可以下单，商品会和你同步到家。线上线下的高度融合为消费者提供了随时随地的便利购买，全天候的便利消费，比如说下雨天盒马鲜生的线上销售非常火爆。盒马鲜生提供的线上商品和线下商品是完全同一商品、同一品质、同一价格的。所以新零售是满足消费者随时随地、在不同场景下的需求，“所想即所得”，让消费者的生活更加方便。

第三，一站式购物模式。利用互联网技术B2C来扩大盒马鲜生的品类，盒马鲜生有门店，但面积、SKU（库存量单位）有限。同时扩建了绿色频道，来满足稀有商品的消费需求，顾客可以在盒马鲜生买到5 000块一条的野生黄鱼，这些高档食材原来在超市根本就买不到；还会推出各种各样的预售商品，来满足消费者的各种需求。盒马鲜生是围绕“吃”来定位的，会满足顾客所有吃的问题，所以一站式服务使盒马鲜生具备巨大的商品竞争能力。

第四，让吃变得快乐，让做饭变成一种娱乐。盒马鲜生不断推出了各种各样的活动让消费者参与，让“80后”“90后”消费者在家里做每一顿饭的时候都能够体现他的价值。所以盒马鲜生在整个店里面设置了大量的分享、DIY、交流等。让“吃”这件事变成娱乐，变成快乐，消费者就会产生强烈的黏性。新零售说白了就是要满足消费者对更高品质、更深层次、更广范围、更加个性的消费追求，让大家的生活更加美好，更加开心。

盒马模式的关键——新零售模式改变了传统零售模式

第一，门店的定位。传统精品超市、社区超市、便利店，以店的规模、以人群的划分来定位。而盒马鲜生是基于场景定位的，围绕“吃”这个场景来构建商品品类。而且“吃”的商品品类的构成远远超越超市、卖场，所以在“吃”这个环节上，盒马鲜生能够给消费者更满意的服务。

第二，在商品结构方面。盒马模式改变了传统超市、卖场的品类组合原则，使整体的品类组合更浅，更加扁平化。盒马鲜生追求的是：不是为顾客提供简单商品，而是提供一种生活方式，期望以往家庭完成的事情放到店里完成，为顾客提供的是可以直接食用的成品、半成品。因此，改变了传统超市的商品结构。这些品类也带来了巨大的毛利空间。

第三，餐饮与超市的融合。盒马鲜生要颠覆传统餐饮业、零售业，餐饮不单单是它的体验中心，更是流量中心，带来了消费者的黏性。餐饮就是盒马鲜生里面的加工中心，它可以提供更多的半成品、成品在网上销售。接下来，盒马鲜生会跟越来越多的餐饮企业合作，帮盒马鲜生做半成品和成品在网上销售。

第四，超市功能 + 餐饮功能 + 物流功能 + 企业与粉丝互动的运营功能。纵观盒马模式已不是一个简单的超市模式，已形成一个强大的复合功能体。特别是它基于经营顾客、粉丝互动建立的运营功能、物流功能、餐饮功能，已经颠覆传统的零售模式。

第五，新的门店组织架构，奠定线上线下的高度融合。盒马鲜生有餐饮副店长、物流副店长和线上运营副店长。从门店组织架构来讲，盒马鲜生绝对不是一个 O2O 的企业，因为大部分销售来自线上而不是线下。

第六，强大的物流功能。盒马鲜生最大的特点是快速配送，门店附近 3 000 ~ 5 000 米范围内，一般 30 分钟送达，最长一般不会超过 1 小时。在盒马鲜生 APP 购物，不能预约隔天送达，只能当天送达，快速送达，即时消费，生鲜第二天才送到不符合消费者需求场景。

从盒马的定位、商品结构来看，主要是改变传统零售以商品为中心的经营模式，走向以场景为中心的商品组织模式；加上强大的复合生态，大大丰富了消费，通过互联网，大大提高了效率；新零售不是颠覆传统零售，本质依然是顺应消费升级的需求，提升消费者的生活品质，这才是新零售变革的核心内容。

（资料来源：https://www.sohu.com/a/157169354_99916414）

复习思考

1. 商业模式创新的概念、特征是什么？
2. 商业模式创新必须具备哪些要件？
3. 商业模式创新选择什么时机？

项目实训

请选择一个你熟悉的大学生创业项目，提出商业模式创新的思路。

案例分析

百亿云集的崛起真相

2015 年 5 月，社交电商业企业云集成立于杭州。2016 年全年交易额超过 17 亿元，完成 2.28 亿元 A 轮融资；2017 年全年交易额超过 100 亿元，日销售额最高超过 2.78 亿元。2018 年 4 月 23 日，云集完成鼎晖投资领投与华兴新经济基金跟投的 1.2 亿美元 B 轮融资。电商行业，一度被行业专家认为不可能再出现新的独角兽企业，而就在这样的复杂局面下，云集凭借差异化的电商模式，异军突起，不到 3 年，云集就到达了很多企业 30 年都未曾到达的高度，实现了从 0 到百亿元收入的独角兽的崛起。

云集的创始人肖尚略作为中国第一代网络零售从业者，对互联网零售有着远超常人的理解。他认为未来商品和服务的获取方式将不再只是通过搜索，而是出现全新的商品获取方式，转变为数千万的个人零售从业者与一种全新的共享电商平台之间的协作。基于对这些趋势的判断，肖尚略设计了云集的产品原型，并在2015年5月份上线。云集，顾名思义就是云的集合，一系列服务的集合。

过去，天猫、京东等传统的电商把店主集中到一起，为他们提供交易平台和用户流量，而店主们则为平台提供商品和2C端（用户端）服务。云集则是反其道而行，先挑选一定数量的精选商品，集中到云集自己的仓库，通过云集网络平台分配给上百万甚至上千万有消费号召力的意见领袖，再依靠这些意见领袖在网络社交圈的推荐、宣传和口碑传播，带来用户流量和商品交易。在这种模式下，店主的主要工作就是通过微信、微博等社交媒介把云集精选的商品推荐和销售出去，其他的辅助性工作则由云集平台统一负责。肖尚略把云集这种商业模式总结为S2b2c，b即一千万或几百万的小微意见领袖；c是数千万的消费者；S是云集，是整个电商零售服务的集成。在云集全国27个仓库里有数十亿元的优质商品，在云集APP上每天会生产数万条关于产品的文案、图片、视频与海报，云集还有自己完善的物流与客服体系，云集作为S，把这些库存、文案以及售后服务体系等都变成SaaS服务共享给小b，小b再直接服务于c端消费者。

云集提供的完整的电商解决方案将个体零售主的创业门槛降到最低，经过两年多的发展，云集很快汇聚了超过300万店主，近3 000万VIP用户。店主通过微信等网络社交平台，通过口碑与分享的力量，帮助云集把平台上的优质商品传递给更多的人。2015年5月上线以来，云集连续两年爆发式增长，年销售额增速超过400%。而在这一连串销售奇迹背后，得益于云集商业模式中数百万意见领袖与购物达人在瞬间将产品覆盖上亿人的社交力量，更重要的是云集所坚持的精品战略所建立起来的用户信赖度。

云集一直坚持精品战略，精品电商是云集真正的战略核心，是云集商业模式通过互联网社交的口碑传播进行裂变的前提。基于意见领袖与购物达人社交传播的力量，是云集商业模式的特色。将云集称为精品社交电商，比单纯的社交电商更为贴切。

云集构建了专业的买手团队，买手团队在国内外寻找货源，与供应商洽谈，经过严格的筛选后，最终挑出1%的商品提供给店主。在选择供应商时，云集也有一套严格的标准和制度，保证选品质量。通过这些专业的买手团队选出合适的商品后，云集会先交给一些店主试用，如果店主反馈不错，再进行规模化销售。除了专业的买手团队与严格的标准与制度，云集能够保持精品战略，最重要的是其在产品数量上的聚焦与克制。传统电商一般有数十万甚至数百万的SKU（库存量单位），而云集创始人肖尚略坚持云集只有不超过4 000个SKU，在高管的讨价还价下，肖尚略才把SKU数量放宽到5 000个。云集还制订了“三个500”计划，即选出500家主流品牌、500家创新品牌、500个优质工厂，做精选中的精选。云集在选品上的聚焦与克制，不仅保证了云集的产品品质，还保证了云集平台每个品牌与单品的销量，为建立良好的供应商合作关系奠定了基础。

目前云集已经与国内外众多优质品牌建立了紧密的合作关系。仅2017年，云集就先后与数十家国内外一线品牌签订了战略合作协议。云集创始人肖尚略表示，B轮融资过后，云集在2018年将会继续推动国内外知名品牌的入驻，新增旅游、汽车、教育等全新品类，完善整个业务生态链，采用全新营销方式，致力于满足消费者一站式购物需求。除了优质的商品选择，云集在仓储物流领域也完成了很好的积累，目前在北京、武汉、无锡等地共建立了近30个自营仓，同时联手EMS、顺丰和“三通一达”提供当日或隔日达速递服务。另外，云集上线自主研发的供应链支撑系统“神舟系统”，不仅很好地提升了用户购物效率和体验，还通过实现供应链智慧共享，降低了物流总成本。目前，云集仓储和物流成本在7%左右，远低于中国传统零售商业20%的物流成本，甚至低于美国等发达国家平均10%的物流成本。

云集模式，不仅实现了沃尔玛、好又多等线下精品店的数字化，还打破了传统电商通过搜索来获取商品信息的方式，创造了一种通过社交分享与口碑获得商品信息的全新方式。另外，云集模式也推动了去公司化的浪潮，未来只需要数百万个体与云集平台协作即可实现商品的交易。云集的中期目标是2024年云集个人店主数达到5 000万，为社会提供500万个兼职工作岗位，为2亿用户一年平均每人发出50个包裹，年度总成交额达到万亿，成功打造出一个全球领先的个人零售服务平台。

(资料来源: https://baijiahao.baidu.com/s?id=1598680644727063974&wfr=spider&for=pc)

问题：请分析云集商业模式的创新点及未来的发展方向。

项目七

如何进行创业财务管理与创业融资

课前热身

创业者格言

野蛮社会，体力可以统御财力和智力；资本社会，财力可以雇用体力和智力；信息社会，智力可以整合财力和体力。

——牛根生

创业者故事

5万元开始创业

沈阳“90后”女孩小雪大学毕业后，开起了自己的零食小店。不过与实体店和网店不同，小雪的经营范围在微信和微博上。经营了大半年时间，小雪已经有了近百个固定顾客，她也经常在网上分享自己的生意经。

小雪刚毕业时，不想去写字楼里打工，很想自己创业。当她把这个想法告诉父母时，得到了父母的支持，父亲说：“怎样都是工作，只要肯付出辛苦，好好经营自己的小店，我和你妈都支持你。”

有了父母和资金上的支持，小雪拿着5万元开始了创业，但是亲戚、朋友都不太看好，他们总认为小雪应该找个稳定的工作。“刚开店时，顾客也都不信任我，毕竟我没有实体店铺，但是我做事认真，从不糊弄，时间久了，大家慢慢认可了。”小雪说，微信上的朋友越来越多，大伙也都帮她推荐，所以生意越来越好。

有时，为了节省运费，小雪还会骑车或坐地铁去送货。“我的买家大多是写字楼里的白领，和我年纪差不多，或者比我大几岁。送了几次货之后，我们都成了朋友，他们的聚会也会邀请我，让我觉得自己既是编外人员，又是他们中的一员。”由于经常有买家在微信里咨询问题，小雪几乎是手机不离手，常常是一边吃饭，一边回复信息。有一次，一位买家着急收货，小雪顶着30多度的高温送了过去。当看到小雪满头大汗，头发都贴在脸上时，这个买家说：“咱俩以后就以姐妹相称吧。空闲时间里，我也能帮你卖货。”

小雪店里卖出的零食，她都亲自品尝过才发给买家，很多顾客喜欢这样的经营方式。“我会把自己的体会全都写下来，并配上图片，这样大家可以根据自己的喜好去购买。我的图片也都是真实的，这样虽然我没有实体店，但是顾客也有体验的机会。”

小雪说：“等以后我的客户群再稳定些，我也打算到写字楼里开店，这样距离我的顾客更近些，还能随时了解他们的需求。”

（资料来源：http://chuangye.yjbys.com/gushi/anli/543013.html）

目标规划

一、知识目标

- 掌握创业启动资金的分类。
- 掌握创业融资的主要渠道及差异。
- 掌握利润计划的内容。

二、能力目标

- 能够合理测算创业启动资金。
- 能够运用相关知识制订合理的利润计划。

三、素质目标

- 提高学生学习企业财务相关知识的兴趣，调动学生实施企业财务计划的积极性。

任务一 预测启动资金需求

【任务导入】

曾氏兄弟的创业故事

曾广浩和弟弟曾广深都是惠阳区秋长街道白石村人。

2013年6月，哥哥曾广浩从广州美术学院毕业。学习美术教育专业的他，从毕业之时便感受到了就业形势的严峻。“我学的是美术教育，但不一定能顺利当上美术老师，就业压力蛮大的。”曾广浩说，在家做生意的父亲告诉他，秋长新塘村当时正在建设一个农贸市场，与其在外找工作“碰一鼻子灰”，不如回乡创业，争取把新农贸市场承包下来经营。回到家乡秋长，经过一番实地考察，曾广浩拿出自己大学期间在美术培训机构当助教所挣的钱，于去年9月将新塘村峰发农贸批发市场承包了下来。“当时市场所在的秋宝路还未完全通车，门外都是烂泥，但因为所有档口一律免租一年，吸引了不少肉菜杂货档进驻。”曾广浩说，去年10月，他承包的农贸市场开始试营业，但他当时心里“根本没底”。记者在峰发农贸批发市场看到，市场内肉档、菜档、水果档较为齐全，整个市场占地面积约1.8万平方米，铺位加档口一共有200多个。“既然是创业，就希望同更多的人一起，我弟弟也是其中一位。”曾广浩说，今年7月，弟弟曾广深从香港大学硕士毕业，也选择了回乡创业，而兄弟俩选择了在批发市场临街的商铺，创办了一家青少年艺术培训中心——聚艺教育。

让兄弟俩欣喜不已的是，培训机构创办后吸引了一些大学同学加入，美术班、音乐班等也相继开班。今年暑假，最高峰时学生人数达100人。曾广浩兄弟俩透露，当初创办培训机构时，他们根据惠阳当地的优惠政策成功申请了10万元的小额担保贷款、5 000元创业资助金、6 000元的租金补贴以及2年社保，这才有了创业保证。

（资料来源：http://www.xuexila.com/gushi/lizhi/1103890.html）

【任务分析】

创业刚开始，创业者需要一笔启动资金来购买设备、原材料，购买或租用办公场地，招聘雇佣工作人员等。曾氏兄弟的创业故事也告诉我们，创业离不开资金，必要的启动资金会帮助创业者更好地创业，这就是我们现在要学习的内容。

【相关知识】

一、什么是启动资金

资金是创业所需的重要资源之一。没有资金，很难创业。

启动资金指开办企业并使企业正常运转所需要准备的所有资金。一般来说，开办企业会购买一些必需的物资和有些必要的其他开支费用，这是创业者进行创业时的前期资本投入，是项目的前期开支。这里的前期指从确定企业构思开始至企业开始运转后的前三四个月时间。

为保证创业的顺利进行，创业者最好把前期投入的资金都预估到，包括各种可能发生的费用支出。刚开始创业时准确地预测启动资金很难，但是非常重要。

首先，了解所需创业资金，以便采取必要的措施筹措资金。资金不足会影响生产经营活动的正常开展；资金多余会影响资金的使用效果，增加不必要的成本开支，加大财务风险。

其次，合理预测并有效安排启动资金是保障创业项目顺利实施的前提和基础，有助于资金的合理分配和使用。

二、启动资金的类型

不同类型的企业所需要的启动资金是有差异的，可以通过列表的形式详细列出企业所需要的资金。一般来说，普通企业的启动资金按其用途可以大体分为投资和流动资金两大类。

1. 投资

投资指为开办企业而购置的固定资产和无形资产，以及支付开办费和其他投入的资金总和。不同的企业投资各有不同，企业一般视其性质和规模大小而定，有的企业需要很少的投资就能开办，如手机修理店等小型服务企业，有的企业则需要很大的投资才能启动，如家电等生产销售企业。因此，开办企业，投资是必需的。

投资的特点：价值较高、使用周期较长。

投资的范围：土地、建筑、场地、设备、开办费（市场调查费、培训费、加盟费、技术转让费、执照费、装修费），等等。

一个明智的创业者要尽量把必要的投资降到最低限度，让企业少担风险。

2. 流动资金

流动资金是保证企业日常运转所需要支出的资金，也称运营资金。

流动资金的特点：保证日常需要。

流动资金的范围：产品或原材料、广告费、租金、工资、保险费、水电费、维修费、电话费、宽带费、招待费、办公用品购置费及其他不可预见费用等。

不同企业所需的流动资金多少也是不同的。

三、投资预测

投资预测一般分为固定资产、无形资产、开办费和其他投入四种类别的预测。

（一）固定资产预测

固定资产指企业为生产产品、提供劳务、出租或者经营管理而持有的，使用时间超过12个月的，价值达到一定标准的非货币性资产，包括房屋、建筑物、机器、机械、运输工具以及其他与生产经营活动有关的设备、器具、工具等。固定资产是企业的劳动手段，也是企业赖以生产经营的主要资产。

1. 企业用地和建筑

开办企业所需要的场地和建筑，可能很大，也可能很小。无论大小，对于创业者来说，都需要一定量的资金，也需要时间去建造或寻找。创业者要根据自己的实际情况确定选择什么样的场地和建筑，一般有以下几种途径可供考虑：

（1）建造：耗资较大，工程周期较长。创业项目对场地和建筑如果有特殊要求可以选择自己建造。

（2）购买：优点是简便快捷，但需要装修改造。如果能够在适合的地点找到现成的理想房源可以花费一定资金购买。

（3）租赁：优点是资金少、地点灵活，但不安稳，一般需要重新装修（其中的租赁费支出属于流动资金）。

（4）在家开业：利用自有资源是既方便又节省的好办法，但可能会造成业务和生活相互干扰。

2. 设备

设备是开办企业所需要的所有机器、机械、工具、车辆、办公家具等。一些制造类和服务类的企业往往对设备的需求量大，要投入一定量的资金才能满足。因此选择什么样的设备以及选择多少设备对于创业来说也十分重要，即使只需少量设备的企业也应测算并纳入计划。确定必需设备和选择正确类型设备的原则是必需的、关键的、独占的。

（二）无形资产

无形资产指企业拥有或者控制的能够长期使用的、没有实物形态的可辨认的非货币性资产，包括特许经营权、土地使用权、商誉、专利权、商标权等。

无形资产作为企业的一项特殊资产，在法律规定的范围内，企业对其拥有控制权，即享有独占、使用、收益和处置的权力。创业者在预测无形资产时首先要考虑购买无形资产的合法性，其次要确认清楚无形资产的法定有效期限以及评估和计价的法律依据。

（三）开办费

开办费指企业在筹建期发生的各项费用，包括调研费、咨询费、办公费、培训费、差旅费、印刷费、注册登记费以及不计入固定资产和无形资产成本的汇兑损益和利息等支出。

（四）其他投入

除上述投资外，开办企业还可能需要投入装修费、转让费等。

上述阐述的启动资金的类型主要是从小微企业创办者的角度考虑的，并非严格意义的会计科目上的分类。

投资要进行详细的调查分析，尽量要控制到最低等级，同时应尽可能详细考虑到各种可能的支出，以降低经营风险。用在企业用地和建筑用房以及设备等方面的固定资产一般以折旧方法回收，期限很长，可能情况下可以采用租赁的形式解决。投资应主要用在购置设备上，这样可以减少启动资金；还要注意购买产品的质量，避免低劣产品。

案例学习 7-1

小王和小李从职业院校艺术设计专业毕业后，计划开办一家小型工艺品厂，生产工艺品挂饰。经过市场调查分析，他们编制了表 7-1。

表 7-1 工艺品厂的投资预测

项目		数量	单价/元	金额/元
固定资产	雕刻机	1	10 080	10 080
	工具及配件			2 040
	工作台	2	1 400	2 800
	办公桌椅	2	300	600
	消防器材	1		200
	小型货车	1		15 600
	办公电脑	1		3 000
开办费	市场调查与咨询费			2 000
	培训费、技术资料费			1 600
其他投入	装修费			6 000
投资总额				43 920

上述资料显示：小王和小李共需要投资 43 920 元，其中固定资产 34 320 元，开办费 3 600元，其他投入 6 000 元。

四、流动资金预测

一般情况下，企业开办后要运转一段时间才能有销售收入或营业收入。制造企业在销售产品之前必须先把产品生产出来，服务企业在开始提供服务之前要买材料和用品，贸易型批发商和零售商在销售商品之前必须先购买商品，农林牧渔企业则在资金投入后需要很长时间才能得到回报。所有企业在揽来顾客之前必须先花时间、精力和费用进行宣传促销等。总之，企业需要流动资金支付以下开销：购买并储存原材料和成品、促销、工资、租金、保险、其他费用。

不同的企业需要的流动资金也各不相同。有的企业需要足够的流动资金来支付 6 个月的全部费用，也有的企业只需要支付 3 个月的各项费用。创业者必须正确预测，在获得收入之前，自己的企业能够支撑多长时间。一般而言，刚开始的时候销售并不乐观，因此，企业的流动资金要计划宽裕一些。

（一）购买并储存原材料和成品

制造商生产产品需要原材料，就必须预测生产需要多少原材料库存；服务行业的经营者需要材料和用品，就必须预测在顾客付款之前，提供服务需要多少材料库存及用品库存；贸易型批发商和零售商需要储存商品用来销售，就必须预测在开业之前，需要多少商品库存……预计的库存越多，需要用于采购的流动资金就越大。要节省流动资金，就应该尽量将库存降到最低限度，如果能够实现“零库存”是最好的。如果企业允许赊账，资金回收的时间就会更长，就需要动用流动资金再次充实库存。

延伸阅读

“零库存”是一种特殊的库存概念，其含义是以仓库储存形式存在的某种或某些物品的数量很低，甚至可以为“零”，即不保持库存。

（二）促销

新开办的企业往往为了向消费者传递有关本企业及产品或服务的各种信息，说服或吸引消费者购买其产品或服务，提高其产品或服务在市场上的占有率，需要进行各种推销活动，如各种广告宣传，派出销售人员直接向中间商或消费者兜售等。促销活动需要一定的流动资金。

（三）工资

新开办的企业要雇用员工就得给他们支付工资，还可能以工资方式支付自己家庭的生活费用。计算用于发工资的流动资金，可以用每月工资总额乘还没到达收支平衡的月数。

（四）租金

前面说过，如果企业采用租赁方式使用场地或建筑的就要支付用地用房的租金。预测房租的流动资金，可以用月租金乘还没达到收支平衡的月数，一般要考虑到租金可能一付就是 3 个月或 6 个月甚至一年，会占用更多的流动资金。

（五）保险费

新开办的企业一般要参加保险，投保要支付所有的保险费，这也是需要流动资金的。

（六）其他费用

新开办的企业还要支付一些其他费用，例如水电费、办公耗材、交通费等。

流动资金预测的原则是必要、需要、合理、最低，该支出的就必须支出，不该支出的就绝不支出。

流动资金周转不灵会导致企业破产，因此必须储备一定量的流动资金，以备不时之需。

一般来说，新开办的小微企业前 3 个月不能收回成本，事先至少要准备 3 个月的流动资金，之后企业有可能收回成本，所以前 3 个月要有充足的资金，以免企业没有良好的信誉，出现流动资金短缺。为了预算更加准确，企业必须制定一个现金流量计划。以后的内容里会介绍怎样制定现金流量计划。

案例学习 7-2

小王和小李又做了详细的原材料等市场调查，预测前 3 个月的月销售量分别为 500 件、800 件、1 000 件，总计 2 300 件。他们比较谨慎地预测了前 3 个月的流动资金需求，编制了表 7-2。

表 7-2 工艺品厂前 3 个月的流动资金预测

项目	金额/元
原材料	17 710
包装费	391
工资	0
房屋租金（全年）	24 000
促销费（每月 500）	1 500
保险费	5 337
维修费（每月 200）	600
水电费（每月 300）	900
电话费（每月 200）	600
宽带费（全年）	600
办公用品购置费（每月 100）	300
其他费用（每月 100）	300
流动资金合计	52 238

上述资料显示：小王和小李共需要流动资金 52 238 元，其中工资为 0，因为小王和小李估计在前 3 个月内不能有利润，他们计划 3 个月不领工资。

五、预测启动资金的步骤

（1）列表：列出所有所需物品与支出。

（2）分类：按投资和流动资金定义进行分类。

（3）计算：计算所需启动资金总额。启动资金总额 = 投资总额 + 流动资金总额。

案例学习 7-1 和 7-2 中小王和小李预测的启动资金总额 = 投资预测总额 + 流动资金预测总额 =43 920 +52 238 =96 158 元。

六、预测启动资金应注意的问题

（1）创业初期，应从细微处着手，实事求是，量力而行。设备不必全部购置，只要不影响产品质量，尽可能租赁，以节约资金；非核心部件或业务可以采取委托加工或外包。

（2）企业固定资产和流动资金的占有比例必须恰当。创业者对以上两项资金的预测，应根据不同行业特征、经营规模和产销要求筹划，如生产性企业固定资产比例会高些，服务性企业则固定资产比例会低些。

(3) 开办企业前，不但要根据投资和流动资金对启动资金进行预测，而且要根据销售预测来计算创业启动资金，如果两者差距太大就相应缩小规模重新预测，如果差距不大就可以考虑筹款以补足启动资金的不足。

任务二　制订利润计划

【任务导入】

海鲜火锅店为何关门

2016 年年初，郭女士决定开一家火锅店。很快，她的特色海鲜火锅店就开张了。由于火锅店的主要经营品种都是深海鱼类，进货成本较高，所以售价也普遍偏高。在成都这样一个火锅林立的大都市，对吃惯了麻辣火锅的四川人来说，要接受海鲜味的食物本身就是一个挑战，更不要说需要支付相当于平常两倍的价格去尝试，那简直是难上加难。不得已之下，郭女士开始在价格上做文章，打出了 38 元的特价海鲜火锅，随后人气有所上升，但由于场地租金和人员费用的庞大支出，让郭女士难以承受，最终在苦苦硬撑了一年后关门。

(资料来源: https: //www. sohu. com/a/208413534_ 668402)

【任务分析】

郭女士的经营失败，主要问题是在投资过程中没有系统考虑过市场定位和全方位的投资策划工作，而仅仅依靠自身对区域市场空缺的分析进行投资，致使开业后生意冷清，高档海鲜火锅菜品无法推售，营业额无法上升。一个成功的餐饮投资者，要非常看重前期的投资策划，肯在市场调查方面下大功夫：所选区域的市场客源如何、客源是哪个档次、未来主要的消费对象将会是哪些、这些消费对象喜欢哪种口味的菜肴、能够接受什么水平的价格等。这些市场信息搜集得越多越好，越详细越有利，根据这些制订合理的、符合实际的销售、成本和利润计划。

如果你的产品或服务有销路，而且也能筹集到足够的启动资金，在行动之前请再次思考下列问题：

创业的目的是什么？——盈利。

销售的商品要顾客付多少钱？——制定销售价格。

销售一定时间能回笼多少钱？——制订销售收入计划。

销售之后是赚钱还是赔钱？——制订销售利润计划。

如何保证企业运转中不因缺钱而搁浅？——制订现金流量计划 。

前面所述案例，郭女士有一个很大的失误就是忽略了成本。成本是制定价格的基础，价格是预测收入的基础，收入又是计算利润的基础，盈利是企业进一步运转的基础。如果不清楚生产成本是如何组成的，也不知道企业是否能赚钱，应该赚多少钱，从根本上讲就是缺少一个合理的利润计划。

【相关知识】

一、确定销售价格

商品或服务的销售价格会影响销售业绩的好坏以及企业利润的多少。如何制定合理的销售价格十分重要，在制定销售价格之前要先计算出商品或服务的成本。

（一）商品或服务的成本构成

成本是用货币计量的为生产销售一定种类与数量的产品或提供服务而耗费的资源的经济价值。企业进行产品生产需要消耗生产资料和劳动力，这些消耗在成本中用货币计量，就表现为材料费用、折旧费用、工资费用等。企业的经营活动不仅包括生产，也包括销售活动，因此在销售活动中所发生的费用，也应计入成本。同时，管理生产经营活动所发生的费用也具有成本的性质，也应计入成本。对于一个新开办的企业来说，成本一般包括固定成本、可变成本。

思考：请在表 7－3 中列出常见的生产销售产品或提供服务的成本项目。

表 7－3　常见的成本项目

序号	成本项目	序号	成本项目	序号	成本项目
1		5		9	
2		6		10	
3		7		11	
4		8		12	

1. 固定成本

固定成本是在一定时间范围和业务范围内一成不变的成本，包括租金、保险费、开办费、折旧和摊销等。随着业务量的增长，每一单位产品所负担的固定成本必然会逐渐减少。这里主要讲一讲折旧和摊销，因为折旧和摊销是一种特殊成本。

（1）折旧

提到折旧要明确什么是固定资产。固定资产指企业为生产产品、提供劳务、出租或者经营管理而持有的、使用时间超过 12 个月的，价值达到一定标准的非货币性资产，包括房屋、建筑物、机器、机械、运输工具以及其他与生产经营活动有关的设备、器具、工具等。固定资产是企业的劳动手段，也是企业赖以生产经营的主要资产。折旧就是由于固定资产不断贬值而造成的一种成本，具体指固定资产在使用过程中逐渐损耗而转移到商品或服务中去的那部分价值。折旧虽不是企业的现金支出，却是企业在生产经营过程中由于使用固定资产而在其使用年限内分摊的固定资产耗费。这部分价值或耗费就是成本，需要计入成本中去，这也是固定资产为什么要计提折旧的原因。

表 7－4 所列是我国税法规定的不同类型固定资产折旧的最低年限，适用于大多数小微企业。需要注意的是，企业可以根据固定资产的属性和具体使用情况，在高于规定的最低折旧年限的时间内计提折旧，但最短不得低于规定的最低折旧年限。

表 7-4　固定资产最低折旧年限

固定资产类型	最低折旧年限/年
房屋、建筑物	20
飞机、火车、轮船、机器、机械和其他生产设备	10
与生产经营活动有关的器具、工具、家具等	5
飞机、火车、轮船以外的运输工具	4
电子设备	3

①房屋、建筑物：折期 20 年、年折旧率 5%。

②飞机、火车、轮船、机器、机械和其他生产设备：折期 10 年、年折旧率 10%。

③器具、工具和家具：折期 5 年、年折旧率 20%。

④飞机、火车、船舶以外的运输工具：折期 4 年、年折旧率 25%。

⑤电子设备：折期 3 年、年折旧率 33%。

年折旧额和月折旧额的计算：

年折旧额 = (原始价值 + 清理费用 − 残余价值) ÷ 使用年限

月折旧额 = (原始价值 + 清理费用 − 残余价值) ÷ (使用年限 × 12)

例题 7-1　某企业固定资产 10 万元，清理费用 1 000 元，残值 5 000 元，使用 5 年，求该企业的年折旧额和年折旧率。

年折旧额 = [100 000 + 1 000 − 5 000] ÷ 5 = 19 200(元)

年折旧率 = 年折旧额 ÷ 原始价值 × 100%

= 19 200 ÷ 100 000 × 100% = 19.2%

在不考虑残值和清理费时，折旧额的计算是：

年折旧额 = 原值 ÷ 最低折旧年限

月折旧额 = 原值 ÷ (最低折旧年限 × 12)

例题 7-2　某工具价值 1 200 元，分别计算该工具的年折旧额和月折旧额。

年折旧额 = 1 200 ÷ 5 = 240(元)

月折旧额 = 1 200 ÷ (5 × 12)

= 1 200 ÷ 60

= 20(元)

(2) 摊销

摊销指对除固定资产之外的其他可以长期使用的经营性资产按照其使用期限每年分摊购置成本的会计处理办法，与固定资产折旧类似。常见的摊销如大型软件、土地使用权等无形资产，以及低值易耗品和开办费等，它们可以在较长时间内为企业业务和收入做出贡献，所以其购置成本也要分摊计入成本中才合理。

摊销期限一般不超过 10 年，与折旧一样，可以选择直线法和加速法来摊销无形资产。从金额上看，一般情况下，摊销的费用相对于折旧的费用要小很多，也就是说，大多数企业固定资产要远远大于无形资产，因此摊销和折旧一般会放在一起计算。

延伸阅读

低值易耗品

低值易耗品指单项价值在规定限额以下或使用期限短（一般在一年以内），能多次使用而基本保持其实物形态的，不能作为固定资产的劳动资料。低值易耗品与固定资产都是企业的劳动资料，所不同的是固定资产是主要劳动资料。

一般按低值易耗品的用途可划分为：(1) 通用工具。通用的刀具、量具、模具、夹具等工具以及各种辅助工具，如扳手、千斤顶等。(2) 专用工具。具有特定用途的工具，如专用模具、财会用的电动装订机、水电工用的电动打孔机等。(3) 替换件。容易磨损或为制造不同产品需要替换使用的各种设备，如轧钢用的轧辊、浇铸钢锭用的钢锭模等。(4) 周转材料。多次使用的物品，如建筑业的紧固件、脚手架等。(5) 管理用具。各种家具、用具及办公用具，如桌椅、书架、文件柜、保险柜、打印机、扫描仪、DVD、稳压器、电暖器等。 (6) 劳动用品，发给工人作为劳动保护用的工作服、工作鞋、安全带等。(7) 其他低值易耗品。

按低值易耗品的性质可划分为：(1) 电器类；(2) 木器类；(3) 玻璃器皿；(4) 铁器五金类；(5) 纺织品；(6) 非机动车；(7) 其他低值易耗品。

延伸阅读

直线法与加速法

一、直线法

直线法又称平均年限法，是将无形资产的应摊销金额均衡地分配于每一会计期间的一种方法。其计算公式如下：

$$无形资产年摊销额 = 无形资产取得总额 \div 使用年限$$

这种方法的优点是计算简便，易于掌握。缺点是就符合会计的客观性原则和配比原则的要求而言，不够理想。对稳定性强的无形资产，如商标权、著作权、土地使用权等适合采用这种摊销方法。

例 1：2010 年 1 月，甲公司以银行存款 12 000 000 元购入一项土地使用权（不考虑相关税费），该土地使用权年限为 20 年。

该土地使用权年摊销额 = 12 000 000 ÷ 20 = 600 000（元）。

二、加速法

加速法，又称加速摊销法，是相对于年摊销额相等的匀速直线摊销法而言的，是无形资产在使用的前期多计摊销，后期少计摊销，摊销额逐年递减的一种摊销方法。采用加速摊销法，目的是使无形资产成本在估计使用年限内加快得到补偿。加速摊销方法有余额递减法和年数总和法两种。

1. 余额递减法

余额递减法是在前期不考虑无形资产预计残值的前提下，根据每期期初无形资产的成本减去累计摊销后的金额和若干倍的直线法摊销率计算无形资产年摊销额的一种方法。下面以双倍余额递减法为例予以说明，其计算公式如下：

$$年摊销额 = 年初无形资产账面净值 \times 年摊销率$$

其中，

无形资产账面净值 = 无形资产成本 - 累计摊销额

在双倍余额递减法下，无形资产在后期的账面净值可能会低于其残值，因此，应在摊销转自年限到期前两年内，将无形资产成本减去累计摊销额再扣除预计残值后的余额平均摊销。

2. 年数总和法

年数总和法是将无形资产的成本减去预计残值后的金额乘逐年递减的摊销率计算年摊销额的一种方法。摊销率的分子代表无形资产尚可使用的年数，分母代表使用年数的逐年数字总和。其计算公式如下：

年摊销率 = 无形资产尚可使用的年数 ÷ 无形资产使用年数和 × 100%

年摊销额 = (无形资产成本 - 预计残值) × 年摊销率

(资料来源: https://baike.so.com/doc/499062-528378.html)

案例学习 7-3　**预测折旧与摊销**

小王和小李分析了工艺品厂的固定资产的使用寿命不一样，折旧年限有区别，分别是：雕刻机 10 年，工具及配件、工作台、办公桌椅、消防器材等 5 年，运输工具 4 年，电脑 3 年等。另外，装修费也能按这种办法摊进成本，两人商量定为 5 年回收费用。

雕刻机月折旧额 = 10 080 ÷ 120 = 84 (元/月)

工具及配件、工作台、办公桌椅、消防器材等月折旧额 = (2 040 + 2 800 + 600 + 200) ÷ 60 = 94 (元/月)

交通工具月折旧额 = 15 600 ÷ 48 = 325 (元/月)

办公电脑月折旧额 = 3 000 ÷ 36 = 83 (元/月)

前期装修费月摊销额 = 6 000 ÷ 60 = 100 (元/月)

计算结果显示，第一年提留固定资产折旧额和前期装修费摊销额共计 686 元/月。另外，现行税法还规定企业应对固定资产预计残值，对开办费可以选择在经营当年一次性扣除或在不短于 3 年期限内摊销。

2. 变动成本

变动成本是在一定时间范围和业务范围内随着生产量或销售量的变化而变化的企业成本，包括原材料、燃料动力、辅助材料、工资和职工福利、维修费、办公文具、广告费、电话费、咨询费等。例如，对于制造型企业或服务型企业来说，变动成本就是与制造新产品或提供服务有直接关系的成本，对于贸易型企业来说，购买存货就是变动成本，这些成本都是随着生产销售数量的变化而不断变化的。对于变动成本的预测，通常是根据预测的月生产量或月销售量进行的。在实际工作中，前面所列的成本项目除材料费、燃料动力费、工资及福利费中的计件工资属于纯粹的变动成本外，财务费用和销售费用不是纯粹的变动成本，为了简化计算，方便学习和掌握，这里我们将其视作变动成本。

(1) 材料 = 单位产品用料定额 × 单价 × 月产量，其中，单位产品用料定额可根据产品生产的技术要求或参考同类企业的经验数据确定，材料单价可根据现行市场价确定，月产量可根据本企业生产规模和预测的销售量确定，或参考同类企业的经验数据确定。

(2) 燃料动力费可参考同类企业单位产品燃料动力费标准，用它乘本企业预测的月生产量求得。

(3) 工资及福利费若采用计件工资制，则属于变动成本。其计算方法是：单位产品工资及福利标准 × 预测的月生产量。其中，单位产品工资及福利费标准可参考同类企业现行标准确定。若采用固定工资制，工资及福利费则属于固定成本，其计算方法是：月工资及福利费标准×员工人数。其中月工资及福利费标准可参考同类企业现行标准确定。

(4) 财务费用主要包括贷款利息支出和相应的手续费，可根据企业业务发展需要，分年度预测：财务费用=贷款数额×同期银行贷款利率+相应的手续费。

(5) 销售费用指产品或劳务销售过程中发生的各种费用，主要包括运输费、装卸费、包装费、展览费、广告费、促销费等，可以根据预测的销售量和促销计划，按照有关的收费标准分项测算，然后加总求得，或者用同类企业单位商品销售费用的经验数乘本企业预测的销售量求得。

(二) 制定销售价格的方法

假如卖出的产品售价是100元，而所有成本是80元，可以说赚了20元。那么如何确定商品或服务的价格呢?

1. 成本加成定价法

成本加成定价法是按产品或服务的单位成本加上一定比例的利润制定产品价格的方法。大多数企业是按成本利润率来确定所加利润的大小的。即：

价格=单位成本+单位成本×成本利润率=单位成本×（1+成本利润率）

成本加成定价法比较适用于制造型企业和服务型企业。

例题7-3 假设服装厂某款服装的单位成本是100元，毛利率为30%，则销售价格=100×(1+30%)=130（元）

又如某玩具单件进货成本是28元，利润率为20%，则玩具的销售价格=28×(1+20%)=33.6（元）

成本加成定价法的优点是可以保证全部生产耗费得到补偿，缺点是很难适应市场需求的变化，往往导致定价过高或过低。当企业生产多种产品时，某些成本费用难以准确分摊，从而会导致定价不准确。因此，成本加成定价法的基础和关键点还是成本的准确计算，成本计算不准确，所制定出来的销售价格就不能保证实现预期利润目标。

在实际经营中，很多企业采用的是成本倒算法，即以市场售价为准，寻求适合的原材料、货源及经营成本。

案例学习7-4

小王和小李经过市场调查与分析得知，正常情况下每月的销量为1 500件，根据前3个月的支出情况他们编制了表7-5。

表7-5 月成本估算

项目	金额/元
原材料	11 550
包装费	255
工资	7 000
房屋租金	2 000
促销费	500
保险费	1 719
维修费	200

续表

项目	金额/元
电话费	200
宽带费	50
水电费	300
办公用品购置费	100
其他费用	100
折旧和摊销	686
月成本合计	24 660

上述资料显示：小王和小李的月成本为 24 660 元，产量为 1 500 件，那么产品的单位成本 = 月成本 ÷ 产量 = 24 660 ÷ 1 500 = 16.44（元）。他们通过市场调查得知，市场同类产品企业出厂加成率一般在 35% ~ 40%，如果自己的产品加成率低一点会更有竞争力。经研究决定加成率定在 32%，于是根据单位产品成本计算的不含税的销售价格 = 16.44 × (1 + 32%) = 21.70（元）。小王和小李还从税务所打听到，他们的企业属于小规模纳税人，销售产品要按销售额的 3% 缴纳增值税。考虑到缴纳增值税的因素，他们将产品销售价格修正为：含增值税的单位产品销售价格 = 21.70 × (1 + 3%) = 22.35（元）。由于小微企业开办费和其他税金很少，为简化起见也可暂不考虑。

2. 竞争导向定价法

竞争导向定价法指企业对竞争对手的价格保持密切关注，以对手的价格作为自己产品定价的主要依据。这里说的并不是和竞争对手一致的价格，而是企业可以根据竞争对手情况制定出高于、低于或相同的价格。这种定价方法的优点在于考虑到产品价格在市场上的竞争力，缺点在于过分关注价格上的竞争，容易忽略其他营销组合可能造成的产品差异化的竞争优势，容易引起竞争者报复，导致恶性降价竞争，使区域经济毫无利润可言。另外，如果竞争对手的价格变化难以精确把握时会给自己的定价增加难度。简言之，竞争导向定价法是根据不同的竞争环境，参照竞争对手的价格，并以此为基准价来确定本企业产品价格的定价方法。

实际工作中，往往同时采用以上两种方法来制定销售价格。制定产品或服务价格的基础是成本核算，在制定销售价格时一般先考虑采用成本加成定价法，要严格核算产品或服务的成本，保证定价高出成本，但在加成时还要考虑加多少最合适，这要随时观察竞争者的价格，参照竞争对手的价格最后确定自己最具竞争力的价格。如果制定的价格偏高，可以在保证更好地满足顾客需要等方面下功夫，采用恰当的销售策略实现销售。

案例学习 7－5

小王和小李对测算出的这个销售价格又做了进一步的分析，根据调查得知，类似工艺品的市场零售价一般都在 30 ~ 35 元，批发商的加成率一般为 10% ~ 20%，零售商的加成率一般为 20% ~ 30%。按照批发商和零售商的加成率推算，自己生产的产品零售价应为29.50 ~ 32.18 元。因此，22.35 元的销售价格还是很有竞争力的，可以生产销售。

3. 其他定价法

（1）撇脂定价法。这种定价方法指新产品推向市场时定一个高价，像撇取牛奶中的脂肪层那样先从他们那里取得一部分高额利润，然后再把价格降下来。撇脂定价法的最大优点是高价小批量地逐步推进战略能使企业随时了解市场反应，采取对策，避免新产品大批量生产带来的风险。撇脂定价法最大的缺点是它没有指出价格究竟定多高为好，若要定出一个合适的价格，还必须使用另一种定价方法。

（2）渗透定价法。这种定价方法指企业把其创新产品的价格定得相对较低，以吸引大量顾客，提高市场占有率。这种方法的优点是可以占有比较大的市场份额，通过提高销售量来获得企业利润，也较容易得到销售渠道成员的支持，同时，低价低利对阻止竞争对手的介入有很大的屏障作用。其不利之处在于定价过低，一旦市场占有率扩展缓慢，收回成本速度也慢。有时低价还容易使消费者怀疑商品的质量。

（3）习惯定价法。习惯定价法指根据消费者的习惯价格心理而定价的方法。对已形成习惯价格的商品，即使生产成本降低，也不能轻易降价，否则易引起消费者对其品质的怀疑；即使生产成本增加亦不能轻易涨价，否则易引起消费者的反感，只能靠薄利多销来弥补低价的损失。

（4）差别定价法。差别定价法指企业按照两种或两种以上不反映成本和费用的比例的差异价格销售某种产品或服务，或虽是同一产品或服务但针对不同顾客、不同地点、不同时间等采用不同的价格。例如，某服装店对某型号女装制定三种价格：260 元、340 元、410 元，在消费者心目中形成低、中、高三个档次，人们在购买时，就会根据自己的消费水平选择不同档次的服装。如果一味地定成一个价格，效果就不好了。在一般情况下，如果相邻两种型号的商品价格相差大，顾客多半会买便宜的；如果价格相差较小，顾客倾向于买好的。

市场是有竞争的，如何在强手如林的市场中占有一席之地，对于新开办的企业来说制定合理的价格非常关键。新开办的企业一定要把各种定价方法和企业的具体实际结合，灵活使用，才能取得最高的经济效益。

此外，还有前面学过的折扣定价法、尾数定价法、整数定价法、声望定价法等。

二、预测销售收入

销售收入预测是企业利润预测的关键。确立了产品或服务的价格后，我们要学会估算自己企业的销售收入。销售收入预测是根据企业实际，结合对市场未来需求的调查，对预测期产品销售收入所进行的预计和测算，用以指导企业经营决策和产销活动。通过销售收入预测可以加强计划性，减少盲目性，从而取得较好的经济效益。

（一）预测销售收入的步骤

在销售预测的基础上，根据销售量算出你的销售收入。不同企业的销售收入预测都可采用以下步骤：

（1）列出企业的产品或服务的清单。

（2）预测一年中每个月的产品销售量，其数据来自企业的市场调查。

（3）为每项产品或服务制定相应的价格。

（4）计算月销售额：月销售额 = 销售价格 × 月销售量。

（5）把每项产品或服务的月销售额相加就是月销售收入。

案例学习 7－6

小王和小李根据市场调查对产品销售量的预测分析如下：3 月份是投产的第一个月，估计最多能销售500件，7、8月份是夏季，估计能增加销量，9～12月份进入正常销售期，每月各销售1 500件。于是，他们编制了表7－6。

表7－6　销售收入预测

项目	3月	4月	5月	6月	7月	8月	9月	10月	11月	12月	合计
销售数量/件	500	800	1 000	1 200	1 600	1 800	1 500	1 500	1 500	1 500	12 900
含税销售单价/元	22.35	22.35	22.35	22.35	22.35	22.35	22.35	22.35	22.35	22.35	22.35
含税销售收入/元	11 175	17 880	22 350	26 820	35 760	40 230	33 525	33 525	33 525	33 525	288 315

预测销售量和销售收入是创业计划中非常重要的环节，也是难度很大的部分。一部分创业者由于刚开始创业缺乏经验，往往会把市场看得简单而过高估计自己的销售量，导致目标难以实现。所以，销售收入的预测要建立在充分的市场调查基础上，要客观、切合实际，一般刚开业的前几个月销售量不会很高，之后对销售量的估算也不能过于乐观。

需要注意的是，根据企业性质不同，企业销售产品或服务取得的销售收入要按照税法规定的税率缴纳增值税，符合消费税征收范围的还要同时缴纳消费税。增值税和消费税都是流转税。凡是缴纳流转税的企业，同时还要以实际缴纳的流转税额为基数，按照规定的税率缴纳城市维护建设税和教育费附加（见表7－7）。

表7－7　各类企业缴纳的一般税目税率

<table>
<tr><th rowspan="2">企业类型</th><th colspan="2">流转税</th><th rowspan="2">企业所得税</th><th rowspan="2">城市维护建设税</th><th rowspan="2">教育费附加</th><th rowspan="2">其他税种（因企业性质而定）</th></tr>
<tr><th>增值税</th><th>消费税</th></tr>
<tr><td>制造业</td><td>一般纳税人16%或10%或6%等；小规模纳税人3%</td><td>烟、酒、化妆品等15类消费品，三种类型税率</td><td rowspan="3">税率25%；小微企业所得额50%计入应税所得额，税率20%</td><td rowspan="4">以流转税额为计税依据，市区7%、县城和镇5%、其他地区1%</td><td rowspan="4">以流转税额为计税依据，3%</td><td>资源税等</td></tr>
<tr><td>商业</td><td>一般纳税人16%或10%或6%等；小规模纳税人3%</td><td>金银首饰5%</td><td></td></tr>
<tr><td>服务业</td><td>一般纳税人16%或10%或6%等；小规模纳税人3%</td><td></td><td></td></tr>
<tr><td>农林牧渔业</td><td>一般纳税人10%；小规模纳税人3%；自产农产品免税</td><td></td><td>符合条件的免税</td><td></td></tr>
</table>

企业实现的利润要按照规定的税率缴纳企业所得税，但是个体工商户的生产经营所得和对企事业单位的承包经营、承租经营以及个人独资企业、合伙企业的投资者不缴纳企业所得税，而是按5%～35%的超额累进率缴纳个人所得税（见表7－8）。

表 7-8 个体工商户生产经营所得和对企事业单位承包承租经营所得适用税率

级数	全年应纳税所得额	税率/%	速算扣除数
1	不超过 15 000 元的	5	0
2	超过 15 000 元至 30 000 元的部分	10	750
3	超过 30 000 元至 60 000 元的部分	20	3 750
4	超过 60 000 元至 100 000 元的部分	30	9 750
5	超过 100 000 元的部分	35	14 750

全年应税所得为每一纳税年度（1 月 1 日至 12 月 31 日）的收入总额减去成本、费用及损失后的余额。个人独资企业以投资者为纳税义务人，合伙企业以每一个合伙人为纳税义务人。

案例学习 7-7

小王和小李向当地税务部门咨询后得知，自己开办的企业属于小规模纳税人，应缴纳的税种有：增值税 3%，城市维护建设税 5%，不用缴纳教育费附加，企业所得税 20% 并享受所得额按 50% 计入应税所得额的优惠政策。

三、制订销售与成本计划

1. 制订销售与成本计划的意义

制订销售和成本计划，既看到了销售又看到了成本，可以掌握自己企业的实际运行情况，清楚企业是盈利还是亏损的，如果盈利就可以继续做下去，继续做下一阶段销售和成本计划；如果没有盈利，要及时弄明白是哪个环节出了问题，出了什么问题，调整后再重新做销售和成本计划。

新开办的企业制订销售与成本计划应该预测第一年中每个月的利润，以利于创业项目成功启动。

2. 利润

经营利润 = 含税销售额 - 增值税及附加税费 - 总成本

增值税 = 计税销售额 ×3%

其中，计税销售额 = 含税销售额 ÷ (1 + 增值税税率)

小规模企业增值税税率为 3%。

税后净利润 = 经营利润 - 企业所得税（或个人所得税）

其中，企业所得税 = 应税所得额 × 适用税率

个人所得税应纳税所得额 = 业主工资 + 经营利润

应纳个人所得税 = 应纳税所得额 × 适用税率 - 速算扣除数

例题 7-4 某小规模纳税人 3 月份的含税销售收入为 20 600 元，求小规模纳税人的增值税计税销售额和应缴纳的增值税。

$$
\begin{aligned}
\text{计税销售额} &= \text{含税销售额} \div (1+\text{增值税税率}) \\
&= 20\ 600\ \text{元} \div (1+3\%) \\
&= 20\ 000\ (\text{元}) \\
\text{增值税} &= 20\ 000 \times 3\% = 600\ (\text{元})
\end{aligned}
$$

案例学习 7－8

小王和小李根据自己的销售收入预测和成本预测，制订了当年的销售与成本计划，编制了表 7－9。

表 7－9　销售与成本计划　　单位：元

项目		3 月	4 月	5 月	6 月	7 月	8 月	9 月	10 月	11 月	12 月	合计
销售	含税销售收入	11 175	17 880	22 350	26 820	35 760	40 230	33 525	33 525	33 525	33 525	288 315
	增值税	—	—	—	—	1 041.55	1 171.75	976.46	976.46	976.46	976.46	6 119.14
	销售净收入	11 175	17 880	22 350	26 820	34 718.45	39 058.25	32 548.54	32 548.54	32 548.54	32 548.54	282 195.86
成本	原材料	3 850	6 160	7 700	9 240	12 320	13 860	11 550	11 550	11 550	11 550	99 330
	包装费	85	136	170	204	272	306	255	255	255	255	2 193
	小王工资	3 500	3 500	3 500	3 500	3 500	3 500	3 500	3 500	3 500	3 500	35 000
	小李工资	3 500	3 500	3 500	3 500	3 500	3 500	3 500	3 500	3 500	3 500	35 000
	租金	2 000	2 000	2 000	2 000	2 000	2 000	2 000	2 000	2 000	2 000	20 000
	促销费	500	500	500	500	500	500	500	500	500	500	5 000
	保险费	1 719	1 719	1 719	1 719	1 719	1 719	1 719	1 719	1 719	1 719	17 190
	维修费	200	200	200	200	200	200	200	200	200	200	2 000
	水电费	300	300	300	300	300	300	300	300	300	300	3 000
	电话费	200	200	200	200	200	200	200	200	200	200	2 000
	宽带费	50	50	50	50	50	50	50	50	50	50	500
	办公用品购置费	100	100	100	100	100	100	100	100	100	100	1 000
	其他费用	100	100	100	100	100	100	100	100	100	100	1 000
	开办费	3 600	—	—	—	—	—	—	—	—	—	3 600
	折旧和摊销	686	686	686	686	686	686	686	686	686	686	6 860
	总成本	20 390	19 151	20 725	22 299	25 447	27 021	24 660	24 660	24 660	24 660	233 673
附加税费		—	—	—	—	52.08	58.59	48.82	48.82	48.82	48.82	305.95
企业利润		－9 215	－1 271	1 625	4 521	9 219.37	11 978.66	7 839.72	7 839.72	7 839.72	7 839.72	48 216.91
企业所得税		—	—	—	—	—	—	—	—	—	—	4 821.69
净利润		—	—	—	—	—	—	—	—	—	—	43 395.22

注 1：根据国家税务总局公告 2014 年第 57 号文件，增值税小规模纳税人月销售额不超过 3 万元（含 3 万元）的，免征增值税；以 1 个季度为纳税期限的增值税小规模纳税人，季度销售额不超过 9 万元（含 9 万元）的，免征增值税。

注 2：成本项中的原材料和包装费按销售量计算，开办费用在第 1 个月支出，其他各项成本在每个月均匀分配。

注 3：在没有税收调整的情况下，企业利润就是应税所得额。

四、编制现金流量计划

1. 编制现金流量计划必须明确的几个基本概念

（1）现金：企业的库存现金以及可以随时用于支付的存款。

（2）现金等价物：企业持有的期限短，流动性强，易于变化为已知金额的现金和价值变动风险很小的投资。一般指从购买之日起3个月到期的债务投资，如企业持有的期限3个月的国库券。在提及“现金”时，除非同时提及“现金等价物”，否则一般都认为是现金和现金等价物。

（3）现金流量：企业在一定时期内现金的流入和流出量。例如，销售商品、提供劳务、出售固定资产、收回投资、借入资金等，形成企业的现金流入；购买商品、接受劳务、购建固定资产、现金投资、偿还债务等，形成企业的现金流出。现金流量是非常重要的指标，能够看到企业经营状况是否良好，是否有足够的现金偿还债务，资产的变现能力，等等。

（4）现金净流量：企业一定时期的现金流入量减去现金流出量的余额。

2. 现金流量计划的作用

现金流量计划是企业正常营运的基础，它以收付实现制为原则，综合反映一定期间内现金流入、流出和结余情况的一种财务计划。企业的每一个月都不能短缺现金，即使再好的产品、技术和市场，也会因为现金流量不足而导致停滞，甚至倒闭。为防止出现现金短缺的致命威胁，企业必须制定现金流量计划。编制现金流量计划就能看到企业每个月预计会有多少现金流入和现金流出，计划中一旦发现现金流量出现负值时，就能预先采取防范措施加以补救。具体来说，编制现金流量计划有如下作用：

（1）显示每月企业现金流入流出量，有助于掌握企业现金流动的信息，做好资金调度，最大限度地提高资金使用效果，避免出现金短缺威胁。在市场经济条件下，企业现金流量情况在很大程度上决定着企业的生存和发展能力，甚至影响企业的生存。有不少创业者，由于不重视对现金流量计划的编制，加之缺乏对现金流动性的管理，结果导致创业失败。

（2）显示每月企业的赊销和赊购情况，及时掌握企业的偿债能力，有助于筹资与投资决策。企业的投资人和债权人最关心的是把钱投给企业后，企业是否有足够的现金支付股利以及扩大生产经营规模，是否有足够的现金支付利息并偿还到期的债务，企业主要是依靠经营还是通过其他途径来获得所需的现金的，等等。现金流量计划恰好能满足潜在投资人和债权人的这些需求。

3. 现金流量计划的编制

第一步，按照“现金流入量－现金流出量＝现金净流量”的逻辑关系，结合企业现金流入、流出的具体项目绘制一个表，通常要按月编制未来12个月的现金流量计划。

第二步，根据前面编制的启动资金测算表、成本计划表、销售收入预测表、销售与成本计划表，通过分析计算并将有关项目数据填入相应栏目。

各项目数据关系如下：

可支配现金＝月初现金＋销售总收入＋贷款＋业主投资

现金总支出＝采购＋工资＋营销费用＋保险费＋维修费用＋煤水电费用＋贷款利息＋固定资产支出＋……＋其他费用支出

月底现金＝可支配现金－现金总支出

月底现金＝下月初的现金

在具体编制现金流量计划时，要注意以下几个问题：

（1）企业现金形式的相互转换不会产生现金的流入和流出。如，企业从银行存款中提取现金是企业现金存放形式的转换，并没有使现金流出企业，不构成现金流量。同样现金与现金等价物之间的转换也不属于现金流量，如企业用现金购买 3 个月到期的国库券。

（2）企业的有些费用是“非现金”的，如“固定资产折旧”因没有形成现金流量，所以编制现金流量计划时，应将其剔除。但是还要考虑到，当固定资产折旧期一过，就可能丧失功能，必须用现金购建新的固定资产。如果没有考虑到这个因素，备足现金，将会影响企业正常运转。

（3）有些销售需要赊销，在以后月份才能收回现金。如果前面制订销售计划时，已经制定了赊销预算，现在编制现金流量计划时，要考虑到这个因素。即销售计划中如果采用全部或部分赊账销售形式，那么赊账部分不计入当月现金流量计划，以免影响现金回笼。

（4）有时企业采购会赊账，以后再付现金。如果前面制订销售计划时制定了赊购政策，现在编制现金流量计划时，也要考虑这个因素，赊购记录会出现在以后月份。

4. 现金流量计划的内容

企业现金流量分三类：

（1）经营活动现金流量：企业投资活动和筹资活动以外的所有的交易和事项产生的现金流量。它是企业现金的主要来源。经营活动流入的现金主要包括：销售商品、提供劳务收到的现金，收到的税费返还，收到的其他与经营有关的现金；经营活动流出的现金主要包括：购买商品、接受劳务支付的现金，支付给职工以及为职工支付的现金，支付的各项税费，支付的其他与经营活动有关的现金。

（2）投资活动现金流量：企业长期资产（通常指一年以上）的购建及其处置产生的现金流量，包括购建固定资产、长期投资现金流量和处置长期资产现金流量，并按其性质分项列示。例如处置固定资产、无形资产和其他长期资产而收到的现金，投资所支付现金等。

（3）筹资活动现金流量：导致企业资本及债务的规模和构成发生变化的活动所产生的现金流量，包括筹资活动的现金流入和归还筹资活动的现金流出，并按其性质分项列示。

案例学习 7－9

小王和小李根据市场调查分析，计划每月销售量的50%采用赊销方式，赊销期为一个月。之后，他们根据前面编制的启动资金测算表、销售收入预测表、销售与成本计划表，计算并编制了现金流量表（见表 7－10）。

表 7－10　现金流量　　单位：元

项目		2月	3月	4月	5月	6月	7月	8月	9月	10月	11月	12月	合计
月初现金		0	3 080	－23 206. 5	－18 074. 5	－8 928	－3 886	4 713	18 443	33 416. 5	41 688. 25	53 309. 25	—
现金流入	现金销售	—	5 587. 5	8 940	11 175	13 410	17 880	20 115	16 762. 5	16 762. 5	16 762. 5	16 762. 5	144 157. 5
	赊账销售	—	0	5 587. 5	8 940	11 175	13 410	17 880	20 115	16 762. 5	16 762. 5	16 762. 5	127 395
	贷款	—	0	0	0	0	0	0	0	0	0	0	0
	股东投资	47 000	—	—	—	—	—	—	—	—	—	—	47 000
	现金流入合计	47 000	5 587. 5	14 527. 5	20 115	24 585	31 290	37 995	36 877. 5	33 525	33 525	33 525	318 552. 5

续表

	项目	2月	3月	4月	5月	6月	7月	8月	9月	10月	11月	12月	合计
现金流出	现金采购	—	3 850	6 160	7 700	9 240	12 320	13 860	11 550	11 550	11 550	11 550	99 330
	赊账采购	—	0	0	0	0	0	0	0	0	0	0	0
	包装费	—	85	136	170	204	272	306	255	255	255	255	2 193
	小王工资	—	0	0	0	3 500	3 500	3 500	3 500	3 500	3 500	3 500	24 500
	小李工资	—	0	0	0	3 500	3 500	3 500	3 500	3 500	3 500	3 500	24 500
	租金	—	24 000	—	—	—	—	—	—	—	—	—	24 000
	促销费	—	500	500	500	500	500	500	500	500	500	500	5 000
	保险费	—	1 939	1 699	1 699	1 699	1 699	1 699	1 699	1 699	1 699	1 699	17 230
	维修费	—	200	200	200	200	200	200	200	200	200	200	2 000
	水电费	—	300	300	300	300	300	300	300	300	300	300	3 000
	电话费	—	200	200	200	200	200	200	200	200	200	200	2 000
	宽带费	—	600	—	—	—	—	—	—	—	—	—	600
	办公用品购置费	—	100	100	100	100	100	100	100	100	100	100	1 000
	贷款本息	—	0	0	0	0	0	0	0	0	0	0	0
	其他费用	—	100	100	100	100	100	100	100	100	100	100	1 000
	固定资产投资	34 320	—	—	—	—	—	—	—	—	—	—	34 320
	开办费	3 600	—	—	—	—	—	—	—	—	—	—	3 600
	装修费	6 000	—	—	—	—	—	—	—	—	—	—	6 000
	增值税	—	—	—	—	—	—	—	—	3 189.76	—	—	3 189.76
	附加税费	—	—	—	—	—	—	—	—	159.49	—	—	159.49
	企业所得税	—	—	—	—	—	—	—	—	—	—	4 821.69	4 821.69
	现金流出合计	43 920	31 874	9 395	10 969	19 543	22 691	24 265	21 904	25 253.25	21 904	26 725.69	258 443.94
月底现金		3 080	-23 206.5	-18 074.5	-8 928	-3 886	4 713	18 443	33 416.5	41 688.25	53 309.25	60 108.56	—

小王和小李从上述资料中发现了问题：现金流量表反映出开业前两个月现金短缺，最多的时候是3月份，缺口达18 074.5元，这出乎他们的意料。其主要原因是前3个月销售水平不高，只有500件、800件、1 000件，收入少。另外，也没有预计到赊销占用的资金。

小王和小李决定采用贷款方式解决现金短缺问题。经过努力从银行借款50 000元（现金流入），借款期为10个月，利息共2 000元，平均每月200元（现金流出）。之后，他们重新编制了销售与成本计划表（见表7-11），又计算并编制了现金流量表（见表7-12）。

表 7－11　调整后的销售与成本计划　　单位：元

项目		3 月	4 月	5 月	6 月	7 月	8 月	9 月	10 月	11 月	12 月	合计
销售	含税销售收入	11 175	17 880	22 350	26 820	35 760	40 230	33 525	33 525	33 525	33 525	288 315
	增值税	—	—	—	—	1 041. 55	1 171. 75	976. 46	976. 46	976. 46	976. 46	6 119. 14
	销售净收入	11 175	17 880	22 350	26 820	34 718. 45	39 058. 25	32 548. 54	32 548. 54	32 548. 54	32 548. 54	282 195. 86
成本	原材料	3 850	6 160	7 700	9 240	12 320	13 860	11 550	11 550	11 550	11 550	99 330
	包装费	85	136	170	204	272	306	255	255	255	255	2 193
	小王工资	3 500	3 500	3 500	3 500	3 500	3 500	3 500	3 500	3 500	3 500	35 000
	小李工资	3 500	3 500	3 500	3 500	3 500	3 500	3 500	3 500	3 500	3 500	35 000
	租金	2 000	2 000	2 000	2 000	2 000	2 000	2 000	2 000	2 000	2 000	20 000
	促销费	500	500	500	500	500	500	500	500	500	500	5 000
	保险费	1 719	1 719	1 719	1 719	1 719	1 719	1 719	1 719	1 719	1 719	17 190
	维修费	200	200	200	200	200	200	200	200	200	200	2 000
	水电费	300	300	300	300	300	300	300	300	300	300	3 000
	电话费	200	200	200	200	200	200	200	200	200	200	2 000
	宽带费	50	50	50	50	50	50	50	50	50	50	500
	办公用品购置费	100	100	100	100	100	100	100	100	100	100	1 000
	贷款利息	200	200	200	200	200	200	200	200	200	200	2 000
	其他费用	100	100	100	100	100	100	100	100	100	100	1 000
	开办费	3 600	—	—	—	—	—	—	—	—	—	3 600
	折旧和摊销	686	686	686	686	686	686	686	686	686	686	6 860
	总成本	20 590	19 351	20 925	22 499	25 647	27 221	24 860	24 860	24 860	24 860	235 673
附加税费		—	—	—	—	52. 08	58. 59	48. 82	48. 82	48. 82	48. 82	305. 95
企业利润		－9 415	－1 471	1 425	4 321	9 019. 37	11 778. 66	7 639. 72	7 639. 72	7 639. 72	7 639. 72	46 216. 91
企业所得税		—	—	—	—	—	—	—	—	—	—	4 621. 69
净利润		—	—	—	—	—	—	—	—	—	—	41 595. 22

表 7－12　调整后的现金流量　　　　单位：元

项目		2月	3月	4月	5月	6月	7月	8月	9月	10月	11月	12月	合计
月初现金		0	3 080	26 593.5	31 526	40 472	45 314	53 713	67 243	82 016.5	90 088.25	101 509.25	—
现金流入	现金销售	—	5 587.5	8 940	11175	13 410	17 880	20 115	16 762.5	16 762.5	16 762.5	16 762.5	144 157.5
	赊账销售	—	0	5 587.5	8 940	11 175	13 410	17 880	20 115	16 762.5	16 762.5	16 762.5	127 395
	贷款	—	50 000	—	—	—	—	—	—	—	—	—	50 000
	股东投资	47 000	—	—	—	—	—	—	—	—	—	—	47 000
	现金流入合计	47 000	55 587.5	14 527.5	20 115	24 585	31 290	37 995	36 877.5	33 525	33 525	33 525	368 552.5
现金流出	现金采购	—	3 850	6 160	7 700	9 240	12 320	13 860	11 550	11 550	11 550	11 550	99 330
	赊账采购	—	0	0	0	0	0	0	0	0	0	0	0
	包装费	—	85	136	170	204	272	306	255	255	255	255	2 193
	小王工资	—	0	0	0	3 500	3 500	3 500	3 500	3 500	3 500	3 500	24 500
	小李工资	—	0	0	0	3 500	3 500	3 500	3 500	3 500	3 500	3 500	24 500
	租金	—	24 000	—	—	—	—	—	—	—	—	—	24 000
	促销费	—	500	500	500	500	500	500	500	500	500	500	5 000
	保险费	—	1 939	1 699	1 699	1 699	1 699	1 699	1 699	1 699	1 699	1 699	17 230
	维修费	—	200	200	200	200	200	200	200	200	200	200	2 000
	水电费	—	300	300	300	300	300	300	300	300	300	300	3 000
	电话费	—	200	200	200	200	200	200	200	200	200	200	2 000
	宽带费	—	600	—	—	—	—	—	—	—	—	—	600
	办公用品购置费	—	100	100	100	100	100	100	100	100	100	100	1 000
	贷款本息	—	200	200	200	200	200	200	200	200	200	50 200	52 000
	其他费用	—	100	100	100	100	100	100	100	100	100	100	1 000
	固定资产投资	34 320	—	—	—	—	—	—	—	—	—	—	34 320
	开办费	3 600	—	—	—	—	—	—	—	—	—	—	3 600
	装修费	6 000	—	—	—	—	—	—	—	—	—	—	6 000
	增值税	—	—	—	—	—	—	—	—	3 189.76	—	—	3 189.76
	附加税费	—	—	—	—	—	—	—	—	159.49	—	—	159.49
	企业所得税	—	—	—	—	—	—	—	—	—	—	4 621.69	4 621.69
	现金流出合计	43 920	32 074	9 595	111 694	19 743	22 891	24 465	22 104	25 453.25	22 104	76 725.69	310 243.94
月底现金		3 080	26 593.5	31 526	40 472	45 314	53 713	67 243	82 016.5	90 088.25	101 509.25	58 308.56	—

通过调整销售与成本计划表和现金流量表，小王和小李更清楚地看到了启动资金数额和筹集资金的重要性。

五、现金流量计划和销售与成本计划的重要区别

（1）折旧不包括在现金流量计划，却包括在销售和成本计划中。

（2）贷款本金不包括在销售和成本计划，却包括在现金流量计划中。

（3）贷款利息两个计划都包括。

（4）现金流量计划只写当月收到现金的销售记录，无赊记。而销售与成本计划只要当月有订单，包括赊账与现金都要写上销售记录。

任务三　创业融资

【任务导入】

携程创业融资

携程旅行网（以下简称携程）创立于1999年，总部设在中国上海，目前已在北京、广州、深圳、成都、杭州、厦门、青岛、南京、武汉、沈阳10个城市设立分公司，员工7 000余人。作为综合性在线旅行服务公司，携程向超过2 000万注册会员提供包括酒店预订、机票预订、度假预订、商旅管理、特约商户及旅游资讯在内的全方位旅行服务。从创立到2003年年底海外上市，携程利用国际风险投资资本和国际风险投资工具，借助股权私募基金的力量实现了公司的跳跃式发展。

第一步：创建携程，吸引IDG第一笔投资50万美元

1999年4月，创始人梁建章、沈南鹏、范敏、季琦四人成立携程香港公司，注册资本约200万元人民币，公司的股权结构完全以出资的比例而定，沈南鹏是最大的股东。携程在国内的业务实体携程计算机技术（上海）有限公司早在1994年就已成立，携程香港公司成立后，以股权转让形式100%控股携程上海公司。1999年10月，在携程网站还没有正式推出的情况下，基于携程的商业模式和创业团队的价值，最早进入中国市场的美国风险投资公司之一IDG技术创业投资基金（以下简称IDG），凭借携程一份仅10页的商业计划书向其投资了50万美元作为种子基金。作为对价，IDG获得了携程20%多的股份。在携程随后进行的每轮融资中，IDG都继续跟进。

第二步：吸引软银等风险投资450万美元，携程集团架构完成

2000年3月，携程国际在开曼群岛成立。由软银中国创业投资有限公司（以下简称软银）牵头，IDG、兰馨亚洲投资集团（以下简称兰馨亚洲）、Ecity Investment Limited（简称Ecity）、上海实业创业投资公司（以下简称上海实业）五家投资机构与携程签署了股份认购协议。携程以每股1.041 7美元的价格，发售432万股A类可转可赎回优先股（有投票权，IPO时自动转为普通股）。其中，除IDG追加投资认购了48万股以外，软银认购144万股，兰馨亚洲认购921 600股；Ecity认购96万股；上海实业和一些个人股东认购48万股。本次融资共募得资金约450万美元。随后，携程国际通过换股100%控股携程香港。这样，携程的集团架构完成，为携程以红筹模式登陆海外证券市场扫平了道路。

第三步：引来美国凯雷集团等机构的第三笔投资

2000 年 11 月，凯雷亚洲创投 I（以下简称凯雷）等风险投资机构与携程签署了股份认购协议，以每股 1.566 7 美元的价格，认购了携程约 719 万股 B 类可转可赎回优先股。其中凯雷认购约 510 万股，投资额约达 800 万美元，取得约 25% 的股权；而软银、IDG 和上海实业则分别增持约 64 万股、41 万股和 83 万股；兰馨亚洲增持了约 18 万股。至此，携程完成了第三次融资，获得了超过 1 000 万美元的投资。

第四步：吸引老虎基金提升国际投资者的认可度

2003 年 9 月，携程的经营规模和盈利水平已经达到上市水平，此时取得了上市前最后一轮 1 000 万美元的投资，携程以每股 4.5856 美元的价格向老虎基金发售 218 万股 C 类可转可赎回优先股。这笔投资全部用于原有股东，包括凯雷、IDG、上海实业及沈南鹏、季琦等创始人的套现退出：携程以每股 4.528 3 美元的价格赎回普通股和 A 类可转可赎回优先股共约 122 万股，以每股 6.792 4 美元价格赎回约 64 万股 B 类可转可赎回优先股。对于准备在美国上市的携程来说，能在上市之前获得重量级的美国风险投资机构或者战略投资者的投资，对于提升公司在国际投资界的认可度有着非常大的帮助。

第五步：登陆纳斯达克市场，私募完成增值

2003 年 12 月 9 日晚 11 时 45 分（美国东部纽约时间 12 月 9 日上午 10 时 45 分），携程国际（股票代码：CTRP）以美国存托股份（ADS）形式在美国纳斯达克股票交易所正式挂牌交易。本次携程共发行 420 万股 ADS，发行价为每股 18 美元，其中 270 万股为新发股份，募集资金归携程；150 万股为原股东减持套现，募集资金归原股东。扣除承销等各项费用，携程得款 4 520 万美元，占 IPO 总额的 60%；原股东得款 2 511 万美元。

IPO 后，携程总股本 3 040 万股，市值约 5.5 亿美元。上市当天，携程以 24.01 美元开盘，最高冲至 37.35 美元，最终以 33.94 美元的价格结束全天的交易，收盘价相对发行价上涨 88.56%，一举成为美国资本市场 2000 年 10 月以来首日表现最好的 IPO。

（资料来源：https://www.kanzhun.com/k-chuangyexiangmu/1668991.html）

【任务分析】

携程的成功实际上是产业经营 + 资本市场支持模式的成功，既归因于管理团队的超强执行力，也归因于其极善于利用私募股权投资，借助资本的力量来快速完成产业的扩张。

【相关知识】

一、创业融资的含义

对于大多数创业者来说，无论是初始创业阶段还是生存发展阶段，资金都是稀缺的资源，获取资金的技能和有关知识也是创业者需要学习的重要内容之一。融资，简单地说就是资金的融通。狭义上的融资是企业筹集资金的行为与过程，也就是说企业根据自身的生产经营状况、资金拥有的状况，以及未来经营发展的需要，通过科学的预测和决策，采用一定的方式，通过一定的渠道筹集资金、组织资金，以保证企业正常生产需要、经营管理活动需要的过程。广义上的融资是货币资金的融通，当事人通过各种方式到金融市场上筹措或贷放资金的行为。创业融资指创业者根据未来新开办企业的生产经营与发展需要，通过融资渠道和资金市场，运用融资方式，经济、有效地筹集创业启动所需的资金的一种经济行为。

二、创业融资前的准备

创业阶段风险较大，创业融资相对较为困难，尤其是外部融资。创业融资难的原因主要表现在两个方面：一是创业本身的不确定性，新开办的企业还不够成熟。从创业本身的活动来看，新开办的企业大多缺乏实际管理经验和应对风险的能力，面临着很大的不确定性，多数情况下投资方不愿意投资。二是信息不对称。相对于创业者，投资方处于信息的劣势，投资方对新开办的企业的市场需求、财务、管理以及未来发展等了解得不够全面，甚至有时创业者为了得到资金支持会故意隐瞒信息，结果可能导致逆向选择，创业融资失败。为化解融资难的问题，创业融资前必须做好相应的准备工作，并了解创业融资的特点和渠道。

创业融资的过程，可遵循以下步骤：

1. 充分的市场调查

市场调查是能够描述创业想法的可行性和需求状况的实证数据，是研究经营决策的前提。只有对市场做出科学的分析和判断，决策才有针对性，融资才有可靠的基础。

2. 企业的自身建设

新开办的企业自身建设包括很多方面，比如管理团队、盈利模式、产品和技术、良好的信用记录等，这些既是融资前吸引投资者投资新企业的信息，也是融资后实现融资目标的重要保证。

3. 完整的商业计划

企业的开办通常是由少数人开始的，加之新开办的企业市场风险较高，而且在经营管理、营销模式、市场、消费习惯、客户的认可等方面均面临重重挑战，同时又缺乏用以抵押担保的财产，很难从亲戚朋友或是资本市场上获得及时、足够的资金支持。所以，完整的商业计划是吸引投资方的法宝，这一点是最重要的准备工作。

4. 明确的投资回报

融资前一定要确定选择什么样的回报方式，确保对投资者有具体的回报。建立完善合理的投资回报机制能够提升项目的吸引力，能够让投资者感觉其资金投放于企业比放在银行或自己投资要好。比如，众筹形式，项目发起人要承诺项目成功后发放产品或服务；股份筹资形式，可以分配一定比例的股权享受创业公司未来收益；等等。

三、创业融资的分类

1. 内部融资和外部融资

创业融资按资金来源的范围不同，可以分为内部融资和外部融资两种类型。

内部融资指创业者自己或在家庭中通过原始积累形成的资本来源。内部融资是在创业者个人、家庭或亲朋内部形成的，一般无须花费融资费用。对于创业者而言，内部融资主要来源于父母、亲朋的支持，也有个别来自自己的积累。

外部融资指在内部融资不能满足需要时，向上述人际圈之外融资而形成的资金来源。对于很有发展潜力的创业项目来讲，内部融资往往难以满足需要。因此，创业者就需要开展外部融资。外部融资大多需要花费融资费用，创业者应在充分利用内部融资之后，再考虑外部融资问题。

2. 直接融资和间接融资

创业融资按其是否以金融机构为媒介，可以分为直接融资和间接融资两种类型。

直接融资就是创业者不经过银行等金融机构直接与资本供应者协商借贷，或直接发行股票、债券等筹集资本的活动。在直接融资过程中，资本供求双方借助于融资手段直接实现资本的转移。

间接融资指创业者借助于银行等金融机构进行的融资活动，它是传统的融资形式。在间接融资形式下，银行等金融机构发挥中介作用，预先聚集资本，然后提供给融资企业。间接融资的基本方式是向银行贷款，此外还有向非银行金融机构借款、融资租赁等。

3. 长期融资和短期融资

创业融资按期限不同，可以分为长期融资和短期融资两种类型。

长期融资指创业需用期限在一年以上的融资，通常包括各种股权资本和长期借款、应付债券等债权融资。

短期融资指创业需用期限在一年以内的融资，一般包括短期借款、应付账款和应付票据等，通常是采用银行贷款、商业信用等筹集方式完成的。

4. 债权融资和股权融资

创业融资按其属性不同，可以分为债权融资和股权融资两种类型。

债权融资指企业通过举债的方式进行融资，债权融资所获得的资金，企业需要支付利息，并在借款到期后向债权人偿还本金。

股权融资指企业通过出让部分企业所有权，通过企业增资的方式引进新的股东的融资方式。股权融资所获得的资金，企业无须还本付息，但新股东将与老股东同样分享企业的盈利与增长。

四、几种主要的创业融资渠道

1. 自有资金

自有资金主要来自自己或家庭的积蓄，一般情况下能够自行支配，且不需要偿还，这是创业的一个重要来源，它通常形成创业起步资金。清华大学 2016 年的一份调研报告称，中国创业者资金来源的第一位是家庭，比例达到约 69%，其次是银行和朋友。从资金成本或企业经营控制的角度来说，自有资金成本最为低廉，而且也是创业者进行外部融资的基础，没有自有资金，很难获得银行、私人投资者以及风险投资家的信任。

案例学习 7－10　自筹启动资金

石先生，今年 25 岁，家住丹东，大学毕业后经过考试成为当地的一名公务员，每月收入 4 500 元，缴纳基本社保。由于平时和父母住在一起，生活费方面无须自己支付，自己每月生活费一般在 1 000 元左右。虽说公务员工作比较轻松，逢年过节有福利，但是石先生觉得此工作没有激情，收入也不高。因此想辞职创业，但需要一笔 15 万元左右的启动资金，目前个人有 8 万元存款。自己不想父母给予资助，想咨询嘉丰瑞德理财师自己该如何理财可以在 1 年内攒足 15 万元的创业资金。

根据石先生的个人财务状况，理财师分析认为 8 万元的存款显然不够用于创业费用，如果石先生想在 1 年内快速自己攒足 15 万元的启动资金，建议缩减一些生活开支，并通过合理理财，适当进行一些稳健投资，让资产获得最大增值，积累更多资金用于创业。

（资料来源：http://wealth1.ccb.com/Info/78508340）

在现实情况下，能自筹创业资金的创业者在进行创业前大多已在社会上摸爬滚打数年，有了一定的积蓄。即使是学生，也能通过兼职收入和每年的压岁钱储蓄作为创业启动金。有调查显示，成功企业家当初的创业资金有30%来自个人积蓄，而从萌生创业想法到最终付诸实践，其间总会有机会积蓄资金。比如阿里巴巴最初的资金就来源于马云和“十八罗汉”他们自己凑起来的50万元，蒙牛的创业资金来源几个创始人卖掉的股票钱100多万元。“先打工赚钱，再出来创业”也成为许多创业者的创业路径规划。

用自有资金创业是最为简单的方法，但通常一个人难以攒下全部的创业启动资金，资金不足时可考虑其他筹资渠道。

2. 私人借贷

大部分新开办的企业有很多的不确定性、规模小、没有知名度、所需要资金数量不够大等特点，往往缺乏正规融资的抵押资产，缺乏社会筹资的信誉和业绩，很难吸引投资者和银行的资金，所以私人借贷也会成为创业的资金来源渠道。所谓私人借贷也称民间借贷，指公民之间、公民与法人之间、公民与其他组织之间的资金借贷。借贷投资，只要是自愿、互利、公平、合法的，双方当事人意见表示真实，可认定有效。私人借贷是一种直接的融资渠道，但缺乏规范性，有一定的风险。

向亲戚朋友借款是常见的私人借贷，因为身边的亲戚朋友对创业者的个人信息比较了解，诚实守信和个人能力比较强的创业者更有可能获得借款。因此，亲戚朋友的资金就成了创业融资的重要来源。但如果创业失败，会给亲戚朋友带来一定的经济压力。因此，创业者要如实说明借款原因、投资额度、经营项目、经营情况、预计收入、借款利息、预期收益、风险管理等，以避免引起不必要的经济纠纷。

3. 银行贷款

银行贷款指银行根据国家政策以一定的利率将资金贷放给资金需要者，并约定期限归还的一种经济行为。银行贷款一般要求提供担保、房屋抵押，或者收入证明、个人信用良好记录才可以申请。向银行申请贷款是常见的创业融资方式，创业者也可以通过银行贷款来补充经营过程中的资金不足。我国现在许多银行都提供创业贷款，各家银行的创业贷款都拥有各自不同的特点，贷款条件和要求也有所不同，选择适合的银行，能在贷款的时候为自己省下不少时间。比如中国工商银行、中国银行、交通银行、招商银行、上海银行、深圳发展银行等银行的创业贷款就是为一些正在创业的路上但需要资金的创业者准备的，而农村信用社的创业贷款一般是为农村个体户或农民创业准备的。

银行贷款以“盈利性、安全性、流动性”为基本原则，审查的因素通常被称为“6C”标准。包括：品德资信（Character）、经营能力（Capacity）、资本（Capital）、担保物价值（Collateral）、经营环境（Condition）、事业的连续性（Continuity）。银行创业贷款是创业者可以合法利用的一种资源，但由于创业的高风险性和不确定性使得创业者在创业初期很难从银行取得无担保贷款，所以在申请时要注意以下几个要点：

首先，关注政策，享受银行和政府的低息待遇。国家对于创业贷款有一定的优惠政策，创业者要了解相关信息，合理利用政府给予的低息待遇。比如创业贷款的期限一般为1年，最长不超过3年，按照有关政策规定，创业贷款的利率可按人民银行规定的同档次利率下浮20%，但不得向上浮动。许多地区推出的下岗失业人员创业贷款还可以享受60%的政府贴息。有的地区对困难职工进行家政服务、卫生保健、养老服务等微利创业还实行政府全额贴息。

其次，精打细算，合理选择贷款期限。一般来说期限越长利率也会越高，贷款要选择在自己能承受的范围内。如果创业者资金使用需求的时间不是很长，要尽量选择短期贷款，这样可以节省利息支出。同时关注利率政策和利率走势，如果利率趋势走高，尽量在加息之前办理贷款，这样可以在当年度内享受加息前的低利率，如果利率走势趋降，在资金需求不急的情况下则应暂缓办理贷款，等降息后再适时办理。

再次，谨慎选择，提供可靠的贷款担保。目前，我国各家银行发放的创业贷款条件不同，各有利弊。一般来说，国有商业银行的贷款利率要低一些，但手续要求比较严格。如果创业者贷款手续完备，为了节省筹资成本，可以采用个人“询价招标”的方式，对各银行的贷款利率以及其他额外收费情况进行比较，从中选择一家成本低的银行办理抵押、质押或担保贷款。担保通常是物权担保，如抵押、质押等。抵押物主要还是针对不动产，包括创业者个人的房屋、土地等，质押包括动产和权利，如股票、债券、房契、保单等。当创业者不能履约还款时，银行有权按照约定要求保证人履行或承担清偿贷款连带责任。

最后，提前还贷，提高资金使用效率。在创业过程中，如果因效益提高、货款回笼以及淡季经营、压缩投入等原因致使经营资金出现闲置，这时可以向贷款银行提出变更贷款方式和年限的申请，直至部分或全部提前偿还贷款。贷款变更或偿还后，银行会根据贷款时间和贷款金额据实收取利息，从而降低贷款人的利息负担，提高资金使用效率。

案例学习 7－11　向银行贷款必须自己提供担保或者抵押？

周光超前年大学毕业回到老家上海后，一直没找到称心的工作。看到自己居住的小区内有一家小型超市生意非常红火，周光超心想：不如开个超市自己给自己干。但是一打听，办个小超市投资起码得六七万元，只好作罢。去年 8 月份，上海浦东发展银行与联华便利签约，推出了面向创业者的“投资 7 万元，做个小老板”的特许免担保贷款业务，由联华便利为合作方的创业者提供集体担保，创业者自己不必再提供担保，浦发银行可向每位通过资格审查的申请者提供 7 万元的创业贷款。周光超获悉后立即递交了申请。两个月后，他顺利地从浦发银行领到了贷款，在控江路上如愿开起了自己的小超市。

一般人们总认为，要向银行贷款必须自己提供担保或者抵押，其实情况并非都如此，现在银行为了拓展信贷业务，充分考虑了创业者寻找担保的实际困难，纷纷主动寻找担保方，为有意创业的人提供免担保贷款。这种信贷业务种类繁多、手续简便，但是一般都有较强的时效性，而且不同的银行可提供的贷款额度也不尽相同，创业者可到各大银行进行咨询。

实际上，有不少人就是通过这种以小博大的方式发家的。当然，这种融资的方法风险比较大，获得创业资金的代价是一大笔债务，但是创业本来就是风险和机遇并存的，如果你有足够的胆识，那么这种融资的办法将能帮助你在更短的时间里更快地走向成功。

(资料来源：http://www.xspic.com/chuangye/gushi/1154565.htm)

4. 天使投资

天使投资是自由投资者或非正式机构对有创意的创业项目或小型初创企业进行的一次性的前期投资，是一种非组织化的创业投资形式。“天使”指的是企业家的第一批投资人，这些投资人在公司产品和业务成型之前就把资金投进来，以帮助这些公司迅速启动。天使投资人一般是富有的个人，如李开复、徐小平、俞敏洪等企业家。天使投资实际上是风险投资的一种特殊形式，是对高风险、高收益的初创企业的第一笔投资。一般来说，一个公司从初创到稳定成长期，需要几轮投资，第一轮投资大多以个人的天使投资作为公司的启动资金；第二或者第三轮投资往往会有风险投资机构进入，为产品的市场化注入资金；而最后则基本是上市前的融资，来自大型风险投资机构或私募基金。具体来说，天使投资有以下特点：

(1) 天使投资的金额一般较小．而且是一次性投入，它对风险企业的审查也并不严格。它更多的是基于投资人的主观判断或者是由个人的好恶所决定的。通常天使投资是由一个人投资，是个体或者小型的商业行为。

(2) 很多天使投资人本身是企业家，了解创业者面临的难处。天使投资人是初创企业的最佳融资对象。

(3) 天使投资人不但可以带来资金，同时也带来联系网络。如果投资人是知名人士或者成功的创业者，那么他们非常了解创业者面对的难处和企业的发展规律，能够在很多方面帮助创业者，如经营理念、关键人员的选聘以及下一步融资等，也可以提高公司的信誉。

目前天使投资比较集中的区域是美国硅谷，相当多的天使投资者是那些成功的创业企业家、创业投资家或者大公司的高层管理人员，他们不仅拥有一定的财富，还具有经营理财或技术方面的专长，对市场、技术有很好的洞察力。我国的天使投资近几年发展迅速，对许多有志于创业的大学生来说也是一个不错的融资渠道。

案例学习 7－12　苹果公司的发家史

1976 年 1 月，还在惠普工作的史蒂夫·沃兹尼亚克得意扬扬地拿出了自己研发出的计算机主板 Apple I，尽管他很努力地向惠普公司推荐该产品，公司却说，这不是此时公司要开发的产品。于是他的好哥们儿史蒂夫·乔布斯说："嘿，咱们干吗不自己来卖它。"这样就诞生了苹果公司。

公司启动所需的钱来自两位创始人。沃兹尼亚克卖掉了他心爱的 HP－65 可编程计算器，价钱是 500 美元；乔布斯卖掉了他的大众汽车，本来说好的价钱是 1 000 美元，可是几个星期后汽车发动机坏掉了，因此只卖了 500 美元。不过幸运的是苹果公司可以依靠出售产品来获取资金，而且乔布斯很快就找到了买主。全美第一家计算机零售连锁店字节商店决定以每台 500 美元的价格购买 50 个苹果电路板。

当然，对于新公司而言，钱还是个问题，除非乔布斯愿意一辈子挨家挨户推销他的电脑。于是乔布斯去找了一个风险投资家，此人名叫唐·瓦伦丁，今日看来可谓大名鼎鼎，他曾经在仙童半导体和国家半导体公司做过管理层，后来创建了红杉资本。乔布斯一天好几个电话的纠缠，使瓦伦丁不堪其扰，于是他说："小伙子，我投资没问题，但你得先找个市场营销方面的专家。你们两人谁都不懂市场，对未来的市场规模也没有一个明确的概念，这样无法开拓更开阔的市场。"

瓦伦丁推荐的人是迈克·马库拉。马库拉曾经投资过英特尔，因此成名和发家较早。迈克·马库拉一下子就喜欢上了苹果，他不但加入了苹果（1977 年），还成为公司初期的投资人，不仅自己投入 9.2 万美元，还筹集到 69 万美元，外加由他担保从银行得到的 25 万美元贷款，总额超过了 100 万美元。

1979 年夏天，苹果公司再次融资，此次参与投资的全都是全球大的风险投资机构和商业银行。比如施乐公司的投资部施乐发展公司投了 105 万美元。这是上市之前的最后一次融资。1980 年 12 月 12 日苹果公司上市，每股发行价 14 美元，当天以 22 美元开盘，几分钟内 460 万股被抢购一空，当日收盘价 29 美元。乔布斯当日身家达到 2.17 亿美元，那年他 24 岁。迈克·马库拉身家则达到 2.03 亿美元（9.2 万美元的天使投资增值了 2 200 倍！）。

1983 年 5 月，苹果公司以排名 411 位进入财富 500 强。从成立到成为 500 强，苹果用了 7 年时间，比马库拉估计的时间稍长了一些。

史蒂夫·乔布斯和史蒂夫·沃兹尼亚克拥有了一个伟大的概念——个人电脑，但令苹果电脑成功的却是迈克·马库拉的 9.2 万美元。

（资料来源：http://www.chinastartup.cn/story/20130128/5683）

5. 风险投资

风险投资简称风投，又可称为创业投资，指向初创企业提供资金支持并取得该公司股份的一种融资方式。风险投资是私人股权投资的一种形式。风险投资公司为一家专业的投资公司，由一群具有科技及财务相关知识与经验的人组合而成，经由直接投资被投资公司股权的方式提供资金给需要资金者。风投资金多数用于投资新开办的企业或是未上市的企业，并不以经营被投资公司为目的，仅是提供资金及专业上的知识与经验，以协助被投资公司获取更大的利润为目的，并通过资本经营服务培育和辅导创业者创业，在完成创业过程后就退出投资，以获得资本增值。所以，风险投资是一种追求长期利润的高风险、高回报的事业，它可以推动科技成果尽快转化为生产力，促进技术的创新，促进管理和制度的创新。除此之外，风险投资机构还可以为被投资公司提供高水平的咨询、顾问等服务。

天使投资是风险投资的一种，但是两者有很多不同：

（1）投资者不同。风险投资一般是几家机构的投资，而天使投资人是一人投资。

（2）投资金额不同。风险投资一般投资额较大，而且随着企业的发展逐步投入；天使投资投入资金额度一般较小，在我国每笔投资额度约为 50 万元到 500 万元。

（3）投资审查程序不同。风险投资对企业的审查非常严格，是一种正规化、专业化、系统化的商业行为，在投入资金的同时更多地投入管理；天使投资对企业的审查不太严格，大多是基于投资人的主观判断或喜好而决定，手续简便，而且投资人一般不参与管理。

案例学习 7-13

“雅虎”创造的财富神话

雅虎的成立在当今网络界和风险投资业界已成为广为流传的故事。它是由美籍华人杨致远和美国青年戴维创立的搜索引擎公司。当时，因特网上的万维网技术开始流行，杨、戴二人也迷上了因特网，常通宵达旦地在网上漫游。作为业余爱好，他们分别收集自己喜爱的网点，然后互相交换。随着收集量增加，为了便于管理，他们运用自己掌握的软件技术开发了一个数据库系统，将这些搜集到的信息分类整理成“杨致远和戴维的万维网指南”，放在万维网上让“网友”们共享，并起了一个有趣的名字——雅虎（Yahoo!）。

对新的经济增长点极为敏感的风险投资者们很快嗅到了因特网上的商业气息。1995 年 4 月，美国资源的 Sequoia 风险投资基金给雅虎注入第一笔资金，雅虎公司正式成立。1995 年 8 月，开始了新一轮融资活动。从 1995 年 4 月第一次投资到此时短短的 4 个月内，专家们对雅虎的估价已升至 400 万美元，雅虎身价翻了 10 倍！

1996年，雅虎开始筹备上市工作，并于当年4月正式上市，股票上市报价13美元，一开盘就飙升到24.5美元，最高冲向43美元高位，当日收盘价33美元，几乎是上市价的3倍！雅虎的市值达到8.5亿美元，是一年前Sequoia估价的200倍！杨致远也在短短两年之内由一介书生变成了亿万富翁。

雅虎的成功始于杨致远、戴维等人的创意，正是这种创意给他们带来极大的成功，也给社会带来巨大财富。风险投资的魅力则在于企业股票上市后的倍增效益。通过上市变现，使这个神话般的创造财富的创业过程画上了一个完整的句号。由此不难看出，现代风险投资的发展中风险资本与技术创新的结合，必须借助于发达的金融资本市场的依托作用，才能得以蓬勃发展。

(资料来源：摘自《风险投资实务》)

6. 政府创业扶持基金

政府创业扶持基金也是创业资金的重要来源。政府依据相关法律政策，对于处于一定阶段的、有很好发展前景的、对相关领域有重大影响的创业项目提供直接资金支持，这些资金的使用成本通常较低，但数目不大，也只能在特定阶段使用。目前各地政府主要有以下三种创业扶持基金：

(1) SYB无息创业贷款 。SYB是“创办你的企业 (Start Your Business)”，它是“创办和改善你的企业 (SIYB)”系列培训教程的一个重要组成部分，由联合国国际劳工组织开发，为有愿望创办自己的中小企业的朋友量身定制的培训项目。创业者参加相关培训，得到结业证书后可申请获得5万~100万元额度不等的无息贷款。

(2) 小额无息贷款。有创业愿望和创业能力的，年龄18~45周岁，具有完全民事行为能力的中国公民可申请小额无息贷款，这种贷款主要面对有固定经营场所或经营项目，以服务业为主，一般期限短、额度小。根据地区不同，政策或略有不同，西部地区除小额无息贷款外，还有其他多种政策性贴息贷款。

(3) YBC创业无息贷款。YBC是中国青年创业国际计划 (Youth Business China) 的简称，是一个旨在扶持青年创业的教育性公益项目，通过构建YBC公益创业体系，促进改善创业环境，为缺乏条件启动创业和发展企业的创业者提供专业化的公益帮扶。2003年11月，由共青团中央、全国青联等八家机构共同倡导在北京正式启动，主要面对有详细的创业计划书，有具体的投资项目或正在经营的项目，最好是朝阳或新兴产业，最高可获得200万元的贷款。

7. 众筹

很多创业团队在创业初期遭遇融资难，继而导致经营困难，甚至于创业失败，难免有些可惜，毕竟不是每个人都能遇到合适的天使投资人。中国有句古话：“众人拾柴火焰高。”互联网金融的众筹模式现已成为创业者的一条新的热门融资渠道。众筹的具体方法如下：

(1) 根据自己的创业项目选择合适的网站。不同类型的众筹网站侧重于不同的众筹项目，创业者要事先确定自己的创业类型是属于技术开发还是文艺娱乐，或者服务类等，根据自己的创业项目特点选择合适的众筹平台至关重要。

(2) 在众筹网站上发起众筹。在发起众筹过程中，确定自己众筹的资金额度，对于不同众筹支持者的预期回报，以及众筹的资金用途，众筹的截止日期等，在这个过程中需要自己细细斟酌，便于众筹的顺利进行。

(3) 配合众筹平台进行资格评估。准备充足的个人以及团队资料，配合众筹团队对于创业团队的线下考察、电话问询等，确保个人信息的真实以及创业项目的可行。不同的众筹项目需要的审核周期也不尽相同，也需看平台的办事效率。

(4) 对众筹参与者进行回报。它包括在规定的期限内针对当初允诺的对于不同众筹支持者的回报，感谢投资者的参与等。

值得注意的是众筹要规范运作，不能触及法律红线，否则会引起法律风险。

任何形式的创业都是有成本的，至少要有启动资金，其实社会上创业融资有很多渠道，各融资渠道都有其优缺点，创业者要结合自己创业阶段和承受能力选择适合自己的融资渠道。

案例学习 7-14　**众筹成大学生创业融资新玩法**

华南农业大学第3届大学生创业集市互联网专场在该校行政楼广场及图书馆学术报告厅举行，来自中山大学、华南理工大学、暨南大学、深圳大学、广东中医药大学以及华南农业大学的12个大学生落地企业及30个学生创业团队参与展会。“众筹”成大学生创业融资新玩法，年仅19岁的大学生张议云拿到了200万元风投。

本次创业集市是华农校团委举办的第3届该类活动，众多创投机构和孵化器负责人出席，多个项目达成融资意向。随着移动互联网的异军突起，不少大学生利用互联网创业门槛低、效率高的特点，纷纷做起小老板，不少校内“小发明”通过商业运作，直接进入市场。

学生除通过商业路演寻找风投之外，“众筹”也成为他们解决资金问题的有效途径。来自华农信息学院的大四学生曾少龙已经是“黄小吉”“归客驿站”和“拾光清吧”3个门店的老板，他的这些创业项目都是通过众筹的方式获得的资金。如今，只做一款外卖的“黄小吉”在“五山”高校大学生中已经家喻户晓，而他们最近正在筹建的“拾光清吧”从发布创业计划到招募股东也仅用了不到两周的时间就筹集了近30万元启动资金。

“领着‘95后’的身份证，有着‘80后’的成熟和稳重，善于和‘70后’的行业大佬们博弈。”在本届创业集市上，年仅19岁的大学生张议云这样介绍自己，并分享了他的创业项目——口袋兼职APP。张议云的第一桶金来自13岁时自学编写的一个“免杀木马”程序，从2008年开始他就没再向家里要过生活费，高中时跟网友一起合办的“黑客”培训基地使他获得每个月一万多元的稳定收入。上大学以后，张议云马不停蹄地投入了口袋兼职项目，也正式接触资本市场，成功获得了200万元的风投。

不少创业团队认为，他们的项目距离落地就差一个资本市场的杠杆，而创业集市有助于他们获得这样的机会。目前，华农已加大力度建设大学生创业孵化基地、创业加速器，21家在校大学生初创企业已经落地。

(资料来源：南方日报，2014年11月25日)

延伸阅读

九成中国创业者的钱来源于自有资金

创业者都把早期风险投资人叫作“天使”，清华的一份调研报告却告诉你，家庭和朋友或许才是创业者真正的“天使”。

来自清华经管学院中国创业研究中心发布的《全球创业观察（GEM）2015/2016 中国报告》称，91.3%的中国创业者的资金都来源于自有资金，主要渠道是家庭、银行和朋友，风险投资、政府项目和众筹也是创业资金的来源，但比例低于大多数创新驱动型经济体。

华兴资本董事总经理周翔此前说到，近两年来，市场上公布的天使案例有 4 900 余起，仍然有大量的案例是没有被公布的，不公布的项目数量约为公布数量的三倍左右，即整个市场上完成的天使案例约为两万个。腾讯开放平台的统计则显示，近两年，新增开发者数量突破百万，预计今年新注册企业将达 557.15 万户。由此看来，能够拿到天使投资的创业公司比例确实非常低。

在创业的行业类别方面，报告显示，中国创业活动主要集中在客户服务业，高附加值产业创业比例较低。中国客户服务产业（如批发、零售等）创业比例占所有行业的 69.79%，而高附加值的商业服务业（如信息通信、金融、专业服务等）创业比例仅为 8.2%，与发达国家的商业服务业创业比例差距较大，英国为 35.49%，美国为 32.79%。

VC SaaS 近日发布的一份报告指出，其所统计到的 2016 年创业投资的主要方向中，企业服务排在第一位，其次是电商、文化娱乐和金融。综合两份报告可以看出，尽管企业服务的创业项目拿到了较多的投资，但放在整个中国的创业环境中来看，发展并不充分。

清华经管学院中国创业研究中心副主任程源教授对第一财经记者表示，风险投资是评价创新创业生态体系的重要指标之一，中国有 14.4% 的创业者得到或预期得到风险投资。从拿到风险投资的比例来看，以美国为代表的创新驱动经济体的风险投资会更加活跃，报告显示，美国这一比例为 23.9%。

这与风险投资在中国的发展历程有关。1998 年之后，市场化的风险投资才在中国真正发展起来，当时市场上活跃的基金数量不到 100 家；2005 年、2006 年前后，大批海外基金开始进入中国；近年来，在“双创”的推动下，VC 机构开始迅速发展起来，到 2016 年，华兴资本统计的市场上最近三年有过投资案例的机构数量，约为一万余家。

（资料来源：http://finance.jrj.com.cn/2016/12/30153721912144.shtml）

五、创业融资策略选择

从企业的发展周期来看，不同阶段的资金需求量和风险程度存在差异，不同的融资渠道所能提供的资金数量和要求的风险程度也不尽相同。企业成长的阶段性特点是帮助投资者确定各阶段投资额度的主要依据之一。为此，创业者必须从战略的高度对企业各个阶段的融资拟定整体性规划，并根据自身所处的阶段有针对性地开展融资活动。任何一个企业从提出构想到企业创立、发展、成熟，存在一个成长的生命周期，一般可以分为种子期、启动期、成长期、扩展期。

1. 种子期

种子期基本上处于技术和产品的研究开发测试阶段，这时，企业的创业者刚刚有一些不太成熟的想法，也可能只有一个创意或一项尚停留在实验室还未完全成功的科研项目，创办企业也许还是一种梦想。一般来说，这个时期所需的资金并不多，主要来源于创业者自己的积蓄或家庭及朋友的支持，但如果这个创意或科研项目十分吸引人，很有可能吸引被西方称为“天使”的个人风险投资者。

2. 启动期

启动期的产品已经进行了有限和局部的市场检验，产品价值变得更为清晰，不确定性得以减少，可以有一个基本的收入和利润预测。这一阶段产品刚投入市场，销路还没有打开，产品可能造成积压，现金的流出经常大于现金的流入，资金困难是企业在这一阶段面临的最大问题。因此，这个阶段的资金需求量比种子阶段资金需求量要大，主要用于市场推广，但投资回报也相对高。为此，企业必须非常仔细地安排每天的现金收支计划，稍有不慎就会陷入资金周转困难的境地中；同时还需要多方筹集资金以弥补现金的短缺，此时融资组合显得非常重要。

启动期企业仍处于高度不确定性，可以依靠自我融资或亲戚朋友的支持，以及从外部投资者处获取天使投资、众筹或政府扶持基金等。而创业投资家很少在此时介入，从商业银行获得贷款支持的难度更大。建立在血缘和信任关系基础上的个人资金是该阶段融资的主要渠道。

3. 成长期

在企业进入成长阶段后，已经有了前期的经营基础，发展潜力逐渐显现，资金需求量也比以前增大，此时，依靠个人资金已无法满足企业的需要，企业也具备了进行机构融资的条件，风险投资、银行贷款、政府支持计划等可成为企业的资金来源，此时，创业者应该充分发挥想象力，积极寻求各方面的信息，尝试多种多样的融资方式。

4. 扩展期

企业进入扩展期已经盈利，属于收获阶段，资金需求趋于平稳，企业需要的资金主要用于进一步开发和加强行销能力。债券、股票等资本市场可以为企业提供丰富的资金来源，与此同时，企业拥有较为稳定的顾客和供应商以及比较好的信用记录，取得银行贷款或利用信用融资相对来说比较容易。如果创业者选择不再继续经营企业，则可以选择公开上市、管理层收购或其他股权转让方式退出企业，此时是风险投资选择退出的好时机。

总之，企业在融资时要注意几点：一是预先确定合理的资金需要量，使融资量与需要量之间相互平衡；二是综合考虑不同融资渠道的难易程度、成本因素，降低融资成本，提高融资效益；三是考虑企业的权益资本与借入资金保持合理的结构关系，防止负债过多而增加财务风险；四是依法融资，接受国家有关法律法规及政策的指导，履行约定的责任，维护投资者权益。

延伸阅读

企业融资失败的六大原因

筹资的过程对于创业者来讲，实质上是推销公司、推销产品和梦想的过程。对于这一企业融资的过程，有的成功，有的失败，成功的原因有很多，但融资失败的原因不过以下6点：

1. 目的、目标不明确

创业者无法回答的首要问题——“你需要多少资金？你对自己公司的估值是多少？”这时，创业者需要有证据支持其融资请求。

2. 不了解融资流程和规则

为创造与投资者双赢的局面，应坦诚投资风险与回报，别耍花架子或走捷径，说服投资者相信你，避免日后与股东产生法律纠纷。

3. 依赖不可靠的业务人员

聘用值得重用的人员是成功的关键。吸引知名的顾问、律师和会计加入团队，有助于潜在投资者更好地理解创业者的理念，提升其诚信度。

4. 欠妥的资金来源

如果投资者认为创业者的项目与其投资能力不符，即使对创业者的点子感兴趣也无济于事。如果创业者需要融资的额度小于100万美元，就不用浪费时间寻找风险投资者了。此外，在创业初期创业者自身利益还未与初创企业息息相关时，不应对专业投资者注资抱有太大期望。

5. 未对资金来源进行尽职调查

投资者对创业者进行尽职调查的同时，创业者也应对潜在投资者进行尽职调查，包括核查其近期的投资项目、投资时期、投资预期记录以及进展情况。对此，不必感到惊奇或失望。

6. 对未来没有准备

如果投资者对创业者的电梯间介绍或初步介绍比较满意，会要求创业者提交正式的商业计划书和财务预测。如果创业者不能尽快提供这些材料，不但会令投资者失去热情，还会损害创业者的专业形象。同样，在组建公司、选用业务骨干和设置相关设施时，创业者也应提前做好准备。

（资料来源：http://finance.eastmoney.com/news/1683,20141211455995953.html）

复习思考

1. 创业的启动资金包括哪些？举实例说明。
2. 确定商品或服务销售价格的方法有哪些？
3. 如何选择融资渠道？

项目实训

1. 分小组选择一个感兴趣的创业项目进行讨论，分别列出所需要的启动资金项目以及每项需要的数量和金额。由一名同学向全班同学介绍，本小组其他成员可补充。其他小组同学派代表当评委，评价是否可行，如有问题提出合理化建议。再根据小组选择的创业项目制定一个财务计划，预测一下开业前3个月的销售收入、成本和利润。

2. 小张是职业院校毕业生，一年前开了一家面包屋，全年的含税销售收入总计为128 000元，材料成本24 000元，人工成本36 000元，其他费用4 800元。请根据资料信息计算一下小张的全年净利润。

案例分析

1. 做错了什么

有一对年轻夫妇开办了一家干洗店，主要经营衣服洗护、家居洗护、车饰清洗、皮具护理、织物染色等。店内陆续购置了干洗机、水洗机、烘干机、烫台、蒸汽熨烫机、微信下单+电脑收银系统等，总价值约12万元。两个人分工合作，尽心尽力，已经运营7年多了，每年都有10多万元的利润。他们用创业赚来的钱改善了生活，换了辆新车，又刚刚买了学区房。可就在前几天，一台价值2万多元的干洗机不能运转了，被修理店告知无法修理，需要换新机。他们一时手头紧张拿不出钱买新的干洗机，怎么办好呢？

问题：利用学过的财务知识分析这对年轻夫妇到底做错了什么？正确的做法应该怎样？现在怎么办？

2. 富勒的筹资

富勒想筹集一笔钱购买某肥皂公司，他只有2.5万美元的存款，而公司的售价却高达12.5万美元。他交了2.5万美元的保证金，必须在10天内筹集齐剩下的钱，否则就要丧失他所交付的保证金。富勒在当肥皂商的12年中，获得了许多商人的尊重和赞赏，现在他去找他们帮忙。他从私交朋友那里借了一些钱，又从信贷公司和投资集团那里获得了援助。在第10天的前夜，他筹集了9万美元，还差1万美元。怎么办？夜里1点钟，富勒决定驱车到街上去碰碰运气，他看见一个承包商事务所亮着灯光。他走进去，看见一个他认识但不是很熟悉的人在灯下工作，富勒意识到自己必须勇敢些。“你想赚1 000美元吗?”富勒直截了当地问道。这句话使得这位承包商吓得向后仰去。“是啊，当然啦。”他回答道。“那么，请给我开一张1万元的支票，当我奉还这笔借款时，我将另付1 000美元利息。”富勒对那个人说。他把其他借钱给他的人的名单给这位承包商看，并且详细地解释了这次商业冒险的情况后，最终获得了这笔借款。

（资料来源: https://wenku.baidu.com/view/a125043ea417866fb84a8e56.html）

问题：富勒在筹集资金的过程中采用了哪些筹资方法？富勒筹资成功得益于他的哪些方面？

项目八

如何创办与管理企业

课前热身

创业者格言

事在人为，也就是说，办事就要找人，而且要找对人；人找得多了也不行，少了也办不成事；办不同的事，找不同的人。现在，我已经弄清楚了。

——陈镇光

创业者故事

大学生创业“与西门子较劲”

4年前，因为项目中的一个关键控制器被西门子垄断，刚刚开始创业的大学生杨震买不起，一气之下，他率领团队独立开发了一套控制器，从而完成了一套合同金额达200万元的舞台机械控制系统。4年后，杨震创办的成都炎兴科技有限公司（以下简称炎兴科技）已经打破了西门子在上述领域的垄断地位，并占据了全国57%的市场份额。但这不是他的最终目标。杨震的理想是，打破西门子等国际巨头企业在国家基础工业小型机械自动化领域的垄断地位，做中国平民企业用得起的小型机械自动化产品。

注册公司，只为安顿没处花的30万

杨震走上创业道路，纯属偶然。他是电子科技大学电子工程学院信息对抗专业2003级学生。在校期间，他和同班另外5名爱钻研技术的同学常常跟着老师在实验室做项目，有时候，他们也到外面接活儿干。大四那年，有一家公司找他们开发一套电力系统用的无线抄表系统，完成项目后，他们赚了30万元。“当时大家都惊呆了”，眼看就要毕业了，他们不知道怎么处理这笔钱。于是，大家合计，由杨震牵头注册一家公司，公司取名“炎兴科技”。由于成都市成立了青年（大学生）创业园，杨震的公司入驻创业园，受到了优惠政策的扶持。现在看来，当时这个决定纯粹是为了给那30万元找个安顿之处，他们甚至不知道公司该做些什么，于是哥儿几个骑着自行车，绕着成都市区一环路转了一圈，试图找到创业的灵感。直到不久后，在实验室做项目时认识的一个朋友给他们介绍了一笔业务，炎兴科技这才有了第一个项目——给远在甘肃的嘉峪关大剧院做一套舞台机械控制系统。

垄断产品太贵，“一气之下”自己开发

对年轻的创业团队来说，这个合同金额达200万元的项目价值不小，但难度更不小，最大的难题是系统中的控制器。控制器是项目的核心部分。他们调查发现，当时国内所有剧院舞台机械控制系统中，控制器都是用西门子的产品，国内尚没有生产厂家，也就是说，西门子垄断了上述产品的国内市场。一问价格，70万元，把他们吓一跳。更让他们憋屈的是，对方要求一次性付70万元，两个月之后才发货。炎兴科技没那么多钱，一年的项目期限也容不得他们再等两个月。杨震“一气之下”，决定自己做。趁晚上学校实验室设备不用的时候，他们把设备借出来，白天再还回去。这样钻研了两个月，杨震的团队做出了一个自己的控制器。当他们兴冲冲地从成都赶到甘肃，把控制器接上舞台设备时，眼前的景象“把他们的魂都吓掉了”，“各种设备在舞台上空飞来飞去，该动的它不动，该往上的它往下”。他们赶紧拉下紧急开关，带着设备返回成都，继续钻研。原来，实际荷载状态和实验室仿真状态大不一样，这才导致设备失控。经过反复调整，一年后，杨震的团队圆满交工。“甲方很满意，因为他们需要的功能我们都实现了。”杨震说。

市场和管理，比技术更难对付

对于杨震来说，市场和管理是比技术更难对付的东西。嘉峪关大剧院项目进行的那一年，10多人的团队埋头于突破技术难题，却没有注意财务状况。在回成都的路上，杨震一摸口袋，剩下的钱只够坐公交车回住处了。更要命的是，回到成都之后，公司又陷入了跟一年前同样的困惑——接下来做什么呢？业务空白持续了两个月，直到嘉峪关大剧院的合作方给他们介绍了新的项目，炎兴科技才逐步走上正轨。还好，这个市场比较“专”，业内的口耳相传为炎兴科技带来了不少业务。3年多来，他们的业务已经覆盖四川、广东、江西、陕西、北京等地，而且大都是几千万元的大项目。但市场和管理的短板还是警示了杨震。今年，为了加强财务管理，他充实了财务人员的力量，从原来的2人扩充为4人。为了稳定资金链，从创业开始，除了做舞台机械控制系统的团队，还有一批人延续了他们在大学期间与一些研究机构合作的项目，因为这些项目收益稳定，能保障公司的资金流稳定。

调整公司结构，专注于“与西门子较劲”

杨震心中有更大的理想，这个理想源于他在嘉峪关大剧院项目受到的震撼。他认为，国际商业巨头在一些领域的垄断地位，导致中国企业在竞争中处于被动。据他了解，国家基础工业的小型机械自动化领域，几乎被西门子、欧姆龙、施奈德这样的国际巨头所垄断。这些领域由于市场不大，利润不高，国内企业很少涉足，然而这些领域至关重要。从那时开始，杨震决心“与西门子较劲”。不久前，杨震算了一下，今年上半年，全国新开工的剧院舞台机械控制系统中，有57%采用了炎兴科技的产品和服务。也就是说，目前在这一领域，炎兴科技已经在市场份额上超越了西门子。杨震未来的目标是在国家基础工业小型机械自动化领域树立自己的品牌。现在，炎兴科技已经拿到了合同金额超过3 000万元的订单。经过半年多的思考，杨震决定把与小型机械自动化无关的业务从炎兴科技剥离出去，单独成立公司，由专门的团队运作。他甚至放弃了一个已经投入60多万元、但尚未产生效益的项目，目的就是为了让炎兴科技腾出精力专注于杨震所提出的“与西门子较劲”的领域。

杨震的故事会给我们这些想创业的大学生哪些启示呢？

(资料来源: http://zqb.cyol.com/html/2011-09/05/nw.D110000zgqnb_20110905_2-09.htm)

目标规划

一、知识目标

- 了解企业的法律形态，掌握创办企业的相关程序。
- 掌握新创办的企业日常管理的相关知识。
- 了解创业型企业可能遇到的风险。

二、能力目标

- 学会设计企业名称，确定企业地址。
- 能够运用企业管理的知识做好企业日常管理工作。
- 学会防范与控制创业风险，使企业平稳发展。

三、素质目标

- 培养学生创业风险意识，做好创业准备。

任务一　选择企业的法律形态

【任务导入】

创业小故事

创业，你准备好了吗？

王晓青是鞍山师范学院2018届历史系的优秀毕业生，在校期间已经抢跑在就业的起跑线前，她在学校附近开了一家农产品销售点，让老家自产的农产品走出了大山。王晓青的家乡位于丹东宽甸县大西岔镇杨林村，这里地处大山深处，无污染，父母靠养蜂的收入维持全家四口人的生活，家里还产板栗、松子、玉米。

从大一开始，学校就开设了创业基础课。王晓青说，因为以前有过创业的想法，她当时就特别喜欢创业课，学得也特别认真。后来，她还成为学校创业先锋班的第二批学员，学校从校外请来了创业老师给他们上课。因为父母不支持创业，当时的王晓青就想多学些东西，万一将来哪天用上了呢！

大三一开学，王晓青就向自己的目标努力了。她首先想到的是把自家产的蜂蜜推销出去，让真正的好产品走出大山。参加创业大赛后，王晓青申请了学校的“大创”项目，幸运地成为第一批入驻校园创业孵化园的学生，获得了学校提供的办公室、电脑。2016年12月，王晓青开始研究办营业执照，正在她不知如何下手的时候，学校请来了工商局的工作人员来讲座，下面让我们跟随王晓青同学一起来学习如何选择适合自己企业的法律形态及怎样进行工商注册。

【任务分析】

我们在创办自己的企业之前，最好先给它进行工商注册，这样你的企业就有了一个合法的身份，在以后商业活动中，这个身份会给你带来很多意想不到的收获。在工商注册过程中有很多的细节，需要创业者去了解。掌握一定的注册准备基本知识后，创业者需要根据自己企业的实际情况做出选择，并准备好相关资料。当一切准备工作做好之后，我们就可以进行工商注册了。

一、选择企业的法律形态

（一）企业法律形态的概述

企业法律形态指企业在法律上的表现形式，它依据不同的划分标准可以划分为不同的种类。我国原先依据所有制、部门、地域为标准所划分的企业法律形态体系已经不能适应社会主义市场经济的需要，因此建立以组织形式、财产责任为划分标准的新型企业法律形态体系势在必行。

我国企业的法律形态大体上有有限责任公司、股份有限公司、中外合资企业、中外合作企业、外商独资企业、合伙企业、个体工商户、农村承包经营户等。我们应当根据自己的经济实力及其他有关情况，决定自己创办企业的法律形态。

不同企业法律形态有不同的要求，包括开办和注册企业的资金、开办企业手续的难易程度、风险责任的大小、纳税额的多少、筹措资金的难易、寻找合伙人可能性的大小、企业决策的复杂程度、企业利润的多寡等。

（二）不同企业法律形态的特点

企业法律形态不同，其特点也各不相同，我们只有详细了解其特点，才能为选择企业的法律形态做好充分的准备。

1. 个体工商户

个体工商户业主只需一个人或一个家庭，人数上没有过多限制，注册资本也无数量限制，开办手续比较简单。业主只需要有相应的经营资金和经营场所，到工商部门办理注册手续即可。个体工商户还可以根据自己的需要起字号。在经营上，由于全部资产属于自己所有，决策程序比较简单，不受他人制约；在利润分配上，全部利润归自己或家庭，但同时对外要承担无限责任，相应的风险也比较大。

2. 个人独资企业

个人独资企业在业主数量与注册资金上与个体工商户相似，但设立手续比个体工商户要复杂，需要有合法的企业名称、投资人申报的出资、固定的生产经营场所和必要的生产经营条件及必要的从业人员。在经营决策与利润分配上与个体工商户相似，决策程序简单，利润归独资人，同时负无限责任。

3. 合伙企业

合伙企业需要两个或两个以上的人合伙，无资本数量限制。成立条件较为复杂，需要两个以上的合伙人订立书面合伙协议，有合伙人的实际出资、合伙企业的名称、经营场所和从事合伙经营的必要条件。合伙企业的合伙人要依照合伙协议共同经营、共享利益、共担风险，各合伙人按照协议分配利润，同时要对合伙债务负无限连带责任，这种责任可以说是最重的。

4. 有限责任公司

有限责任公司需要由两个以上 50 个以下的股东组成，注册资金根据从事的行业不同而有所不同。具体来说，从事科技咨询服务行业的，最低注册资金为10万元；从事零售行业的，最低注册资金为30万元；从事批发性商业及生产性行业的，最低注册资金为50万元；法律对其最高注册资金未做限制。同时，有限责任公司还需要股东共同制定公司的章程，建立符合要求的组织机构，有固定的经营场所和必要的生产经营条件，还应设立股东会、董事会和监事会，并由董事会聘请职业经理管理公司事务。办理开业登记的手续也较为复杂。但有限责任公司的优点是股东按出资比例分配利润，并以出资额为限承担有限责任，对创业者而言风险最低。

5. 股份有限公司

股份有限公司对股东的数量未做具体规定，对注册资本数量也无具体限制，利润分配方面按股东出资比例分配利润，同时，股东以出资额为限对公司承担有限责任。在经营上，企业成员入股，一般实行全员入股，建立资本金制度，职工既是参股人又是劳动者。

6. 中外合作经营企业

中外合作经营企业的投资人至少包括一个中方投资者和一个外方投资者。对于这类企业，法律并没有特殊的注册资本限制，但如果是有限责任公司形式的，注册资本要按照有限责任公司的规定执行，是股份有限公司的，按照股份有限公司的规定执行。需要特别注意的是，申请设立中外合作经营企业，应当将中外合作者签订的合作协议、合同、章程等文件报请国务院对外经济贸易主管部门或者国务院授权的部门和地方政府审查批准后方可。中外合作经营企业按照合作合同分配利润，并以其全部资本承担债务责任。该种企业在经营上设董事会或者联合管理机构，依照合作企业合同或者章程规定决定合作企业的重大问题。中外合作企业的董事长或联合管理机构主任由中国公民或外国公民担任，副董事长或联合管理机构副主任由另外一方公民担任。

7. 中外合资经营企业

中外合资经营企业的投资人至少包括一个中方投资者和一个外方投资者，这种企业法律形态属于有限责任公司，注册资本按照有限责任公司的规定执行。申请设立中外合资经营企业，应当将中外合资者签订的协议、合同、章程等文件报请国务院对外经济贸易主管部门或者国务院授权的部门和地方政府审查批准，同时要求符合有限责任公司的设立条件。外方投资者的投资比例一般不低于25%。中外合资经营企业的利润分配是按出资比例进行的，同时中外双方也要以出资额为限承担有限责任。在经营上，中外合资企业设立董事会，董事会人员由投资各方协商确定，一方担任董事长，另外一方担任副董事长。正、副总经理也由合资各方分别担任。

（三）常见的中小微民营企业的类型和特点

1. 适合中小微民营企业的法律形态

我国民营企业的法律形态中，适合中小微企业的有：有限责任公司、合伙企业、个人独资企业、个体工商户。

2. 常见的中小微民营企业法律形态的区别

（1）注册资本和人数的区别（见表8-1）。

表8-1 中小微民营企业注册资本和人数的区别

个体工商户	合伙企业	个人独资企业	有限责任公司	一人有限责任公司（特别规定）
个体工商户业主只需一个人或一个家庭，人数上没有过多限制，注册资本也无数量限制，开办手续比较简单	合伙企业需要两个或两个以上的人合伙，无资本数量限制	业主是一个人，无注册资本限制	有限责任公司需要由两个以上50个以下的股东组成，注册资本根据从事的行业不同而有所不同	一个自然人或法人设立公司，注册资本不低于10万元人民币

（2）成立条件的区别（见表8-2）。

表8-2 中小微民营企业成立条件的区别

个体工商户	合伙企业	个人独资企业	有限责任公司
业主只需要有相应的经营资金和经营场所，到工商部门办理注册手续即可。可以自愿选择是否起字号	成立条件较为复杂，需要两个以上的合伙人订立书面合伙协议，有合伙人的实际出资、合伙企业的名称、经营场所和从事合伙经营的必要条件	设立手续比个体工商户要复杂，需要有合法的企业名称、有投资人申报的出资、有固定的生产经营场所和必要的生产经营条件及必要的从业人员	股东要符合法定人数，出资额要符合法定最低额并且要制定公司章程、组织结构，有固定的生产经营场所和条件

（3）利润分配与责任承担的区别（见表8-3）。

表8-3 中小微民营企业利润分配与责任承担的区别

个体工商户	合伙企业	个人独资企业	有限责任公司
利润归个人或家庭全部所有。对外以个人或家庭全部财产承担无限责任	普通合伙按照协议分配利润，并共同对企业债务承担无限连带责任；有限合伙人以其认缴的出资额为限对合伙企业债务承担责任	利润归个人所有，投资人以其个人财产对企业债务承担无限连带责任	股东按照协议或出资比例分配利润，并以出资额为限承担有限责任

（四）如何选择企业的法律形态

通过以上分析我们可以看出，中小微企业的多种法律形态各有利弊，我们不能简单地说哪种企业的法律形态最好或者最差，他人给出的只能是建议，最终要结合自己企业的特点和设立企业时自己所处的条件来判断，从而做出适合自己企业的法律形态的选择。选择企业法律形态时需要做如下考虑：

（1）考虑创业资金的来源。个人投资可以选择个体工商户、个人独资企业、一人有限责任公司；与他人合作投资，可以选择合伙企业或有限责任公司。

（2）考虑企业规模的大小。规模小的可以考虑个体工商户、个人独资企业，规模中大型的可以考虑合伙企业、有限责任公司。

（3）考虑企业的经营风险及投资人承担风险的能力。风险比较大及投资者抗风险能力较差的，可以选择设立有限责任公司；风险较小的可以选择成立个体工商户、个人独资企业和合伙企业。

（4）考虑税负的缴纳。个人独资企业、合伙企业不必缴纳企业所得税，但是其企业主和合伙人必须就其从企业盈余分配所得缴纳个人所得税。有限责任公司则应以其经营所得缴纳公司所得税，而且公司股东从公司取得税后利润的分配时，还要由各个股东分别就其分配缴纳所得税。

【任务实施】

听了专业人士的讲解，王晓青重新评估了一下自己将要创办的企业的情况，并将自己的考虑和所学的知识相融合绘制了一个表格（见表 8－4）。

表 8－4　企业评估表

企业状况		个体工商户	个人独资企业	合伙企业	有限责任公司
投资人数	一人	√	√		
	两人以上			√	√
企业的规模	中型				√
	微小型	√	√	√	
抗风险能力	较强				√
	一般或较差	√	√	√	
发展前景	好			√	√
	一般	√	√		
创业者理念	个人决策	√	√		
	协商合作			√	√

经过比较，王晓青最终选择了个体工商户作为自己企业的法律形态。

二、工商注册

（一）工商注册的意义

公司登记制度起源于 1844 年的英国。1869 年，德国在《普通德意志商法典》中建立了统一的商事登记制度。此后，公司登记逐渐成为公司成立的重要前提和依据。工商注册的目的在于保护公众的利益，将公司的基本情况、经营情况、公司股份持有人等法律允许公布的事项向社会发布，使公众能与公司安全交易。

（二）工商注册的基本条件

企业法人登记程序指有关法规、规章所规定的申请企业法人登记应遵循的步骤和过程，它有两个基本要求：

（1）开业者要符合国家规定的开业条件。根据相关法律法规的规定，申请企业法人登记时，应符合下列基本条件：

①有固定的生产经营场所和必要的设施；

②有固定的人员；

③有必要的资金；

④有符合规定的名称和章程；

⑤有明确的生产经营范围并符合国家有关政策法令。

（2）要备齐有关法律文件，包括企业筹建人签署的申请登记书、政府部门或主管部门的批文、企业的章程和企业主要负责人的名单、身份证明（并附照片）。

（三）工商注册的基本程序

1. 确定企业名称

企业名称由企业的投资人依法提出申请，企业名称登记管理机关（国家工商行政管理局和地方各级工商行政管理局）依法核准。企业只能使用一个名称，在登记主管机关辖区内不得与已登记的同行业企业名称相同或者近似。

根据国家有关法律、法规的规定，企业名称一般由四部分组成：行政区划 + 字号 + 行业（经营特点）+ 组织形式。

例如：鞍山	食间道	食品	有限公司
↓	↓	↓	↓
行政区划	字号	行业（经营特点）	组织形式

2. 核准名称

到工商行政管理机关领取《企业（字号）名称预先核准申请表》，填写准备的公司名称，由工商行政管理机关上网（工商行政管理机关内部网）检索是否有重名，如果没有重名，就可以使用这个名称，工商行政管理机关会核发一张《企业（字号）名称预先核准通知书》。

特别提醒：企业名称网上核准一次性可以提交 8 个名称，根据个人的喜好顺序进行填写，当第一个不通过时，会继续核准第二个，依此类推。多提交几个企业名称的话，主要是为防止企业重名，节省办理时间。

创业者通过登录各省的工商等新服务平台进行相关查询。如登录辽宁省工商全程电子化登记平台（http：//wsdj. lngs. gov. cn），进行企业名称查询、用户注册、填报登记信息、网上签名，并以电子文档的形式提交名称申请，无须向登记窗口提交纸质申请材料。

3. 提供办公场地证明

如果店面是自己所有，则提供房产证；如果是场地租来的，则需提供租房合同和房东的房产证；如果办公场所无产权证的，须提供产权单位上级或产权证发放单位的相关证明；每个地方工商行政管理机关对本地办公场地的要求会有所不同，大部分地方规定登记地址必须是商务用途的办公楼才可以，少数地方针对注册地址的要求没有那么严格，住宅也一样可以登记。

4. 去行政服务中心办理注册

领取企业法人登记的各种表格，包括设立登记申请表、股东（发起人）名单、董事经理监理情况、法人登记表、指定代表或委托代理人登记表。填好后，连同核名通知、公司章程、房租合同、房产证复印件一起交给工商行政管理机关。若干个工作日后可领取执照。

5. 刻章

工商注册完成后，带好营业执照和法人身份证等到指定的地点刻公司的章，并进行相应的登记备案。

6. 企业组织机构代码

企业在办理工商注册之后，再到国家质量技术监督部门办理组织机构代码证书。申请企业组织机构代码证书应提交的文本有：企业营业执照原件（正本、副本均可）（核对）；企业营业执照复印本（正本、副本均可）（备案）；法定代表人（负责人）和经办人身份证复印件；申报表等。

7. 银行开户

企业可以在银行申请基本存款账户、一般存款账户、临时存款账户及专用存款账户。

基本存款账户是企业办理日常结算和现金收付的账户，企业的工资和资金等现金的支取，只能通过基本存款账户办理。企业的基本存款账户只能选择一家银行的一个营业机构开立，不得在多家银行机构开立。企业在银行开立基本存款账户时，必须填制开户申请书，提供当地工商行政管理机关核发的企业法人执照或营业执照正本等有关文件，送交盖有企业印章的印鉴卡片，经银行审核同意，并凭中国人民银行当地分支机构核发的开户许可证开立账户。

一般存款账户是企业在基本存款账户以外的银行营业机构开立的银行结算账户，企业可以通过本账户办理转账结算和现金缴存，但不能办理现金支取。

临时存款账户是企业因临时经营活动需要开立的账户，企业可以通过本账户办理转账结算和现金收付。专用存款账户是企业因特定用途需要开设的账户。

企业申请开立一般存款、临时存款及专用存款账户，应填制开户申请书，提供基本存款账户的开户许可证等证件，送交盖有企业印章的卡片，最后经银行审核同意。

8. 税务登记

企业在工商注册后应当向主管国家税务机关申报办理税务登记。税务登记程序如下：

（1）自领取营业执照30日内主动向税务机关提出办理税务登记书面报告，即填写《申请税务登记报告书》。

（2）根据《税收征管法实施细则》的规定，提供相应证件和资料：营业执照（复印件）；有关合同、章程、协议书；企业代码证书；银行账号证明；居民身份证（复印件）、护照或者其他合法证件；税务机关要求提供的其他有关证件、资料。

（3）如实填写《税务登记表》。

（4）税务机关审核后发给税务登记证，纳税人凭税务登记证办理以下税务事项：申请办理减税、免税及退税；申请办理外出经营税收管理证明；领购发票；申请办理税务机关规定的其他有关税务事项；如果税务登记内容发生变化，企业还要办理变更登记手续。

9. 保险

企业在工商注册后还必须办理社会保险。我国社会保险包括基本养老保险、基本医疗保险、失业保险。社会保险登记程序如下：

（1）单位递交申请，填写《社会保险登记表》和提供证件资料。

（2）社会保险经办机构审核单位报送的资料。

（3）社会保险经办机构经审核无误后，建立参保单位、人员基础档案，核发《社会保险登记证》。

证件资料（均需原件和复印件）包括：

（1）工商行政管理机关颁发的工商营业执照、批准成立证件或其他核准执业证件。

(2) 国家质量技术监督部门验发的企业组织机构代码证书。

(3) 企业法定代表人身份证。

(4) 税务登记证。

(5) 劳动和社会保障部门审批的劳动工资手册。

(6) 职工工资发放表。

(7) 职工与企业签订的劳动合同书。

复习思考

1. 企业的法律形态有哪几种？如何选择？
2. 查阅相关资料，总结工商注册在创业实践活动中有哪些重要的意义？
3. 企业工商注册的流程是什么？

情景模拟

大学生小王毕业后准备创业，创办一家软件开发公司。现考虑两种方案：一种是单独创业；另一种是与同学合伙创业。在不考虑其他因素（资金、人脉等）的情况下，请你给出两种适合的企业法律形态，并说明理由。

项目实训

选择职教城食堂中 3～5 家餐饮商户，调查他们的法律形态，并对这些企业的法律形态的优点和缺点加以总结。

案例分析

小张打算和朋友开一个教育培训机构，他们预计的投入很小，因此初期 3 万元的投资足够了。

问题：1. 是否可以注册 3 万元资金的有限责任公司？为什么？

2. 朋友准备以货币形式出资 8 000 元，同时提供一块场地的使用权，折价 2.2 万元，可以吗？

3. 朋友是否要一次交清？他应该如何投资？

任务二　新创企业的日常管理

【任务导入】

大二开始创业　两年半坐拥两千万身家

曹祺是湖北松滋人，2006 年被武汉大学国际软件学院软件工程专业录取，大二时进行了他人生中的第一次创业。“正是因为首次创业的失败，才造成了我第二次创业的成功。”

2007 年，曹祺在老师的指导下，参加了一次某知名网络浏览器公司举办的科技大赛，并在其中萌生了一项新技术的设计念头。于是他向父母借了3万元，招募了7名同学和好友，在学校提供的一间实验室内共同创办了他的第一家科技公司。曹祺说，当时在他的感召下，公司所有员工每人每月只领取200元生活费，却以百倍的热情投入了这项产品的研发中。“可是创业不久便陷入资金链断裂的困境，所有员工不拿工资跟着我白干了大半年。”曹祺的首次创业宣告失败。

此后很长一段时间，曹祺都在反思与总结。进入大三后，根据课程要求，曹祺被学校安排到中科院自动化所模式识别国家重点实验室实习。在这里，善于思考与发现的他，找到了人生的新目标——手机办公软件。

随后，在武汉大学国际软件学院蔡恒进教授的指导下，曹祺开始正式思考将这一创新思路付诸商业运作的可能，并从系统开发、产品推广、逐步融资等各层面初拟了发展思路。2009年12月，通过导师介绍和朋友引荐，一位投资人主动找到了已读大四的曹祺，对他的移动办公软件创意投资100万元，成立了武汉橄榄无线科技有限责任公司，曹祺是公司的创始人兼首席技术官。

“这一次，我在产品的市场推广方面投入了更多的精力。”他带领员工一面搞研发，一面与知名手机生产厂家接洽，将自己的软件产品植入手机，同时也利用网络等渠道进行新式营销。与此同时，他更重视公司的国际化发展。据介绍，目前其公司在全球安卓手机平台拥有近千万下载用户，分散在全球207个国家和地区，在Google官方分类排到前30名，在苹果公司的iOS平台上也有数百万用户，其iPad版本在中国区分类一直位列前三名，甚至曾超过新浪、京东、网易的排名，接近腾讯QQ的排名。提起未来规划，曹祺笑着透露，虽然有多家知名企业曾提出以数千万元现金并购他的公司，但他不会选择出卖公司，融资与渐进式发展才是他看好的方式。

他年仅24岁，大二开始创业，仅两年半时间，便拥有了2 000万元的身家；由他创立并执掌的科技公司，目前资产估值高达近亿元；由他设计并领衔完成的一项手机Office软件，目前全球用户已超过1 000万人。两千万的身家，不是捡来的，不是别人送来的，而是一个年轻大学生以锐气、执着和拼搏开拓出来的财富之路。

（资料来源：http://www.uzzf.com/news/2191.html）

【任务分析】

大学生创业首先要有恒心，要有坚忍不拔的毅力。曹祺正是因为有恒心，才能够在首次创业失败后获得了第二次创业的成功。其次，要对市场进行深度调查，分析创新思路付诸商业运作的可能，抓住先机，用智力换资本，这是大学生创业的特色之路。最后，大学生由于通常对理财、营销、公关、管理不在行，因此必须技术、经营两手抓，渐进式发展企业。

【相关知识】

新创企业成立之后，在发展过程中不可避免地会遇到管理方面的问题。企业管理能否做到实处将直接关系到企业的生死存亡。因此，在接下来的发展过程中，企业管理成为新创企业发展的重中之重。那么如何实现一种科学有效的管理呢？首先，我们要明确新创企业管理涉及的内容，具体而言，包括人力资源管理、运营管理、营销管理、财务管理。

一、新创企业的人力资源管理

1. 选人——招聘员工

招聘员工在人力资源管理工作中具有重要的意义。招聘工作直接关系到企业人力资源的形成，有效的招聘工作不仅可以提高员工素质，改善人员结构，还可以为组织注入新的管理思想，为组织增添新的活力，甚至可能给企业带来技术、管理上的重大革新。招聘是企业整个人力资源管理活动的基础，有效的招聘工作能为以后的培训、考评、工资福利、劳动关系等管理活动打好基础。因此，招聘员工是人力资源管理的基础性工作。

员工招聘的方式有两种：一种是外部招聘，大致有人才交流中心、招聘洽谈会、传统媒体广告、网上招聘、校园招聘、人才猎取和员工推荐等。另一种是内部招聘，就是将招聘信息公布给公司内部员工，员工自己可以来参加应聘，还有岗位轮换和返聘。

新创企业由于规模小，资金薄弱，在机构设置上要求精减人员、控制成本，对人员要求相对比较灵活。新创企业在招聘员工时，应遵循以下原则：

(1) 因事择人原则。所谓因事择人，就是员工的选聘应以实际工作的需要和岗位的空缺情况为出发点，根据岗位对任职者的资格要求选用人员。

(2) 公开、公平、公正原则。公开就是要公示招聘信息、招聘方法，这样既可以将招聘工作置于公开监督之下，防止以权谋私、假公济私的现象，又能吸引大量应聘者。公平公正确保招聘制度给予合格应聘者平等的获选机会。同时，创业者应如实面对应聘者，明确说明工作环境、条件、责任、权利、薪酬及各种福利待遇。

(3) 竞争择优原则。竞争择优原则指在招聘中引入竞争机制，在对应聘者的思想素质、道德品质、业务能力等方面进行全面考查的基础上，按照考查的成绩择优选拔录用员工。

(4) 效率优先原则。效率优先原则就是用尽可能低的招聘成本录用到合适的最佳人选。

案例学习 8-1　招聘不慎“引狼入室”

上海某广告公司发展迅速，总经理万某计划开拓上海周边城市业务。由于苏州分公司刚刚成立，万某把主要精力放在苏州公司市场开拓上。为了公司的顺利发展，万某决定引入一位市场总监来管理上海公司的业务。

通过招聘会，万某百里挑一相中了业务及管理能力突出的张某。开始的6个月张某表现出色，万某非常满意。可让万某意外的是工作刚满6个月的张某突然提出辞职，原因是觉得在公司的发展不适合自己。万某觉得理由很牵强，苦苦挽留，但张某还是走了，万某非常惋惜。但让万某十分震惊的是，张某离职后不到一个月，就被另一家广告公司以更高的薪酬和提成挖走了，并带走了几个重要客户。后来公司经过对张某的进一步了解发现，原来张某存在履历造假问题，他在其他公司也有类似行为，其中在3个公司的工作经历都没有满6个月，但这些经历都没有在简历上体现出来，而是通过延长其他工作经历时间来掩盖这个事实。

万某后悔莫及，责怪自己面试时太大意了。一边是流失了重要客户，一边是职位空缺，自己采用分身术也忙不过来。

事实上，是否拥有优秀的人才是新创企业能否取得成功的关键因素之一。对于创业者而言，如何凝聚团队，做好员工的选、育、用、留不仅是一项任务，更是一种创业管理能力的体现，这种能力就是一种人力资源管理能力。

(资料来源：https://wenku.baidu.com/view/bd5b37b643323968001c9230.html)

2. 育人——员工培训

新员工培训又称岗前培训（或入职培训），是一个企业所录用的员工从局外人转变成企业人的过程，是员工从一个团体的成员融入另一个团体的过程。在此过程中，员工逐渐熟悉、适应组织环境并开始初步规划自己的职业生涯、定位自己的角色、发挥自己的才能。

然而，有经验人士在长期的培训、咨询过程中，发现很多企业对新员工的入职培训不够重视，培训体系不合理，还没有意识到良好的新员工入职培训是对公司人力资本投资的最佳方式。这就需要我们进一步明确员工培训的目的：

（1）明确责任和权利。对于一个新员工而言，当他们刚刚进入一个新企业时，面对企业的战略、产品、同事、企业文化，一切都是新的，感觉就像跨入了莽莽的原始森林，容易迷失方向、不辨东西。在这种情况下，明确员工的责任与权利是非常必要的，让员工知道什么是必须做的，什么是必须遵守的，明确责任意识；与此同时，进一步明确员工理应享有的权利，使员工感受到企业的温暖。

（2）统一核心理念。新员工必须将企业的核心理念与自身的价值观达成统一，形成一种信仰，这是企业对新员工的最低也是最基本的要求。如果没有共同的价值观念，不互认企业的文化，根本谈不上一种合作，相互之间很难达成一种默契。新员工带着情绪工作，每天做着与自己的价值观相悖的事情，工作效率必然低下，因此要让新员工融入企业的文化。不管什么背景、什么历史、从什么样的公司过来的新员工，来到企业后，要用强化的方式对其集训，让其适应企业的组织、文化。用同一种声音说话，这才是新员工入职培训的一个最大的目的。松下幸之助有一句名言："如果你犯了一个诚实的错误，公司是会宽恕你的，把它作为一笔学费；而你背离了公司的价值观，就会受到严厉的批评，直至解雇。"

（3）熟悉企业、提升自我。新员工入职培训是一个系统性的项目，既要培训岗位所需的基本技能，介绍企业的基本情况，还要考虑新员工的短期发展和长期发展，因此要系统地设计培训课程，使之成为一个系统化的整体。新员工入职培训是其进入企业的第一步，通过有效的培训，一方面可以使新员工的能力、知识、技能得到提升，快速适应岗位的需要；另一方面可以帮助新员工树立自我人力资本投资的观念，使其意识到自我发展的重要性，从而积极与企业合作，努力提升自己。

同时，员工思想观念的矫正、身心素质的提升、敬业精神和团队精神的培养等，也需要企业进行长期不断的培训。

3. 用人——知人善用

"工欲善其事，必先利其器。"企业要在多变的市场竞争中取胜，不仅要在资本、技术、产品上下功夫，更重要的是要把握人才，实现企业内部员工的共融。刘备三顾茅庐，后来在诸葛亮的帮助下建立蜀国。当今世界500强之一的通用汽车公司提出："可以没有资产，但不可以没有我们的组织人员。有了组织人员，在很短时间内就能够把我们所失去的物资赚回来。"因此，企业领导必须认真研究如何做到真心实意爱惜人，让员工与企业心心相印，为员工提供平台。

企业用人应坚持的几个原则：

（1）量才录用。小材大用和大材小用对企业均不利。前者造成损失，后者造成浪费。

（2）工作丰富化。任何枯燥呆板的工作都会使员工感到乏味，企业用人应该充分考虑到员工的身心要求，设计工作，使工作尽可能丰富化。

(3) 报酬合理化。员工的报酬应该依据工作难度、工作数量、工作质量等有所不同，否则会造成员工心里不平衡而导致工作效率难以提高。

(4) 以“德”用人。在企业用人方面，一定要选“德”。企业用人不仅仅是选学历，选经验，选态度，选爱好和意志，最重要的还是选“德”。知识、技能、经验可以学习，态度和爱好也不是问题，如果选错了“德”，无论员工过去有如何优异的记录，也将是企业噩梦的开始。

案例学习 8-2 **企业用对人的重要性**

王永昌创立的鼎洲环保产业有限公司在山西榆次很有名气，专门生产砖块成型机。1999年，公司招来一位能人郭某，郭某很快就将其产品推广到全国。王永昌将自己的轿车让给郭某，还买了一套大房子送给他。另外，除了拿销售提成，还将郭某的年薪提高到10万元。在榆次，这简直是天价。而郭某投桃报李的结果是出走，离开鼎洲，自立门户，挖鼎洲的墙脚。由于技术问题，郭某失败。走投无路之际，他央求原来的东家收留自己，王永昌不仅不计前嫌任用他，还在郭某的请求下，升其为副总。郭某在担任副总期间，在销售部排除异己，将鼎洲的客户资源掌握在自己手中，偷取公司核心技术机密，并删除保留在鼎洲技术部电脑里的技术资料，然后向王永昌提出辞职，并保证自己永不仿制鼎洲产品，不涉足砖块成型机行业。郭某离开后，注册了自己的公司，生产不同牌子的鼎洲产品。在郭某公司的冲击下，失去了客户资源的鼎洲一败涂地。

(资料来源: https://wenku.baidu.com/view/48592c78f705cc175427090a.html)

4. 留人——员工激励

企业不仅要招聘到人，更要留住人。能否留住有用的员工，招聘工作的好坏是一个重要的因素。应该肯定的是，那些认可企业的价值观，在企业中能找到适合自己兴趣、发挥自己能力的岗位的人，在短期内离开企业的可能性就比较小一些。那么，如何能做到这一点呢?

(1) 建立良好的工作氛围。良好的工作氛围是一种自由、真诚和平等的工作氛围，在这种氛围里，每个员工都能积极地贡献自己的力量，并且全身心地朝着组织的方向努力，在工作中能够随时灵活方便地调整工作方式，使之具有更高的效率。因此管理者能够掌握并创造良好的工作氛围，营造一个相互帮助、相互理解、相互激励、相互关心的工作氛围，就能高效、轻松地获得有创造性的工作成果。试想，如果员工在工作的每一天都要身处毫无生气、气氛压抑的工作环境之中，那么员工怎么可能会积极地投入工作中呢?

案例学习 8-3 **红豆总裁周海江：员工的贴心人**

——一个将员工冷暖时刻挂在心头的总裁

“你为什么在这里吃冷馒头，不去食堂吃饭?”

“食堂饭太贵了，吃这个便宜。”

“你常常这样吃吗?”

“是的，我要省钱寄回家。”

这是一名总裁和一名普通员工的对话，总裁的名字叫周海江。在一次下车间检查工作时，周海江发现几名员工在车间茶水间吃自带的馒头和咸菜。“为什么不去食堂吃饭？食堂饭菜不好？”带着疑惑，周海江走到他们面前，经过询问得知，原来不是食堂饭菜不好，而是工人嫌太贵了。这些工人均来自农村，家庭贫困，勤劳朴实的他们从不浪费一分钱。他们自带馒头、咸菜，为的是多省一点钱寄回家，或是给弟弟妹妹读书，或是给父母接济家用。

这样不行，身体是吃不消的。没有好身体怎么干活？周海江陷入沉思。尽管“吃馒头和咸菜”的工人非常少，但却反映一个现实，这个现实就是，虽然企业食堂不以营利为目的，相较于市面上饭菜要便宜许多，但对于那些来自农村困难家庭的工人来说，还是太贵了。必须要采取一个方法，解决这个问题。经过调查研究，周海江决定，对所有一线生产员工包吃包住，就是说，员工一月工资拿多少得多少，一分钱不扣，吃饭、住宿也一分钱不扣，由企业负担。

几名“吃馒头和咸菜”的员工做梦也不会想到，和一个“陌生人”不经意的对话，不仅让他们自此告别因食堂饭菜太贵而“吃馒头和咸菜”的日子，而且连住宿费也不用自掏腰包了。自此，红豆每年投入3 000多万元，为所有外来员工提供免费吃住。

“我不知道你能不能看到这封信，但我还是要说。你每天吃好住好，可你知道我每天有多么难受吗？我是摩托车厂一名调试员，每天调试时都要吸入摩托车排放的大量废气，呛得人喘不来气。和我一起进厂的人要么找关系走了，要么辞职不干了，只剩下我一个人还在干……”这是一位摩托车调试车间工人写给周海江的一封信，信是放在总裁信箱里的。总裁信箱里的每一封信，哪怕再忙，周海江都亲自拆阅。读着这位工人的来信，周海江的眼睛不觉湿润了，内心久久不能平静。虽然这位工人言词有点激烈，但句句都是大实话。他再也坐不住了，立时赶往这个车间，就地召开现场会，很快解决了问题。事后，周海江说：“我没有告诉这个工人我会去，但是我想，他一定明白我做这件事是因为看了他的信，他的向心力会更强。”

“不管你家有几个人在红豆上班，哪怕一个人，红豆都给你安排住宿。”在员工大会上，周海江大声对工人说。周海江的话让员工心暖如春，发自心底的掌声经久不息。大家知道，以后即便一个人在红豆上班，家里其他人也能住上红豆专门为外地员工建造的公寓楼。但大家不知道，总裁之所以说这句话，是因为在检查员工住宿情况时了解到，有的单身员工一家人都在当地打工，但不是都在红豆上班，可由于红豆住宿条件好，又免房租，便造成一家人虽在一地，却“分地而居”的局面。进一步了解后，这样的情况不在少数。于是周海江对一同检查的宿舍管理人员说，这个问题一定要解决，要让每一个外来工居有其屋，房子不够再加建。为此，红豆先后投资8 000多万元，为员工建造了10万多平方米的住宿公寓小区，每个房间都配备电视、空调、卫生间等设施，集中安置了1万多名外地员工。小区里食堂、超市、理发店、医疗室等设施一应俱全，保证了员工生活在一个怡人、舒适的环境中。

这就是周海江，一个将员工冷暖时刻放在心头的企业党委书记、总裁。没有豪言壮语，只有实实在在的行动：陪外地不回家过年的员工吃年夜饭（年年如此），专车免费送外地员工回乡过年（年年如此），慰问困难员工（年年如此）……太多太多的例子举不胜举。“民工荒、招工难”一直困扰着许多企业，在红豆，从来就不存在这一现象。有记者采访周海江，问他这是为什么？周海江微笑着说，红豆不仅用钱留人，更用情感人、留人。

（资料来源：http://www.texindex.com.cn/）

（2）晋升、调岗等发展机会。一个好的企业，一定能够给员工提供一个很好的发展机会。在这样的企业中，员工在对自身工作满意的基础上，与同事、上司之间关系相处融洽，互相认可，有集体认同感，能充分发挥团队合作，共同达成工作目标，在工作中共同实现人生价值。这是高效率工作的重要影响因素，对提高员工工作积极性起着不可忽视的作用。

（3）合理的薪酬制度。合理的薪酬制度可以说是一种最重要的、最易使用的激励方法，它是企业对员工的回报和答谢，以奖励员工对企业所付出的努力、时间、学识、技能、经验和创造，是企业对员工所做贡献的承认。在员工的心目中，薪酬不仅仅是自己的劳动所得，它在一定程度上代表着员工自身的价值，代表企业对员工工作的认同，甚至还代表着员工个人的能力和发展前景。

（4）广阔的发展空间。员工希望在企业里得到的东西不仅仅是高额的薪水、优厚的待遇，与优厚的薪水相比，能够获得丰富的技能培训，不断增长见识，提高技能水平也是员工满意度的重要方面。如果看不到发展前景和进步的希望，员工就会因为得不到有效的激励而没有工作的激情，因此企业必须给员工提供自由发挥的空间，为员工提供可供学习和进步的空间与时间，帮助员工在自我教育与训练当中获得提高和发展，达到自我充电的目的和培训的效果。

案例学习 8-4 **企业留人：薪资还是文化**

2003年以来，日化产品生产企业A公司，面对激烈的竞争，业绩一路下滑，2004年第四季度公司财务巨亏，营业收入较上年同期下降35%。为扭转发展颓势，公司领导决定从节约人工成本入手，将本就低于行业水平的员工收入再降20%，由此引起员工强烈不满。公司本来就管理不善，缺乏激励机制，即使业绩突出的员工也很难晋升到更高职位，部门及员工权责不分，有事互相推诿，员工积极性遭受严重打击，不断有员工特别是公司的核心骨干陆续离职。2005年年底，公司员工离职率更是高达50%。

（资料来源：http://www.maxlaw.cn/p-xsldlaw-cn/artview/817701497127）

问题：1. 公司为什么会流失如此多的员工？

2. 公司应当采取什么策略来应对人才流失的现状？

二、新创企业的运作管理

（一）确定企业地址

企业选址指企业对经营地址进行论证和决策的过程，是确定企业在何处建厂或建立服务设施、门店等。它不仅直接关系到设施建设本身的投资，而且在很大程度上决定了企业产品或服务的成本，从而影响到企业的市场竞争力和经济效益，甚至关乎企业的生死存亡。

创业者选择企业的地址需要兼顾各方面的需求：一是选择地区，包括不同国家地区、一个国家内的不同地理区域或城市。二是选择具体地址，包括商业中心、住宅区、路段、市郊等。前者主要考虑国家、地区、城市的经济、技术、文化、政治等总体发展状况；后者重点考察交通、资源、消费群体、社区环境、商业环境等。

企业选址需要考虑的因素：

（1）交通便利。如选在车站的附近，顾客步行不超过20分钟的路程内的街道设店。

（2）接近人们聚集的场所。如剧院、电影院、公园等娱乐场所附近，或者大工厂、机关附近。

（3）选择人口增加较快的地方。企业、居民区和市政的发展，会给店铺带来更多的顾客，并使其在经营上更具发展潜力。

（4）选择较少横街或障碍物的一边。许多时候，行人为了要过马路，因而集中精力去躲避车辆或其他来往行人，而忽略了一旁的店铺。

（5）对经营耐用品的店铺来说，若能集中在某一个地段或街区，则更能招徕顾客。

（6）根据经营内容来选择地址。有的店铺要求开在人流量大的地方，比如服装店、小超市，但有的店铺（如保健用品商店和老人服务中心）则适宜开在偏僻、安静的地方。

（7）要有“傍大款”意识。即把店铺开在著名连锁店或品牌店附近，甚至可以开在它的旁边。与超市、商厦、饭店、24 小时药店、咖啡店、茶艺馆、酒吧、学校、银行、邮局、洗衣店、冲印店、社区服务中心、社区文化体育活动中心等集客力较强的品牌门店和公共场所相邻。例如，你想经营吃的，那你就将店铺开在“麦当劳”“肯德基”的周围。

（8）位于商业中心街道。东西走向街道最好坐北朝南，南北走向街道最好坐西朝东，尽可能位于十字路口的西北拐角。另外，三岔路口是好地方；在坡路上开店不可取；路面与店铺地面高低不能太悬殊。

（9）选择有广告空间的店面。

（10）选择由冷变热的区位。与其选择现在被商家看好的店铺经营位置，不如选择不远的将来由冷变热目前未被看好的街道或市区。

案例学习 8－5　家乐福的选址

创始于 1959 年的法国家乐福，自 1995 年进入中国市场，就以一个“空降兵”开始了它的事业。

每次家乐福进入一个新的地方，都只派一个人来开拓市场。这第一个人就是这个地区的总经理，他所做的第一件事就是招一位本地人做他的助理。他们做的第一件事就是开始市场调查。他们会仔细地调查当时其他商店里有哪些本地的商品出售，哪些产品的流通量很大，然后再去与各类供应商谈判，决定哪些商品将来会在家乐福店里出现。一个庞大无比的采购链，完完全全从零开始搭建。

这种进入市场的方式粗看难以理解，但却是家乐福在世界各地开店的标准操作手法。因为一个国家的生活形态与另一个国家的生活形态经常是大大不同的，所以，最简单有效的方法，就是了解当地，从当地组织采购本地人熟悉的产品。

家乐福的落点注定是十字路口，因为 Carrefour（家乐福）的法文意思就是十字路口，因而家乐福的选址也不折不扣地体现这一个标准——所有的店都开在了路口，巨大的招牌在 500 米外都可以看得一清二楚。根据经典的零售学理论，一个大卖场的选址需要经过几个方面的详细测算：

（1）商圈内的人口消费能力。有一种做法是以某个原点出发，测算 5 分钟的步行距离会到什么地方，10 分钟步行会到什么地方，15 分钟会到什么地方。如果有自然的分隔线，如一条铁路线，或是另一个街区有一个竞争对手，商圈的覆盖就需要依据这种边界进行调整。然后，需要对这些区域进行进一步的细化。家乐福的做法还会更细致一些，根据这些小区的远近程度和居民可支配收入，再划定重要销售区域和普通销售区域。

（2）要研究这片区域内的城市交通和周边商圈的竞争情况。如果一个未来的店址周围有许多公交车，或是道路宽敞，交通方便，那么销售辐射的半径就可以大为放大。当然，未来潜在销售区域会受到很多竞争对手的挤压，所以家乐福也会将未来所有的竞争对手计算进去。

通用的选址原则如下：

（1）地理位置要求：开在十字路口。十字路口成为家乐福选址的第一准则。同时还要交通方便，满足私家车、公交车、地铁、轻轨等各种交通要素的通达。这里人口密度要相对集中；附近要有两条马路的交叉口，其一为主干道。该区域还要具备相当面积的停车场，比如在北京至少要求600个以上的停车位，非机动车停车场地2 000平方米以上，免费提供家乐福公司及顾客使用。

（2）建筑要求：占地面积15 000平方米以上，且最多不超过两层，总建筑面积2万~4万平方米。建筑物长宽比例为10:7或10:6。

（3）3~3千米商圈半径：这是家乐福在西方选址的标准。在国内一般标准是公共汽车8千米车程，不超过20分钟的心理承受力。

（4）灵活适应当地的特点：家乐福可开在地下室，也可开在四五层，但最佳为地面一二层或地下一层。家乐福一般占两层空间，不开三层。这种灵活选址原则，增强了家乐福在同类商业中的竞争优势。

（5）租期要求：家乐福能够承受的租金较低，而且一般签订长期的租赁合同（通常是20~30年）。

（6）外聘公司进行市场调查：一般需要分别选两家公司进行销售额测算，两家公司是集团之外的独立公司，以保证预测的科学性和准确性。

（7）转租租户由家乐福负责管理。

这个从一个“空降兵”开始出发的事业，现在已经变成了20多个城市里的多家商场，转眼间家乐福的旗帜被插在中国各个消费中心城市的制高点。

（资料来源：https://zhidao.baidu.com/question/391759658.html）

（二）采购和存货管理

1. 采购

任何企业要运转，都必须从不同渠道购买原料、设备或存货，通过一定加工处理后再向顾客出售产品或服务。慎重地采购原材料和选择服务，不仅可以帮助企业降低成本，提高利润，还能提高产品的品质。一个企业采购水平的高低是衡量一个企业经营水平的重要指标之一。

为了规范采购工作，提高采购工作的效率，新创企业必须建立、健全多种采购管理制度，以此作为采购人员与采购部门的工作准则与行为规范，以保证采购工作健康、有序、高效地运行，从而圆满地完成采购任务，满足企业其他部门对采购业务的要求。

在采购中，应遵循以下原则：

（1）建立完善的供应商评审体制，对具体的供应商资格、评审程序、评审方法等都要做出明确的规定。

（2）建立采购流程、价格审核流程、验收流程、付款结算流程。

（3）完善采购员的培训制度，保证采购流程有效实施。

（4）价格的评审应由相应程序规定的相关负责人联名签署才能生效，杜绝暗箱操作。

（5）规范样品的确认制度，分散采购部的权利。

（6）不定期地监督、规范采购行为。

（7）建立奖励制度，下调价格后应对采购员进行奖励。

（8）加强开发能力，寻求廉价代替品。

2. 存货管理

存货指企业在正常生产经营过程中持有的以备出售的产成品或商品，仍然处于生产过程中的在产品，在生产过程（或提供劳务过程）中将要消耗的材料、物料等。它是反映企业流动资金运作情况的晴雨表，往往成为少数人用来调节利润、偷逃国家税费基金的调节器。因为它不仅在企业营运资本中占很大比重，而且又是流动性较差的流动资产。

存货管理就是对企业的存货进行管理，主要包括存货的信息管理和在此基础上的决策分析，最后进行有效控制，达到存货管理的最终目的——提高经济效益。

企业置留存货的原因一方面是为了保证生产或销售的经营需要，另一方面是出自价格的考虑。零购物资的价格往往较高，而整批购买在价格上有优惠。但是，过多地存货要占用较多资金，并且会增加包括仓储费、保险费、维护费、管理人员工资在内的各项开支，因此，进行存货管理目标就是尽力在各种成本与存货效益之间做出权衡，达到两者的最佳结合，这就是存货管理的目标。

（三）技术与产品管理

企业技术管理是整个企业管理系统的一个子系统，是对企业的技术开发、产品开发、技术改造、技术合作以及技术转让等进行计划、组织、指挥、协调和控制等一系列管理活动的总称。企业技术管理的目的是按照科学技术工作的规律性，建立科学的工作程序，有计划、合理地利用企业技术力量和资源，把最新的科技成果尽快地转化为现实的生产力，以推动企业技术进步和经济效益的实现。

创业者常常是以自己掌握的技术进行创业的。但是很多创业者所拥有的技术并不是完整的技术，或者说技术还不完善，创业者的技术需要在生产或营销的运作过程中逐步完善。其实，对一个现代创业者来说，仅仅把一项开始创业的技术在产业中实施还远远不能使创业走向成功。由于技术在迅速地提高，因此创业者将创业的技术实施的同时，就必须考虑技术再创新的问题，或产品的进一步开发，否则，很可能还没有收回创业投资，技术或产品就已经落后。以技术创业的创业者，不能躺在技术带来的一点点成果上忘乎所以，必须时时关注技术与市场的发展动态，不断地研究与开发新产品，改进与提高技术及管理水平，这样才能使企业健康成长。当今时代，技术与产品的生产周期日趋缩短，不创新很快就会被淘汰出局。因此，新创企业必须高度重视技术与产品的管理。

三、新创企业的营销管理

成功的创业者应该基于真实的顾客需求来开发新产品或服务。但令人奇怪的是，很少有创业者能开发出满足真实需求的产品，大部分创业者都以不能产生销售而失败，这是因为大部分创业者陶醉于创建新企业的想法之中，而对于能否提供优于市场上现有产品的新产品考虑不够。

案例学习 8-6

找准市场　新产品上市成功——日本泡泡糖

日本泡泡糖市场年销售额约为740亿日元，其中大部分被“劳特”所垄断，可谓江山为“劳特”独坐，其他企业再想挤进泡泡糖市场谈何容易？但江崎糖业公司对此却不畏惧，公司成立了市场开发班子，专门研究霸主“劳特”产品的不足和短处，寻找市场的缝隙。

通过分析，江崎糖业公司决定以成人泡泡糖市场为目标市场，并制定了相应的市场营销策略。不久便推出了功能性泡泡糖四大产品：司机用泡泡糖，使用了高浓度薄荷和天然牛黄，以强烈的刺激消除司机的困倦；交际用泡泡糖，可清洁口腔，去除口臭；体育用泡泡糖，内含多种维生素，有益于消除疲劳；轻松性泡泡糖，通过添加叶绿素改变人的不良情绪。江崎糖业公司精心设计了产品的包装盒造型，将价格定为50日元和100日元两种，避免了找零钱的麻烦。

功能性泡泡糖问世后，像飓风一样席卷全日本。江崎糖业公司不仅挤进了由“劳特”独霸的泡泡糖市场，而且占领了一定的市场份额，从零猛升到25%，当年销售额175亿美元。

（资料来源：http://www.doc88.com/p-7428995278905.html）

（一）创业营销的概念

新创企业的营销也称创业营销。为了减少营销投入，创业者常常以创新型、非尖端的营销战术和个人网络进行各种营销活动。创业营销就是对未经计划的、非线性的、理想化的新创企业营销活动进行理论总结，使营销者不受当前资源限制，基于机会视角主动寻求新手段为目标客户创造价值的营销活动。

创业营销意在为营销者提供更有针对性、更有效的新的营销手段，它并不排斥传统营销的基本原理及手段。所以，创业营销与传统营销所采用的许多营销手段是相同的，很难用简单的二分法加以区分。

创业营销的最重要目标是要解决新创企业的生存问题，帮助创业者敏锐地捕捉到市场机会，采取营销行动，主宰企业的生存命运。

（二）创业营销的STP理论

STP理论由市场细分（Market Segmentation）、目标市场（Market Targeting）和市场定位（Market Position）三个部分组成，通过市场细分选择目标客户，进而以此为根据确定目标市场，最后进行市场定位。

1. 进行市场细分

由于受诸多因素的影响，不同的消费者有不同的消费需求和习惯。面对庞大的消费市场，创业者一定要避免面面俱到，从创业开始就要瞄准细分市场，将市场按照需求的相似性分为若干子市场，这样更容易发现市场中的营销机会，有利于创业者集中有限的资源进行有效竞争。市场细分的依据和方法很多，以个人消费品为例，主要有四大类别，即地理变量、人口统计变量、心理变量和行为变量。

案例学习 8-7

美国米勒公司营销案

20世纪60年代末，米勒啤酒公司在美国啤酒业排名第八，市场份额仅为8%，与百威、蓝带等知名品牌相距甚远。为了改变这种现状，米勒公司决定采取积极进攻的市场战略。

他们首先进行了市场调查。通过调查发现，若按使用率对啤酒市场进行细分，啤酒饮用者可细分为轻度饮用者和重度饮用者，前者人数虽多，但饮用量却只有后者的1/8。

他们还发现，重度饮用者有着以下特征：多是蓝领阶层；每天看电视3小时以上；爱好体育运动。米勒公司决定把目标市场定在重度使用者身上，并果断决定对米勒的“海雷夫”牌啤酒进行重新定位。

重新定位从广告开始。他们首先在电视台特约了一个“米勒天地”的栏目，广告主题变成了“你有多少时间，我们就有多少啤酒”，以吸引那些“啤酒坛子”。广告画面中出现的尽是些激动人心的场面：船员们神情专注地在迷雾中驾驶轮船，年轻人骑着摩托冲下陡坡，钻井工人奋力止住井喷等。

到了1978年，这个牌子的啤酒年销售达2 000万箱，仅次于AB公司的百威啤酒，在美国名列第二。

(资料来源：https://baike.baidu.com/item/STP%E7%90%86%E8%AE%BA/5628768?fr=aladdin)

2. 选择合理的目标市场

创业者可以根据自身战略和产品情况、细分市场的规模和增长潜力、细分市场结构的吸引力等评估细分市场，选择最具有吸引力的细分市场作为目标市场。

选择目标市场一般运用下列三种策略：

（1）无差别性市场策略。无差别市场策略，就是企业把整个市场作为自己的目标市场，只考虑市场需求的共性，而不考虑其差异，运用一种产品、一种价格、一种推销方法，吸引尽可能多的消费者。

（2）差别性市场策略。差别性市场策略就是把整个市场细分为若干子市场，针对不同的子市场，设计不同的产品，制定不同的营销策略，满足不同的消费需求。

（3）集中性市场策略。集中性市场策略就是在细分后的市场上，选择两个或少数几个细分市场作为目标市场，实行专业化生产和销售。

选择适合本企业的目标市场策略是一个复杂多变的工作。企业内部条件和外部环境在不断发展变化，经营者要不断通过市场调查和预测，掌握和分析市场变化趋势与竞争对手的条件，扬长避短，发挥优势，把握时机，采取灵活的适应市场态势的策略，去争取较大的利益。

案例学习8-8　**太原橡胶厂的成功——正确选择目标市场**

太原橡胶厂是一个有1 800多名职工，以生产汽车、拖拉机轮胎为主的中型企业。前几年，因产品难于销售而处于困境。后来，他们进行市场细分后，根据企业优势，选择了省内十大运输公司作为自己的目标市场，生产适合晋煤外运的高吨位汽车载重轮胎，打开了销路。随着企业实力的增强，他们又选择了耕运两用拖拉机制造厂为目标市场。1992年与香港中策投资有限公司合资经营，成立了双喜轮胎股份有限公司。1993年，在全国轮胎普遍滞销的情况下，该公司敲开了一汽的大门，为之提供高吨位配套轮胎。正确选择目标市场是太原橡胶厂跨入全国500家优秀企业的有效策略之一。

(资料来源：http://www.baike.com/wiki/%E7%9B%AE%E6%A0%87%E5%B8%82%E5%9C%BA)

3. 进行准确的市场定位

市场定位就是企业根据目标市场上同类产品的竞争状况，针对顾客对该类产品某些特征或属性的重视程度，为本企业产品塑造强有力的、与众不同的鲜明个性，并将其形象生动地传递给顾客，求得顾客认同。市场定位的实质是使本企业与其他企业严格区分开来，使顾客明显感觉和认识到这种差别，从而在顾客心目中占有特殊的位置。

创业者可选择不同的差异化来源进行创造性的市场定位，通常有三种市场定位战略可供选择：

（1）避强定位。这是一种避开强有力的竞争对手的定位战略，其优点是风险小。

（2）补缺定位 。将企业产品定位在目标市场的空白处，不与目标市场上的竞争者直接对抗。创业者采取补缺定位更易于成功。

（3）重新定位。通常指对那些销路不好、市场反应差或形象不清晰的产品进行二次定位，优点是能摆脱困境，重新获得增长与活力。

案例学习 8－9

万宝路靠重新定位取得二次创业成功

万宝路这一香烟品牌诞生于1924年，由美国的菲利普·莫里斯公司生产。万宝路香烟最初是专为女士设计的，它的名字是“Man always remember love because of romantic only”（男人记得爱只是因为浪漫）的缩写。万宝路当时的广告口号是“像五月的天气一样温和”。尽管当时美国吸烟的人数每年都在上升，但是万宝路的销量却始终不好。莫里斯公司做了很多努力试图改变这种销路不佳的状况，可是这一切还是没能挽回万宝路走向衰落的命运，最终被迫在20世纪40年代初停产。“二战”后，美国吸烟人数继续增多，万宝路重返香烟市场。当时美国香烟消费量每年达3 820亿支，平均每个美国人每年要抽烟达2 262支之多，但是万宝路依然卖不出去。在一筹莫展之后，1954年，莫里斯公司决定向李奥·贝纳求助。

李奥·贝纳经过周密的调查和反复的思考之后，向莫里斯公司提出了大胆的重新定位策略：将万宝路香烟的定位由女士香烟改为男士香烟，目的在于让万宝路作为一种男子汉的香烟而吸引广大男性烟民。为了找到合适的产品形象代言人，李奥·贝纳大费心力，他决心创造一个真正的“万宝路的男人”。为寻找这个形象，万宝路试用过邮递员、飞行员、伐木工、潜水员等不同角色，最终锁定美国西部牛仔。因为伴随着美国西部片的盛行，在美国民众看来，牛仔才是真正的英雄。万宝路没有使用演员扮演牛仔，而是一头扎进美国西部的各个大牧场去寻找真正的牛仔，直到有一天发现了他们要寻找的那个牛仔形象。万宝路对这个牛仔的眼神、体形，甚至遛马的动作、套马的技术等都进行了精细的雕琢，一切都必须体现出真正美国西部牛仔的做派——于是，一个目光深沉，皮肤粗糙，浑身散发着粗犷、原始、野性、豪迈的英雄气概的牛仔形象出现了，他袖管高高卷起，露出多毛的手臂，手指间总是夹着一支冉冉冒烟的万宝路香烟，跨着一匹雄壮的高头大马驰骋在辽阔的美国西部大草原——真正的“万宝路的男人”就这样诞生了。广告推出后，万宝路香烟销售额飞速上升，而这一则广告也被人们模仿和记忆。现在，万宝路已经成为一种人们梦想中的生活方式，一种男人都渴望追求、女人都希望欣赏的男性性感形象的象征。

应该说，李奥·贝纳为万宝路策划的重新定位是极为成功的。1955年，在李奥·贝纳为万宝路做了重新定位之后的第二年，万宝路香烟在美国香烟品牌中销量一跃排名第10位。1968年，万宝路香烟已占美国香烟市场销量的13%，居美国烟草工业第二位。1975年，万宝路香烟销量超过一直位居香烟销量首位的云斯顿香烟，坐上了美国烟草业的第一把交椅。从1955年到1983年，莫里斯公司平均每年销售额增长率为24.7%，这个速度在战后美国轻工业公司中是绝无仅有的。从20世纪80年代中期一直到现在，万宝路香烟销量一直居世界香烟销量首位。世界上每被抽掉的4支香烟中，就有一支是万宝路。

1995年，美国《金融世界》评定万宝路为全球第一品牌，其品牌价值高达446亿美元。因此，我们说创意“三大旗手”中，李奥·贝纳悟性最高不是没有道理的。

李奥·贝纳对万宝路的策划就已经明显具有品牌定位和品牌形象的意味。更为令人叫绝的是，李奥·贝纳对万宝路的策划并没有大动干戈：没有改换香烟的口味和品质，甚至没有更换万宝路这个“像五月的天气一样温和”的充满脂粉气的名字，几乎在兵不血刃之间就在竞争极为激烈残酷的烟草业中独占鳌头，并使万宝路这个名字成为一种英雄、浪漫和性感的代名词。这就是万宝路神话。

（资料来源：https://www.douban.com/group/topic/5754918/）

（三）促进创业营销的4P组合

影响企业营销有两类因素，一类是企业外部环境给企业带来的机会和威胁，这些是企业很难改变的；另一类则是企业本身可以通过决策加以控制的。新创企业本身可以控制的因素归纳起来主要有以下四个方面：

1. 价格

在营销计划中最难的决策就是为产品或服务确定适当的价格。聪明的创业者和管理者把定价看成创造和获取顾客价值的一个重要的战略工具。新创企业应按照市场规律采取制定价格和变动价格等方式实现其营销目标，其中包括对同定价有关的基本价格、折扣价格、津贴、付款期限、商业信用以及各种定价方法和定价技巧等可控因素的组合和运用。

2. 产品

新创企业以向目标市场提供各种适合消费者需求的有形和无形产品的方式来实现其营销目标，其中包括对同产品有关的品种、规格、式样、质量、包装、特色、商标、品牌以及各种服务措施等可控因素的组合和运用。

3. 渠道

创业者可直接销售或通过中间商进行销售。互联网对渠道产生革命性影响，体现在三个方面：解决了距离问题；使经营时间同质化；使经营位置在多数情况下变得无关紧要。

4. 促销

促销主要指新创企业以利用各种信息传播手段刺激消费者购买欲望，促进产品销售的方式来实现其营销目标，其中包括对同促销有关的广告、人员推销、营业推广、公共关系等可控因素的组合和运用。

四、新创企业的财务管理

（一）企业财务管理

企业财务管理是在一定的整体目标下，关于资产的购置（投资）、资本的融通（筹资）和经营中现金流量（营运资金），以及利润分配的管理。对于企业来说，财务管理是一个重要的部分，它直接影响到企业的经营发展，任何一家企业都必须制定相关的财务管理政策。

（二）新创企业财务管理的理念

对于新创企业而言，财务管理极容易产生两种偏差：一种是认为创业初期一个会计一个出纳足矣，财务管理就是设置好规章制度管好这两个人就行；另一种是财务管理只有通过完整的财务组织才能实现，必须建立庞大的组织进而制定烦琐的规章和财务信息流动渠道。事实上，新创企业的重点应该放在了解基本的财务账簿都包含什么、出纳究竟应该做些什么、盯住现金的流动、学会如何估算现金流量、分清现金和利润以及处理好与银行和税务的关系。

新创企业在财务管理中，应树立以下观念：一是货币的时间价值观念。货币是具有时间价值的，在不同时间点上具有不同的经济价值。这种货币运动的时间差异就是利息，创业者必须注重利息在财务决策中的作用。二是效益观念。创业者筹资时，要考虑资金成本；投资时，要考虑投资收益率。三是风险观念。创业者在投资时，一定要考虑到由于不确定因素的影响，公司的实际财务收益与预期收益发生差异的情况。四是知识效益和人才价值观念。这是知识经济时代决定企业在竞争中能否取胜的关键因素。五是现金流量观念。现金流量是衡量企业经营质量的重要标准，在许多情况下现金流量指标比利润指标更加重要。六是利润最大化观念。企业生产经营的最终目的就是为了实现利润最大化，因此财务人员一定要对这一项给予足够的重视。

（三）新创企业财务管理的主要内容

1. 核心资产管理

企业核心资产包括现金资产、存货资产、设备设施。管理企业核心资产应注意：

（1）加强资产单据的建账管理。

（2）定期核对账目。现金方面出纳人员要定期与会计人员核对账目，以保证现金流入、流出与账目相符。存货方面要做好存货的入库、保管、出库等环节的记录，并要定期或不定期地盘存，做到账货相符。

2. 融资资产的管理

创业融资管理应注意融资成本。新创企业应考虑不同融资渠道的融资资本，要学会在投资收益率和资金成本的权衡中做出最佳选择，寻求成本较低的融资组合，避免因过度负债而造成的短期高投资收益率的假象。

3. 应收账款的管理

现金对于新创企业，如同血液对于人一样重要，一旦企业出现负现金流，将会发生偿债危机，还可能导致破产。新创企业一定要对销售贷款、预付购货款和其他应收款进行严格监督，及时回收和结算。

4. 财务管理制度的构建

新创企业往往会犯重销售业绩、轻财务管理的大忌。事实上，构建一套合理有效的财务管理制度与经营业绩同样重要。

复习思考

1. 新创企业的日常管理包括哪些方面的内容？
2. 新创企业的人力资源管理包括哪些方面？

3. 创业营销的 4P 包括什么?

4. 新创企业财务管理的主要内容是什么?

项目实训

如果你有一个药店，经营得很好，但你却发现客户数量并没有增加，你怀疑大部分潜在的客户都跑到对面那家药店去了，而事实也正是如此。你已经认识到，只有增加客户才能带来更多利润。请设计一套促销活动方案，让那些定期到你的药店购药的客户不断增加。

任务三　新创企业的风险防范与管理

【任务导入】

独角兽 ofo 的危机

戴威，ofo 创始人兼 CEO，青年创业者，北京大学经济学硕士。2014 年与 4 名合伙人创立 ofo 共享单车，提出了"以共享经济 + 智能硬件，解决最后一千米出行问题"的理念，创立了国内首家以平台共享方式运营校园自行车业务的新型互联网科技公司。当时他借着共享经济的东风一时间成为资本追逐的宠儿。在 2016 年到 2018 年间，ofo 就先后 4 轮融资，融资金额超过 21.45 亿美元（约合 148 亿元人民币）。这期间 ofo 的估值也增长近 300 倍，超过 30 亿美元。

2017 年还处在行业独角兽地位的 ofo，月活用户增至 4 246.84 万人，排名第一，日单量也超过千万单，仅次于美团。同样，市场变化也快。当共享经济冷却之后，ofo 还是没有找到一个稳定的盈利模式。紧接着共享单车行业洗牌开始。从 2017 年 6 月开始，小鸣单车、町町单车、悟空单车、3Vbike、卡拉单车、酷骑、小蓝等一大批共享单车企业相继倒闭、停运或是转让共享单车的平台，已经披露的有 60 余家，加上未披露的平台应该有百家。

2018 年共享单车市场一片哀鸿，此时关于业内两大巨头摩拜和 ofo 合并的消息也是甚嚣尘上。不过这仅是业内或者是滴滴方面的一厢情愿。因为 ofo 的当家人戴威并没有同意滴滴当时的提议。当初滴滴在 ofo D 轮融资之后派出管理人员进驻 ofo，其工作作风让原 ofo 创始人团队感受到了威胁，再加上滴滴还在撮合 ofo 和摩拜合并。从此以后，滴滴和 ofo 越走越远。就目前来看，如果当时摩拜跟 ofo 合并，或许它将是一个"神话"，那时在戴威眼里，公司控制权相比如何让 ofo 活下去显然更主要。这时，戴威为了平衡滴滴在 ofo 中的权力，随即引入了阿里系资本。但是此时 ofo 已经遭遇到了很严重的资金链危机。

如果此时 ofo 能够在滴滴跟阿里之间任选一家，并引入新一轮资本，ofo 也绝不会沦落到目前被传闻将倒闭的境地。可是就在这时，摩拜突然选择卖身美团；同时阿里方面选择大力扶植其旗下的哈罗单车，并从三、四线城市对 ofo 发起进攻；滴滴方面则力推旗下青桔单车，并且还托管了小蓝车，力争不让自己在最后三千米出行短板。

到此，共享单车领域的巨人 ofo 成了一个弃子。早前 ofo 也有被传出将会出售，但是估值已经大不如前，从 30 亿美元估值降到了 18 亿美元，远不及摩拜当初 37 亿美元身价。戴威说 ofo 不会倒闭，那么它只能是被卖掉或者是合并。

（资料来源：http://wemedia.ifeng.com/83850206/wemedia.shtml）

【任务分析】

像 ofo 这样在获得巨大成功后很快就遭遇失败的惨痛教训实在太多。这些企业的共性是：盲目扩张、发展速度过快，而人员、资金、管理三大要素相对滞后，企业发展根基脆弱。三大要素中的任何一个出现问题都会引发本不稳固的新创企业整体"塌方"。

【相关知识】

一、创业风险的内涵与特征

（一）创业风险的内涵

风险指一定环境、一定时间段内，影响决策目标实现的不确定性，或是某种损失发生的可能性。

创业风险则指在创业过程中，由创业环境的不确定性，创业机会与创业企业的复杂性，创业者、创业团队的能力与实力的有限性，导致创业活动偏离预期目标的可能性及后果。

创业风险包括三个构成要素：一是风险因素。风险因素指能够引起或增加风险事件发生的机会，或左右损失严重程度的因素，是风险事件发生的潜在条件，一般又称为风险条件。二是风险事件。风险事件是风险因素综合作用的结果，是风险损失产生的媒介物。三是风险损益。风险损益指由于风险事件的出现给创业者或企业带来的能够用货币计量的经济损失或收益，包括直接损益和间接损益。

（二）创业风险的特征

1. 不确定性

由于人们对客观世界的认识受到各种条件的限制，不可能准确预测风险的发生，因此，创业风险何时何地发生、发生的程度有多大均是不确定的。例如创业资金筹集不足、市场需求发生变化，新的技术难以实现，竞争对手采取有效的对策等都可能导致创业的失败。

2. 客观性

风险的客观性，表现为它是不以人的意志为转移而存在的。无论是自然界中的洪涝、地震等自然灾害，还是社会领域的战争、破产等都是客观存在的，是无法回避和消除的。同样，在创业领域，风险也是客观存在，不可回避的。

3. 相对性

创业风险是相对的、变化的。不同的对象有不同的风险，不同的创业者对风险的承受能力也是不同的。而且随着时间、空间的改变，创业风险也会发生变化。

4. 可测量性

尽管风险具有不确定性，但是任何事物的发生都不是偶然的，而是有规律可循的，因此，随着科技的进步和人们素质的提高，风险的规律性是可以被认识和掌握的。企业可以通过定性或定量的方法对风险进行评估和测量。

5. 损益双重性

自然灾害和意外事故等带来的风险只会产生损失，而创业活动中的风险则是和潜在的收益共生的。在创业活动中，对创业者来说风险和利益必然是同时存在的，即风险是利益的代价，利益是风险的报酬。

二、创业风险的来源

1. 融资缺口

融资缺口存在于学术支持和商业支持之间，是研究基金和投资基金之间存在的断层。创业者可以证明其构想的可行性，但往往没有足够的资金将其实现商品化，从而给创业带来一定的风险。通常，只有极少数基金愿意鼓励创业者跨越这个缺口，如富有的个人专门进行早期项目的风险投资，以及政府资助计划等。

2. 研究缺口

研究缺口主要存在于仅凭个人兴趣所做的研究判断和基于市场潜力的商业判断之间。在将预想的产品真正转化为商业化产品（大量生产的产品）的过程中需要大量复杂而且可能耗资巨大的研究工作，从而形成创业风险。

3. 信息和信任缺口

在创业中，存在两种不同类型的人：一是技术专家，二是管理者（投资者）。管理者（投资者）通常比较了解将新产品引进市场的程序，但当涉及具体项目的技术部分时，他们不得不相信技术专家。如果技术专家和管理者（投资者）不能充分信任对方，或者不能够进行有效的交流，那么两者之间就会产生信任危机，进而带来风险。

4. 资源缺口

创业者没有所需的资源，创业也就无从谈起。在大多数情况下，创业者不一定也不可能拥有所需的全部资源，这就形成了资源缺口。如果创业者没有能力弥补相应的资源缺口，要么创业无法起步，要么在创业中受制于人。

5. 管理缺口

管理缺口指创业者并不具备出色的管理才能。进行创业活动主要有两种：一是创业者利用某一新技术进行创业，他可能是技术方面的专业人才，但却不一定具备专业的管理才能，从而形成管理缺口；二是创业者往往有某种“奇思妙想”，可能是新的商业点子，但在战略规划上不具备出色的才能，或不擅长管理具体的事务，从而形成管理缺口。

三、创业风险的主要类型

因划分角度、标准的不同，创业风险可分为不同类型。在这里，讲述的主要类型包括机会成本风险、管理风险、资金风险、技术风险、市场风险、环境风险及其他风险等。

（一）机会成本风险

创业者选择创业也就放弃了自己原先所从事的职业。一个人只能做一件事，选择创业就丧失了其他选择，这就是所谓的机会成本风险。这种机会成本风险是每个创业者应该认真考虑的问题。如果认为目前创业时机成熟，那么就立即着手创业；如果觉得目前创业时机尚不成熟，那么可以边工作边认真观察，等待时机成熟时再开始创业。

（二）管理风险

1. 管理者风险

一个优秀的创业家，可以不具备精深的技术知识，但必须具备这样一些素质：具有强烈的创新精神与创业意识，不墨守成规，不人云亦云；具有追求成就的强烈欲望，富于冒险精神、献身精神和忍耐力；具有敏锐的机会意识和高超的决策水平，善于发现机会、把握机会并利用机会；具有强烈的责任感和自信心，敢于在困境中奋斗，在低谷中崛起。

发达国家企业的成功经验之一就是技术专家、管理专家、财务专家、营销专家有机组合，形成团队的整体优势，从而为企业奠定坚实的组织基础。那种由技术所有者包揽一切，集众权于一身的家长式管理，往往由管理水平、管理模式等方面的问题，导致创业夭折。

2. 决策风险

决策风险指在创业过程中决策失败而带来的风险。决策失误会造成不可估量的损失，从而导致失败。

由决策失误而造成失败的事例实在是太多了，无论是政治、军事还是商业。对于创业者而言，绝不可以根据自己的喜怒哀乐或不切合实际的个人偏好而做出决策。不进行科学分析，仅凭个人经验或凭运气的决策方式都可能导致惨重的失败。管理者决策水平的高低对企业的成败影响巨大。据美国兰德公司估计，世界上破产倒闭的大企业，85%是因企业家决策失误造成的。20 世纪 80 年代初，当 IBM 率先提出走计算机兼容道路时，其他一些计算机公司纷纷响应，然而苹果计算机公司的决策者却固执己见，提出绝不走兼容化的道路。这一决策的失误，导致了苹果计算机公司后来经营状况日益低下，几乎到达破产的地步。经济学家西蒙说：“管理就是决策。”由此可见决策的正确对创业的成功非常重要。

3. 组织和人力资源风险

组织和人力资源风险指由新创企业的组织结构不合理、用人不当所带来的风险。企业的迅速发展如果不伴随着组织结构、用人机制的相应调整，往往会成为企业潜在危机的根源。其中管理体制的不畅是主要原因之一。对于新创企业，创业者从一开始就应该注意组织结构的设计、调整，人力资源的甄选、考评，薪酬的设计及学习与培训等管理。因此，创业者从创业初始就需要建立健全各项规章制度，并开始建立起企业文化。

案例学习 8－10

让新老员工共享公平薪酬

惠信科技是一家创立三年的高科技公司。由于开始进入成长期，公司业务扩展急需招募人员。为迅速取得所需的人力，该公司以较高的起薪来聘用新人。

考虑到已有人员的薪资水准可能会因为起薪的调高而低于新进人员，惠信的人事经理建议公司高级主管，在调高新进人员的起薪时，同时调高已有人员的薪资。

但不少高级主管认为如此一来将增加公司的人力成本支出，使公司的产品价格提升，丧失竞争力。而且固定成本一旦增加，亦不利于财务调度与周转。主管们想以提供奖金或红利的方式来弥补较低的薪资水准，但考虑到公司正在成长阶段，员工个人绩效不易精确评估，如果一律给予相同的奖金或红利，就会造成新的不公平。此外，奖金或分红永远无法弥补老员工在薪资上低人一等的感受与心态。惠信的高级主管考虑到这些因素，迟迟难以采取行动，而员工们普遍认为公司“喜新厌旧”，对老员工“不公平”。因此，士气逐渐低落，公司的业务发展有逐渐减缓的征兆。

事实上，薪酬的公平性包括三个方面：外部公平、个人公平与内部公平。

首先是外部公平问题。因业务扩展急需招募人员，该公司必须以较高的起薪来聘用新人，这反映了惠信公司的薪资水平要远低于市场价格，缺乏竞争力。

其次是个人公平问题。由于三年来惠信公司处于创业阶段，实行的是高积累、低工资、低福利策略，员工大部分贡献均被公司用来积累而没有进行相应的奖励或回报，部分老员工和创业元老一直没有得到相应的回报，必然会对企业产生怨言。

最后是内部公平问题。惠信公司缺乏相应的衡量薪资差异的标准，对于新聘人员，只是简单地提高起薪，而不是根据实际工作岗位及贡献来确定薪资，导致同样的岗位新人还没有为公司做出贡献和成绩就比老员工的薪资水平高，必然引起内部公平失衡。

(资料来源: https://wenku.baidu.com/view/03fa8a7b3968011ca2009110.html)

延伸阅读

中国企业家调查系统第十届企业家成长与发展调查，对3 539位企业经营者进行问卷调查，结果表明："企业经营者最容易出现的问题"中，"用人不当"仅次于排在第一位的"决策失误"。用人不当已经成为制约企业发展的重要因素。用人不当有多种形式：不任人唯贤而任人唯亲，缺乏信任而疏于选人，激励机制落后导致人才流失。后果只有一个：企业缺乏人才，不能形成核心人力资本。

技术、资本、产品、服务的竞争，归根结底是人力的竞争。辉煌一时的百信鞋业，5年间曾在全国发展了100多家连锁百信鞋城，号称拥有30多亿元资产。如今仅存几家门店，也已经卖给了别人，但仍然难抵巨额债务。据百信内幕的经理人介绍，"严重的家族管理"是导致百信倒闭的重要原因。"创始人李忠文几乎把所有核心和重要部门的权力都交给了他的亲戚朋友，但相互又无制衡。"例如，百信配货中心由几位"亲戚"负责，有人大吃回扣。李忠文失败了，但他的许多亲戚朋友却成了百万富翁。

(资料来源: http://blog.sina.com.cn/s/blog_4920fcdb0100030h.html)

（三）资金风险

资金风险指由资金不能适时供应而导致创业失败的可能性。是否有足够的资金创办企业是创业者遇到的第一个问题。对于新创企业，资金缺乏是最为普遍的问题，企业创办起来后，就必须考虑是否有足够的资金支持企业的日常运作。对于新创企业来说，如果连续几个月入不敷出或者因为其他原因导致企业的现金流中断，都会给企业带来极大的威胁。相当多的企业在创办初期因资金紧缺而严重影响业务的拓展，甚至错失商机而不得不关门大吉。

另外，对于高技术创业活动，由资金不能及时供应，导致高技术迟迟不能产业化，其技术价值随着时间的推移不断贬值，甚至很快被后来的竞争对手超出，而使初始投入付之东流。比如史玉柱的巨人集团因修建巨人大厦造成1 000万元资金缺口而轰然崩塌；辉煌一时的新疆德隆集团，短短几年内一下子进入十几个产业，总负债高达570亿元，酝酿了巨大的资金风险，2004年年初，德隆资金链开始断裂，建造在沙滩上的堡垒顷刻间分崩离析。

（四）技术风险

技术风险指在企业技术创新过程中，因技术因素导致创业失败的可能性。技术创新在从研究开发到实现产品化、产业化的过程中，任何一个环节的技术障碍，都将使其前功尽弃，归于失败。很多企业，在技术产业化实施过程中，屡试屡败，其中的原因是多方面的。如果赖以创业的技术创新不能够实现工业化，或不能在高技术寿命周期内迅速实现产业化，收回初始投资并取得利润，必然造成创业的夭折。

案例学习 8-11

技术风险无时不在

初涉商海的山东人侯先生选定一项自认为大有前途的专利技术，决定投巨资将这项技术的专利权买下来。有人提醒他这项专利虽然现在看好，但操作周期太长，而且，听说某某研究所正在研究一项更先进的技术并即将完成。侯先生不听劝告，执意投资。当他将这项专利技术买到手，并且投资将其转化为产品后，新的技术已经问世，人们已不再需要它了。

(资料来源: https://wenku.baidu.com/view/da25ebb65727a5e9856a61f6.html)

分析：创业者在选择投资项目时，目光短浅，不能把握技术市场未来的发展方向，投巨资购买眼看要落后的技术，遭受损失理所当然。当一项投资花费巨大，可能需要较长时间才能收回成本并获得盈利时，投资者就不但要考虑它的现在，还要考虑它的将来。须知，一项产品现在有市场，不等于将来也同样有市场。

(五) 市场风险

市场风险主要指在创业的市场实现环节，由市场的不确定性而导致创业失败的可能性。创业的成功依赖于创业者对于市场计划的把握。一项好的高技术产品，如果没有好的市场战略规划，在价格定位、用户选择、上市时机、市场区域划分等方面出现失误，就会给产品的市场开拓造成困难，甚至功亏一篑。

创业之初，企业多推出新技术、新产品，其市场多是潜在的、待成长的，消费者多持观望态度，很难被市场接受。产品的市场容量较小或者短期内不能为市场接受，那么产品的市场价值就无法实现，投资就无法收回，从而造成创业夭折。

一个全新的产品，打开市场需要一定的过程与时间。若新创企业缺乏雄厚的财力投入营销广告中去，产品为市场接受的过程就会更长，因而不可避免地出现产品销售不畅，前期投入难以回收，从而给新创企业资金周转带来极大的困难。另外，就产品价格而言，如果价格超出了市场的承受力就很难为市场所接受，技术产品的商业化、产业化就无法实现，投资也就无法收回。当某种新产品逐渐被市场接受和吸纳时，其高额的利润会吸引来众多的竞争者，可能造成供大于求的局面，导致价格下跌，从而影响高技术产品创新的投资回报。

(六) 环境风险

环境风险指一项高技术产品创新活动由所处的社会、政治、政策、法律环境变化或由意外灾害发生而造成失败的可能性。因此，高技术产品创新，必须重视环境风险的分析和预测，把环境风险减到最低限度。

例如，我国许多化工化学园区，企业区与居民区交错布置，普遍缺乏统一的区域性环境风险应急预案、监测体系和风险防范措施，环境风险意识淡薄，防范制度不健全，这给国民经济和人民生命财产安全造成严重威胁，产业整体布局存在很大的环境风险。

（七）其他风险

（1）法律风险指在法律实施过程中，由于企业外部的法律环境发生变化，或由于包括企业自身在内的各种问题，未按照法律规定或合同约定行使权利、履行义务，从而对企业造成负面法律后果的可能性。

（2）信用风险指在商业契约关系中，由对方可能违背契约给一家企业带来的负面影响。

（3）供应链风险的来源是各种不确定因素的存在，供应链网络上的任何一个企业出现问题，都会影响整个供应链的正常运作，甚至导致供应链的破裂和失败。

（4）库存风险指在经营过程中可能出现的库存原材料、成品等价格下跌的风险。库存风险为系统风险，是可以避免的。

案例学习 8－12

巨人集团的兴衰

曾创造“一年百万富翁，二年千万富翁，三年亿万富翁”这一神话，被称为“当代中国比尔·盖茨”的巨人集团总裁史玉柱，靠 4 000 元起家，勇敢地背水一战，创立了“巨人”品牌，创造了巨人奇迹。

一、创业阶段的史玉柱

史玉柱，1962 年生，安徽怀远人，1984 年毕业于浙江大学数学系，分配到安徽省统计局工作。1989 年 1 月，史玉柱毕业于深圳大学研究生院，获软件科学硕士学位。与此同时，他在安徽省统计局的工作岗位上研制开发的统计系统软件包让他的前途一片辉煌。但他却出人意料地决定辞职经商。当时他对朋友们说：“如果下海失败，我就跳海！”

史玉柱对创业有着大胆的设想，他要开发中国计算机文字处理市场。经过 9 个月的艰苦努力，史玉柱研制出了 M－6401 桌面排版印刷系统。1989 年 8 月，他和 3 个伙伴以自己的产品和仅有的 4 000 元承包了天津大学深圳科工贸公司电脑部，开始了“巨人”的创业。在 M－6401 汉卡销售宣传中，史玉柱巧妙地赌了一次：利用《计算机》杂志刊登广告登出和付款期限的时间差，做了 8 400 元的广告，在 15 天的付款期限内，他收到了 15 820 元的定金，及时交付了广告费。自此，史玉柱艰难而又成功地迈出了创业的第一步。之后，他继续采用高广告投入策略，让人们不断了解巨人汉卡的卓越性能，扩大了市场范围，不到 4 个月的时间就实现利润近 400 万元。

史玉柱坚信高科技带来高技术和高效益，因此通过不断的研发使产品更新换代，M－6402、M－6403 相继推出，M－6403 汉卡销售量居全国同类产品销量之首。到 1992 年年底，销售额近 2 亿元，纯利润达 3 500 万元，企业年发展速度达 500%，成为中国电脑业和高科技行业的一颗耀眼的新星。1992 年，巨人集团总部从深圳迁移至珠海。

“史玉柱效应”和“巨人形象”在全国引起轰动。1993 年，巨人集团推出 M－6405、中文笔记本电脑、中文手写电脑等多种产品，其中仅中文手写电脑和软件的当年销售额就达 3.6 亿元。巨人集团成为位居四通之后的中国第二大民营高科技企业。史玉柱成为当年珠海第二批受重奖的知识分子。截至 1993 年年底，史玉柱已在全国范围内成立了 38 家全资子公司，实现销售额 3.6 亿元，利税 4 600 万元。

至此，巨人集团发展顺利，史玉柱也被视为高科技行业成功的创业家典型。应该说，在当时，巨人集团在电脑及软件业发展态势和前景非常光明。

二、巨人集团的多元化发展

1994年，史玉柱当选为中国十大改革风云人物。但此时史玉柱却以激情和狂想做出一个重大决定：跨越当家产品桌面排版印刷软件系统，把生物工程这个利润很高的行业作为巨人集团新的支柱产业，向多元化方向发展。巨人集团的多元化同时涉足保健品、房地产、药品、化妆品、服装等多个新的产业，甚至开发中央空调。

在保健品方面，1994年8月，史玉柱注册了康元公司，将“脑黄金”投入市场，“脑黄金”一炮打响，效益显著。“脑黄金”的成功使史玉柱激动起来，竟一举向市场推出12种新的保健品产品，一年内在生物工程上投入的广告费猛增到1亿元，并在全国设立了8个营销中心，下辖180个营销公司。网络铺开后，康元公司的管理却成了问题。在没摸清市场的情况下，公司一下子生产了价值上亿元的新产品，成本又控制得不好，结果产品大量积压；同时，财务管理混乱，扣除债权还剩余5 000万元左右的债务。康元公司的巨额亏损，明显暴露出巨人集团管理人才缺乏、管理不善等问题。

在房地产方面，史玉柱从流动资金和卖楼花收入中共筹集2亿元的资金，拟建18层巨人大厦，未向银行贷一分钱。由于主观和外界的各种因素，巨人大厦不做任何可行性分析论证，贸然将大厦由最初设计的18层追加到54层，最后竟然追加到70层，为当时中国第一高楼。以2亿元的资金兴建需要投资12亿元的巨人大厦，巨人集团背上了沉重的债务和巨大风险。1994年年初，巨人大厦动工，计划3年完成。

1995年，史玉柱被《福布斯》列为内地富豪第8位。

1996年，巨人大厦资金告急。巨人大厦在打地基过程中遇上了地层断裂带，珠海发大水又两淹巨人大厦基地。工期拖长，巨人大厦的建设资金面临枯竭，史玉柱面临巨大的财务危机。而此时，史玉柱仍将巨人大厦看得过重。从开工到1996年6月，史玉柱没有因为资金问题让大厦停工一天，主要靠生物工程提供的6 000万元资金支持，巨人集团危机四伏。管理不善加上过度抽血，生物工程一下子被搞得半死不活，这一新兴产业开始萎缩，以致后来不能造血，使巨人集团的流动资金完全枯竭。

就在同一时期，巨人集团还投资4.8亿元在黄山兴建旅游工程；投资5 400万元购买并装修上海巨人集团总部；投资5亿元上新的保健品项目……结果，非但新产业没发展起来，本业也病入膏肓。此后，连续出现公司内部员工贪污、挪用巨额资金，软件开发人员将技术私自卖给其他公司，子公司私自贷款，下属私自侵占公司财产等一系列事件，巨人集团的市场占有率因此一落千丈。

三、巨人集团的破产倒闭

1996年，史玉柱将保健品的全部资金调往巨人大厦，但此时巨人集团已经危机四伏。1997年年初，巨人大厦没有按期完工，买楼花者天天上门要求退款，媒体地毯式报道巨人集团的财务危机。不久，只建至地面三层的巨人大厦停工，陷入财政危机的巨人集团因为1 000万元的资金缺口而轰然崩塌。

四、史玉柱对自己失误的总结

在破产后沉寂的日子里，史玉柱回顾了自己的整个历程，从走出大学校门后一路春风得意，到后来身负巨债声名扫地，他反省的结果是，即使没有媒体的曝光，巨人集团一样会倒下。

“我觉得巨人倒下它是必然的，它是客观规律。巨人为什么倒？表面上看是巨人大厦，实际上是因为我本人和我们的团队不成熟，我们这个团队很幼稚。即使巨人大厦没倒，如果巨人大厦盖起来了，还要倒，再倒的话，可能摔的跤更重，所以晚倒不如早倒。”

1. 盲目追求发展速度

以1993年3.6亿元的销售额，竟提出巨人集团产值目标：1995年10亿元，1996年50亿元，1997年100亿元，真可谓雄心万丈。

2. 盲目多元化

巨人集团同时涉足电脑业、房地产业、保健业、旅游业、服装等行业，行业跨度大，关联性小，企业不熟悉，风险过大。战线过长，漏洞百出，发展过速，使巨人集团由盛转衰。“多元化经验不足。比如就是一个汉卡，巨人汉卡确实做得不错，做得很好，销售额也很大，利润也很可观，在同行业里面已经算是佼佼者了。但是很快我们就以为我们自己做什么都行，所以我们就去盖了房子，搞了药，又搞了保健品，保健品脑黄金还是成功的，但是脑黄金一成功，我们一下子搞了12个保健品。然后软件又搞了很多，又搞了服装。”

3. 决策失误

除了多元化经营的问题，还有公司内部决策的失误。“决策中最大的一个失误，实际上是投资问题，我觉得投资是最容易让一个企业破产、让一个企业一蹶不振的。”

4. 缺乏科学管理

巨人集团是史玉柱一人说了算的，没有监督约束机制，员工缺乏民主，完全是独裁式管理。在集团资产规模急剧扩张的时候，仍然沿用家庭企业的传统管理方式和企业主个人说了算的集权管理，直接造成了内部的混乱和腐败。

五、破产倒闭后的史玉柱

1998年，史玉柱分别在上海和珠海注册公司，扮演幕后老板。2000年，公司推出脑白金，在猛烈的广告营销战下销售额超过了10亿元。史玉柱也公开露面表示要还债。

2001年1月，史玉柱收购巨人大厦楼花，清还债务。同时，新巨人——上海巨人投资公司成立，并且控股上海健特生物科技有限公司。

2002年11月23日，一家名为青岛健特的上市公司发布公告称，以14 600万元从上海健特手中买下了脑白金的商标权。史玉柱准备复出时，为什么还是选择曾经使他跌得很惨的保健品脑白金？

史玉柱认为：“我们处的这个行业是特殊的，电脑行业变化太快。当我们去做保健品的时候，回过头再看电脑行业，这个电脑行业已经千差万别了，那时候网络时代已经来了，我们以前在电脑领域发展的时候，我甚至还都不知道网络是怎么回事呢，那是很早的，那个领域发展太快了，回过头一看这个领域已经陌生了，很自然的我最熟悉的就是保健品行业。”

（资料来源：http://www.docin.com/p-1294787145.html）

问题：1. 巨人集团在创业过程中遭遇了哪些风险？这些风险有无迹象或征兆？是否可以避免？

2. 如果你是史玉柱，你在这些风险出现之前或出现过程中，准备采取哪些预防或控制措施？

四、创业风险的管理与防范

要创业就一定要在风险和收益之间进行抉择和权衡，既不能为了收益而不顾风险的大小，也不能因害怕风险而错失良机，而是要在争取实现目标的前提下，管理风险，控制风险，规避风险，这才是创业者对待风险的正确态度。

（一）规范化管理

创业失败者，基本上都是管理方面出了问题，其中包括决策随意、信息不通、理念不清、患得患失、用人不当、忽视创新、急功近利、盲目跟风、意志薄弱等。特别是如果企业者知识单一、经验不足、资金实力和心理素质不足，更会增加管理上的风险。因此，为了规避风险，企业首先要加强的就是规范化管理。

1. 加强创业者素质提升

企业管理者的素质直接影响企业的行为，进而影响企业内部控制的效率和效果。因此创业者应加强自身的学习，从知识、技能到职业道德、经营理念等方面提高素质，逐步构建为学习型创业者，从而提高内部控制的效率。

2. 合理授权

创业早期，创业者通常是集权式管理。而当企业进入快速发展成长期后，创业者需要一定程度的授权。最有效的授权是创业者拟定哪些问题由自己来决策，哪些工作可以授权给员工去完成。一般而言，创业者需要审批招聘计划、销售计划、财务预算、投资计划、生产计划，至于销售人员的行为管理、客户拜访计划、促销活动等就可以授权给中层管理人员负责。当然，财务报账签字和人事安排的重要职务，创业者还是应该由自己来掌控。

3. 完善企业组织结构

企业为了更好地发展必须建立一套完善的组织架构来有效地执行规范决策。创业者不必奢求一步到位，也不要指望建立一套组织架构就可以一劳永逸，而应该尝试围绕工作本身来进行组织，打破围绕人来组织的习惯性思维，力图通过组织来实现企业管理决策和管理理念。通常的做法是创业者或企业委托外部咨询公司，或者聘请具有丰富管理经验的职业经理人来帮助搭建组织结构。此外，实现管理规范化，不仅仅是简单的设计企业的组织架构，更需要同步进行的工作是健全和完善企业的管理制度。

4. 改进人力资源管理，提高奖励机制

良好的人力资源管理对培养企业人员，提高企业人员的素质，更好地贯彻和执行企业内部控制有很大的帮助，因此企业应面向人才市场，引入竞争机制，合理配置企业人力资源，形成任人唯贤、优胜劣汰的用人机制。

（二）严控资金链条

创业风险的产生，资金不足是一个很大的原因。为规避风险，创业者必须严控资金链条，做好财务管理工作。

（1）认真筹划创业启动需要的融资或投资数额。融资时要仔细考虑准备借多少，能够借多少，最佳值应该是多少，风险有多大，风险能不能承受。

（2）必须考虑企业的持续融资能力。企业在运营过程中，一旦资金供应中断，就很可能导致整个项目流产和创业失败。因此，创业者必须提前考虑好应急融资方案，并建立起快速融资渠道，以防万一。

（3）建立财务预防机制，正确把握企业负债经营的度。企业可以负债经营，但要保持合理的负债比率。生产经营状况好，资金周转快，负债比率可以适当高一些；生产经营不理想，产销不畅时负债比率则要相对保持低一些。

（4）密切监控企业的现金流。现金流是企业一定时期内现金流入和流出的数量。新创阶段，将现金流问题提高到任何高度都不为过，这是创业者真正的生命线。尤其是小资金创业，应当更加关注现金流的变化而不是成本的变化。

（5）注意由供应链风险而导致的资金风险。要建立战略合作伙伴关系，加强与供应链伙伴的信息交流与共享，建立并加强有效的风险防范体系，建立应急处理机制，以便对紧急突发事件进行应急处理。

（三）提高企业核心竞争力

保持竞争优势是每个企业得以持续发展的关键，新创企业必须选择、培养和不断发展核心竞争力才能取得并保持竞争优势，这是企业生命力所在。

培育和发展核心竞争力，必须让企业寻找出属于自身的核心专长，然后在这个核心专长上与他人竞争。所谓核心专长指拥有别人所没有的优势资源，这里的资源可以是人力、产品、品牌、技术、流程，营销能力、企业文化及价值等。竞争优势可以为企业带来更多的利润，但随着竞争对手的学习、模仿和攻击，竞争优势会随着时间而逐渐丧失。如果不采取有效措施，企业就会逐渐衰退，陷入亏损甚至破产的境地，而这个有效的措施就是处于快速发展阶段的新创企业必须研究并确立自己的发展战略。

企业战略体现在企业依据自身特点选择一个较小的产品或服务领域，集中力量进入并成为当地市场第一，再从当地市场到全国甚至全球市场，同时建立各种进入壁垒，逐步形成稳定、持久的地位和竞争优势的全过程。只有确立和选择了正确战略，并在其指引下不断实施成功的战略行动，才能在竞争对手成功学习、模仿或攻击之前，建立起企业新的竞争优势，这是企业永葆青春的秘诀所在。

（四）建立风险责任机制

加强企业管理，虽然可以防范企业风险并构成规避企业风险的必要环节，但并不等于风险管理本身。它不能转嫁、承担、化解或分散企业风险。因此企业必须加强风险管理，只有这样，当风险产生并威胁到企业的生存和发展时，通过风险管理才能转嫁、承担、化解企业风险。

1. 明确风险控制的目标责任

在健全的法人治理结构下，企业经营者全盘负责本单位的风险管理，建立从董事会到各职能部门再到员工个人的严密、畅通的信息网络，形成以各部门、各小组为单位的风险责任中心，确定风险控制的目标责任到具体每个人。一旦发现问题，能够及时找到负责人并结合有效的奖惩制度，确保责任人在未来经营期间不再重蹈覆辙。在确定收益增长、业务创新的同时明确现金流量、投资回报、资金周转等具体的财务指标，使风险控制细化到基层部门，企业每个员工都承担风险控制的责任。

2. 建立风险预警机制，规避事前风险

风险的预警、评估既是现代企业内部控制的重要组成部分，又是企业风险管理的基础。通过预警系统，企业一旦有风险的苗头出现，即可进行防堵，把风险消灭在萌芽状态，以避免或减弱其对企业的破坏程度。企业在编制预算时，对每个部门应制定清晰的风险管理目

标，将该部门可能出现的商业风险和财务风险细化分析，预设能够承受的各种目标，一旦超出这些目标，就进行调整，使企业按既定目标运行。

3. 事中风险、事后风险的管理

在企业经营活动过程中，在风险与危机可能存在的前提下，运用各种定量、定性分析方法，观察监督风险状况，及时预防、阻止、抑制不利因素的发展，使风险减少到最低限度。如企业通过参加保险、签订合同、要求担保、承包和租赁等方式，将风险损失及其有关财务后果转嫁给其他单位或组织实现风险社会化；企业进行多种经营或筹资，使项目之间盈亏互补，增加企业销售和盈亏的稳定性，把投资风险不同程度地分享给股东、债权人、供应商等。在风险已经发生的情况下，企业应合理处置，最大限度地减少损失给企业带来的不利影响，确保继续生存，维持企业正常运营，并吸取教训，做出必要的总结和调整。

案例学习 8－13

从可口可乐中毒事件看如何应对企业风险

1999 年 6 月 9 日，比利时 120 人（其中有 40 人是学生）在饮用可口可乐之后发生中毒，呕吐、头昏眼花及头痛，法国也有 80 人出现同样症状。已经拥有 113 年历史的可口可乐公司遭遇了历史上罕见的重大危机。在现代传媒十分发达的今天，企业发生的危机可以在很短的时间内迅速而广泛地传播，其负面作用可想而知。

可口可乐公司立即着手调查中毒原因、中毒人数，同时部分收回某些品牌的可口可乐产品，包括可口可乐、芬达和雪碧。一周后中毒原因基本查清，比利时的中毒事件是在安特卫普的工厂发现包装瓶内有二氧化碳，法国的中毒事件是因为敦刻尔克工厂的杀真菌剂洒在了储藏室的木托盘上而造成了污染。

从一开始，这一事件就由美国亚特兰大的公司总部来负责对外沟通。近一个星期，亚特兰大公司总部得到的消息都是因为气味不好而引起的呕吐及其他不良反应，公司认为这对公众健康没有任何危险，因而并没有启动危机管理方案，只是在公司网站上粘贴了一份相关报道，报道中充斥着没人看得懂的专业词汇，也没有任何一个公司高层管理人员出面表示对此事及中毒者的关切。此举触怒了公众，结果，消费者认为可口可乐公司没有人情味。很快，消费者不再购买可口可乐软饮料，而且比利时和法国政府还坚持要求可口可乐公司收回所有产品。公司这才意识到问题的严重性。

6 月 17 日，可口可乐公司董事会主席和首席执行官道格拉斯·伊维斯特从美国赶到比利时首都布鲁塞尔举行记者招待会。为让公众消除对可口可乐的恐慌心理，伊维斯特在新闻发布会上当众喝了一罐可口可乐，并公布了一份由其亲笔签名的致消费者的公开信，仔细解释了事故的原因，决定将比利时国内同期上市的可口可乐全部收回，向消费者退赔，为所有中毒的消费者报销医疗费用，并提出要向比利时每户家庭赠送一瓶可口可乐，以表示可口可乐公司的歉意。

同时，可口可乐的危机公关在全球展开。比如在中国，可口可乐积极配合卫生部门检查，与媒体密切沟通。在事故调查结果出来的当天，新华社、中央电视台等中国重要媒体均发布消息，强调这一中毒事件与所有在中国的装瓶厂无关，因为中国市场上的可口可乐均在中国制造，所用的原材料均不从欧洲大陆进口，所有中国厂房均装有二氧化碳净化装置，故不会出现类似的二氧化碳问题，另外中国所有供货商均不使用欧洲厂处理木托盘的材料。中国的消费者在享受到了充分的知情权的同时，也消除了对可口可乐的恐慌。可口可乐公司在世界各地类似的处理，稳定了事故地区外的人心，控制了危机的蔓延。此外，可口可乐公司还设立了专线电话，并在因特网上为比利时的消费者开设了专门网页，回答消费者提出的各种问题。比如，事故影响的范围有多大，如何鉴别新出厂的可口可乐和受污染的可乐，如何获得退赔等。

在整个事件的过程中，可口可乐公司都牢牢地把握住信息的发布源，防止危机信息的错误扩散，将企业品牌的损失降低到最小的限度。

随着这一公关宣传的深入和扩展，可口可乐的形象开始逐步地恢复。比利时和法国政府相继宣布，从24日起取消禁销令，准许可口可乐系列产品在比利时和法国重新上市。全球媒体争相报道这一情况，中央电视台也及时发布了消息。

不久，比利时的一些居民陆续收到了可口可乐公司的赠券，上面写着："我们非常高兴地通知您，可口可乐又回到了市场。"孩子们拿着可口可乐公司发给每个家庭的赠券，高兴地从商场里领回免费的可口可乐："我又可以喝可乐了。"商场里，也可以见到人们在一箱一箱地购买可口可乐。中毒事件终于平息下来。

（资料来源：http://wenda.tianya.cn/question/09dd51f34f4c728e）

问题：1. 请分析可口可乐公司在中毒事件处理中的成功之处与失败之处。

2. 企业在处理风险危机时，应如何去做？

复习思考

1. 创业风险的内涵与特征有哪些？
2. 创业风险的类型有哪些？
3. 如何做到创业风险的有效防范？

项目实训

每6人一个小组，从可口可乐中毒事件分析企业面对危机时应采取何种措施。

项目九

如何撰写创业计划书

课前热身

创业者格言

创新时代实际上是信息时代的天然的伴随物。尽管我们掌握了新的信息，但仍然有薄弱环节，它不是出现在信息的创造上，也不是出现在信息的储存上，甚至也不在信息的获取上，而是出现在利用新的信息去做新的事情上。

——美国咨询专家吉福德·平肖第三

计划的制订比计划本身更为重要。

——戴尔·麦康基

创业者故事

王卫的创业

王卫，出生在上海，中国快递行业最有话语权的人之一，顺丰快递公司董事长。7岁的时候，王卫随家人搬到香港居住。高中毕业之后，王卫没有继续升学。十几岁的时候，王卫曾经在香港叔叔的手下做过小工。1993年，22岁的王卫跟父亲借了10万元人民币在广东顺德创立顺丰速运。当时，这家公司算上王卫本人也只有6个人。但是，到了2010年，这家公司的销售额已经达到120亿元人民币，拥有8万名员工，年平均增长率50%，利润率30%。王卫也成为快递行业的领头羊。2012年，他入围2012CCTV经济年度人物，2013年在福布斯中国富豪榜上居第22位，财富额为237.9亿元人民币。

目标规划

一、知识目标

- 掌握创业计划书写作的重要内容。
- 创业计划书写作的注意事项。

二、能力目标

- 了解创业计划书的撰写意义。
- 能够撰写创业计划书。

三、素质目标

- 培养学生具备创业素质。

任务一 认识创业计划书

【任务导入】

考研复习发现商机 大学生开发APP获300万投资

2014年，两名在校大学生在考研复习过程中发现商机，开发出“边学边问”APP，掘金“大学学霸圈”。

昨天，在中国创业服务峰会暨中国创业咖啡联盟年会上，“边学边问”APP项目在“挑战120秒”环节亮相，吸引了众多投资人的目光。而就在不到两个月前，他们通过5分钟的项目路演，获得了来自武汉博奥投资有限公司的300万元投资。

一、考研复习中发现创业商机

李凯是武汉纺织大学大四学生，与他同龄的古望军就读于湖北工业大学。两人是高中同学，双双从外地考到武汉读书。去年，两个好兄弟又决定一起考研。

在考研复习数学时，古望军每当遇到难题不会解答，就会上网搜索，但常常找不到答案。各大考研资料社区大多是文本材料下载，没有题库搜索能力；论坛发问，得到的答案却并不权威……

古望军和李凯碰面交流时“吐槽”：为什么中小学都有这样的问答类APP，唯独在大学这一块是空白？两人灵光一闪：能不能做一个大学生的学习问答社区，方便大家在考研、英语四六级考试乃至各种考证的过程中实现互助学习？

“边学边问”应运而生。他们开发的这款APP，是针对大学生群体打造的问答平台，使用者可以将问题发到APP，由系统、网上高手或老师给出解答过程和思路。同时，还可以为用户提供高质量的考试考证经验、课程视频、学习笔记等干货内容，以及周边院校的讲座、选课指南、老师在线课程等。同时，APP附加社交功能，设有“学霸圈”“留学圈”“四六级圈”等多个圈子，供大学生扎堆儿。

二、5分钟路演吸引投资人

2015年1月考研结束后，李凯、古望军正式开始创业。

李凯回忆，创业初期，他们没有贸然开始APP开发，而是进行充分的市场调研。他们将市面上可以找到的所有问答类APP，都下载在手机上试用，最后选择了5个进行详细解剖，逐一分析各自的优劣。一个月后，他们决定在采用文字录入模式的同时，加入一键拍照的方法，采取图像识别技术，从图片中提取文字，再匹配题库。

2015年1月中旬，项目团队正式入驻光谷创业咖啡，准备参加今年首场青桐汇路演，路演时间为 5 分钟。

为了准备路演，他们特地撰写了创业计划书并制作了 PPT，在光谷创业咖啡工作人员的指点下，对 PPT 进行了三次大改。

2015 年 1 月 24 日，古望军穿着租来的西装登上路演舞台，由于创业“角度刁”、项目特点突出，当场就有投资人表达了投资意向。

（资料来源：http：//hb. ifeng. com/economic/detail_ 2015_ 03/16/3661029_ 0. shtml）

问题：1. 作为创业人，怎样打动投资人？上面的案例给大家什么启发呢？

2. 在产品还未正式上线的情况下就获得了投资，有何秘诀？

3. 300 万元投资在路演就当场敲定，讨论创业计划书从中起到的重要作用。

【相关知识】

一、创业计划书的定义

创业计划书，也叫作创业计划，是创业者在创业初期为企业勾画的蓝图，主要包括产品开发生产、市场营销、财务、人力资源等职能计划的综合。创业计划书要能明确地回答为何能盈利、怎么盈利、何时能盈利和能盈利多少。

由于大学生大多没有受过撰写创业计划书的专业指导，所以撰写出来的创业计划书会有一些问题，表现在以下几个方面：创业项目的产品或服务描述不清楚、创业项目的市场竞争态势分析不深入、创业项目三年规划不切合实际、创业项目需要的启动资金数额较大无法筹集、创业项目的市场运营计划不全面、创业项目的商业盈利模式没有特色、创业项目的市场运营计划不全面、创业团队的人员结构不理想、创业项目的风险分析与控制较差、创业项目的 SWOT 分析不全面。

二、创业计划书的意义

（1）认识创业前景。创业计划书是创业者为自己的未来企业量身定制的一面镜子。在创业计划书的撰写过程中，创业者需要谨慎地对自己和即将开始的创业活动进行全面审视，这样才能帮助创业者更好地开展创业活动。

（2）获得风险投资。好的创业计划书是创业者打开风险投资大门的敲门砖。对于尚在雏形中或尚待创办的新企业，风险投资者无从知道它的商业数据，一般只能通过创业计划书来了解企业前景，判断是否具有投资潜力和利益回报。

（3）整合多方资源。创业者在撰写创业计划书之前，总会对创业过程进行全盘思考，完成市场调研、自我评估、市场定位、产品研发、制定营销策略、财务规划和人事安排。实际上，创业计划书就是对这些凌乱、分散的信息和要素进行充分的研究，理出它们之间的联系，并对它们进行整合重组，实现完整的商业运作计划，在此过程中，创业者也对社会资源进行分析和运用，并充分利用行业人脉和优惠政策来获得创业资金和平台。

（4）打造创业团队。创业计划书是创业者展示产品或服务的载体，同时也是展现创业者思想和才华的工具。通过优秀的创业计划书，一方面能使投资者看到创业者的潜力和决心；另一方面，还能让有识之士看到希望和未来，将志同道合的精英吸引到创业团队中来，打造属于这一群人的梦想舞台，实现人生的梦想。

案例学习 9-1

曹伟是一家软件外包公司的总经理，公司有60多名员工，营业收入达到1 000多万元，业务主要面向美国、日本等国，国外的订单接连不断。然而，面对公司的高速发展态势，曹伟却愁容满面，原因是公司缺乏足够的资金扩大生产规模。

融资心切的曹伟希望能够直接同风险投资人对话，这样就不必再撰写创业计划书了。但风险投资人认为这并不能够取代创业计划书，因为除了一些朋友介绍的项目，他们主要还是通过创业计划书来了解整个项目情况。在创业者与投资经理谈完后，仅有一个人了解，还不如详细地准备一份创业计划书，而且还可递交给多家风险投资公司。

集富亚洲副总裁钟晓林强调创业计划书是风险投资公司必不可少的文件。尽管这并不是决定一个项目本身能否成功融资的关键因素，但是如果没有一个好的创业计划书，风险投资人可能不会理解创业者的项目，因此就谈不上进行风险投资。

曹伟认为自己不擅长撰写创业计划书，与其自己在这上面浪费很多时间，不如让专业中介公司代为撰写创业计划书更好。钟晓林并不赞成这种做法。他认为，创业者整理、撰写创业计划书的过程，也是首先把该项目推销给风险投资公司和创业者自己的过程。一个连创业者自己都不相信的创业计划，是不可能推销给别人的，更不可能说服风险投资者。反过来，即使一个实际上很好的项目，如果没有通过创业计划书这一众多投资者认可的文字方式充分展示出来，其结果很可能是把项目留给了创业者自己。

钟晓林还指出，不仅如此，对创业公司来说，创业计划书还可以为公司的发展定下较具体的重点和发展方向，从而使员工了解公司的经营目标，并激励他们为共同的目标而努力。

另外，从创业计划书对于决策影响方面来说，其价值是无法衡量的。担任几家公司融资顾问并且获得风险投资的锋众网总裁桑均晟对此有深刻的认识。他表示，如果一个企业在决策之前不做一个非常周密的计划，那样的决策是缺乏根据的。创业计划书起到了整合资源、集中精力、修补问题、寻找机会以及对企业未来展望的作用。创业计划书不仅用来申请风险基金，也为了预测企业的成长率并做好未来的行动规划。从这一个角度来讲，创业计划书并不只是风险投资的专用文件，而是公司经营管理的行动指南。

因此，对于需求风险投资的企业和创业者，创业计划书都是必不可少的。创业者通过创业计划书，介绍公司目前发展的状况和需求以及未来的发展方向；而风险投资人面对大量潜在可行的创意时，也只能通过对创业投资方案的评估做出选择。从国内外风险投资发展的经验来看，创业者是否有一个很好的创业计划书，对于能否成功地吸引风险投资是极为关键的，因而，良好的创业计划书往往被称为创业公司吸引风险投资的“敲门砖”或“金钥匙”。

（资料来源：https://wenku.baidu.com/view/000260e30722192e4536f6df.html）

问题：创业计划书在成功创业案例中起到的意义是什么？

三、创业计划书的核心信息

创业者提供的产品或服务各不相同，所以，创业计划书各具特色。但是，优秀的创业计划书却有着相同的核心内容，主要包括以下几个方面：

（1）概念。让阅读创业计划书的人了解企业所提供的产品或服务的特性，以及这个领域未来发展前景怎样。

（2）顾客。分析企业的产品或服务所适合的客户群体类型，了解客户的需求、购买力，并对潜在的客户群体特征做出判断，预测市场销售情况。通过对市场的调查，了解企业产品或服务的市场需求，为改良和开发新产品以及市场销售带来可靠依据。

（3）能力。创业者本人的能力从根本上决定了企业的发展态势。所以在创业初期，创业者必须进行深入客观的自我分析，了解自己的长处和短处，以便构建互补型的团队，以弥补个人能力的欠缺。与此同时，也要为自己设立能力成长的目标，通过自身的不断进步带动企业的良好发展。

（4）公司。根据投资主体和所成立机构的法律形态，企业的设立条件、投资者承担的责任、税收征缴、财务核算等各不相同。因此，创业者需要根据自己的实际情况成立相应的机构，选择相应的法律形态对创业进行保障，同时，为企业的发展提供基础。

（5）资本。资本属于投入的生产资料，包括劳务、土地、资本。而从企业会计学理论上说，资本指所有者投入生产经营能产生效益的资金，可以是现金，也可以是资产，如机器、厂房、货币、原料、商品等。作为创业者，要清楚在创业初期需要投入多少资本，自己可以承担的部分有多少，不足部分是通过借贷、融资还是其他方法获得；当拥有充足的启动资金时，如何使用这些宝贵的资源，让企业赢在起跑线上。

（6）持续经营。持续经营定律源于会计学的假设，当企业还没有到达破产、关闭等清算环节时，必须按照持续经营原则进行会计处理。因此，创业者在对自己的企业进行战略部署和规划时，要仔细分析对企业产生关键性影响的风险因素，并通过调查、研究、协调等初步制定有效的应急预案，将风险降低到最小，同时，要避免将过多的精力耗费在非关键性风险上。只有积极主动维护企业，才能实现创业初期持续经营的目标。

（7）竞争者。这里的竞争者指与本企业提供相似产品或服务，并且所服务的目标顾客也相似的其他企业。作为创业者，需要了解竞争者的类型，他们来自何方，他们的实力，与自己是直接还是间接的竞争关系，他们出售的产品或服务与自己的相似度，他们的优势与弱点以及销售区域和业绩状况。同时，分析自己的竞争优势及劣势，预测所能占到的市场份额。这样才能帮助创业初期的企业趋利避害，进一步制定竞争策略和经营方案，为企业发展奠定良好基础。

四、创业计划书的基本内容

为了创业计划书的内容更全面、思路更明确、条理更清晰、细节更详细、包装更到位，大学生在撰写时，可以参考下面的模板。创业计划书的基本内容包括：封面、摘要、公司介绍、产品或服务、创业团队、技术分析、市场分析、竞争分析、风险分析与控制、市场营销策略、项目融资与筹划、项目财务分析、创业项目股权结构等。

1. 封面

封面是读者对创业计划书的第一印象，因此，封面设计要符合审美观，简明大方有艺术感，并且与创业计划书的内容相呼应。

2. 摘要

创业计划书的摘要是整个创业计划书的概括与精华提炼，一般字数不能写得太多，篇幅控制在一定范围内。摘要的重点是围绕创业项目的社会环境背景、市场需求大小、产品和服务、市场空间容量、创业团队、创业项目的优势与特色、创业项目的商业盈利模式、创业项目的投资回报，以及创业项目的风险与控制等简要描述。要让创业计划书的读者从摘要中清楚地了解创业项目的全貌。

3. 公司介绍

公司介绍是要让外人了解创业公司的基本情况，包括创业公司的成立时间、注册资金规模、公司人员数量及学历情况，公司的定位、公司宗旨、公司理念、公司的主营业务、公司组织架构、公司目标等。

4. 产品或服务

产品或服务是创业计划书描述的重要内容。创业者在描述产品或服务时，除了要将创业公司所提供的产品功能、产品质量、产品外形、产品尺寸、产品包装、产品服务等方面的情况描述清楚，还要重点描述以下与产品或服务有关的内容：

（1）技术水平。创业项目如果技术含量高，属于高科技的项目，技术水平的描述就十分重要。技术水平的介绍应围绕项目产品的技术水平处于国际领先、国际先进、国内领先、国内先进等不同的阶段去陈述，如果该技术填补了国际空白或国内空白，应该尽可能描述清楚。

（2）自主知识产权。创业项目中如果有大学生自主发明的专利或著作权都会提升创业项目的技术含量。因此，如果创业项目拥有自主知识产权，就应该在创业计划书中加以详细介绍和描述。

（3）产品销售服务。产品销售在项目经营中是重要环节，直接影响到创业公司的运营，包括产品的销售对象是谁、产品能否销售出去、产品销售的大客户有多少和年销售量的大小。所以，产品销售服务要在创业计划书中全面描述。当然，项目产品的宣传，销售渠道的建设，产品的市场定价与定位，产品的售前、售中、售后及目标客户与潜在客户的培育也包括在产品销售服务的内容中。

（4）产品或服务特性。在描述产品时，应该从产品的便利性、低价性、环保性、安全性、舒适性、美观性、功能性等方面进行描述，在描述服务时，服务模式是关键内容，是衡量创业项目质量好坏的一个重要评价指标。

（5）产品设计和生产。对于生产制造类的创业项目，要详细描述原材料的采购、产品设计、生产制造、检测检验，包装运输、产品销售、售后服务等不同环节。产品设计围绕产品图纸设计、制造工艺设计、加工模具设计、概念设计和工业设计等方面描述。产品生产制造可以重点围绕生产流程、生产工艺、产品检测检验、产品打标、产品包装与交付发货等方面描述。

案例学习 9－2

刘晗的家教公司

2005 年，来自山西农村的刘晗考上了四川大学。父亲送他到大学报到，回家前给他留下 1 000 元，这便是他第一学期的生活费。为了节约开销，他每天吃白饭泡菜，可这样也远远不够。

于是刘晗便找了一份家教工作，每个月有 400 元的额外收入。刘晗非常珍惜这份工作，因此教得认真，学生成绩提升得非常快。雇主的朋友知道这事后就通过雇主拜托刘晗在川大找一些不错的家教并付给刘晗相应报酬。

刘晗通过这事发现家教中介有着很大的商机：家长不信任素不相识的大学生，大学生也对家长持有怀疑态度，而一家正规化的公司却能够搭起其中的桥梁。于是，刘晗和同寝室的朋友小任合伙开了家教中介公司，凭借学生会的关系并与学生会达成共识，学生会负责召集愿意做家教的学生，公司负责在外联系家长，保证渠道正常有序。

最终，刘晗的家教公司在大学四年里从两个人的小中介公司发展成雇用了十余名兼职大学生的优质企业，为刘晗在大学的四年里赚到了上百万元的利润。

（资料来源：http://www.sunbus.cn/static/a209711d4b76.html）

5. 创业团队

创业团队也就是人员及组织结构，是创业项目的核心力量，对于能否有效运营创业项目至关重要。所以，创业团队的描述在创业计划书中是重要一环。

（1）团队的学历、专业和技能情况。在介绍创业团队时，要描述清楚每个团队成员的姓名、性别、年龄、专业、学历和技能，更能明确谁是项目负责人、每个成员各自负责哪些工作，让组织协调能力、项目策划能力、工业设计能力、软件编程能力、信息查询能力、市场营销能力强的成员各尽其才。

（2）创业梦想和创业激情。创业梦想和创业激情是创业必不可少的。每个创业成员的激情加在一起就会成为一簇火焰，共同燃烧大家的青春激情岁月，为生命诗篇书写下最为绚烂的一笔。

（3）参加社会实践与社团活动情况。相比较而言，参加过社会实践和社团活动的大学生，组织能力和活动能力更强，这对风险投资更合适。因此，每个成员是否参加过重大社会实践活动及社团活动情况，在介绍创业团队时，应该详细描述。

（4）团队合作与组织协调情况。创业团队成员之间的理念认同、性格磨合、工作协同都会影响创业团队的战斗力。在创业计划书中详细描述成员的合作精神和善于配合的工作态度，才能更加全面地反映创业团队的整体实力。

（5）抗挫折能力情况。拥有强烈的创业激情，不畏创业失败，拥有坚强毅力的质的大学生是最适合风险投资的。因为对大家来说，创业绝非易事，创业过程中不仅会遇到风险，也会遇到阻力和障碍。如果在创业计划书中描述团队中成员的抗挫折能力，就能看出来这个创业团队是否能经受住创业失败的打击。

案例学习 9-3　企业家精神就是坚持不懈、敢于担当

马云曾说，在顺境的时代会诞生伟大的企业，在逆势的时代也有伟大的企业，像日本的索尼公司就是在非常低迷的时期诞生的。“这个世界缺失的不是钱，商业社会缺失的是企业家的精神、企业家的梦想、企业家的价值观。2002 年互联网泡沫的危机，那次我的口号是成为最后一个倒下的人。即使跪着，我也得最后倒下。而且，我那时候坚信一点，我困难，有人比我更困难，我难过，对手比我更难过，谁能熬得住谁就赢。放弃是最大的失败。永远不要放弃自己的信心，永远不要放弃当第一的梦想。”

什么是企业家精神，我在马云的身上看到了，也看到马云的成功秘密。

马云为什么能取得成功？这是很多马云的粉丝与对手都渴望了解的事情。当然，我们都知道阿里巴巴的成功之路并不是那么顺利，其中的风险曲折，或许也只有马云最清楚。如果不是马云的坚持不懈，可以肯定绝对不会有现在的阿里巴巴。这样说吧，如果你能坚持一个梦想很长时间，如果你非要达到梦想实现为止，而且这个梦想并不是天方夜谭，愿望就肯定能够实现。马云的坚持之路走得有多累，又有多少心酸？

当马云在北京已经打开一片天地的时候，他毅然决定返回杭州，继续自己的电子商务梦，要知道这不仅是从头开始，而且是一无所有。当非常时期，人人自危，马云却说出即使跪着，也要最后一个倒下，也要活下去！在经济危机来临时，马云说冬天并不可怕，坚持着我们的坚持，就一定可以度过寒冬。因为坚持，马云胜利了，阿里巴巴也在坚持的路上迈着矫健的步伐前进，前进！

敢于担当又是企业家应该具备的另一个特性。而现实中往往越是承担责任、敢于自责的人越有人缘和说服力。问题是用来解决而不是推卸的。马云很清楚这个原则。如果公司管理或某个方面出了问题，那一层责任推一层，问题就真的成了问题。而管理层也一样推卸责任，却丝毫不去找解决问题的方法时，这个公司就差不多面临倒闭的危险了。

如马云一样坚持梦想和敢于担当并不是企业家成功的所有特性，但这两点缺一不可。当今成功的企业家都做到了这两点，才会成功。坚持自己的梦想，承担犯了的错，这样才会更加努力地向着成功的方向前进！

（资料来源：新浪财经 http://finance. sina. com. cn/hy/20081207/18195601584. shtml）

6. 市场分析

当企业要开发一种新产品或向新的市场扩展时，首先要进行市场分析。创业计划书中市场分析应包括以下几个方面的内容：

（1）市场服务预测。创业项目要实现与市场结合，围绕市场服务需求去设计，这就需要分析创业项目的市场空间有多大，会有哪些人群购买，服务或产品是否具有市场需求，会给购买的对象带来哪些好处。

（2）公司选址。创业计划书中要对办公地点进行充分的调研和分析。如果项目属于科技类的公司，地段应该选择科技氛围比较浓的、能享受科技扶持政策的地段，如大学生科技园或科技孵化园；如果属于文化和设计类的公司，选择产业集聚的地段或商业写字楼，如文化产业基地。

（3）分销渠道。公司要经营下去，不仅要生产出产品，更要把产品卖出去，形成销售收入。因此，要设计利用好哪些人脉关系，建立分销渠道，并创新销售模式。

（4）产品价格定位。项目产品的市场价格的确定也很重要。价格过高，产品不好卖；价格过低，公司的利润会受到影响。这就要求创业者提前对市场上类似产品的价格做横向比较，制定相对应的价格策略。

（5）目标客户定位。产品销售一定要确定目标客户。要清楚哪些人会购买公司的产品与服务，主要可以围绕以下几个方面去分析：从收入差异上可以划分为蓝领、白领、金领；从消费差异上可以划分为奢侈消费、高端消费、中端消费和低端消费；从受教育程度上可以划分为初等教育、中等教育和高等教育；从性别上可以划分为男人和女人；从年龄上可以划分为新生儿、学龄前儿童、小学生、中学生、大学生，或老年人、“60 后”“70 后”“80 后”“90 后”等。

（6）市场覆盖率与占有率。创业公司要规划好产品销售到哪些地区和领域，销售的规模有多大，每年产品的地域覆盖率、市场占有率、需要多少人去拓展市场、需要投入多少资金都要提前规划好。

案例学习 9-4　**重庆大学生卖手抓饼，年收入 250 万！**

“90 后”大学生禹化普大三时就当上手抓饼小老板，两年来连锁加盟店已开遍大学城。

你曾经在北城天街小吃街吃过台湾手抓饼吗？这家不到 10 平方米的小店老板竟是一位刚刚毕业的“90 后”大学生。禹化普大三时就当上手抓饼小老板，在两年时间里发展了 4 家直营店、1 个加工厂和 8 家加盟店，年收入达 250 万元。

每天下午 4 点，在北城天街小吃街店门口，已经有五六个白领在排队。放面团、煎鸡蛋、配作料……3 分钟后，两个手抓饼新鲜出炉，递给了前面的顾客。和传统烙饼不太一样，这个饼千层百叠，面丝千连，外层是淡淡的金黄色，内层柔软白嫩。

每天能卖 400 个饼

这么多人包围着店，为什么还有顾客加入呢？“这五六个客人是活招牌。顾客也许不知道我们，但看着这人气，就会吸引他们来尝鲜。”禹化普说，小吃店的秘籍就是要保持人气旺，排队人越多生意越好。

“以前我们追求速度，人多了就一次出 6 个饼。”禹化普说，在 2011 年做第一家店时这个快捷的方式并没有赢来顾客青睐。他特意跑到成都小吃街去考察，发现类似的小吃店老板总是保持慢工出细活的状态，即便店外已经排起长龙也不慌，而前来的顾客络绎不绝，等待着他们的美食。

禹化普回到重庆，开始要求师傅一次只做两个饼，甚至有时候做一个饼。这个营销方式反响很好，饼保持最好的口感，排队的客人反而更多了，每天平均能卖 400 个饼。

加盟店 4 个月盈利

禹化普的北城店是两个月前开的，虽然租金掏了 1.3 万元，但是却成了店里的活招牌。北城店现在每月能卖 1.5 万个饼，凭借这样的人气，禹化普在月初迎来了三位新的加盟商。

禹化普说，从去年的 5 个加盟商情况来看，基本 4 个月就能盈利。加盟费收 1 万元，门店 3~10 平方米即可，租金价格通常在 3 000 元左右，扣掉原料、房租、水电煤及人工费用，按每家店最差卖 300 个饼算，一个月的纯利润平均为 8 000 元。

一开始，禹化普想做连锁直营模式，但当他们拥有第三家直营店时，开始打磨品牌。要想与大品牌竞争，打开这个细分市场领域，必须吸引加盟商。

“每卖一个面团给加盟商，他们赚 8 毛，我们只赚 5 毛，薄利多销。”禹化普说，按 10 个月算，5 家加盟店每天至少购买 2 500 个面团，一年仅靠卖面团营业额就能达到 100 万元。

（资料来源：新浪财经 http://finance.sina.com.cn/leadership/crz/20130725/104716239619.shtml）

7. 风险分析与控制

创业计划书中对风险分析和风险控制的介绍可以帮创业者清楚地看到创业项目的风险在哪里，风险有多大，如何规避风险和控制风险，并制定风险应对的预案。风险主要有以下几个方面：

（1）资金风险。创业者要认真思考资金的问题。如：有的创业项目可能需要经过很长时间才会盈利，但是自有资金又不足，会导致企业经营维持不下去；有的企业项目启动资金很大，但是能够募集到的资金又不多，很难保证项目的顺利开展；有的企业不注意开源节流控制成本，各方面支出很大，造成很大的财务亏空，导致创业失败。针对以上可能出现的资金风险，创业者要全面分析，并想好如何应对的措施。

（2）团队风险。创业公司有时也会遇到团队风险。企业开办前，合伙人之间的关系都不错，不一定在一起共过事，不存在经济利益关系，企业开办后，彼此都是企业的股东，会存在利益和权力的直接冲突。同时，每个人的思想观念、价值观念也不尽相同，团队合作中的矛盾也会随岁月的变迁而产生。为了防止合伙人离开企业单干的后果出现，创业者也要提前思考如何与合伙人之间加强交流沟通，统一思想，最终达成共识，化解利益冲突。

（3）管理风险。新成立的企业，由于员工少，可能会出现一人多职、一人多岗的情况，随之而来有可能产生工作上跨岗越位引起的冲突与矛盾，这就需要大家相互配合并在一段时间里去磨合。要使创业公司向着规范化、程序化、标准化的方向发展，创业者必须让企业员工做事情有章可循、有法可依，特别要提前制定好企业的人事制度、考勤制度、财务制度、销售制度、薪酬绩效考核制度等。

（4）市场风险。创业者最应该重视市场风险。导致市场风险增大的有可能是国际和国内的一些突发事件。如沿海数省受到台风的侵袭，香蕉的产量就大幅度下降；酒鬼酒陷塑化剂风波，导致国内白酒行业销售量大幅下滑；奶粉中添加三聚氰胺，使国内奶业的生产受到影响。当然，市场上竞争对手太多、产品价格混乱、假冒伪劣商品增多、市场需求不足也是市场风险的重大隐患，所以，要认真分析市场风险并做好预案应对。

（5）政策风险。政策风险就是创业项目是否与国家产业发展政策相违背，是不是属于国家限制性发展的行业或国家不支持发展的产业。创业项目如果与国家产业和环境发展精神相抵触，就要认真研究项目实施的可行性了。如我们国家一直在提倡节能减排和绿色生产，尤其是最近两年雾霾污染比较严重，如果所选的创业项目是属于对大气污染很严重的，那么这个创业项目就有很大的政策风险。因此，一定要尽可能规避这样的政策风险。

案例学习 9－5　大学生毕业后种香菇：年产值达 100 万元

1986 年出生的李正森从小在农村长大，心地善良，乐于助人。村里老人担水烧柴困难，他总是主动跑去帮忙；每当听到大人们谈论哪个村民无钱看病可怜时，他就幻想着自己将来当了大老板，让乡邻都能在自己的公司上班挣钱。

2009 年，李正森从安徽建筑学院毕业，在县城找到了一份建筑工作。由于所学专业对口，加之吃苦耐劳，工作有魄力，很受公司经理喜欢。一天，李正森回老家瓦房口镇看望父母，和同村一个 15 岁的少年同坐一车，这孩子的学习成绩非常优秀，可由于父亲残疾、家里贫困，考上重点高中就没有上学。这再次刺激了李正森的那个童年梦想：创业办厂，带领乡亲们一起走上致富路！

2009 年秋，当地政府鼓励大学生回乡创业，村里引进了肉鸡养殖企业。在建筑公司上班仅两个月的李正森辞去工作，信心百倍地搞起了肉鸡养殖，租地、贷款、建棚，他把周边一些留守老人和残疾朋友请来打工，连自己的父母也被拉进来帮助管理。令他没有想到的是，第一次购买的 4 000 只鸡苗在路上就热死了一半，等到卖成品鸡时，收购经理说 2 000 只的养殖规模太小，相应的人工成本就会过高，赚不了钱肯定还要亏本。第二次购回的 6 000只鸡苗总算养大，可市场肉鸡价格大跌，当他拿到卖鸡款看着空荡荡的鸡棚时，眼泪刷刷直流。赔了 20 多万元，他三天三夜没睡着觉，第四天强撑着给村民付工资时，乡亲们都知道他赔了，让他先还银行贷款再说，但他执意先给村民付了工资。李正森回乡首次创业的一腔热情就这样被浇灭了。

李正森引种香菇纯属偶然。2010 年夏季，李正森为了弥补养鸡的亏损，就跟着一个朋友搞起了猪苓购销。有一次，他到安康宁陕县收购猪苓，看到当地的食用菌产业很红火，就动了栽培食用菌的心思。他发现柞水以前都是用椴木栽培香菇木耳，随着人们对生态环保的重视，当地椴木食用菌产量必然会越来越少，而袋料生产香菇在柞水还很有限，这应该是一个致富商机，李正森瞅准了这一项目。宁陕的一位经理了解到他的创业经历后，被李正森憨厚耿直、富有同情心的品格所打动，同意和李正森合作。

2010 年年底，在小岭镇政府的扶持下，李正森在金米村租地 40 多亩，注册资金 300 万元，成立了陕西正森农业生态有限责任公司，他还注册了“正森”绿色食品商标。2012 年，李正森投资建设玻璃丝骨架大棚 150 个，购买高效灭菌炉、自动装袋机、电动翻料机等食用菌生产配套设备 50 余台，同时配套建设了装袋车间、菌种室、接种室、锅炉房、仓库、冷库和加工包装车间。

金米村既是板栗大村，又是核桃改良大村，每年林木科管会产生大量的树木枝条，还有大量的植物秸秆。自从在金米村建起食用菌公司后，他就从村民手中收购这些树木枝条、废弃秸秆和玉米芯、麸皮、玉米糠等，让这些往日的废弃物变成了钱串串。李正森还在生态循环经营上多动心思，对食用菌进行专业化生产、加工、销售，将食用菌培养基地使用后又作为有机肥料还田，整个产业流程确保不给环境造成损害。公司采取“公司 + 协会 + 农户”模式，充分发挥龙头企业的示范带头作用，统一培训，统一管理，统一回收，统一正森品牌销售，提高了菇农抗御市场风险的能力，带动周边农民发展优质、高效、生态、安全农业。2012 年 3 月，在陕西正森农业生态有限责任公司的带动下，金米村组建了金米食用菌产业协会，村上 33 户农民加入协会，依托正森农业生态有限责任公司发展食用菌。仅去年全村就生产食用菌 150 万袋，产鲜菇 1 750 吨，年产值达 1 000 万元。

（资料来源：http://qita.shang360.com/zixun/cgal/10431.html）

8. 市场营销策略

创业公司成立后就会面对为客户提供产品或服务的问题，这就涉及产品或服务的市场营销策略。营销过程是一个循环过程，要使各部分都达到内部连贯且互为补充的目的，营销策略就要不断地修正，使计划在其各个部分相互衔接时都有意义。营销策略包括如下内容：市场机构和营销渠道的选择、促销计划和广告策略、营销队伍管理和价格决策。营销是企业经营中有挑战性的环节，影响营销策略的主要因素有消费者的特点、产品的特性、企业自身的状况、市场环境。最终影响营销策略的则是营销成本和营销效益。

在市场营销中，有传统的策略，如上门推销、大打商品广告、向批发商和零售商让利，也有 4P、4S 等现代营销理论为创业者提供借鉴和使用。

延伸阅读

4P 理论

4P 营销理论产生于 20 世纪 60 年代的美国，随着营销组合理论的提出而出现。1953 年，尼尔·博登在美国市场营销学会的就职演说中创造了“市场营销组合”这一术语，其意指市场需求或多或少地在某种程度上受到所谓“营销变量”或“营销要素”的影响，为了寻求一定的市场反应，企业要对这些要素进行有效的组合，从而满足市场需求，获得最大利润。4P 分别指产品（product）、价格（price）、地点（place）和促销（promotion）。

4S 理论

4S 营销理论强调从消费者需求出发，打破企业传统的市场占有率推销模式，建立起“消费者占有”的行销导向。企业对产品、服务、品牌不断进行定期定量以及综合性消费者指数和消费者满意级度的测评与改进。4S 分别是满意（satisfaction）、服务（service）、速度（speed）和诚意（sincerity）。

案例学习 9－6 女大学生开婚庆公司年赔 8 万

2006 年丁莹莹和崔英从沈阳化工学院（现为沈阳化工大学）信息管理专业毕业，毕业后分别在化妆品公司和化工企业工作。2007 年 10 月，两人双双辞职，感觉婚庆是个朝阳行业，于是不顾家人的反对，向家人借款 12 万元，联手开了一家婚庆公司。然而她们的事业却一直步履维艰，目前尚未收回投资成本，一年下来赔了 8 万元。

一、收回成本遥遥无期

丁莹莹和崔英都是外地人，在沈阳举目无亲。为了方便事业起步，她们选择以加盟的方式开店，光加盟费就花了 4 万元左右。2007 年 12 月，她们做成第一笔婚礼庆典，虽然收了 3 000 多元，但扣除各种费用，最后还赔钱。

丁莹莹和崔英没有放弃，她们在努力用创意和服务赢得客户。沈阳有两位新人的恋爱经历特别巧，他们在幼儿园时是同学，高中时又在同一所学校，高考前凑巧坐前后桌，这样的缘分使两位新人走到了一起。丁莹莹和崔英借用《向左走，向右走》电影主题为新人设计了一场舞台剧，婚礼的策划和布置令新人和亲朋好友特别满意。

以后，她们又陆续为 20 多对新人操办了婚礼庆典，每场价格在 5 000 元至 2 万元不等，但利润极低。

二、再不成功就会放弃

现在，扣除各种费用，两人每月能剩三四千元，但是相对当初投资的高额成本来说，无异于杯水车薪。婚庆生意为什么不好做呢？面对记者的提问，丁莹莹说，最主要的是店铺选址太偏僻，“蜗居”在公寓里，宣传又没有做好，现在知名度不够。其次，店铺规模档次“高不成、低不就”，而且目前沈阳市的婚庆公司大大小小有 2 000 多家，大打价格战，她们没有价格优势。另外请司仪和摄像师、租花车等，每次要支付一定的费用，再扣除场地费，盈利已经很少了。再加上公司推广宣传力度不够，使得婚庆公司生意淡薄。

“反正感觉创业挺难的，有些累了，还不如给人打工挣死工资舒服。再坚持一年，如果还没有起色，我们会选择放弃。”丁莹莹最后向记者说。

（资料来源：http://www.86722.com/licai/i30428/）

9. 三年发展规划

制订公司的中长期计划，明确公司的功能定位，规划公司发展前景，对于公司的发展非常重要。因为，据统计资料分析，三年是考察新企业成败的关键节点。因此，创业公司就要建立和完善公司规章制度，做好公司发展的整体规划。创业者可以根据不同的科目内容，按照年度时间进度，设定预期完成目标。公司三年发展规划可参照表 9－1 制定和设计。

表 9－1　公司三年发展规划参考数据

序号	科目名称	第一年	第二年	第三年
1	产品研发品种			
2	申请专利数量			
3	产品生产数量			
4	产品销售额			
5	产品销售数量			
6	产品利税			
7	产品货款回款额			
8	库存率			
9	废品率			
10	市场覆盖率			
11	市场占有率			
12	质量管理体系建设			

10. 创业项目股权结构

创业者在组建创业团队时，应该考虑股东人数和股权比例。在股权方面，要避免股东一枝独大，这样会影响决策的合理性。另一方面，股东人数又不宜太多，否则会导致重大决策很难确定下来。

案例学习 9－7　“80 后乞丐”网上卖烧烤　500 元起家赚了 400 万

1983 年，李烨出生在盐城的一个富裕家庭，父亲在当地经营着一家大型餐饮企业。回想起当年的生活，李烨说那时虽还没有“富二代”的概念，但自己绝对已经是了：“我家的酒店叫兴达大酒店，按照现在的说法应该算是一个会所了。我 2001 年在常州上大学时，每月生活费至少有 5 000 元，在当时的校园里绝对算得上是‘富二代’的水平了。”

但是好景不长。2003 年，父亲经营近十年的酒店破产了。李烨的生活费从每月的5 000多元一下子掉到了不到 100 元。那段日子，李烨在常州一家电脑城门前扛箱子挣生活费，这样一直坚持到 2003 年退学。父亲破产后，全家一度在扬州尝试养螃蟹，但是 2003 年遇到“非典”，又加上遇到发大水等意外，养殖场也没有办成。一家人就又回到了盐城。

“回到盐城时，总共只剩下500 多元，全家人都在为生计发愁。我有一天晚上出去溜达，看到一家烧烤摊生意非常火。想着这个成本小，自己可以干。但自己没经验，于是免费给烧烤摊老板打工。”师傅看李烨不怕苦、不怕累，就把配料毫无保留地都告诉了他。两个月后，李烨自己的烧烤摊在盐城师范学院旁开张了。没想到很红火，两个月的时间李烨一共赚了 1 700 元。

生计有保障后，2005 年，李烨又参加了高考，最终考进上海出版印刷高等专科学院。在学校里，李烨读的是多媒体设计专业，说是多媒体设计，实际上就是网页设计等一些电脑知识运用的专业。他没有一门心思死读书，"我白天上课，晚上就外出打工，主要是帮助商家做电商服务。最让我骄傲的是我大二的时候，去了上海一家经营游戏货币的网络贸易公司，有点类似于美国的eBay网，这段经历给我后来的电商生涯打下了基础。"

2008年6月，大学毕业后，怀揣创业梦想的他在同学、亲戚的帮助下，创立了上海天天爱购网，但是没多久因为股份的问题退出了团队。

又一次跌入谷底时，李烨又想到了他的烧烤。李烨在上海读书期间，父亲也把他的烧烤摊从盐城搬到了上海。2008年10月的一天，创业失败的李烨在家帮父亲打理烧烤生意，"那天我脑子里突然冒出一个念头，在网店摸爬滚打多年，为啥不把烧烤店开到网上呢?"说干就干，李烨开始着手创立他的网络烧烤店，并在当年的11月8日正式上线，取名为××烧烤。万事开头难，××烧烤网店的经营没有在路边摆地摊那么容易，网店开张将近3个月都没有顾客，直到2009年2月，奇迹才光顾这位曾经的"富二代"。

说起第一笔生意，李烨至今还略显激动。这个订单来自昆山，是家庭聚会上需要购买烧烤食材和器具，订单一共是220元。李烨有些感叹地说，网店上线3个月都没有生意，信用额度为零，有人敢下订单就意味着机会来了!

当时也没成立公司，选材、打包、发快递都是他一个人弄的，每个环节都反复确认，总怕自己一不小心弄错了。快递发出后，李烨还是有些不放心，一天之内共打了十几个电话给顾客和物流，直到确定对方拿到货物。"昆山的这位顾客拿到我的东西后，很满意我的服务，就给了我一个长长的带文字好评!现在这位女士还经常从我这里买东西。"

有了第一笔生意后，网店经营局面慢慢地打开了。为了发展事业，父子俩齐上阵。父亲在上海控江路、延吉路开实体烧烤摊；李烨专心搞网店，线上和线下相互促进，父子两人一下子都忙碌起来。慢慢地，李烨的部分同学也加入他的创业队伍中来。发展一年后，李烨团队把店铺搬到了上海翔殷路隧道附近，这里靠近上海两个知名的户外烧烤点，有很大的市场潜力。更重要的是，上海最大的国际水产市场以及杨浦区肉类批发市场也都在门店附近，进货、补货比以前更加便利。

发展至今，李烨的烧烤网店在旺季每天要卖出100到150单，而每单平均消费都在400元以上，营业额能达到5万元。按盈利三四成来算，一天也可净赚到1.5万元左右。

"我去年的销售额是153万元，但是今年上半年的销售额已经到了120万元。"按上述利润计算，今年上半年保守估计李烨已经赚了三四十万。来自上海媒体的报道称，创业4年，李烨年收入超百万元。因为经营业绩突出，李烨2012年9月被淘宝评为全球十佳网商。

他的烤串不比路边摊便宜，为什么红火呢?

在淘宝××烧烤官网看到，30克的牛肉串一串要2元，70克一串的鸡翅要3.5元，相比路边烧烤摊的价格，网店里出售的烧烤食材并不占太多优势。那么，李烨凭什么吸引顾客呢?

李烨很不乐意大家把他的××烧烤称为网络烧烤店，甚至对这一称呼感到愤怒。李烨笑道："如果你现在还把我的××烧烤网店仅仅当作网络版的烧烤店，那就完全错了。刚开始，开网店确实是想通过网络增加烧烤摊的销售量，但是现在网店卖的不是烤串，而是烧烤服务。如果仅仅想吃烧烤，而不是为了享受烧烤带来的乐趣，其实还真不如去路边烧烤摊吃。我们网店有烧烤所需要的食材、器具等一切东西，在上海地区还能提供公园门票等烧烤线路的服务。假如你自己要完成这一系列的东西，可能要跑很多个地方。所以我们一笔单子的消费额往往高达几千元，甚至上万元。”

（资料来源：http：//www. iceo. com. cn/chuangye2013/2013/0724/269192_ 2. shtml）

11. 项目融资与筹划

创业者在创业前，要仔细核算到底需要多少创业资金，最后要想清楚有哪些途径和渠道能筹措到多少资金，因为要实现创业梦想，必须有足够的资金。

（1）创业资金的估算。对于大学生来说，创业项目所需的资金在几万元到几百万元不等，创业资金需要多少主要取决于创业项目在运营过程中可能会发生的资金支出，主要包括房租水电、财税费用、办公用品、办公设备、宣传印刷、人员薪酬、网络通信、生产设备、检测仪器、原辅材料、销售费用、交通差旅和公益费用，以及不可预见的支出。

（2）资金的筹措。创业者可以从以下途径尝试筹措创业资金：

①创业团队自筹。这是创业资金筹措最容易、最常用的方法，项目合伙人根据自身能力和创业启动资金总额认购项目股份。

②信用贷款。大学生要充分利用国家颁布的大学生创业信用贷款政策，向银行提交相关创业资料，申请创业贷款。

③创业计划大赛奖金。大学生要积极参加各类大学生创业计划大赛，力争在比赛中取得好名次，获得大赛对大学生创业项目的支持奖金。此类支持奖金一般从 5 000 元到 30 万元不等。

④天使投资。天使投资是大学生筹措创业资金的好途径。大学生可以将自己创业计划书准备好，广泛地寻找成功的企业家、自然投资人以及机构等天使投资，争取获得创业资金支持。

⑤风险投资。大学生要想获得风险投资并不容易，因为这要求创业项目不仅有很完善的创业计划和梦幻组合的创业团队，还要有很好的商业模式。

案例学习 9－8　女大学生投 5 000 元开网店　年赚 30 万元

2012 年 4 月，上大三的小魏瞒着父母，投入 5 000 元开起了网店。“一开始也有些担心，毕竟那么多钱。”小魏说，网店的摄影、美工、售前售后等都需要技巧，她只能一步一步摸索，失败了再重来。当时，她和男友每天打理网店，“从早上 9 点一直坐到晚上 11 点，还会因为压力大而失眠。”她说：“那段时间，生活有点乱，我都长胖了好多。”提起前期的艰辛，小魏现在还有点叫苦不迭，“从厂家进货，每次要进几百件，压力真的很大，害怕货卖不走。”

2012 年 5 月，小魏的网店终于有了起色，“算下来，第一个月我们就赚了 2 000 元！”回忆起来，小魏难掩兴奋，“当时高兴惨了，觉得网店比开格子铺更赚钱。”

一开始，小魏的网店主要卖手机壳，自己在手机壳上绘图，然后拍图摆上网，但生意并不好。后来，热爱艺术的男友给了她一个建议，让她注重独特性，做出有自己风格的网店。

此后，小魏开始瞄准学生包市场，为了追求独特性，她常常花钱淘一些风格奇异的进口手工包。一次，在英国的朋友说有一个牛皮包很好看，“我看了那个包的照片，感觉制作和风格很独特。”小魏要朋友花几千元钱买了回来，然后摆上自家铺子卖，“好多人抢着要买，我感觉找到了出路。”

随后，小魏开始经营风格独特的手工包。从2012年6月起，网店的生意越来越好。“有一天，我接了300个单子。”小魏说，面对这么大的生意，她和男友突然感觉不知所措。当时，店里就只有他俩，包装和发货只能自己动手。“从早忙到晚，感觉像搬砖一样，等到发完货，我和他都感觉自己的手没知觉了。”

小魏说，她店里的商品都出自广东那边的厂家，为此她还去考察过广东的厂家，看到有相关的生产资质后才同意授权。生产完后，货堆在自己家里，再由自己发货出去。

“今年4月结算时，我发现净挣了30万元。”虽然知道赚了钱，但面对这个数字，小魏还是感到惊讶。现在，她的网店每周有200件的成交量，“算下来一个月能卖出去六七万元的货，除去成本能挣3万元左右。”

在小魏的网店上，记者也注意到，她店里的商品最便宜的7元，最贵的666元。上半年该店的好评数是2 911，好评率达到99.71%。记者采访了解到，好评数加起来基本等于卖出去商品的数量，也就是说，小魏一年内至少能卖出4 000件商品，这其中还不包括打差评的数量。照她所说，一件商品利润在几十元到几百元不等，算下来，一年赚30万元完全有可能。

记者还了解到，小魏的网店信誉级别达到了4.8%，且有4颗蓝钻。小魏告诉记者，一颗蓝钻是251分，也就是要251个好评才能升级为1颗蓝钻，2 001~5 000分才能到4颗钻。她现在已经有了4颗蓝钻，这表明，她现在至少有2 000个好评。

6月8日，小魏买了一辆价值13万元的哈雷摩托车和16万元的奔驰smart车，“男友开哈雷，我自己开smart”。小魏说：“其实我的想法很简单，赚了钱就好好玩、好好享受。”记者问及是否全款付清时，小魏回答说：“都是分期付款购买的，我们不可能一次性把流动资金用在买车上，还要用来补货和进货。”

接下来，小魏想成立工作室，继续做大网店。“打算再请两三个人，分别负责摄影、美工和客服，让一切都专业化地操作起来。”小魏说，成功没有秘诀，她也是从失败中一步步走过来的。

（资料来源：http://learning.sohu.com/20130702/n380445422.shtml）

12. 项目财务分析

财务分析能通过财务数据帮助完善生产管理，控制成本支出，规避财务风险，也能帮助创业者通过梳理财务指标来审视创业项目的投入与产出，而且财务分析能让投资人清晰地看到创业项目的关键财务指标情况，以此判断是否值得投资此项目。因此，创业项目的财务分析在创业计划书中特别重要，创业者要尽可能填好资产负债表、现金流量表和利润表这三张最为重要的财务报表。在进行创业项目的财务分析时，应该将项目的投资总额、产品的年销售额、产品销售的毛利率、年净利润、投资回收率、内部收益率等财务指标描述清楚。

案例学习9-9　“90后”小女孩发明磁性剪纸　一年掘金30万

2008年9月，王子月到校报到，成了杭州师范大学医药卫生管理学院医药营销专业的一名新生。之所以选择这所大学，是因为她听说这是一个提倡和支持大学生自主创业的学校，她所崇拜的“阿里巴巴”创始人马云就是从这里毕业的。另外一个原因是，杭州离义乌很近，能更方便地实现她的创业梦想。

在学校里，依托磁性剪纸等几项专利，王子月组建起了自己的“飞点儿”磁性剪纸创业团队，尽情地展现着自己的才华。2009 年 6 月，她在义乌注册了属于自己的公司——义乌市廿分红磁性剪纸有限公司。随后，又与同样抱有创业梦想的同学创立了磁性剪纸创意文化公司。2009 年 11 月 1 日，王子月带领她的磁性剪纸团队参加了以“励志、成才、就业、创业”为主题的浙江省大学生职业生涯规划大赛，与全省 85 所高校推选出的 300 余件作品同台竞技，激烈角逐，并最终荣获此次大赛的最高奖——“双十佳职业规划之星”。

2009 年 12 月 24 日，王子月的磁性文化创意公司摘得杭州经济技术开发区“大学生创业训练营暨创业大赛”头魁，领取了 1 万元创业资金援助。主办方还在杭州滨江区为王子月提供了免两年租金的写字间。

2010 年 1 月 20 日，在杭州日报大学生创业就业俱乐部、高新区（滨江）大学生创业园主办的“相约在高新 创业在年少”杭州市大学生创业创意选拔大赛上，“磁性剪纸文化创意”团队再次荣获金奖，并从主办方手中接过了一份贺岁大礼——5 000 元奖金和一份价值 1 万元的创业资助协议书。

（资料来源：http://www.iceo.com.cn/chuangye2013/2013/0724/269195.shtml）

复习思考

1. 创业计划书有着相同的核心内容，主要包括哪几个方面？
2. 描述与产品或服务有关的内容时，重点描述哪些与之相关的内容？
3. 创业计划书中，市场分析应包括哪些内容？
4. 创业风险主要来自哪几个方面？如何防范？

任务二 撰写创业计划书

【任务导入】

沈阳大学生创业当“擦鞋哥”月赚 1.5 万元

两年前，沈阳人李洪福从天津轻工学院本科毕业，学电子商务专业的他也和多数怀揣梦想的同学们一样，将人生的落脚点选在了大城市。从天津到杭州，再到青岛，他整天穿着职业装和皮鞋穿梭在各个知名企业中。“工资不高，压力极大，每天拖着疲惫的身体行走在大城市的灯火辉煌中，总感觉这样的城市不属于我，我也不属于这样的城市。”严重缺乏归属感让李洪福对自己的人生开始了认真的思考。“之所以留在大城市继续那个看似体面实则痛苦的梦，就是因为自己放不下上过大学这个事实。”

一个偶然的机会，李洪福发现擦鞋这个领域很有潜力。在进一步做了考察后，他发现了里面的商机。“现在的‘90 后’多数自理能力都很差，穿的高档鞋根本不会或没时间去打理，而且现在奢侈品的需求加大，许多高档鞋、包、衣服的后续保养都是个空白。”李洪福说，这个发现让他产生了回老家创业的冲动，并开始去一些擦鞋店考察，四处偷师学艺。

2012 年 12 月，李洪福的“大学生香薰洗鞋店”在于洪区松山路低调开张。近 30 平方米的小店，他既是擦鞋工，又是老板，每天忙得团团转。最辛苦的一次是除夕前的一天，他从5点起床擦鞋，一直干到半夜12点。“在小店打烊的那一刻，我的身体累得像散了架，但望着地上那些已经光鲜亮丽的鞋，我的心里有了极大的满足感和成就感。”李洪福说，他之所以将“大学生”三个字加到店名中，就是想告诉所有顾客，他这个擦鞋工是个大学生，大学生没什么了不起，也可以为别人擦鞋。

刚开始，也有顾客好奇李洪福的选择，觉得一个大学生当擦鞋工有些可惜。“大学毕业当擦鞋工，那上大学还有啥意义？”每当这时，李洪福都会微微一笑：“千万不要把大学生的身份看得如何高，其实这个身份什么都不是，可偏有人把它当成一件虚荣的外衣。我坚信只有放得下才能站得起，许多大学生埋怨工作不好找，其实就是这个身份把他们害了。”

（资料来源：https://m.kuaidu.com.cn/article/164961.html）

【任务分析】

创业者在创业前要对自己的创业想法进行可行性分析、商机评估和市场需求评价，进而确定初步的创业目标。而一项良好规划，有明确目标方向，能形成组织整体共识的行动方案，将更容易凝聚团队力量，实现新事业的愿景目标。

【相关知识】

一、撰写创业计划书的步骤

1. 第一阶段：创业构思

创业构思包括产品定位和环境分析。

（1）产品定位。好的创业构思建立在市场需求和产品的开发上，而好企业建立在好的构思上。在创业前，创业者要给自己的产品或服务一个明确的目标定位，分析市场的需求，清楚需求客户、需求类型、行业态势和市场特征，并根据实际，设计开发出新产品或服务，从而把握住市场的发展趋势。

（2）环境分析。创业环境包括微观环境、中观环境和宏观环境。微观环境指直接制约和影响企业活动的力量和因素，主要包括供应商、顾客、竞争者、企业内部和社会公众。中观环境指企业所属的行业状态，主要包括行业环境、业务环境和地域环境。创业者根据中观环境状态变化获知机遇和挑战，对创业进行战略部署。宏观环境指能对企业活动产生强制性、不可控制性和不确定性影响的因素，如法律、政治、科技、人文和自然环境。企业对于宏观环境，只能适应，并通过关注宏观环境的变化把握社会的大趋势，从中获得商机。

2. 第二阶段：市场调研

市场调研是创业构思不可或缺的部分，指运用科学的方法，收集、整理和分析创业的信息和资料。要了解适宜环境并满足顾客需求的商机，就必须对市场进行透彻的调查，这样才能准确把握市场的脉搏。市场调研需要创业者站在顾客的角度思考和分析顾客的需求，并把所得信息与未来的企业相结合，对自己的产品或服务做出调整，尽可能满足社会和顾客的需求。创业者的调研方式可以是在线调查或问卷调查，最终的目标是了解企业的产品或服务是否能满足市场需求，是否能给创业者带来利润。

3. 第三阶段：起草大纲

经过环境分析和市场调研，创业者就可以开始起草创业计划书的大纲。大纲框架搭建得越详细，越能让创业者仔细思考创业的过程，投资者就越能清楚地了解创业者意图。一份比较完整的计划书大纲主要包括以下 9 个方面的内容：企业介绍、产品或服务介绍、商业模式、管理团队介绍、营销策略、市场分析及风险管理、发展规划、财务规划和融资需求及资金用途。

4. 第四阶段：起草计划书

创业计划书以大纲为蓝本来撰写。

（1）对大纲进行详细的扩充和延伸。让读者了解创业者创建的是什么样的企业，为社会和顾客提供的是什么样的产品或服务，创业者是一个什么样的团队，面对挑战和竞争，他们用什么策略取得创业成功等。它的形式为创业计划书的摘要，摘要对计划书进行浓缩，帮助创业者呈递给投资者。摘要一般可以让投资者在 5 分钟内获得商业信息，篇幅也就控制在 3 页 A4 纸的容量。

（2）演示文稿。创业计划书的另一种形式是 PPT 形式的演示文稿，在一个小时左右的时间内通过演讲的方式把创业信息展示给潜在的投资者，吸引投资人投资。在演讲的过程中，创业者的演讲水平成为投资者进一步了解创业者的创新思维、灵活应变和表达能力的机会。

（3）完整版的创业计划书。如果投资者对创业者的项目感兴趣，就会对产品销售的特性、商业模式、竞争对手和财务预测及消费市场等进行深入的阅读。

（4）未来几年的财务预测。财务预测是根据财务活动的历史资料，考虑现实的要求和条件，对企业未来的财务活动和财务成果做出的预计和测算。它是创业者经营决策的重要依据，也是合理安排收支、提高资金使用效益和企业管理水平的重要手段，展现未来 3 年或 5 年预测的销售收入、利润、资产回报率等有效和能够让人信服的财务预测，给予投资者和创业者带来更多信心。

5. 第五阶段：审核更新计划书

由于市场、环境是不断变化的，所以创业者要经常对创业计划书进行检查更新，确保计划书的完备性和时效性。

二、撰写创业计划书的注意事项

创业发起人能否找到合作伙伴、政策支持和获得资金往往取决于创业计划书的质量。为了确保创业计划书能够得到投资者的充分关注，创业计划书的撰写要注意以下事项：

（1）摘要应突出重点。在创业计划书中要有摘要，因为摘要部分是投资者首先必看的内容，因此，要对创业计划书进行高度的浓缩，让投资者对即将投资公司的基本情况、组织结构、管理队伍、产品或服务的竞争优势、营销和财务战略及竞争对手等细节有个清楚的了解。这就需要摘要做到简明生动、突出重点、逻辑思路清晰、证据确实充分，让读者能看到项目具备一定的优势，且能明白需要的帮助和支持的方向。

（2）知己知彼，战胜对手。“商场如战场”，在创业计划书中，创业者要对竞争对手做到知己知彼，这就需要创业者分析对手的情况，了解对手的产品或服务与自己的相比有哪些相同点和不同点，他们的营销策略是什么，他们的销售额、毛利润、销售量、市场占有率分别是多少，再清楚地认识本企业相对于每个竞争对手的优势，并向投资者展示，顾客选择本企业产品或服务的原因是什么，企业进一步采取何种方法战胜竞争对手。具有可行性和竞争实力的创业计划书，才能让投资者敢于投资。

(3) 分析市场，注重细节。创业计划书不仅要细致分析市场、经济、职业、地理和心理等因素对消费者选择购买本企业产品或服务的影响，以及各个因素所起的作用，而且要给投资者提供企业对目标市场的深入分析和理解。创业计划书也要注重销售中的一些细节：企业的销售战略；使用销售代表或内部职员，由转卖商、分销商而不是特许商销售；主要的营销计划，开展广告、促销以及公共关系活动的地区，明确每个活动的预算和收益等。

(4) 变换角度，明确重点。创业者要依照目标，变换不同读者的角度，确定创业计划书的重点。因为，不同的读者，对于创业计划书的关注重点也就不相同。比如，站在潜在投资者的角度看，就要突出创业的美好未来、管理团队和创业行动的方针这三个重点方面。

三、创业计划书的格式

创业计划书通常包括封面、保密要求、目录、摘要、正文（综述）、附录几部分。

第一部分　非正文部分

1. 封面（标题页）

标题页可以放一张企业的项目或产品彩图，但需要留出足够的空间排列以下内容：创业计划书编号、公司名称、项目名称、项目单位、地址、电话、传真、电子邮箱、联系人、公司主页、日期等。

2. 保密要求

保密要求可以放在标题页，也可放在次页，主要是要求投资方项目经理妥善保管创业计划书，未经融资企业同意，不得向第三方公开创业计划书的商业秘密。

3. 目录

目录标明各部分内容及页码，要注意确认目录页码同内容的一致性。

第二部分　摘要

1. 企业简单介绍
2. 企业的宗旨和目标（市场目标和财务目标）
3. 企业目前股权结构
4. 已投入的资金及用途
5. 企业目前主要产品或服务
6. 市场概况和营销策略
7. 主要业务部门及业绩简介
8. 核心经营团队
9. 企业优势说明
10. 目前企业为实现目标的增资需求（包括原因、数量、用途、偿还数量）
11. 融资方案（资金筹措及投资方式）
12. 财务分析

(1) 财务历史数据（前 3 ~ 5 年销售汇总、利润、成长）
(2) 财务预计
(3) 资产负债情况

第三部分　综述

第一章　企业介绍

一、企业宗旨的详细表述

二、企业简介资料

三、各部门职能和经营目标

四、企业管理

1. 董事会

2. 经营团队

3. 外部支持（外聘人士、会计师、律师、顾问、技术支持、行业协会等）

第二章　产品或服务

一、产品或服务描述

二、产品或服务状况

1. 主要产品或服务目录（分类、名称、规格、型号和价格等）

2. 产品或服务特性

3. 正在开发/待开发产品或服务

4. 研发计划及时间表

5. 知识产权策略、无形资产（商标、知识产权、专利等）

三、产品生产

1. 资源及原材料、协作件的供应

2. 现有生产条件和生产能力

3. 扩建设施、要求及成本，扩建后生产能力

4. 原有主要设备及添置设备

5. 产品标准、质检和生产成本控制

6. 包装与储运

第三章　市场分析

一、市场规模、市场结构与划分

二、目标市场的设定

三、产品消费群体、消费方式、消费习惯及影响市场的主要因素分析

四、目前公司产品市场状况，产品所处市场发展阶段（空白/新开发/高成长/成熟/饱和），产品排名及品牌状况

五、市场趋势预测和机遇

六、行业政策

第四章　竞争分析

一、无行业垄断

二、从市场细分看竞争者市场份额

三、主要竞争对手情况：公司实力、产品情况（种类、价位、特点、包装、营销、市场占有率等）

四、潜在的竞争对手情况和市场变化分析

五、公司产品或服务竞争优势

第五章　市场营销

一、概述营销计划

二、销售政策的制定（以往/现行/计划）

三、销售渠道、方式、行销环节和售后服务

四、主要业务关系状况（代理商/经销商/直销商/零售商/加盟者等），各级资格认定标准及政策（销售量/回款期限/付款方式/应收账款/货运方式/折扣政策等）

五、销售队伍情况及销售福利分配政策

六、促销和市场渗透（方式及安排、预算）

1. 主要促销方式

2. 广告/公关策略媒体评估

七、产品价格方案

1. 定价依据和价格结构

2. 影响价格变化的因素和对策

八、销售资料统计和销售记录方式、销售周期的计算

九、市场开发规划，销售目标（近期、中期），销售预估（3～5 年销售额、占有率）及计算依据

第六章　投资说明

一、资金需求说明（用量/期限）

二、资金使用计划及进度

三、投资形式（贷款/利率/利率支付条件/转股——普通股、优先股、认股权/对应价格等）

四、资本结构

五、回报/偿还计划

六、资本原负债结构说明（每笔债务的时间/条件/抵押/利息等）

七、投资抵押（是否有抵押/抵押品价值及定价依据/定价凭证）

八、投资担保（是否有抵押/担保者财务报告）

九、吸纳投资后股权结构

十、股权成本

十一、投资者介入公司管理程度说明

十二、报告（定期向投资者提供的报告和资金支出预算）

十三、杂费支付（是否支付中介人手续费）

第七章　投资报酬与退出

一、股票上市

二、股权转让

三、股权回购

四、股利

第八章　风险分析

一、资源（原材料/供应商）风险

二、市场不确定性风险

三、研发风险

四、生产不确定性风险

五、成本控制风险

六、竞争风险

七、政策风险

八、财政风险
九、管理风险（含人事/人员流动/关键雇员依赖）
十、破产风险
第九章　管理
一、公司组织结构
二、管理制度及劳动合同
三、人事计划（配备/招聘/培训/考核）
四、薪资、福利方案
五、股权分配和认股计划
第十章　经营预测
增资后3~5年公司的销售数量、销售额、毛利率、成长率、投资报酬率预估及计算依据。
第十一章　财务分析
一、财务分析说明
二、财务数据预测
1. 销售收入明细表
2. 成本费用明细表
3. 薪金水平明细表
4. 固定资产明细表
5. 资产负债表
6. 利润及分配明细表
7. 现金流量表
8. 财务指标分析
(1) 反映财务盈利能力的指标
①财务内部收益率（FIRR）
②投资回收期（PT）
③财务净现值（FNPV）
④投资利润率
⑤资本金利润率
⑥不确定性分析、盈亏平衡分析、敏感性分析、概率分析
(2) 反映项目清偿能力的指标
①资产负债率
②流动比率
③固定资产投资借款还期

第四部分　附　录

一、附件
1. 营业执照影印本
2. 董事会名单及简历
3. 主要经营团队名单及简历
4. 专业术语说明
5. 专利证书/生产许可证/鉴定证书等
6. 注册商标

7. 企业形象设计/宣传资料（标志设计、说明书、出版物、包装说明等）
8. 简报及报道
9. 场地租用证明
10. 工艺流程图
11. 产品市场成长预测图

二、附表

1. 主要产品目录
2. 主要客户名单
3. 主要供货商及经销商名单
4. 主要设备清单
5. 主要调查表
6. 预估分析表
7. 各种财务报表及财务预估表

四、撰写创业计划书的要求

创业计划书撰写的目的是为创业融资、宣传提供依据的，同时作为创业实施的规划方案，因此，创业计划书的撰写除尽可能地展现创业项目的前景及收益水平外，还要展现出创业项目的可实现性。

（1）简洁完整，突出重点。为了让投资者和读者了解创业的过程，创业计划书要对创业的目的、过程、预期结果进行描述，同时，为了引起投资者的兴趣，还要注重行文的简洁和实效，突出重点，显示出独特优势及竞争力。

（2）语言通畅，表述精确。创业计划书的撰写是为了让读者获知计划书所表述的内容，因此，无须用华丽的辞藻对内容进行过度美化。比如，在财务分析时，尽量用形象直观的图表进行描述。

（3）数据翔实，尊重事实。创业计划书中的数据，应该基于前期认真的市场调研和分析，财务预测等应有财务专业人士协助完成，这样才不至于高估市场需求和创业成功率，忽视竞争威胁和重大风险，让投资者降低或丧失信任。

（4）保护产权，以防泄密。知识产权是企业的生命，要注重对知识产权的保护，把最核心的技术用专利保护起来。在撰写计划书时不要将核心技术过于详细地描述，实在无法回避详细描述或必须展示核心技术产品时，要和阅读计划书的投资者签署保密协议，以防商业机密泄露造成不可挽回的损失。

（5）团队合作，优势互补。投资者大多是投资在人才上的，因此，创业计划书中要详细介绍创业团队中核心人物的技术和能力以及团队成员间的优势互补，这样更能获得投资者的青睐。

五、创业计划书的检查与审核

“文章不厌千回改”，作为重要的创业计划书也不例外，初稿写好后，需要进行详细的检查，并对一些重要的内容进行核实。主要检查和审核以下几个方面：

1. 格式检查

创业计划书的形式和格式各有不同，但要素和大纲却大同小异。不管是用于商业融资或是创业大赛的计划书，都有一定的商业价值，所以，从计划书的封面开始，就要严格遵守规范和要求。检查时，主要考察计划书的内容整体表述是否条理清晰，重点突出，专业语言的运用是否准确和适度，相关数据是否科学、翔实，是否容易被投资者领会。

2. 文字检查

创业计划书是创业者对创业意图完整的表达，是对未来美好蓝图的勾勒，所以，计划书中的字句、文法和标点要十分准确，逻辑层次要分明，段落要清晰，用简单准确的词语来表述每个商品，适量用图表形象地说明问题。

3. 内容检查

内容检查主要分为两个层次，第一是整体检查，第二是重点检查。创业者要在整体检查的基础上进行重点检查，完成重点检查并进行修改后，才能重新进行整体检查，最终定稿。

内容检查一般包括：

（1）摘要。由于投资者一般会浏览创业计划书的摘要，以求获得他所需要的信息，所以，摘要要突出重点且简明扼要，以阐明创业者的思路并具有吸引力和说服力为目的。审核时主要考察的是执行摘要是否简明、扼要、具有鲜明特色，重点包括对公司及产品或服务的介绍、市场调研、企业管理、创业团队的特殊性和优势、财务预测、企业发展目标等。

（2）管理经验。创业者在创业时，实践能力有所不足，企业要有好的发展，必须要有正规的经营管理，才能吸引并获得投资。正是因为缺乏管理公司的实践能力，因此，在创业计划书中要明确说明公司已经聘请经营大师来管理。审核时主要考察的是管理层成员教育和工作背景、经验、能力和专长，曾有的商业战绩，创业者管理公司的才能，经营团队是否有诚信，企业文化是否以诚信为基础。创业计划书中还要明确公司的营销、财务、行政、生产、技术团队等管理分工和互补情况。公司的领导层成员、创业顾问、主要投资人的持股情况和公司的组织结构情况也要明确。

（3）市场分析。创业者要在创业计划书中展示出对市场已经进行了认真的分析，目的是让投资者认识到市场需求是确实的，有发展潜力的。在审核时，主要考察市场调查和分析是否严谨科学，是否对市场容量与趋势、市场变化趋势及潜力、细分目标市场及客户进行详细描述，并估计市场份额和销售额。这就要摸清市场竞争状况，对现有和潜在的竞争者进行分析，也要对替代品竞争及行业内原有竞争进行分析，包括市场定位、全盘战略及各阶段的目标等，总结本企业的竞争优势并研究战胜对手的方案，并对主要的竞争对手和市场驱动力进行适当分析。

（4）产品或服务。投资者关注的是创业者提供的产品或服务，因为他们接受的是满足市场需求的产品或服务。审核时主要考察产品或服务技术含金量及创新程度，是否适应市场的需求，能否满足关键用户需求，能否实现产业化，专利权、著作权、政府批文和鉴定材料等是否完备。另外，产品或服务要具有未来发展趋势，但不可过分超前市场而导致无法被接受。

（5）财务预测。财务预测是财务管理的主要环节，创业计划书应该显示企业有应对风险偿还债务的能力，也给预期的投资者提供一份完整的财务分析。审核时主要考察的是前两年财务月报，后三年财务年报，固定和变动成本，营业收入和支出，现金流量、盈利能力和持久性等数据是否能反映出公司的财务绩效，是否基于对经营状况和未来发展做出正确估计。

（6）市场营销。市场营销是将产品或服务从创业者直接引向消费者或使用者以满足顾客需求并实现公司利润的过程，是创造、沟通与传送价值给顾客，及经营顾客关系以便让组织与其利益关系人受益的一种组织功能与程序。在审核时主要考察能否保持并提高市场占有率，把握企业的总体进度，对收入、盈亏平衡点、现金流量、市场份额、产品开发、主要合作伙伴和融资等重要事件是否有所安排，是否有新颖而富于吸引力的促销方式以及通畅的营销渠道。

复习思考

1. 撰写创业计划书有哪些步骤？
2. 创业计划书格式上包括哪些内容？
3. 创业计划书的撰写要注意哪些问题？

项目实训

选定一个创业项目，尝试撰写创业计划书。

参考文献

[1] 张利．第一桶金：大学生创业篇［M］．北京：中国纺织出版社，2015.
[2] 叶虹．大学生创业法律实务［M］．2 版．北京：清华大学出版社，2015.
[3] 刘磊．大学生创新创业基础［M］．北京：中国水利水电出版社，2015.
[4] 李秀兰，钱堑．大学生创业理论与实训［M］．北京：北京电子工业出版社，2014.
[5] 王晓进．大学生创业理论与实践［M］．北京：科学出版社，2014.
[6] 张卫民．大学生创业方法［M］．北京：中国社会科学出版社，2014.
[7] 肖鸣，朱建新．大学生创业基础［M］．2 版．北京：清华大学出版社，2013.
[8] 张汝山，张林．大学生创业案例解析［M］．南京：南京大学出版社，2013.
[9] 李秋斌．大学生创业指导［M］．北京：北京大学出版社，2013.
[10] 项云霞，王伟．高职大学生创业教程［M］．南京：南京大学出版社，2013.
[11] 嵇建珍．大学生创业实用教程［M］．南京：南京大学出版社，2013.
[12] 李北伟．大学生创业导引［M］．北京：清华大学出版社，2013.
[13] 杨晓慧．中国大学生就业创业发展报告［M］．北京：人民出版社，2013.
[14] 张振刚．“挑战杯”中国大学生创业计划竞赛指南［M］．广州：华南理工大学出版社，2012.
[15] 李宇红．创业实务教程［M］．北京：北京大学出版社，2012.
[16] 石丹林，谌虹．大学生创业理论与实务［M］．北京：清华大学出版社，2012.
[17] 董青春，孙亚卿．大学生创业基础［M］．北京：经济管理出版社，2012.
[18] 陈志刚，马超平．大学生就业与创业指导［M］．长春：东北师范大学出版社，2011.
[19] 刘金辉．创业准备［M］．北京：中国劳动社会保障出版社，2011.
[20] 刘亚娟，等．创业融资［M］．北京：中国劳动社会保障出版社，2011.
[21] 丁继安．大学生创业实践［M］．杭州：浙江大学出版社，2011.
[22] 尹琦．大学生创业原理与实务［M］．北京：高等教育出版社，2011
[23] 刘平，李坚，王启业．创业学理论与实践［M］．北京：清华大学出版社，2011.
[24] 乔万敏，郑明珍．大学生职业生涯规划与就业创业指导［M］．北京：高等教育出版社，2011.
[25] 西凤茹，孙云龙，李学东．大学生创业理论与实务［M］．北京：北京师范大学出版社，2011.
[26] 人力资源和社会保障部职业能力建设司．创办你的企业（大学生版）——创业计划书［M］．北京：中国劳动社会保障出版社，2010.
[27] 贺俊英．大学生创业基础与实训教程［M］．北京：高等教育出版社，2010.
[28] 蒋心亚．创业实务［M］．北京：北京交通大学出版社，2010.

[29] 卢志鹏. 大学生就业与创业指导 [M]. 北京：北京理工大学出版社，2010.
[30] 宋景华. 大学生职业发展与就业创业指导 [M]. 北京：高等教育出版社，2010.
[31] 刘之汉. 大学生创意创业 [M]. 北京：知识产权出版社，2010.
[32] 郑晓燕. 创业基础案例与实训 [M]. 成都：西南财经大学出版社，2016.
[33] 李伟，张世辉. 创新创业教程 [M]. 北京：清华大学出版社，2015.
[34] 吴见平，赵都敏. 大学生创业基础教程 [M]. 北京：高等教育出版社，2015.
[35] 刘艳彬，李兴森. 大学生创新创业教程 [M]. 北京：人民邮电出版社，2016.
[36] 郭红霞. 大学生创新创业教育基础 [M]. 北京：科学出版社，2017.
[37] 李涛. 大学生创新创业导引——从问题到行动 [M]. 北京：高等教育出版社，2016.
[38] 侯丽萍，张慧全，赵兰杰. 大学生创业与创新指导 [M]. 北京：中国传媒大学出版社，2011.
[39] 刘辉，李强，王秀燕. 大学生创新创业教程 [M]. 上海：上海交通大学出版社，2016.
[40] 景宏磊，李海婷，创新引领创业 大学生创新创业教程 [M]. 青岛：中国石油大学出版社，2016.
[41] 张玉利. 创业管理 [M]. 北京：机械工业出版社，2015.
[42] 中国就业培训技术指导中心. 创办你的企业. [M]. 2 版. 北京：中国劳动社会保障出版社，2005.

